Karl Sandner

Prozesse der Macht

Zur Entstehung, Stabilisierung und Veränderung
der Macht von Akteuren in Unternehmen

Zweite Auflage

Mit 32 Abbildungen

Physica-Verlag
Ein Unternehmen des Springer-Verlags

Univ.Prof. Dr. Karl Sandner
Wirtschaftsuniversität Wien
Augasse 2-6
A-1090 Wien, Österreich

ISBN 3-7908-0647-1 Physica-Verlag Heidelberg
ISBN 3-540-52799-0 1. Aufl. 1990 Springer-Verlag Berlin Heidelberg New York Tokyo
Die Deutsche Bibliothek – CIP-Einheitsaufnahme
Sandner, Karl:
Prozesse der Macht : zur Entstehung, Stabilisierung und
Veränderung der Macht von Akteuren in Unternehmen / Karl
Sandner. – 2. Aufl. – Heidelberg : Physica-Verl., 1992
ISBN 3-7908-0647-1

Dieses Werk ist urheberrechtlich geschützt. Die dadurch begründeten Rechte, insbesondere die der Übersetzung, des Nachdruckes, des Vortrags, der Entnahme von Abbildungen und Tabellen, der Funksendungen, der Mikroverfilmung oder der Vervielfältigung auf anderen Wegen und der Speicherung in Datenverarbeitungsanlagen, bleiben, auch bei nur auszugsweiser Verwertung, vorbehalten. Eine Vervielfältigung dieses Werkes oder von Teilen dieses Werkes ist auch im Einzelfall nur in den Grenzen der gesetzlichen Bestimmungen des Urheberrechtsgesetzes der Bundesrepublik Deutschland vom 9. September 1965 in der Fassung vom 24. Juni 1985 zulässig. Sie ist grundsätzlich vergütungspflichtig. Zuwiderhandlungen unterliegen den Strafbestimmungen des Urheberrechtsgesetzes.

© Physica-Verlag Heidelberg 1990, 1993
Printed in Germany

Die Wiedergabe von Gebrauchsnamen, Handelsnamen, Warenbezeichnungen usw. in diesem Werk berechtigt auch ohne besondere Kennzeichnung nicht zu der Annahme, daß solche Namen im Sinne der Warenzeichen- und Markenschutz-Gesetzgebung als frei zu betrachten wären und daher von jedermann benutzt werden dürften.

Druck: Schmidt & Sohn GmbH, Mannheim 61
Bindearbeiten: J. Schäffer GmbH u. Co. KG., Grünstadt
7100/7130-543210 – Gedruckt auf säurefreiem Papier

Inhaltsverzeichnis

1 Problemstellung

2 Zum Stand der organisationstheoretischen Machtdiskussion

  2.1 Theorien der Macht 4
        2.1.1 Betriebswirtschaftliche Theorien der Macht 4
        2.1.2 Sozialwissenschaftliche Theorien der Macht 5
  2.2 Ressourcenorientierte Theorien der Macht 9
        2.2.1 Ressourcen als Voraussetzung der Macht 9
        2.2.2 Kontrolle der Ressourcen 10
        2.2.3 Nicht-relationale Theorien der Macht 13
                2.2.3.1 Macht als Ressourcenkontrolle 13
                2.2.3.2 Macht als Ergebnis einer Transformation von Ressourcen 14
        2.2.4 Relationale Theorien der Macht 16
                2.2.4.1 Das Machtbasen-Modell: die sog. Grundlagen der Macht 16
                        2.2.4.1.1 Die French/Raven-Typologie als *das* Beispiel einer Machtbasen-Theorie 17
                        2.2.4.1.2 Zusammenfassende Beurteilung ... 24
                2.2.4.2 Das Dependenzmodell der Macht 26
                        2.2.4.2.1 Die Kontrolle der strategischen Bedingungen 30
                        2.2.4.2.2 Der Ressourcen-Dependenz-Ansatz 36
                        2.2.4.2.3 Implizite dependenztheoretische Erklärungsansätze der Macht 41
                        2.2.4.2.4 Zusammenfassung 44
  2.3 Zur Methodologie ressourcenorientierter Theorien der Macht 45
        2.3.1 Problembereiche ressourcenorientierter Machttheorien 46
        2.3.2 Zum Kausalitätsprinzip in der Machtforschung 47
        2.3.3 Methodologische Probleme kausalistischer Erklärungen der Macht 49
  2.4 Zusammenfassung 54

3 Die Entstehung der Macht

3.1	Theoretische Grundlagen	55
	3.1.1 Handlungstheoretische Grundlagen	56
	3.1.2 Politische Prozesse in Unternehmen	63
	3.1.2.1 Zur praktischen und theoretischen Relevanz politischer Phänomene in Unternehmen	63
	3.1.2.2 Der Begriff des Politischen	66
	3.1.2.3 Kritik der betriebswirtschaftlichen Politikkonzepte	67
	3.1.2.4 Politisches Handeln	69
	3.1.2.5 Politisches Handeln in Unternehmen	71
	3.1.2.6 Strukturelle Rahmenbedingungen des politischen Handelns	73
	3.1.3 Der Begriff der Macht	73
	3.1.3.1 Konflikt und Widerstand	74
	3.1.3.2 Intentionalität und Handlungsfolgen	77
	3.1.3.3 Antizipatorische Reaktionen	79
	3.1.3.4 Nicht-Entscheidungen	81
	3.1.3.5 Potentialität	84
	3.1.3.6 Dependenz	89
	3.1.3.7 Relationalität	92
	3.1.3.8 Der Begriff der Macht	94
3.2	Der Prozeß der Entstehung der Macht	94
	3.2.1 Das Verhandlungsmodell der Macht	94
	3.2.2 Die ‚Herstellung' der Dependenz	99
	3.2.2.1 Drohung, Bestrafung, Warnung	100
	3.2.2.1.1 Drohung	101
	3.2.2.1.2 Bestrafung	104
	3.2.2.1.3 Warnung	104
	3.2.2.2 Versprechen, Belohnung, Empfehlung	105
	3.2.2.2.1 Versprechen	105
	3.2.2.2.2 Belohnung	106
	3.2.2.2.3 Empfehlung	107
	3.2.2.3 Manipulation	108
	3.2.2.4 Überzeugung	109
	3.2.2.5 Physischer Zwang	113
	3.2.3 Die Akzeptanz der Unterordnungsbedingungen	114
	3.2.3.1 Aushandlungsprozesse als politische Prozesse in Unternehmen	114
	3.2.3.2 Akzeptanz	116
	3.2.3.3 Legale Autorität	118
	3.2.4 Die Ablehnung der Unterordnungsbedingungen	120
	3.2.5 Die Veränderung der Unterordnungsbedingungen	121
	3.2.5.1 Einseitige Versuche der Veränderung der Bedingungen	122
	3.2.5.1.1 Die kognitive Veränderung der Bedingungen	122

　　　　　　3.2.5.1.2　Physischer Zwang 122
　　　　　　3.2.5.1.3　Verringerung der eigenen
　　　　　　　　　　　 Dependenz.. 123
　　　　　　　　　　　 3.2.5.1.3.1　Alternativen 123
　　　　　　　　　　　 3.2.5.1.3.2　Substitution 123
　　　　　　　　　　　 3.2.5.1.3.3　Prävention 123
　　　　　　　　　　　 3.2.5.1.3.4　Diversifikation 123
　　　　　　　　　　　 3.2.5.1.3.5　Isolierung 124
　　　　　　　　　　　 3.2.5.1.3.6　Übernahme 124
　　　　　　3.2.5.1.4　Veränderung der
　　　　　　　　　　　 Kosten/Nutzen-Relation für A 124
　　　　　　　　　　　 3.2.5.1.4.1　Verteuerung der
　　　　　　　　　　　　　　　　　 Gegenleistung 124
　　　　　　　　　　　 3.2.5.1.4.2　Herabsetzung der
　　　　　　　　　　　　　　　　　 Eigenleistung 124
　　　　　　　　　　　 3.2.5.1.4.3　Entwertung 125
　　　　　　3.2.5.1.5　Rückgriff auf formale
　　　　　　　　　　　 Regelungen und soziale Normen .. 125
　　　　　　　　　　　 3.2.5.1.5.1　Delegation nach oben . 125
　　　　　　　　　　　 3.2.5.1.5.2　Rückgriff auf
　　　　　　　　　　　　　　　　　 soziale Normen 125
　　　　 3.2.5.2　Zweiseitige Versuche der Veränderung
　　　　　　　　　der Bedingungen 126
　　　　　　3.2.5.2.1　Änderung des Bezugsrahmens 126
　　　　　　　　　　　 3.2.5.2.1.1　Überzeugung 126
　　　　　　　　　　　 3.2.5.2.1.2　Täuschung 128
　　　　　　　　　　　 3.2.5.2.1.3　Impression
　　　　　　　　　　　　　　　　　 Management 129
　　　　　　3.2.5.2.2　Gegendependenzen 130
　　　　　　　　　　　 3.2.5.2.2.1　Unterordnungs-
　　　　　　　　　　　　　　　　　 aufforderungen 130
　　　　　　　　　　　 3.2.5.2.2.2　Instrumentalisierung der
　　　　　　　　　　　　　　　　　 Interdependenz 131
　　　　　　　　　　　 3.2.5.2.2.3　Hofieren 133
　　　　　　3.2.5.2.3　Integrative Lösungen..................... 134
　　　3.2.6　Verhandlungen 135
　　　　 3.2.6.1　Zur theoretischen und sozialen Relevanz von
　　　　　　　　　Verhandlungen.. 136
　　　　 3.2.6.2　Zum Status quo der Verhandlungsforschung 136
　　　　 3.2.6.3　Elemente einer Theorie der Verhandlung 142
　　　　 3.2.6.4　Der Abschluß von Verhandlungen................ 147
3.3　Netzwerke und Koalitionen 147
　　3.3.1　Netzwerke 148
　　　　 3.3.1.1　Netzwerke als Relationen von Interessen,
　　　　　　　　　Ressourcen und Dependenzen 148
　　　　 3.3.1.2　Theoretische Grundlagen 148
　　　　 3.3.1.3　Ressourcennetzwerke................................... 149

3.3.2 Koalitionen 151
    3.3.2.1 Koalitionen als organisierte Interessen und Ressourcen 151
    3.3.2.2 Zum Status quo der Koalitionstheorie 152
    3.3.2.3 Elemente einer Theorie der Koalitionsbildung 153
3.4 Zusammenfassung 156

4 Strategien der Steuerung

4.1 Theoretische Grundlagen 157
  4.1.1 Machtprozesse in strukturierten Handlungsfeldern 157
  4.1.2 Steuerung 158
  4.1.3 Leistungserstellung, Interessenrealisierung und Wahrung der Handlungschancen 161
    4.1.3.1 Leistungserstellung als Zweck der Steuerung 161
    4.1.3.2 Interessenrealisierung und Wahrung von Handlungschancen als Zweck der Steuerung 162
  4.1.4 Steuerung als politischer Prozeß 164
    4.1.4.1 Grundlagen eines herrschaftsorientierten Politikverständnisses 164
    4.1.4.2 Herrschaft als politisches Phänomen 164
  4.1.5 Die Strukturierung der Steuerung 168
  4.1.6 Die Institutionalisierung der Macht 170
  4.1.7 Formen der Steuerung 172
4.2 Direkte Steuerung 174
  4.2.1 Der Steuerungsspielraum 174
  4.2.2 Zum theoretischen Stellenwert des Steuerungsspielraums der direkten Steuerung 176
  4.2.3 Die Voraussetzungen direkter Steuerung 178
  4.2.4 Der Zielbereich direkter Steuerung 179
  4.2.5 Formen direkter Steuerung 180
4.3 Indirekte Steuerung 181
  4.3.1 Zur Effektivität und Effizienz indirekter Steuerung ... 181
  4.3.2 Technologische Steuerung 182
    4.3.2.1 Die Entwicklung der Fertigungs- und der Informationstechnologie 182
    4.3.2.2 Technologischer und ökonomischer Determinismus 183
    4.3.2.3 Zum Steuerungspotential technisierter Arbeitsprozesse 185
    4.3.2.4 Polarisierungsthese und technologische Steuerung 187
    4.3.2.5 Die technologische Steuerungsstruktur des Unternehmens 188
  4.3.3 Bürokratische Steuerung 189

	4.3.3.1 Zum Stellenwert bürokratischer Steuerung	189
	4.3.3.2 Regelsysteme	190
	4.3.3.3 Zum Steuerungspotential bürokratischer Steuerung	192
	4.3.3.4 Die Grenzen bürokratischer Steuerung	196
4.3.4	Psychologische Steuerung	197
	4.3.4.1 Zum Stellenwert psychologischer Steuerung	197
	4.3.4.2 Psychologische Faktoren als instrumentelle Medien	198
	4.3.4.3 Zum Steuerungspotential der psychologischen Steuerung	199
	4.3.4.3.1 Die Pflege der sozialen Beziehungen	199
	4.3.4.3.2 Motivationale Steuerung	202
	4.3.4.3.3 Selbststeuerung	204
	4.3.4.4 Die Grenzen psychologischer Steuerung	208
4.3.5	Kulturelle Steuerung	209
	4.3.5.1 Zum Stellenwert der kulturellen Steuerung	209
	4.3.5.2 Organisationskultur und Steuerung	210
	4.3.5.3 Zum Steuerungspotential der interpretativen kulturellen Steuerung	213
	4.3.5.3.1 Zur Relevanz von Symbolen in Unternehmen	213
	4.3.5.3.2 Symbole und die subjektive Konstruktion organisatorischer Wirklichkeit	214
	4.3.5.3.3 Die Funktion von Machtsymbolen	217
	4.3.5.3.3.1 Orientierung	217
	4.3.5.3.3.2 Die Herstellung von Ordnung	218
	4.3.5.3.3.3 Systemerhaltung	221
	4.3.5.4 Die Grenzen kultureller Steuerung	223
4.4	Zusammenfassung	225

5 Zusammenfassung

Anhang

Angelsächsische und deutschsprachige Machtbasentypologien	229
Anmerkungen	236
Verzeichnis der zitierten Literatur	245
Sachverzeichnis	267

1 Problemstellung

> „Es fragt sich nur", sagte Goggenmoggel,
> „wer der Stärkere ist, weiter nichts".[1]

Die Märchen unserer Kindheit zeichnen sich durch eine besondere Qualität aus: Sie diskriminieren zwischen Gut und Böse, und sie lassen das Gute siegen. Während die Betriebswirtschaftslehre als angewandte Sozialwissenschaft in ihrem Umgang mit Normativität noch immer eine beträchtliche Unsicherheit zeigt, unterscheidet sich ihr traditionelles *Erklärungsmodell der Durchsetzung von Zielvorstellungen* von dem der Märchen nicht: In Märchen siegen die Helden, weil ihnen überlegene Ressourcen wie Körperstärke, Weisheit, außergewöhnliche Fähigkeiten und Fertigkeiten, Armeen oder Zaubermittel zur Verfügung stehen. Auch in der Betriebswirtschaftslehre setzen sich die Akteure deshalb durch, weil ihre Machtgrundlagen den Machtgrundlagen ihrer Konfliktgegner überlegen sind. Die Botschaft ist die gleiche: Wenn du Überlegenheit anstrebst, dann erwirb die notwendigen Ressourcen, damit du sie im gegebenen Fall einsetzen kannst. In Märchen erfolgt die Beschaffung der Machtgrundlagen meist extern durch Feen, Zauberer und Hexen. In der Betriebswirtschaftslehre dagegen kommt es traditionell zu einem tautologieverdächtigen Zirkelschluß: Der Machthaber hat Macht, weil er über Machtressourcen verfügt; er verfügt über solche Ressourcen, weil er Macht hat.

Sowohl die Märchen unserer Kindheit als auch die Betriebswirtschaftslehre setzen damit Macht voraus, anstatt ihre Entstehung zu erklären. Für die Vermittlung von Lebensweisheiten und Verhaltensregeln durch Märchen ist dies belanglos. Für die Betriebswirtschaftslehre, und hier im besonderen für die betriebswirtschaftliche Organisationstheorie, stellt sich die Situation jedoch etwas anders dar. Zentrale Gegenstandsbereiche wie etwa Führung, die Durchsetzung von Zielvorstellungen oder der Erwerb und die Verteilung knapper Ressourcen *beruhen notwendigerweise auf einer Theorie der Macht.*

Versteht man unter Macht die Möglichkeit von Individuen oder Gruppen, auf andere Individuen oder Gruppen in beabsichtigter Weise einzuwirken (z.B. Pfeffer, 1981; Crozier/Friedberg, 1979; Weber, 1972; Dahl, 1957), so ist Macht ein weitverbreitetes, alltägliches Phänomen. Die Mitglieder von Unternehmen stützen sich bei der Durchsetzung von Unternehmenszielen und/oder der Durchsetzung persönlicher Ziele auf Anweisungen, auf Vorschriften, auf Leistungsstandards, auf Drohungen, auf Versprechungen und andere Formen der ‚Überzeugung'.

Jede Theorie der Macht muß ein Aussagensystem zur Entstehung, Stabilisierung und Veränderung von Machtbeziehungen enthalten. Wohl verfügt die Betriebswirtschaftslehre über eine *implizite* Theorie der Macht auf dem vorhin erwähnten Niveau (‚ein Machthaber hat Macht'). Demgegenüber steht jedoch, daß es ihr bisher nicht gelungen ist, eine *explizite* Theorie der Entstehung, der Stabilisierung

---

Fußnoten siehe unter Anmerkungen auf Seite 236

und der Veränderung innerorganisatorischer Macht, die über einfache, (semi-)tautologische Machthaberansätze hinausgeht, zu entwickeln. Die üblichen Rückgriffe auf legale Autorität oder auf Motivationskonzepte reichen hier nicht aus. Dieser Zustand der betriebswirtschaftlichen Machtforschung wurde bereits vor einem Jahrzehnt von Reber – als Herausgeber des Tagungsbandes der Kommission Wissenschaftstheorie im Verband der Hochschullehrer für Betriebswirtschaft zum Thema „Macht in Organisationen" – enttäuscht zusammengefaßt: "Insgesamt kann man feststellen, daß der angesprochene Themenbereich sich als eine Nuß erwiesen hat, die nicht geknackt werden konnte" (Reber, 1980b: VIII). Seither hat sich in der betriebswirtschaftlichen Organisationstheorie keine Entwicklung ergeben, die eine Abschwächung dieser Feststellung erlauben würde.

Der *theoretische* Stellenwert von Macht(-phänomenen) in der Betriebswirtschaftslehre steht damit in einem ungewöhnlichen Gegensatz zur *tatsächlichen* Auseinandersetzung mit diesem Bereich: Die Betriebswirtschaftslehre verfügt über keine explizite Theorie der Macht. Wie zu zeigen sein wird, ist dieser Zustand auf theoretische und methodologische Gründe zurückzuführen. Eventuelle normativ-ideologische Gründe werden hier nicht weiter verfolgt. Die Betriebswirtschaftslehre ist damit nicht in der Lage, theoretische Kernbereiche wie die Durchsetzung von Zielvorstellungen bzw. deren Scheitern auf einem zufriedenstellenden Niveau zu erklären. Dieser Vorwurf verschärft sich noch dadurch, als sich die Betriebswirtschaftslehre ja als eine angewandte Wissenschaft versteht.

Die zentrale Aufgabe dieser Untersuchung besteht somit in der Entwicklung einer Theorie der Entstehung, der Stabilisierung und der Veränderung der Macht von Akteuren in Unternehmen.

In einem *ersten* Schritt werden dabei die bestehenden organisationstheoretischen Ansätze der Macht auf ihren theoretischen und methodologischen Gehalt hin untersucht. Als Ordnungskriterium dieser Diskussion des state of the field dient der Begriff der Ressource.

In einem *zweiten* Schritt wird vorerst auf einer handlungstheoretischen Grundlage ein Begriff der Macht entwickelt und dann in eine politische Sichtweise von Organisationen eingebunden. Daran anschließend wird im Rahmen eines dynamischen Verhandlungsmodells die Entstehung der Macht entwickelt. Dabei ist insbesondere auf den Prozeß der Unterordnungsaufforderung sowie auf die Prozesse der Akzeptanz bzw. Ablehnung einzugehen. Aus analytischen Gründen setzt die Untersuchung hier bei Dyaden an und erweitert den Untersuchungsbereich schließlich auf Netzwerke und Koalitionen.

In einem *dritten* Schritt geht es um die Umsetzung bislang vereinzelter relationaler Machtprozesse in Machtprozesse in strukturierten Handlungsfeldern, d.h. in Unternehmen. Der Prozeß der ‚Verfestigung' der Macht wird an Hand des Konzeptes Institutionalisierung ausgearbeitet. Damit tritt zum interesseorientierten Politikbegriff des zweiten Hauptteiles dieser Arbeit nun ein herrschaftsorientierter Politikbegriff hinzu. Aus handlungstheoretischer Sicht werden Machtprozesse in strukturierten Handlungsfeldern (Unternehmen) als Steuerungsprozesse konzipiert. Neben der direkten Steuerung stehen hier vier Formen indirekter Steuerung im Mittelpunkt: technologische, bürokratische, psychologische und kulturelle Steuerung.

Besonders mit der kulturellen Steuerung werden aber auch die Grenzen einer handlungstheoretischen Vorgangsweise deutlich. Der Entscheidung, Prozesse der

Entstehung, Stabilisierung und Veränderung von Macht in einem handlungstheoretischen Rahmen abzuhandeln, liegt die Überlegung zugrunde, daß ein enger Zusammenhang zwischen dem bescheidenen Niveau der gegenwärtigen organisationstheoretischen Machtforschung und der verwendeten Methodologie besteht. Eine handlungstheoretische Vorgangsweise ist damit nicht etwa ‚besser' als die bisherigen Vorgangsweisen, sie erlaubt jedoch andere Schwerpunktsetzungen und damit auch die Erwartung, in manchen Theoriebereichen weiter voranzukommen, als dies in der traditionellen betriebswirtschaftlichen Machtforschung bisher der Fall war. In diesem Sinn geht es indirekt auch darum, auszuloten, welchen theoriegenerierenden Beitrag eine handlungstheoretische Vorgangsweise – bezogen auf ein strategisches, erfolgsorientiertes Handeln von Akteuren – zur Erklärung bzw. zum Verstehen von Prozessen der Macht in Unternehmen leisten kann.

Schließlich ist noch festzuhalten, daß im weiteren jene Akteure, die in der Lage sind, Macht auszuüben, als Machtüberlegene, Machthaber oder A bezeichnet werden; jene Akteure, über die Macht ausgeübt wird, heißen Machtunterlegene, Machtunterworfene oder B.

2 Zum Stand der organisationstheoretischen Machtforschung

2.1 Theorien der Macht

2.1.1 Betriebswirtschaftliche Theorien der Macht

Angesichts der inzwischen auch in der betriebswirtschaftlichen Organisationstheorie unbestrittenen Relevanz des Phänomens Macht (Staehle, 1988; Reber, 1980a) überrascht seine marginale theoretische Präsenz:

- Von wenigen Ausnahmen abgesehen existiert sie nicht.
- Diese wenigen Ausnahmen gehen im allgemeinen – anstatt Macht zu erklären – bereits von ihrem Bestehen aus. Trotz ungeklärter Voraussetzungen werden dann Aussagen über deren Einsetzbarkeit, Wirkungen u.ä. getroffen (z.B. Acs, 1980; Richter, 1979).
- Wird in betriebswirtschaftlich-organisationstheoretischen Lehrbüchern Macht – reproduzierend – thematisiert, findet sich nahezu immer der Verweis auf M. Webers Machtbegriff (orig. 1922 [!]) und im Anschluß daran die Typologie von French/Raven (orig. 1959 [!]). Beide sind bejahrte, historische Theoriebezüge. Solche eklektische Verknüpfungen von Definition und Typologie übersehen, daß damit die Produkte zweier unterschiedlicher und inkompatibler Forschungsprogramme verquickt werden.
- Soweit darüber hinaus in betriebswirtschaftlichen Lehrbüchern auf Machtphänomene Bezug genommen wird, geht man methodologisch davon aus, daß ‚Macht' eine Fähigkeit eines sog. Machthabers sei. Dieser verfügt über sog. Machtbasen oder Machtressourcen und setzt sie ein (z.B. Staehle, 1989: 371 ff.; Schanz, 1982: 187 ff.).

Die periphere Position und das eher niedrige Niveau der Machtdiskussion innerhalb der Betriebswirtschaftslehre sind kein Zufall. So geläufig und unproblematisch der Begriff ‚Macht' auf den ersten Blick erscheinen mag, so überraschend komplex und problematisch stellt sich die Machtdiskussion bei genauerer Betrachtung dar. Wie zu zeigen sein wird, sind theoretische, methodologische und normative Gründe für diese Situation verantwortlich. Aber selbst eine Erweiterung des Betrachtungsrahmens über die Betriebswirtschaftslehre hinaus zeigt auch die sozialwissenschaftliche Machtdiskussion als unübersichtlich, diskontinuierlich, heterogen und sprunghaft. Die betriebswirtschaftliche Machtdiskussion rekurriert auf verschiedene Paradigmen und Wissenschaftsdisziplinen und bewegt sich auf recht unterschiedlichem theoretischen und methodologischen Niveau.

In Anbetracht der Vernachlässigung bzw. der faktischen Nicht-Existenz der betriebswirtschaftlichen Machtdiskussion ist es in einem ersten Schritt notwendig, einen – zunächst groben – Überblick über das Untersuchungsfeld zu gewinnen. Eine Systematisierung *sozialwissenschaftlicher* Theorien der Macht läßt die jeweiligen Machttheorien einzelnen Forschungsprogrammen zuordnen, theoretische Einbindungen erkennen, Ansatzpunkte historisch-theoretischer Entwicklungen und sog. „Schulen" identifizieren sowie die Objektbereiche der sozialwissenschaftlichen Machtforschung erfassen. Anschließend an diese Übersicht wird dann in einem zweiten Schritt der Diskussionsrahmen auf spezielle betriebswirtschaftliche Fragestellungen eingeengt werden.

2.1.2 Sozialwissenschaftliche Theorien der Macht

Eine solche einführende Systematik sozialwissenschaftlicher Theorien der Macht dient nicht nur als notwendiger Orientierungsrahmen. Sie ermöglicht auch die Hervorhebung unterschiedlicher theoretischer Perspektiven. Ein unspezifisch-allgemeiner sozialwissenschaftlicher Überblick ist dafür aber wenig brauchbar. Es werden daher nur solche Machttheorien berücksichtigt, die in der betriebswirtschaftlichen Organisationstheorie

– ihren Platz bereits haben bzw. von ihr integriert wurden (z.B. French/Raven 1959),
– ihren Platz haben sollten (z.B. Hinings et al., 1974; Hickson et al., 1971) oder
– ihren Platz haben könnten (z.B. Mangham, 1986; Adler, 1975; Lukes, 1974).

Die Relevanz dieser drei Abgrenzungskriterien liegt darin, daß der überwiegende Teil der im Rahmen einer betriebswirtschaftlich-organisationstheoretischen Machtdiskussion zu diskutierenden Machtkonzepte nicht innerhalb der Betriebswirtschaftslehre entwickelt wurde. Die Mehrzahl entstammt anderen Wissenschaftsdisziplinen, v.a. der Politologie, der (Sozial-)Psychologie und der Soziologie.

Der Überblick erfolgt entlang zweier Dimensionen: *Forschungsprogramm* und *Objektebene*. Die Forschungsprogramme werden in sog. objektive und in sog. subjektive Programme unterschieden. Auf der Objektebene wird zwischen ‚Mikro'ebene, ‚Meso'ebene und ‚Makro'ebene differenziert.

a) Forschungsprogramm

Jedes wissenschaftliche Unterfangen beruht auf einer Reihe von Annahmen, was ein ‚*wissenschaftliches*' Vorhaben zu einem solchen macht, d.h. es beruht auf Annahmen über den zu erforschenden Gegenstand und die Art seiner Untersuchung. Burrell/Morgan (1979: 1 ff.) nennen in ihrer Analyse sozialwissenschaftlichen Forschens in diesem Zusammenhang vier bipolare Problembereiche: ontologische Annahmen, epistemologische Annahmen, Annahmen über die sog. Natur des Menschen und methodologische Annahmen. Die nachfolgende Zweiteilung in objektive und subjektive Wissenschaftprogramme der Machtforschung greift auf diese Differenzierung zurück.

Ontologisch stellt sich die Frage, ob ‚Realität' gegeben ist, d.h. ob sie außerhalb des Individuums existiert oder nur ein Produkt des persönlichen Bewußtseins ist. Existiert eine Realität außerhalb des Individuums sowie unabhängig davon, ob und wie diese Realität vom Individuum erfahren wird, dann verlangt dies nach anderen

(= ‚objektiven') Forschungsmethoden, als wenn man davon ausgeht, Realität bzw. Wirklichkeit seien das Produkt individuellen Bewußtseins und Denkens.

Epistemologisch geht es um das Entstehen von wissenschaftlichem Wissen: Lassen sich – so wie in den Naturwissenschaften – allgemeine Gesetze finden, oder kann sozialwissenschaftliche Forschung nur unter Berücksichtigung der Subjektivität der Betroffenen, d.h. von ‚innen', betrieben werden?

Bei den Annahmen über die *Natur des Menschen* steht der Freiraum des Verhaltens bzw. des Handelns zur Diskussion: Ist der Mensch das Produkt seiner Umgebung (und damit über eine Veränderung der situativen Variablen steuerbar), oder hat er Freiräume, über die er selbst verfügt, bzw. ist er gar autonom?

Ontologische, epistemologische sowie Annahmen über die Natur des Menschen haben unmittelbare Konsequenzen für die *Methodologie*. Die Annahme einer außerhalb des Individuums existierenden sozialen Realität, die sich auf der Basis universeller Gesetze erklären läßt und deren Individuen in ihrem Verhalten durch externe bzw. situative Faktoren determiniert sind, führt zu einer Methodologie, die versucht, mit Hilfe sog. objektiver Verfahren Regelmäßigkeiten zwischen Variablen zu entdecken und Begründungen dafür zu liefern. Im Gegensatz dazu versucht eine Methodologie, welche die Erfahrung und die subjektive Konstruktion von Lebenswelt durch die Akteure zum Ausgangspunkt nimmt, soziale Phänomene unter dem Aspekt der Ausbildung und Veränderung relativer, d.h. nicht universeller Regelmäßigkeiten zu verstehen.

Vor dem Hintergrund der hier nur in den Polaritäten skizzierten Differenzierungen läßt sich damit nun ein sog. ‚objektives' von einem sog. ‚subjektiven' Forschungsprogramm unterscheiden (s. Abb. 1).

	Forschungsprogramm	
	objektiv	subjektiv
ontologische Annahmen	'realistisch': Realität existiert unabhängig vom Individuum	'nominalistisch': Realität ist Produkt von Bewußtsein und Denken
epistemologische Ann.	'positivistisch': (naturwissenschaftliche) Gesetzmäßigkeiten	'anti-positivistisch': jede Erkenntnis ist relativ zum Bezugsrahmen des Forschers
Natur des Menschen	'deterministisch': Verhalten ist vorhersagbar	'voluntaristisch': Handlungen lassen sich nicht auf naturwissenschaftliche Kausalketten zurückführen
methodologische Ann.	'nomothetisch': Forschungsinstrumente wie in den Naturwissenschaften	'ideographisch': Verstehen aus der Lebenswelt der Akteure

Abb. 1. Objektives und subjektives sozialwiss. Forschungsprogramm (nach Burrell/Morgan, 1979)

b) Objektebene

Auf der *Objektebene* geht es um die Festlegung jener sozialen Ebene, auf der Machtphänomene erklärt oder verstanden werden sollen (Katz/Kahn, 1978: 12 ff.). Individuum, Gruppe, Organisation und Gesellschaft stellen dabei üblicherweise die vier grundlegenden Objektebenen dar (vgl. Astley/Van de Ven, 1983: 246 ff.; Pfeffer, 1982: 12 ff.). Da die bisherige Machtforschung bei Machtphänomenen oberhalb der Gruppenebene kaum zwischen Organisations- und gesellschaftlicher Ebene differenziert, wird dieser Bereich hier im weiteren als ‚Makro'bereich bezeichnet. Der ‚Meso'bereich erklärt Machtphänomene auf der Ebene von Gruppen oder formalen organisatorischen Subeinheiten. Der ‚Mikro'bereich schließlich umfaßt dann jene Machttheorien, die das Individuum, das individuelle Handeln eines Akteurs oder intraindividuelle Kategorien (z.B. Motive) als Ansatzpunkt ihrer Überlegungen haben.

Auf der Basis der Dimensionen subjektives/objektives Forschungsprogramm sowie Mikro-/Meso-/Makro-Ebene ergibt sich damit die in Abb. 2 dargestellte Systematik solcher sozialwissenschaftlicher Theorien der Macht, welche eine betriebswirtschaftliche Relevanz haben, eine solche haben sollten oder haben könnten.

Die Übersicht der Abb. 2 veranschaulicht die Diversität und Aufgesplittertheit der gegenwärtigen sozialwissenschaftlichen Machttheorien. Eine rein quantitative Betrachtungsweise erweckt den Anschein eines Entwicklungsstandes, der qualitativ jedoch – wie zu zeigen sein wird – über weite Strecken nicht eingelöst wird. Weiters wird in der Übersicht die Dominanz objektiver Forschungsprogramme, und hier vor allem auf der Mikro- und der Meso-Ebene, deutlich. Neuere Entwicklungen sind v.a. im subjektiven Forschungsprogramm festzustellen und entstammen vorwiegend der phänomenologischen Organisationssoziologie.

Nun ist es aber weder möglich noch sinnvoll, alle erwähnten Theorien ausführlich zu erörtern. Die nachfolgende Diskussion des status quo der *betriebswirtschaftlich*-organisationstheoretischen Machtforschung bezweckt daher keine breitgestreute und entsprechende Arbeiten einzeln oder summarisch diskutierende Übersicht des *Objektbereiches* der Machtforschung. Solche allgemeine Sammel-Übersichten interessieren hier nicht; sie finden sich außerdem z.B. bei Bass (1981) und Yukl (1981). Hier wird – dem Entwicklungsstand der gegenwärtigen betriebswirtschaftlichen Machtforschung entsprechend – davon ausgegangen, daß eine theoretische und methodologische *Grundlagen*diskussion vorrangig notwendig ist. Unerläßlich erscheint vor allem, sich im besonderen mit den Voraussetzungen und den konzeptionellen Logiken der jeweiligen Machttheorien auseinanderzusetzen. Das Hauptaugenmerk dieser Auseinandersetzung wird daher auf der Erklärung der *Entstehung* von Macht liegen. Eine derartige Diskussion der theoretischen und methodologischen Entwicklungslinien der organisationstheoretischen Machtforschung liegt m. W. bisher nicht vor.

Die nachfolgende state of the field-Diskussion bezweckt daher eine Erörterung und Beurteilung der theoretischen und methodologischen Voraussetzungen von für die Betriebswirtschaftslehre wichtigen Erklärungsansätzen der Macht. Dabei wird es notwendig, den Diskussionsrahmen abzugrenzen und ihn gleichzeitig zu strukturieren. Das theoretische Kriterium hiefür stellt das Konzept der *Ressourcen* dar. Das Untersuchungsfeld wird somit auf ressourcenorientierte sozialwissenschaftliche Theorien der Macht eingeengt.

		Forschungsprogramm	
		objektiv	subjektiv
Objektebene	Mikro	Lerntheorie (z.B. Adams/Romney, 1959) Austauschtheorie (z.B. Thibaut/Kelley, 1959; Homans, 1961) Feldtheorie (z.B. Cartwright, 1959; French/Raven, 1959) Motivationstheorie (z.B. Winter, 1973; Kipnis, 1976; McClelland, 1978) Distanztheorie (z.B. Mulder, 1977) Mikropolitik (z.B. Porter/Allen/Angle, 1981)	Tiefenpsychologische Organisationstheorie (z.B. Adler, 1975; Zaleznik/Kets de Vries, 1975) Ethnomethodologische Organisationstheorie (z.B. Clegg, 1975) Phänomenologische Organisationstheorie (z.B. Mangham, 1986) Mikropolitik (z.B. Bosetzky, 1977)
	Meso	Bürokratietheorie (z.B. Weber, 1972) Austauschtheorie (z.B. Emerson, 1962; Cook, 1987) Systemtheorie (z.B. Etzioni, 1975) Entscheidungstheorie (z.B. Cyert/March, 1963; Nagel, 1975) Rollentheorie (z.B. Claessens, 1974) politische Ökonomie (z.B. Zald, 1970) Kontingenztheorie (z.B. Hickson et al. 1971; Mintzberg, 1983) Verhandlungstheorie (z.B. Abell, 1975) polit. Organisationstheorie (z.B. Pfeffer, 1981) Theorie der Arbeitspolitik (z.B. Jürgens, 1984)	Bürokratietheorie (z.B. Crozier, 1964; Crozier/Friedberg, 1979) Verhandlungstheorie (z.B. Bacharach/Lawler, 1980) Phänomenologische Organisationstheorie (z.B. Daudi, 1986)
	Makro	Verbändetheorie (z.B. Weber, 1972) kommunale Machtforschung (z.B. Dahl, 1973) Systemtheorie (z.B. Parsons, 1966; Luhmann, 1975) Kontingenztheorie (z.B. Pfeffer/Salancik, 1978) "labor process debate" (z.B. Braverman, 1980; Edwards, 1981)	kommunale Machtforschung (z.B. Bachrach/Baratz, 1977) kritische Theorie (z.B. Lukes, 1974; Clegg, 1979)

Abb. 2. Sozialwissenschaftliche Theorien der Macht

2.2 Ressourcenorientierte Theorien der Macht

2.2.1 Ressourcen als Voraussetzung von Macht

Die Diskussion organisationstheoretischer Theorien der Macht führt in einem ersten Schritt zu grundlegenden Begriffen und Konzepten. Üblicherweise werden zur Beschreibung jener Phänomene, auf denen Macht beruht, Termini wie „Machtgrundlagen", „Quellen der Macht" oder „Machtbasis"(„-basen") verwendet. Gemeint sind damit materielle oder immaterielle *Voraussetzungen*, die jemand (be-) nutzt, um Macht ausüben zu können. Diese Bezeichnungen erfreuen sich allgemeiner Verwendung. Bedauerlicherweise sind sie jedoch weitaus weniger eindeutig, als man annehmen sollte. So hat vor allem der Begriff „Machtbasis", der sich im Anschluß an die angelsächsische auch in der deutschsprachigen Literatur sehr häufig findet, zwar eine einigermaßen abgrenzbare Alltagsbedeutung. In seiner wissenschaftlichen Verwendung bleibt er aber unklar und offen. Verfolgt man die wissenschaftliche Genese des Begriffes „Machtbasis" bzw. „basis of power", der vor allem durch die feldtheoretische Machtforschung (Cartwright, 1959) starke Verbreitung gefunden hat, zurück bis zu Dahl (1957), so stößt man bereits dort eher auf Verwirrung als auf Aufklärung: Denn Dahl setzt „bases of power" mit „sources" und „domain" gleich[2] (Dahl, 1957: 203). Seine endgültige Konfusion erfährt der Begriff dann bei French/Raven (auf deren Konzeption sich jedoch der Großteil der deutschsprachigen verhaltenswissenschaftlichen Machtdiskussion stützt): „By the basis of power we mean the relationship between O and P which is the source of that power" (French/Raven, 1959:155). Nicht nur werden hier ebenfalls Machtbasen und Quellen der Macht in eine unklare wechselseitige Beziehung gesetzt und zusätzlich mit ihren Voraussetzungen verwechselt, French/Raven verweisen darüberhinaus auf ein unbestimmtes und mehrdeutiges relationales Verhältnis[3], dem in ihren späteren Ausführungen nur mehr instrumentelle Bedeutung zukommt.

Angesichts der Unbestimmtheit dieser zentralen machttheoretischen Begriffe ist es notwendig, von einem Begriff auszugehen, der geeignet ist,

– die konzeptionellen Entwicklungslinien der gegenwärtigen organisationstheoretischen Machtdiskussion systematisierend zu verdeutlichen, der aber auch geeignet ist,
– diese Systematik vor allem unter betriebswirtschaftlichen Gesichtspunkten auszuarbeiten.

Als solches Ordnungskriterium bietet sich der Begriff der „Ressource" an. Ressourcen stellen, indem sie dem Begriff der „Wirtschaftsgüter" verwandt sind, ein zumindest implizites, zentrales, wissenschaftliches Konzept betriebswirtschaftlichen Denkens dar. Während „Wirtschaftsgüter" aber an die Kriterien „Bedürfnisbefriedigung" und „Knappheit" gekoppelt sind (z.B. Stüdemann, 1988: 148 f.; Lechner/Egger/Schauer, 1987: 31; Busse v. Colbe/Laßmann, 1983: 68; Wöhe, 1970: 3), werden hier Ressourcen in einem generellen Sinn als Mittel, die *funktional* für die Realisierung von Zwecken sozialer Akteure sind, verstanden[4]. Als solche sind sie nicht a priori notwendigerweise knapp, noch befriedigen sie a priori normativ (im betriebswirtschaftlichen Sinn) einen „Bedarf" oder ein „Bedürfnis"[5], sondern sind ausschließlich funktional definiert. Wie die Diskussion der Entwicklung der Machttheorien zeigen wird, ist diese Unterscheidung einerseits für die älteren Machtmodelle notwendig, andererseits aber auch für neuere Machttheorien, welche Macht als komplexe soziale Phänomene begreifen. Jüngere Theorien der Macht nähern sich in ihrem Ressourcenkonzept insoweit wieder dem Begriff der „Wirtschaftsgüter", indem sie jene Ressourcen, die beliebig verfügbar sind („freie Güter"), als machttheoretisch vernachlässigbar ausscheiden. Hier gilt dann das Interesse aber weniger der Produktions- als der Nachfrageseite, welche im Konzept der Dependenz machttheoretisch relevant wird. Ressourcen können schließlich materieller oder immaterieller Natur sein. Dies inkludiert Phänomene wie die personale Attraktivität von Vorgesetzten (später dann z.B. als „Identifikationsmacht" bezeichnet) sowie die emotionale oder die ideologische Attraktivität von Gruppen in den Ressourcenbegriff, womit dieser auch hier weiter gefaßt ist als der Begriff der Wirtschaftsgüter.

Das Ressourcenkonzept erlaubt damit eine systematische Diskussion jener Machtansätze und Problembereiche, die dem Wissenschaftsverständnis der betriebswirtschaftlichen Organisationstheorie nahestehen. Was bedeutet nun die Orientierung an Ressourcen für die Diskussion von Machttheorien? Ganz allgemein gehen ressourcenorientierte Machttheorien davon aus, daß die Möglichkeit der Machtausübung an die *Verfügung über Ressourcen* gebunden ist. Ein Eigentum an den Ressourcen oder ein Besitz der Ressourcen ist nicht notwendig. Voraussetzung ist nur, daß der Akteur im gegebenen Fall in der Lage ist, sie einzusetzen. Die Verfügung über Ressourcen wird damit zum zentralen Kriterium der Macht (-ausübung).

Ein betriebswirtschaftlicher Ressourcenbegriff als Ordnungskriterium *strukturiert* nicht nur den Diskussionsrahmen, er *verengt* ihn auch. So fallen Theorien, die Macht z.B. unter intraindividuellen Gesichtspunkten diskutieren (z.B. Adler, 1975; Zaleznik/Kets de Vries, 1975), Macht als Motiv konzipieren (z.B. McClelland, 1978; Winter, 1973) oder Macht als symbolisch generalisiertes Kommunikationsmedium begreifen (z.B. Luhmann, 1975; Parsons, 1966), aus diesem Rahmen hinaus. Damit ist keinerlei Bewertung dieser Theorien verbunden. Es wird lediglich davon ausgegangen, daß unter dem Gesichtspunkt einer *betriebswirtschaftlich-organisationstheoretischen* Machtdiskussion die Ressourcenorientierung anderen möglichen Ordnungskriterien (wie eben Triebe, Motive oder Kommunikationsmedien) überlegen ist.

Ausgehend vom Begriff der (Macht-)Ressourcen, werden im folgenden Theorien der Macht hinsichtlich ihrer Konzeptionen der Entstehung, Veränderung und Stabilisierung von Macht unter theoretischen und methodologischen Aspekten untersucht. Im Verlauf dieser Diskussion wird es sich als notwendig erweisen, das Ressourcenkonzept um die Konzepte Relation und Dependenz zu erweitern.

2.2.2 Kontrolle der Ressourcen

Fragen wir uns, warum es A möglich war, B zu einer bestimmten Handlung zu veranlassen, so könnten wir feststellen, daß B z.B. von A dafür bezahlt wurde. Ebensogut könnte B auch in einer anderen Form belohnt worden sein, etwa mit beruflichem Aufstieg; er könnte aber auch mit einer Bestrafung bedroht worden sein. A könnte auch physische Gewaltmittel eingesetzt haben, an den Gerechtigkeitssinn von B oder seinen sog. gesunden Menschenverstand appelliert haben. Eine solche Liste, die Antwort auf die Frage gibt, worauf die Superiorität von A zurückzuführen ist, läßt sich theoretisch beliebig lange fortsetzen. So könnte A etwa ein sehr sympathischer Mensch sein oder auch einen Rechtsanspruch besessen haben. Es ist aber augenscheinlich, daß die Superiorität von A in einem engen Zusammenhang mit dessen Ressourcen steht.

Gehen wir daher davon aus, daß die Möglichkeit, Macht auszuüben, (– unter anderem –) auf der Kontrolle von Ressourcen beruht, so setzt diese Ressourcenkontrolle weder eine Rechtmäßigkeit noch deren Besitz voraus. Das versprochene Geldgeschenk, mit dem B bestochen wird, kann verdient, gestohlen oder auch nur vorgetäuscht sein; der Druck, den A auf B auszuüben in der Lage ist, kann daher rühren, daß A und A_1 gute Freunde sind und B ein untergeordneter Mitarbeiter von A_1 ist. Während sich in der jüngeren Machtdiskussion das Kriterium der *Kontrolle* von Ressourcen als maßgebliches Kriterium der Machtausübung im wesentlichen durchgesetzt hat, setzen andere, v.a. ältere Autoren noch das theoretisch zu eng gefaßte Kriterium des *Besitzes* der Ressourcen voraus (z.B. Ehrensperger, 1985: 35; Tedeschi/Lindskold, 1976: 336; Patchen, 1974: 196; Dahlström, 1966: 237; Cartwright, 1965: 107).

Theorien der Macht, die sich in ihrem theoretischen Kern auf den Machtüberlegenen und dessen Ressourcenkontrolle konzentrieren, gehen von der Annahme aus, daß sich diese Ressourcen als Voraussetzung der Macht von einzelnen oder einer Gruppe von Organisationsmitgliedern identifizieren lassen. Will man daher feststellen, wer in einem Unternehmen tatsächlich Macht hat, so sollte das Augenmerk weniger auf den formalen Organisationsplan als auf die tatsächliche Verteilung wichtiger Ressourcen gelegt werden: „Those subunits or individuals within the organization that can provide the most critical and difficult to obtain resources come to have power in the organization" (Pfeffer, 1981a: 101).

Führt man diesen Gedanken weiter, so stößt man auf Fragen wie: Welchen Ressourcen kommt für die Ausübung von Macht besondere Bedeutung zu?, woher kommen diese Ressourcen?, welche Bedingungen sind für ihre Allokation relevant? Hinter diesen Fragen steht die Überlegung, daß ihre Beantwortung es ermöglichen sollte, die Determinanten von Machtbeziehungen zwischen Machtüberlegenen und Machtunterlegenen zu erkennen. Dadurch würde es möglich, neue Machtbeziehungen herzustellen und bestehende Machtbeziehungen zu verändern oder zu stabilisieren. Damit dies gelingen kann, „wäre eine Typologie der Machtgrundlagen wichtig" (Schneider, 1978: 17). Es verwundert daher nicht, daß die Machtforschung – auf unterschiedlichstem Niveau – eine lange Geschichte derartiger Klassifikationsversuche, deren bekannteste jene von French/Raven (1959) und Etzioni (1961) darstellen, aufzuweisen hat.

Vor einer Diskussion solcher Typologien ist es jedoch notwendig, sich zuvor eingehend mit der theoretischen und methodologischen Konstruktion des Ressourcenkonzeptes zu beschäftigen. Dessen Erörterung beginnt mit solchen ressourcenorientierten Theorien der Macht, die den Machtunterlegenen nicht berücksichtigen (sog. nicht-relationale Theorien der Macht); anschließend werden jene Theorien untersucht, in denen B zumindest theoretisch seinen Platz hat (sog. relationale Theorien der Macht); und schließlich werden Theorien diskutiert, die auch die

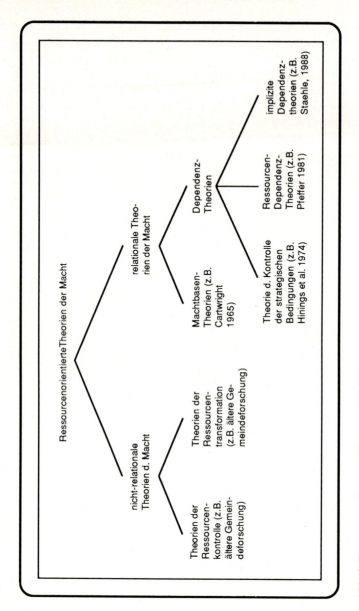

Abb. 3. Ressourcenorientierte Theorien der Macht

Abhängigkeit des Machtunterlegenen von den Ressourcen des Machtüberlegenen berücksichtigen (sog. Dependenztheorien der Macht) (s. dazu als Übersicht die Abb. 3).

Nicht-relationale Theorien der Macht sind *einseitig* auf den *Machtüberlegenen* ausgerichtet. Sie konzentrieren sich in ihren theoretischen Grundannahmen auf die Ressourcen des sog. Machthabers und auf seinen Ressourceneinsatz. Sowohl der Machtunterlegene als auch die prozessuale Beziehung zwischen dem Machtüberlegenen und dem Machtunterlegenen werden hier aber als vernachlässigbar betrachtet bzw. vernachlässigt.

2.2.3. Nicht-relationale Theorien der Macht

2.2.3.1 Macht als Ressourcenkontrolle

Macht als Ressourcenkontrolle stellt die einfachste Variante ressourcenorientierter Machttheorien dar. So finden sich in unserer Alltagssprache mitunter Aussagen wie „A hat Macht" oder „A ist mächtig". Gemeint ist damit eine *Fähigkeit* der Person A, auf Grund der *Ressourcen*, über die sie verfügt, Macht auszuüben. Der theoretische Kern dieses Machtmodells besteht einzig in der Kontrolle von Ressourcen. Solche Ressourcen könnten das Eigentum am Unternehmen, eine hierarchische Position mit entsprechenden Kompetenzen oder auch besondere Beziehungen zu einem anderen ‚mächtigen' Unternehmensmitglied sein.

Solche Aussagen wie „A hat Macht" bewegen sich auf dem gleichen Niveau wie die Aussage „Wissen ist Macht". Sie drücken ein *generelles* Macht Haben' aus, das weder hinsichtlich der Adressaten des Macht Habens differenziert (über wen wird Macht ausgeübt?) noch über den Prozeß der Machtausübung etwas aussagt (wie wird diese Macht ausgeübt?) sowie z.T. auch die das Macht Haben begründenden Machtressourcen nicht spezifiziert (warum wird Macht ausgeübt?). Das diesem Ansatz zugrunde liegende Machtmodell ist einfach (s. Abb. 4).

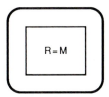

Abb. 4.
Machtmodell des nicht-relationalen Ressourcenkontrollansatzes
(R = Ressourcen, M = Macht)

Eine Anwendung des (R = M)-Machtmodells legt nahe, die Ressourcen der Akteure zu eruieren. Kann festgestellt werden, wer über welche Ressourcen verfügt, dann weiß man in einer unmittelbaren Entsprechung, wer Macht hat: „Differences in pattern or structures of power may be attributed ... to the way in which ‚resources' ... are distributed" (Dahl, 1968: 409). Ein solches Machtmodell kennzeichnet Macht als eine Fähigkeit oder Eigenschaft des Machthabers: Der Machthaber hat Macht, weil er Ressourcen hat. Die einfache Addition der Ressourcen korrespondiert der Steigerung der Macht des Machthabers: je größer seine Ressourcen, desto größer seine Macht.

Ein solches *undifferenziertes* Machtmodell, das Ressourcen und Macht gleichsetzt, findet sich v.a. im Rahmen des Positionsansatzes[6] der älteren sozialwissenschaftlichen Gemeindeforschung (Aiken/Mott, 1970: 193 f.). Es findet sich heute noch in populärwissenschaftlicher rezepthafter Literatur über Macht sowie in alltagssprachlichen Aussagen zu Macht.

Die Schwächen dieses Machtansatzes liegen in der

– Gleichsetzung von Ressourcen und Macht als offenkundige Tautologie;
– Undifferenziertheit des Objektbereichs der Machtausübung – es ist nicht klar, über wen oder über was Macht ausgeübt wird;
– Vernachlässigung des Prozesses der Machtausübung: Ressourcen werden als statische, generelle Wirksamkeit habende Inputs begriffen (Kirsch, 1977b: 191). Außerdem begnügt sich dieser Machtansatz theoretisch und methodologisch mit der alleinigen Ressourcenkontrolle (dem ‚Ressourcen haben') und läßt die Mobilisierung der Ressourcen außer acht.

Letzteres Problem tritt besonders dann zu Tage, wenn wir uns vorstellen, daß A zwar über Ressourcen verfügt, aber diese nicht einsetzt, oder nur einen Teil davon. A könnte z.B. mit dem Werksdirektor verwandt sein, aber ihn noch nie ersucht haben, ihm einen ‚Gefallen' zu erweisen. A kann über ein beträchtliches Vermögen verfügen, sich aber ausschließlich für Siedlungsformen der mitteleuropäischen Bronzezeit interessieren. D.h. A verfügt hier zwar über Ressourcen (und entspricht damit den Modellbedingungen); da er sie jedoch nicht einsetzt, kommt es zu keiner Machtausübung. Die Kontrolle von Ressourcen kann daher nicht mit Macht haben gleichgesetzt werden. Ressourcenkontrolle und Macht fallen unter theoretischen Gesichtspunkten auseinander.

2.2.3.2 Macht als Ergebnis einer Transformation von Ressourcen

Wenn daher die Ressourcenkontrolle von Macht zu unterscheiden ist, dann bedarf es eines Prozesses, der es A ermöglicht, mit Hilfe der von ihm kontrollierten Ressourcen Macht auszuüben. A muß seine Ressourcen zum Einsatz bringen. So könnte A dem B etwa einen finanziellen Leistungsanreiz anbieten, er könnte B auch drohen oder die Gesamtsituation mit Hilfe seiner Ressourcen so manipulieren, daß B ‚von sich aus' macht, was A will. Dieser Prozeß, der aus Ressourcen Macht entstehen läßt, ist in einem generellen Sinn als *Transformationsprozeß* zu bezeichnen. Das Machtmodell (Abb. 5) ist somit um eine Transformationsvariable (T) zu erweitern.

Dieses Machtmodell vermeidet die Tautologie des (R = M)-Modells, indem es auf den Vermittlungsprozeß zwischen Ressourcen und Macht hinweist: „Resources are not themselves power. Unless utilized ... they are quite devoid of significance" (Bierstedt, 1974: 239). Wie diese Transformation aber nun realiter vor sich geht, ist nicht mehr so klar. So werden die Ressourcen zwar (semantisch): benutzt, aktualisiert, mobilisiert, verwendet, genutzt, einem Versuch der Einflußnahme unterzogen, eingesetzt oder auch ausgebeutet (z.B. Wunderer/Grunwald, 1980: 69; Schneider, 1978: 5; Krüger, 1976: 7; Dahlström, 1966: 277; Dahl, 1957: 203). Großteils bleibt

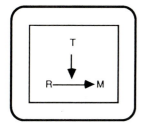

Abb. 5.
Machtmodell des nicht-relationalen Ressourcentransformationsansatzes
(R = Ressourcen, T = Transformation, M = Macht)

dabei jedoch *offen* und *unbestimmt*, wie der Prozeß der Transformation tatsächlich verläuft.

Um den Unterschied zwischen Ressourcen und Macht und um damit auch den Fortschritt gegenüber dem (R = M)-Modell zu betonen, weisen nicht-relationale Ressourcentransformationsansätze zumeist auf den Unterschied zwischen potentieller und aktualisierter Macht hin. Potentielle oder – wie sie mitunter auch genannt wird – mögliche Macht meint dabei entweder nicht genutzte oder nur teilweise genutzte Ressourcen oder aber auch einen unzureichenden Transformationsprozeß, der zu nicht oder nur zu teilweise genutzten Ressourcen führt (Wrong, 1979: 6 ff.; Kirsch, 1977b: 191; Etzioni, 1975: 342). Aktualisierte Macht als Ergebnis des Transformationsprozesses ist dann entweder als Ausübung von Macht oder als Grad der Ressourcennutzung zu verstehen[7].

Auch dieser Ansatz erklärt Macht als eine *Fähigkeit* oder *Eigenschaft* des Machthabers und seiner Ressourcen. Der Prozeß der Ressourcentransformation bleibt im wesentlichen unbeachtet, was insofern ein besonderes Problem darstellt, als damit auch der *Machtunterlegene* gänzlich außer acht gelassen wird. Die Transformation der Ressourcen berücksichtigt weder besondere situative Bedingungen noch den Objektbereich der Machtausübung. Sie ist ausschließlich an die *Absicht* des Machtüberlegenen, seine Ressourcen einzusetzen, gebunden.

Nehmen wir aber nun folgende Situation an: Der Abteilungsleiter A ersucht seinen Mitarbeiter B um die Erledigung einer Aufgabe. Der Abteilungsleiter A verfügt über Ressourcen (er kann B im Rahmen seiner Kompetenz z.B. belohnen oder bestrafen), er setzt diese Ressourcen ein (A ersucht B unter Hinweis auf eine nachfolgende Belohnung oder unter Hinweis auf den Arbeitsvertrag des B um die Erledigung einer betrieblichen Aufgabe), und dennoch weigert sich B, dem legitimen Ansinnen des A nachzukommen. A verfügt in diesem Beispiel also über Ressourcen, setzt diese ein, und dennoch kommt es zu keiner Machtausübung.

Das Machtmodell des nicht-relationalen Ressourcentransformationsansatzes kann den erfolglosen Machtausübungsversuch des A *nicht* erklären – es bleibt in seiner Allgemeinheit unzulänglich. Hier wird nicht nur die Relation A-B außer acht gelassen, sondern B wird theoretisch als genereller und unbedingter Reagierer konzipiert, der auf Grund dieser Annahmen im Modell selbst vernachlässigbar ist. Dieses Modell findet sich ebenfalls im Rahmen des Positionsansatzes der älteren sozialwissenschaftlichen Gemeindeforschung, in der populärwissenschaftlichen Machtliteratur sowie im Alltagssprachgebrauch.

2.2.4 Relationale Theorien der Macht

Relationale Machtmodelle unterscheiden sich von nicht-relationalen Machtmodellen durch *Einbeziehung des Adressaten* der Machtausübung, d.h. durch Berücksichtigung der Relation A-B. Was hier also neu in die Diskussion eingeht, ist das Hinzutreten eines weiteren Akteurs: desjenigen, über den Macht ausgeübt wird. Die Transformation von Ressourcen in relationale Macht führt zur Aufgabe omnipotenter Machthaber mit genereller Macht und engt sich auf die Beziehung zwischen Machthaber und *spezifischem* Adressatenkreis ein. A hat nicht mehr Macht ‚an sich', sondern immer nur Macht über *spezifische* Machtunterlegene. Macht wird dadurch zu einem relationalen Phänomen.

Wie zu zeigen sein wird, kann die Relation A-B theoretisch unterschiedlich angelegt werden. Dies führt in der Folge auch zu unterschiedlichen Modellen relationaler Macht. Zwei Gruppen von Machtmodellen sind zu unterscheiden: das Machtbasenmodell und das Dependenzmodell. Das Machtbasen-Modell geht von besonderen Ressourcen oder Ressourcengruppen aus und richtet sich primär an Individuen. Das Dependenzmodell geht von der Abhängigkeit des B von den Ressourcen des A aus, z.B. im Rahmen der funktionalen Interdependenz innerorganisatorischer Leistungserstellung. Es richtet sich primär an in komplexen sozialen Systemen verankerte organisatorische Subeinheiten (z.B. Abteilungen), aber auch an individuelle Akteure und das Gesamtunternehmen als kollektiven Akteur.

2.2.4.1 Das Machtbasen-Modell: die sog. Grundlagen der Macht

Das Machtbasen-Modell berücksichtigt B und schränkt dabei den Objektbereich der Machtausübung von generellen auf spezifische Machtunterlegene ein. Seine grundlegende Annahme besteht dennoch darin, daß es *besondere Ressourcen* oder *Ressourcengruppen* gibt, die anderen Ressourcen oder Ressourcengruppen in der Chance, eine Voraussetzung relationaler Macht darzustellen, *überlegen* sind. Mit der Knappheit und Wichtigkeit solcher Ressourcen(-gruppen) nimmt auch die Macht desjenigen, der sie kontrolliert, zu. Damit ergibt sich die Frage, welche Ressourcen(-gruppen) die sog. ‚Grundlagen der Macht' bilden. Es verwundert nicht, daß eine beträchtliche Anzahl solcher Ressourcenauflistungen erstellt wurden und immer noch werden (z.B. Greiner/Schein, 1988; Mintzberg, 1983).

Wie bereits erkennbar, richtet sich dieses Machtmodell – trotz seiner Relationalität – ebenfalls auf den *Machtüberlegenen* und seine Ressourcen. A verfügt – so der methodologische Kern des Modells – in seiner Beziehung zu B über die ‚*richtigen*' Ressourcen und kann deshalb Macht über B ausüben. Macht ist auch hier als eine *Fähigkeit* des Machthabers zu verstehen.

Dieses Modell (Abb. 6) berücksichtigt damit zwar den Machtunterlegenen, trotzdem kommt B nach wie vor *keine* besondere Bedeutung zu. Der Machtunterlegene wird methodologisch nur als spezifischer, eingeschränkter Zielbereich (M rel) der Machtausübung des A definiert; B verkörpert die Begrenzung des Wirkungsbereiches der Macht des A. Obwohl damit bereits Kritik anklingt, stellt das Machtbasenmodell, das auf Dahl (1957: 203) zurückgeht, dennoch das derzeit verbreitetste Machtmodell der verhaltenswissenschaftlichen betriebswirtschaftlichen Organisa-

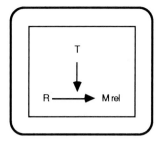

Abb. 6.
Machtbasenmodell des relationalen Ressourcentransformationsansatzes
(R = Ressourcen, T = Transformation,
M rel = relationale Macht)

tionstheorie wie auch der verhaltenswissenschaftlichen Sozialforschung dar. Aus diesem Grund wird im folgenden auf die Typologie von French/Raven exemplarisch eingegangen und an Hand dieses Ansatzes der Stellenwert des Machtbasenmodells verdeutlicht. Der Anhang A enthält zusätzlich eine inhaltliche Übersicht weiterer wichtiger betriebswirtschaftlicher, organisationspsychologischer und organisationssoziologischer Machtbasenmodelle (Simon, 1957b; Kelman, 1961,1974; Etzioni, 1961; Cartwright, 1965; Marwell/Schmitt, 1967; Gamson, 1968; Lehmann, 1969; Patchen 1974; Tedeschi/Lindskold, 1976; Krüger, 1976; Schneider, 1978; Wunderer/Grunwald, 1980; Bacharach/Lawler, 1981; Lattmann, 1982; Galbraith, 1983; Mintzberg, 1983). Im Objektbereich beziehen sich diese Typologien sowohl auf vereinzelte als auch auf kollektive Machtunterlegene. Eine tabellarische Zusammenstellung zeigt schließlich deren auffallende Übereinstimmung.

2.2.4.1.1 Die French/Raven-Typologie als *das* Beispiel einer Machtbasen-Theorie

a) Typologie

Die von French/Raven 1959 vorgeschlagene Typologie der „bases of power" stellt die weitaus bekannteste und in der einschlägigen Literatur auch bei weitem am häufigsten zitierte Zusammenstellung von Machtgrundlagen dar. Zahlreiche Autoren haben diese Typologie unverändert übernommen oder sie als Ausgangspunkt für Um- und Neuformulierungen gewählt. Die French/Raven-Typologie ist in ihrer Beschränkung auf fünf (bzw. später dann sechs) Grundlagen der Macht sehr übersichtlich und birgt überdies den Vorteil, daß sie mit der Einbeziehung psychologischer Elemente über die bis dahin in der Organisationstheorie dominanten Klassifikationen, die nur technische oder ökonomische Ressourcen berücksichtigten, hinausgeht. Ihr Einfluß auf die Entwicklung der sozialwissenschaftlichen Machttheorie läßt sich am besten dadurch charakterisieren, daß alle nachfolgenden a priorischen verhaltenswissenschaftlichen Typologien von Machtgrundlagen im Prinzip von den gleichen theoretischen Grundannahmen ausgehen.

Die nachfolgende Darstellung basiert auf der Originalstudie von French/Raven (1959) und berücksichtigt deren Modifikationen und Ergänzungen durch Raven (1965), Collins/Raven (1969), Raven/Kruglansky (1970), Raven (1974), Raven/Rubin (1976) sowie Raven (1989). Die Fähigkeit einer Person, über eine andere Person Macht auszuüben, basiert im Rahmen der French/Raven-Typologie auf der

Kontrolle folgender Ressourcen: Belohnungen, Bestrafungen, Legitimation, Identifikation, Sachkenntnis und – mit Raven (1965) – Information. Diese Machtgrundlagen bilden die Voraussetzung der damit auch benannten Machtarten.

1. Macht durch Belohnung (reward power)[8]

Macht durch Belohnung stützt sich auf die Fähigkeit, jemanden in eine Situation, die von diesem als positiv empfunden wird, zu versetzen (French/Raven, 1959: 156). A verfügt hier über Ressourcen, die sich z.B. in einer Erhöhung des Stundenlohnes, in einer Beförderung, in kollegialer Unterstützung oder in emotionaler Zuwendung auswirken können. Aber auch die Verhinderung von Handlungen oder Aufhebung von Situationen, die von B als negativ empfunden werden, wie z.B. Bestrafungen oder schlechte Arbeitsbedingungen, fallen unter diese Kategorie. Der Zielbereich der Belohnungsmacht und damit ihre Bedeutung hängt von Bs Einschätzung der Fähigkeit des A, solche Belohnungen tatsächlich vergeben zu können, ab.

2. Macht durch Bestrafung (coercive power)[9]

Diese stellt die zweite Seite der Sanktionsmacht dar und stützt sich auf die Fähigkeit des A, jemanden in eine von diesem als negativ empfundene Situation zu versetzen, z.B. durch Entlassung, Zuteilung unangenehmer Aufgaben, Versetzung, Verspottung vor anderen oder emotionale Zurückweisung. Ebenso wie bei Macht durch Belohnung wird hier angenommen, daß mit zunehmenden Ressourcen (Bestrafungsmöglichkeiten und -intensität) sich die Macht dessen, der über diese Ressourcen verfügt, vergrößert (French/Raven, 1959: 157 f.).

Mitunter dürfte es jedoch schwierig sein, zwischen Belohnungs- und Bestrafungsmacht zu unterscheiden: Ist der Entzug einer Belohnung tatsächlich schon als Bestrafung anzusehen?, und umgekehrt: Ist die Aufhebung einer Bestrafung bereits eine Belohnung? Auch wird die Konformität des Machtunterworfenen nur schwierig auf die tatsächliche Machtbasis zurückzuführen sein: Angst vor Bestrafung oder Hoffnung auf Belohnung können im sichtbaren, erwartungskonformen Verhalten oft nicht unterschieden werden. Die psychologischen Konsequenzen für den Machtunterworfenen sind jedoch unterschiedlich. Ebenso wie im Belohnungsfall die generelle Attraktivität des Machtüberlegenen steigen kann, so kann es im Bestrafungsfall zu einer Ausweitung der negativen Valenzen gegenüber dem Machtüberlegenen durch B kommen. French/Raven verweisen die Antwort, um welche Art von Macht und damit um welche Art von Machtgrundlage es sich im jeweils konkreten Fall handelt, in das subjektive Bewußtsein des Machtunterlegenen (French/Raven, 1959: 158; Raven/Rubin, 1976: 210).

3. Macht durch Legitimation (legitimate power)

Sie stützt sich auf die Auffassung, daß es A zusteht, von B etwas zu erwarten oder zu verlangen, und daß B seinerseits die Pflicht hat, diesem Verlangen bzw. dieser Erwartung nachzukommen (French/Raven, 1959: 159). Grundlage solcher Ansprüche sind z.B. allgemein anerkannte Normen, eine Position innerhalb akzeptierter sozialer Strukturen oder internalisierte Werte. Werden diese Normen, Strukturen oder Werte nicht mehr anerkannt, so geht die Legitimität und damit die Möglichkeit, Macht auszuüben, verloren. In Unternehmen trachtet man, dies u.a. durch Bestrafungs- oder Zwangsmaßnahmen zu verhindern: Wer den dienstlichen Anweisungen von Vorgesetzten nicht nachkommt, wird ermahnt, verwarnt, bestraft oder entlassen, um die Macht durch Legitimation nicht zu gefährden.

Beispiele der Macht durch Legitimation sind im Rahmen formaler hierarchischer Strukturen in Organisationen wie Unternehmen oder Militär leicht zu finden. Doch Macht durch Legitimation geht darüber hinaus: Es schließt alles ein, was sich im Rahmen sozialer Gruppierungen durch ein „Du sollst bzw. sollst nicht …", d.h. durch Normen, ausdrücken läßt. French/Raven betonen zu Recht, daß Legitimität eine sowohl komplexe als auch nicht zu unterschätzende Machtgrundlage darstellt. Ein bekanntes Beispiel dafür stellt das sog. Milgramexperiment (Milgram, 1974) dar, das die bedenkenlose Befolgung von als legitim vermuteten Aufforderungen drastisch zeigt (Kehrer, 1988: 103 ff.).

4. Macht durch Identifikation (referent power)

Die Macht des A basiert hier auf seiner Fähigkeit, als Bezugsperson für B zu dienen. B identifiziert sich mit ihm oder hat den Wunsch, ihm zumindest ähnlich zu sein (French/Raven, 1959: 161). So läßt sich etwa die Übernahme von Vorlieben, Handlungsweisen, Wertmustern oder anderen charakteristischen Zügen von Vorgesetzten durch ihre Mitarbeiter auf diese Machtgrundlagen zurückführen. Es ist bei dieser Machtgrundlage nicht notwendig, daß A davon weiß, daß sich B mit ihm identifiziert; genausowenig, wie B selbst diesen Prozeß bewußt wahrnehmen muß. A verfügt hier über die Möglichkeit, B zu bestimmten Handlungen zu veranlassen, ohne daß weder A noch B davon wissen müssen, warum sich B den Aufforderungen des A fügt. Je attraktiver A für B ist, desto größer ist die Macht des A über B. Ebenso wie positive Bezugspersonen Orientierungsgrößen darstellen, so gilt dies auch für negative Bezugspersonen. Ausdruck dessen wäre etwa die folgende Provokation: „Sie möchten doch nicht, daß man Sie mit X auf die gleiche Stufe stellt, der nicht einmal …". Solche Referenzen werden – wenn erfolgreich – als negative Identifikationsmacht bezeichnet (Collins/Raven, 1969: 175).

5. Macht durch Sachkenntnis (expert power)

Grundlage der Macht durch Sachkenntnis sind das Wissen oder die Fähigkeiten des Machthabers, von denen B – zu Recht oder zu Unrecht – annimmt, daß A über sie verfügt. Vergleichsmaßstab für die Überlegenheit des A können das Wissen des B oder seine Fähigkeiten sein; B kann die Überlegenheit des A aber auch an einem externen Standard messen. Für Unternehmen lassen sich zahlreiche Beispiele anführen, in denen sich das Wissen und die Fähigkeiten eines Experten durchsetzen oder die Entscheidungsgrundlage darstellen. So verleiht auch die „Beratungskompetenz" von Stäben diesen, wie Irle zeigt, beträchtliche vertikale Macht (Irle, 1971: 75 ff.).

Mit der Machtgrundlage Sachkenntnis kann A die Handlungen des B auch zu seinem eigenen Vorteil steuern. Gewinnt B jedoch den Eindruck, daß A eine solche selektive Verzerrung zu seinen eigenen Gunsten vornimmt, so kann es – gleichgültig ob der Eindruck des B zu Recht besteht oder nicht – zu sog. negativer Macht kommen. Diese führt zur Ablehnung des Experten und zur Zurückweisung seiner Vorschläge. Primär wird sich Macht durch Sachkenntnis auf jene Bereiche beschränken, in denen A von B sachliche Überlegenheit zugeschrieben wird. Ist B von der sachlichen Kompetenz des A hinreichend beeindruckt, so kommt es in der Folge zu einem Haloeffekt (s. dazu Herkner, 1981: 341 f.), und die Machtbasis des A erweitert sich über den Bereich seines ihm anfänglich von B zugeschriebenen Expertentums hinaus auf andere Bereiche, über die A möglicherweise keine oder nur geringe Sachkenntnis besitzt.

6. Macht durch Information (informational power)

In der Erstfassung ihrer Typologie weisen French/Raven zwar auf die Bedeutung von Information als Machtgrundlage hin, subsumieren diese aber als sekundäre Machtform dann doch unter Macht durch Sachkenntnis (French/Raven, 1959: 163). In einer späteren Untersuchung entschließt sich Raven unter Bezugnahme auf Deutsch/Gerard (1955), Information als eigenständige Machtgrundlage einzuführen (Raven, 1965: 372). Macht basiert hier auf der Information, die A an B weitergibt. Wichtig ist dabei der Inhalt der Information, denn er ruft bei B eine kognitive Veränderung hervor und besteht mit seiner Internalisierung unabhängig von A weiter. Bsp: Der Verkäufer A berichtet über die neuesten Aktivitäten und Pläne der Konkurrenz und ruft damit hektische Strategiesitzungen im eigenen Unternehmen hervor.

Der Unterschied zur Macht durch Sachkenntnis besteht darin, daß Informationsmacht von der Person A unabhängig ist und die Information im Mittelpunkt steht. Bei Macht durch Sachkenntnis besteht eine soziale Beziehung zwischen A und B: B schreibt A das Expertentum zu. M.E. dürfte die Trennung zwischen Macht durch Sachkenntnis und Macht durch Information in der Theorie leichter durchzuführen sein als in der Praxis oder selbst in der Wahl einschlägiger Beispiele. Denn gerade an zwei von Raven/Rubin genannten Beispielen verwischt sich die Grenze zwischen den beiden Machtgrundlagen: Der Staubsaugerverkäufer, der einen potentiellen Käufer vom Wert eines bestimmten Staubsaugers überzeugen will, firmiert unter „informational power" (Raven/Rubin, 1976: 207); der Farbenverkäufer, der ein bestimmtes Produkt hervorstreicht, firmiert unter „expert power" (Raven/Rubin, 1976: 213). Daß der Farbenverkäufer sein Produkt, das er anpreist, schon selbst verwendet hat, ist kein hinreichendes Unterscheidungskriterium: Dieses Argument kann auch der Staubsaugerverkäufer für sein Produkt geltend machen.

Dadurch, daß Macht auf Grundlage von Information nicht an die Person des Übermittlers gebunden ist, eignen sich z.B. Massenkommunikationsmittel hervorragend dazu, ‚richtige' Situationsdefinitionen an ihre Adressaten zu übermitteln. So besteht eine Aufgabe von Betriebszeitungen darin, den Betriebsangehörigen das ‚richtige' Bild von ihrem Betrieb zu vermitteln.

b) Praktische Umsetzung

Die *Verknüpfungen* zwischen diesen sechs Arten (bzw. Grundlagen) der Macht und dem Machthaber, der die Ressourcen kontrolliert, sind unterschiedlich. Macht durch Information ist nicht an denjenigen, der diese Information gibt, gebunden. Macht durch Sachkenntnis, Macht durch Identifikation und Macht durch Legitimation sind jedoch an A gebunden, bedürfen zu ihrer erfolgreichen Anwendung aber keiner Überwachung. Macht durch Belohnung dagegen sowie Macht durch Bestrafung sind an A gebunden und bedürfen zu ihrer erfolgreichen Anwendung auch der Überwachung durch A (Raven/Rubin, 1976: 222). Um festzustellen, ob seine Sanktionen Wirkung zeigen, muß der Machthaber den Machtunterworfenen beobachten. Dabei wird es ihm aber schwer oder nur unter zusätzlichen Kosten möglich sein, zwischen rein öffentlicher (d.h. nur nach außen hin demonstrierter) und internalisierter Unterordnung zu unterscheiden.

Machtprozesse sind in der Regel komplex und lassen sich nur selten auf eine einzige Machtgrundlage zurückführen (s. dazu z.B. den „Machtpromotor" bei Witte, 1973: 17[10]), d.h. im allgemeinen liegen *Kombinationen* von Machtgrundlagen vor. Obwohl French/Raven selbst und auch die Nachfolgestudien auf einige solcher Beziehungen zwischen verschiedenen Machtgrundlagen hinweisen (etwa: Macht auf der Grundlage von Bestrafung wird im Normalfall negative Auswirkungen auf Macht durch Identifikation haben), bleiben die Beziehungen zwischen den einzelnen Machtgrundlagen oder zwischen Kombinationen von Machtgrundlagen offen. Verzögerungen, sekundäre Auswirkungen und sog. Bumerangeffekte lassen sich in ihrem Zusammenhang mit den einzelnen Machtgrundlagen eher vermuten als empirisch – wegen der damit verbundenen methodischen Probleme – feststellen.

Stehen A mehrere Machtgrundlagen zur Verfügung, so wird Raven zufolge ein *rational* handelnder Machthaber *Information* als Machtgrundlage bevorzugen (Raven, 1965: 380; siehe dazu auch Podsakoff/Schriesheim, 1985: 401). Macht durch Information bedarf nicht nur keiner Überwachung durch A, sie ist in ihrem kognitiven Effekt von A unabhängig und hat außerdem eine längerfristige Wirkung. Diese Empfehlung erscheint (bezogen auf die French/Raven- Konzeption) insofern plausibel, als hier

– Bestrafungsmacht wegen ihrer schwer kontrollierbaren Sekundärwirkungen nur eingeschränkt ausgeübt werden sollte;
– Belohnungsmacht im Alltagsgebrauch vor allem hinsichtlich materieller Belohnungen nur beschränkt einsetzbar ist (so sind z.B. Lohnerhöhungen oder Beförderungen nicht nur eine schlecht geeignete Ressource für den kurzfristigen Betriebsalltag, sondern stehen als Ressource für Belohnungsmacht nur wenigen Betriebsangehörigen offen);
– Legitimationsmacht in formalen Organisationen ohnehin schon die Voraussetzung jeder Aufforderung zur Leistungserbringung darstellt; wenn ihr also nicht nachgekommen wird, ist sie bereits unwirksam;
– Identifikationsmacht hinsichtlich ihrer generellen Ausübbarkeit (d.h. gegenüber einer größeren Adressatengruppe) nur beschränkt geeignet sein dürfte;
– Macht durch Sachkenntnis zwar den ersten vier genannten Machtgrundlagen überlegen ist, aber an das zugeschriebene Expertentum des A gebunden ist;
– Macht durch Information nicht mit A unmittelbar verknüpft ist und außerdem den Anschein der „Objektivität" mit sich trägt.

Belohnung und Bestrafung unterscheiden sich auch in ihren *Auswirkungen*, was Raven/Rubin (1976: 210) veranlaßt, der Belohnungsmacht den Vorzug vor der Bestrafungsmacht zu geben. Bei Anwendung von Bestrafungsmacht könnte sich bei B eine negative Einstellung gegenüber A ergeben, die über den Anlaßfall hinausgeht und es A erschwert oder unmöglich macht, andere Machtgrundlagen erfolgreich einzusetzen. Machtausübung durch Bestrafung kann aber auch zu sinkender Arbeitsmotivation oder zu Rachehandlungen des B führen; als Sekundäreffekt kann sie B sogar veranlassen, die Situation überhaupt zu verlassen und sich damit einer künftigen Machtausübung des A zu entziehen. Im Gegensatz dazu kann Macht durch Belohnung für A nicht nur künftige Machtausübungen erleichtern, sie kann auch dazu tendieren, durch Macht auf der Grundlage von Identifikation substituiert zu werden, da A für B attraktiv wird. Identifikationsmacht ist aber für A weitaus weniger kostenintensiv handzuhaben als Belohnungsmacht, weil sie im Gegensatz zu letzterer die Ressourcen des A nicht angreift. Der Überwachungsaufwand wird weiters bei Macht durch Belohnung geringer sein als bei Macht durch Bestrafung: Da ihm eine Belohnung zugesagt wurde, liegt es auch im Interesse des B, den A auf seine (des B) Unterordnung und die dabei erbrachten Leistungen hinzuweisen.

c) Diskussion

Die French/Raven-Typologie stellt die gegenwärtig bei weitem verbreitetste Typologie sozialer Macht dar. Obwohl die Autoren auf den relationalen Charakter der Macht hinweisen (French/Raven, 1959: 155; Raven, 1965: 372), haben sie ein *a priorisches Kausalmodell* der Macht entwickelt: Erfolgreiche Machtausübung basiert auf Machtressourcen, die vom Machthaber kontrolliert werden.

Die Stärke dieser Typologie liegt in ihrer *Pragmatik*: Mit ihr wird eine Zusammenstellung von als wichtig erachteten Basen der Macht geschaffen. Sie enthält eine hohe Alltagsplausibilität, da mit den feldtheoretischen Grundannahmen das mikropolitische Wettbewerbsverhalten des beruflichen Alltags v.a. in Unternehmen glaubwürdig nachgezeichnet wird: A (oder trivial-tautologisch ausgedrückt: der Stärkere) setzt sich auf Grund seiner Ressourcen durch, wenn notwendig auch im Kampf. Der behavioristische Reduktionismus des Modells grenzt die vereinzelte Machtausübung aus ihrem Kontext aus. Weder die theoretischen noch die normativen Voraussetzungen dieser Machtausübung werden damit diskutiert. Die Annahmen des vorherrschenden wissenschaftlichen Paradigmas werden nicht in Frage gestellt. Es überrascht daher nicht, daß neben French/Raven noch eine beträchtliche Zahl ähnlicher Typologien der Macht entwickelt wurden.

Gleichzeitig kündigen sich mit dem Pragmatismus auch die Schwächen eines solchen Konzeptes an. So weist bereits Dahl auf die Problematik a priorischer Auflistungen von Machtgrundlagen hin (Dahl, 1968: 412) – nachdem er zuvor selbst der Versuchung, eine solche Liste zu entwickeln, erlegen war. Die Schwächen des Pragmatismus sowohl der Typologie von French/Raven als auch des ihr zugrundeliegenden Machtmodells liegen im theoretischen, im methodischen und im methodologischen Bereich:

1) Konzeptioneller Aufbau

Den sechs Basen der Macht liegen inkonsistente, weil konzeptionell unterschiedliche, Gliederungskriterien zu Grunde: Belohnung und Bestrafung, Information sowie Legitimität in formalen Organisationen sind in der French/Raven-Konzeption als von A kontrollierte Ressourcen zu sehen.

Macht durch Identifikation jedoch und außerbetriebliche Legitimationsmacht haben – auch wenn sie prozessual als Grundlagen der Macht des A dienen – ihren Ausgangspunkt bei B.

Macht durch Sachkenntnis ist zwar an die Ressourcen des A gebunden, hat aber ebenfalls – auf Grund der Notwendigkeit ihrer Zuschreibung – ihren Ausgangspunkt bei B.

Macht durch Identifikation könnte auch als bloße Erweiterung von Macht durch Belohnung gesehen werden; dies v.a. unter der Annahme, daß anhaltende Belohnungen die Attraktivität des A so erhöhen, daß ihm B ähnlich zu sein wünscht.

Zumindest überlegenswert scheint, ob den Grundlagen der Macht dieser Grundlagencharakter überhaupt zukommt. Tedeschi/Lindskold (1976: 337) bestreiten dies für Belohnung und Bestrafung und sind der Ansicht, daß es sich hier durch den Bezug auf Versprechen oder Drohung nur um Mittel, Einfluß zu gewinnen, handelt. Krüger (1976: 12) vertritt dagegen die Meinung, daß nur Belohnung und Bestrafung sowie Sachverständnis (worunter er auch Information subsumiert) als Grundlagen der Macht anzusehen sind. Identifikation und Legitimation sind seiner Ansicht nach Eigenschaften von B und würden somit keine eigene Machtbasis darstellen.

M.E. ist die konzeptionelle Uneinheitlichkeit der sechs Machtgrundlagen auf ein unzureichendes Konzept der sozialen Abhängigkeit (French/Raven, 1959: 153; Raven, 1965: 372) sowie auf eine unzureichende Begriffsbildung bei French/Raven zurückzuführen: „by the basis of power we mean the relationship between O and P which is the source of that power" (French/Raven, 1959: 155)[11]. Die Autoren produzieren hier nicht nur Worthülsen, sie unterscheiden auch nicht zwischen Grundlagen der Macht und deren Voraussetzungen, nämlich dem Zustandekommen dieser sog. Grundlagen.

2) Abgrenzung zwischen den Machtgrundlagen

Die Abgrenzungen zwischen den Machtgrundlagen verwischen sich in mehreren Fällen, so:

– zwischen Belohnungs- und Bestrafungsmacht: Stellt die Aufhebung einer Belohnung bereits eine Bestrafung dar?, z.B.: Der Vorgesetzte A schlägt seinem Mitarbeiter B vor, bei einem neuen Arbeitsstrukturierungsprogramm mitzumachen. A argumentiert dabei, daß B mit seiner Teilnahme mehr Autonomie für sich gewinnen könne. Ist nun ‚mehr Autonomie' eine versprochene Belohnung oder nur die Aufhebung des vorherigen negativen Zustandes ‚weniger Autonomie'?
– zwischen Informations- und Expertenmacht: Das Autonomiebeispiel ist auch hier anwendbar: Ist A nun ein Experte oder nur ein Informant?
– zwischen Legitimation und Sachkenntnis bzw. Information: Wenn ein Vorgesetzter eine belehrende Anordnung erteilt – übt er dann Legitimationsmacht oder Expertenmacht oder Informationsmacht aus?
– zwischen legitimer Macht und Belohnungs- bzw. Bestrafungsmacht: Wo bleibt hier die Trennung, wenn anzunehmen ist, daß als Vorschläge verkleidete Anweisungen von Vorgesetzten impliziten Sanktionscharakter für den Fall ihrer Nichtbefolgung mit sich tragen? Wer in einem Unternehmen über Ressourcen v.a. zur Verteilung materieller Belohnungen und Bestrafungen verfügt, befindet sich in der Regel auch in einer entsprechenden hierarchischen Position und hat damit auch Macht durch Legitimation.

Diese Abgrenzungsschwierigkeiten zwischen den einzelnen Machtgrundlagen müßten zu beträchtlichen operationalen Problemen führen. In der Tat zeigt die vergleichende Studie von Podsakoff/Schriesheim (1985) die methodischen Unzulänglichkeiten mehrerer empirischer Untersuchungen zur French/Raven-Typologie deutlich auf.

3) Stellenwert der Relationalität

Das Machtbasenmodell des relationalen Ressourcentransformationsansatzes berücksichtigt im Gegensatz zu den nicht-relationalen Machtmodellen die Beziehung zwischen dem Machtüberlegenen und dem Machtunterlegenen. Sie begrenzt in ihrem Modell eine vormals generelle Machtausübung auf spezifische Machtunterlegene. Um aber keinem methodologischen Mißverständnis anheimzufallen, ist darauf hinzuweisen, daß dieses Modell relationaler Macht seinen Objektbereich der Machtausübung (d.h. den spezifischen relationalen Adressatenkreis) via die *Ressourcen des Machthabers* bestimmt. Relationalität hat im Rahmen dieses Modells eine ganz bestimmte, eingeschränkte Bedeutung. Man sollte sich daher von dem bloßen Hinweis auf die Relationalität der Macht nicht in die Irre führen lassen. Relationalität definiert sich hier einzig aus dem Zielbereich der transformierten Ressourcen des A und nicht aus der Besonderheit der Machtbeziehung zwischen A und B. Methodologisch ist hier daher die Macht des A nicht als Teil der Relation A-B zu verstehen, die logisch und notwendig B als auf diese Relation selbst einwirkend zur Voraussetzung hat, sondern die Macht des A ist das Ergebnis transformierter Ressourcen, und die Wirkung auf B (d.h. seine Machtunterworfenheit) stellt deren abhängige Variable dar. Auf das diesem Modell zugrundeliegende – problematische – Kausalitätsverständnis wird an anderer Stelle noch ausführlich eingegangen (siehe dazu Kap. 2.3.2).

2.2.4.1.2 Zusammenfassende Beurteilung

Vor allem die konzeptionelle Kritik an der French/Raven-Typologie läßt es sehr fraglich erscheinen, ob hier überhaupt eine systematische Analyse von Machtgrundlagen vorliegt. French/Raven bieten eine Auflistung, deren innere Logik inkonsistent ist und bei der wir, was die Interaktion der einzelnen Grundlagen bzw. Grundlagenkombinationen betrifft, über den Vermutungscharakter kaum hinauskommen. Zu beachten ist ferner, daß der methodische Rahmen sozialpsychologischer Laborexperimente notwendigerweise einen beträchtlichen Anteil organisatorischer Komplexität vernachlässigt, was den behavioristischen Reduktionismus dieses Modells unterstützt. Die *weite Verbreitung* der French/Raven-Klassifikation ist m.E. vor allem darauf zurückzuführen, daß ihre Botschaft *einfach* und *plakativ* ist: Es gibt fünf bzw. sechs Machtgrundlagen, und wer über diese verfügt, hat Macht.

Die Auflistung von fünf bzw. sechs Machtgrundlagen kann retrospektiv als eine von vielen möglichen solcher Listen betrachtet werden. Diese geradezu Beliebigkeit ausdrückende Feststellung findet sich aber in ihrem Ansatz bereits bei French/Raven: „Although there are undoubtedly many possible bases of power, we shall here define five which seem especially common and important" (1959: 155). Wenn es viele mögliche Machtgrundlagen gibt, dann ist die Auswahl von fünf bzw. sechs Machtgrundlagen, nur weil diese „especially common and important" zu sein scheinen, ziemlich dürftig begründet. Da wäre es hilfreich, die Kriterien des „especially common and important" zu erfahren. Aber weder French/Raven noch ihre Kollegen haben sich dadurch abhalten lassen, ähnliche oder umformulierte Listen von Machtgrundlagen zu erstellen (s. dazu Anhang A).

In einer zusammenfassenden Beurteilung des Machtbasenmodells unter Berücksichtigung der im Anhang A vorgestellten angelsächsischen und deutschsprachigen Machtbasen-Typologien ist festzuhalten:
Das Machtbasenmodell rückt vom generellen Macht Haben der nicht-relationalen Machtmodelle ab und grenzt Macht auf die Relation A-B ein. Besondere Ressourcen oder Ressourcengruppen dienen als Grundlagen der Macht. Die *Stärken* dieses Machtmodells liegen in seiner

- Übersichtlichkeit,
- Alltagsplausibilität und
- Instrumentalität.

Schwächen des Machtbasenmodells sind:

- unklare Selektionskriterien sog. „wichtiger" Machtgrundlagen,
- die Abgrenzung zwischen den einzelnen Machtgrundlagen,
- die weitgehende Verwechslung von Grundlagen der Macht mit ihren Voraussetzungen,
- der Nichteinbezug der Voraussetzungen von Machtgrundlagen in das Machtmodell,
- die methodologische Positionierung des B als bloßes Objekt der Machtansprüche des Machthabers; der Beitrag des B in diesem Machtmodell besteht in seiner nur durch die aktivierten Ressourcen des A bedingten Unterordnung,
- mangelnde empirische Evidenz für ein Unterordnungsverhalten, das durch Machtausübung auf Basis der Grundlagen der Macht bedingt ist; diese mangelnde empirische Evidenz ist partiell auch auf die methodischen Unzulänglichkeiten der durchgeführten Untersuchungen zurückzuführen.

Wie zu erwarten, wurden die Grundlagen der Macht in zahlreichen Untersuchungen einer empirischen Überprüfung unterzogen (s. dazu die Übersichten bei Podsakoff/ Schriesheim, 1985; Bass, 1981; Yukl, 1981; Hall/Schneider/Nygren, 1970). Das Hauptinteresse wandte sich dabei insbesonders der Beziehung zwischen belohnendem bzw. bestrafendem Vorgesetztenverhalten und den Reaktionen der Mitarbeiter zu. Leider stellen die Ergebnisse dieser Untersuchungen häufig nur Binsenweisheiten dar, etwa daß gute Arbeitsleistungen belohnt und schlechte Arbeitsleistungen bestraft werden, daß der Effekt von Drohungen von ihrer Glaubwürdigkeit abhängt (Horai/Tedeschi, 1969: 168) oder daß Vertrauen und Kommunikationsmöglichkeiten Auswirkungen auf die Kooperation haben (Deutsch, 1973: 196; Wichmann, 1970: 119). Faßt man die Forschungsergebnisse zu den beiden am häufigsten untersuchten Machtgrundlagen zusammen, nämlich Belohnung und Bestrafung, so scheinen diese in einem generellen Sinn wirksam zu sein (Schneider, 1978: 125). Nach einer gründlichen Methodenanalyse kommen jedoch Podsakoff/Schriesheim zur Überzeugung, daß Aussagen zur empirischen Evidenz von Beziehungen zwischen den Machtgrundlagen der French/Raven-Typologie und entsprechenden Variablen des Mitarbeiterverhaltens auf Grund der methodischen Probleme der vorliegenden Untersuchungen derzeit nicht gemacht werden können (Podsakoff/ Schriesheim, 1985: 409).

M.E. sind die von Podsakoff/Schriesheim angesprochenen methodischen Probleme aber nur Ausdruck der bereits mehrfach erwähnten problematischen methodologischen Konzeption: Wie kann ich Relationalität operationalisieren, d.h. den Machtunterworfenen als über sich selbst verfügende Größe in die Untersuchung integrieren, wenn er im Machtmodell nur die abhängige Variable darstellt? Es dürfte eigentlich (vor dem Hintergrund der an sich relationalen Ausgangsüberlegung des Modells) nicht mehr verwundern, wenn in empirischen Untersuchungen die Machtunterlegenen nicht – wie es die Methodologie des Modells verlangt – als (in der Zielgruppe zwar eingegrenzte und damit bedingte) Reagierer vorfindbar sind, sondern als eigenständige Akteure, die ihre Abhängigkeiten in Machtbeziehungen kalkulieren und sich andere Handlungsalternativen offenhalten – und damit nicht mehr modellkonform handeln.

Wie unschwer zu sehen ist, weisen die Typologien des Machtbasenmodells des relationalen Ressourcentransformationsansatzes eine teilweise frappante inhaltliche Ähnlichkeit auf. Diese Übereinstimmung suggeriert nicht nur theoretische Geschlossenheit, sie veranschaulicht gleichzeitig, daß im nach wie vor verbreitetsten verhaltenswissenschaftlichen betriebswirtschaftlichen Machtansatz in den letzten drei Jahrzehnten theoretisch und methodologisch keine nennenswerte Weiterentwicklung stattgefunden hat. Abschließend soll eine Gegenüberstellung (s. Abb. 7a und Abb. 7b) diese inhaltliche Ähnlichkeit der Typologien des Machtbasenmodells nochmals verdeutlichen. Als Orientierungsgröße dienen die von Raven (1965) überarbeitete French/Raven-Typologie sowie zusätzlich im Teil II der Gegenüberstellung die Etzioni-Typologie (1961). Eine terminologische vertikale Spaltengleichheit bedeutet dabei nicht immer eine vollständige inhaltliche Deckungsgleichheit, sie weist aber in jedem Fall zumindest auf eine große inhaltliche Ähnlichkeit hin.

2.2.4.2 Das Dependenzmodell der Macht

Das Machtbasenmodell konzipiert B als bedingten Reagierer auf die aktivierten Ressourcen des A und macht damit von der Relationalität nur eingeschränkten Gebrauch. Demgegenüber berücksichtigt das Dependenzmodell der Macht auch die bei B liegenden Voraussetzungen seiner Unterordnung. In diesem Modell ist B, um seine Leistungen als Unternehmen, als Abteilung, als Mitarbeiter eines Unternehmens oder als sonstiger Akteur erbringen zu können, von den Ressourcen des A *abhängig* (dependent). Damit rückt die Relationalität der Beziehung A-B stärker in den Mittelpunkt: A verfügt über Ressourcen, die für B wichtig sind; B kann seine Absichten nur dann verwirklichen, wenn er die Ressourcen, die A kontrolliert, erhält. Die Abhängigkeit des B von den Ressourcen des A stellt daher die Voraussetzung der Macht des A über B dar.

Das Dependenzkonzept geht auf den austauschtheoretischen Ansatz von Emerson (1962) zurück. Emerson konzipiert Macht als „property of the social relation" und Macht „resides implicitly in the other's dependency" (Emerson, 1962: 32). Dependenz, als Voraussetzung der Macht, wird von Emerson so definiert: „The

	MACHTGRUNDLAGEN				
SIMON (1957)	Belohnung u. Bestrafung	Anerkennung	Sachkenntnis	Legitimation	
FRENCH/RAVEN (1959)	Belohnung	Bestrafung	Identifikation	Sachkenntnis	Legitimation
KELMAN (1961, 1974)	Mittelkontrolle		Attraktivität	Sachkenntnis	
RAVEN (1965)	Belohnung	Bestrafung	Identifikation	Sachkenntnis / Information	Legitimation
CARTWRIGHT (1965)	Belohnung u. Bestrafung / phys. Gewalt			Information	Autorität / ökolog. Machtgrundl.
MARWELL/ SCHMITT (1967)	Belohnung	Bestrafung	Attraktivität	Sachkenntnis	Legitimation
PATCHEN (1974)	Belohnung	Bestrafung	Anerkennung	Sachkenntnis	Legitimation / prozessuale Eingebundenh
TEDESCHI/LIND- SKOLD (1976)	Ressourcenkontrolle		Attraktivität	Sachkenntnis	Status
KRÜGER (1976)	Sanktionen			Information	
SCHNEIDER (1978)	Belohnung	Bestrafung	Identifikation	Sachkenntnis / Information	Legitimation / situative Kontrolle
WUNDERER/ GRUNW. (1980)	Belohnung u. Zwang		Identifikation	Sachkenntnis / Information	Legitimation
LATTMANN (1982)	Belohnung	Bestrafung	Identifikation	Sachkenntnis	Rechtmäßigk. / Idee

Abb. 7a. Die Grundlagen der Macht (Teil 1)

	MACHTGRUNDLAGEN					
RAVEN (1965)	Belohnung	Bestrafung	Identifikation	Sachkenntnis	Information	Legitimation
ETZIONI (1961)	utilitaristische Machtgrundlagen	koerz. M.grdl	(symbolische Machtgrundlagen)			symbol. Machtgrdl.
GAMSON (1968)	Anreiz	Zwang		(Überredung)		Überredung
LEHMANN (1969)	utilitaristische Machtgrundlagen	koerz. M.grdl	(normative Machtgrundlagen)			normative Machtgrdl.
BACHARACH/ LAWLER (1980)	utilitarist. Machtgrdl.	koerzive Machtgrdl.	(normative Machtgrdl.)		Wissen	normative Machtgrdl.
G ALBRAITH (1983)	Belohnung	Bestrafung		Konditionierung		
MINTZBERG (1983)	Ressourcenkontrolle			techn. Fähigkeiten	Wissen	Legitimation
						Netzwerk-ressourcen

Abb. 7b. Die Grundlagen der Macht (Teil 2)

dependence of actor A upon actor B is (1) directly proportional to A's *motivational investment* in goals mediated by B, and (2) inversely proportional to the availability of those goals to A outside of the A-B relation" (Emerson, 1962: 32; k.i.O.)[12]. Damit läßt sich die Machtbeziehung A-B mit dem Gleichungspaar

$$P\ ab = D\ ba$$
$$P\ ba = D\ ab$$

darstellen (Emerson, 1962: 33). Die Macht von A über B (P ab) wird mit der Abhängigkeit des B von A (D ba) gleichgesetzt und in der Reziprozität von sozialen Beziehungen wird auch die Macht von B über A mit der Abhängigkeit des A von B miteinbezogen.

Dependenzorientierte Ansätze der Macht gehen damit von einer relationalen Machtbeziehung aus, die neben den Ressourcen des A auch die Abhängigkeit des B zum Ausgangspunkt hat (s. Abb. 8). Macht ist hier keine Fähigkeit oder Eigenschaft von A oder der Ressourcen, die A als Machthaber kontrolliert, sondern Macht wird zu einer Eigenschaft einer Relation. A, und das betont den relationalen Charakter der Macht, hat nämlich keine Kontrolle über zwei Variablen, welche die Situation des B wesentlich beeinflussen: Die Interessen, Absichten oder Motive des B sowie die Alternativen des B, sich die von ihm benötigten Ressourcen auch woanders beschaffen zu können. Die Ressourcen des A werden daher erst dann für diesen zu Machtressourcen, wenn B auf sie angewiesen ist[13].

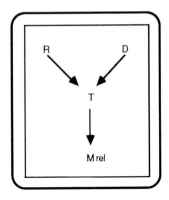

Abb. 8.
Das Dependenzmodell der Macht
(R = Ressourcen, D = Dependenz, T = Transformation, M rel = relationale Macht)

Auch im Rahmen dieses Machtmodells wird der theoretische Stellenwert der Dependenz unterschiedlich angelegt. Der Bogen reicht dabei von statischen Machthabermodellen (nach wie vor!) bis zu dynamischen Verhandlungsmodellen. Obwohl Pondy (1977: 56) keine wesentlichen Unterschiede zwischen verschiedenen Dependenzmodellen festzustellen meint, empfiehlt es sich m.E. aus analytischen Gründen, zumindest zwei Modellvarianten zu unterscheiden: den Ansatz der Kontrolle der strategischen Bedingungen und den Ressourcen-Dependenz-Ansatz. Die beiden Ansätze unterscheiden sich durch den Stellenwert, den sie der funktionalen Interdependenz der Analyseeinheiten (Unternehmen, organisatorische Subeinheiten, Individuen) einräumen. Der Ressourcen-Dependenz-Ansatz konzentriert sein Interesse v.a. auf das Unternehmen und dessen Abhängigkeit von seiner

Umwelt sowie auf den individuellen Akteur und dessen Abhängigkeiten; der Ansatz der Kontrolle der strategischen Bedingungen geht den Entstehungsbedingungen horizontaler Macht auf der Ebene innerorganisatorischer Subeinheiten (z.B. Abteilungen) nach.

2.2.4.2.1 Die Kontrolle der strategischen Bedingungen

Während für vertikale Macht im Unternehmen mit der formalen hierarchischen Struktur ein maßgeblicher Indikator vorliegt, hat diese formale Hierarchie des Unternehmens für die horizontale Macht, d.h. für Machtausübung auf gleicher hierarchischer Ebene, nur eine geringe Bedeutung. Es ist aber eine empirische Tatsache, daß in Organisationen manche Abteilungen ‚mächtiger' sind als andere. Damit ist auch die zentrale Frage dieses Machtansatzes gegeben: Wie ist es möglich, daß in einem Unternehmen die Abteilung A über die auf der gleichen hierarchischen Ebene befindliche Abteilung B Macht ausüben kann?, worauf beruht die horizontale Macht der Abteilung A?

a) Das Machtmodell

Gleichsam als Nebenprodukt der Aston-Studien (Pugh/Hickson, 1976; Pugh/Hinings, 1976; Pugh/Payne, 1977) haben Hickson et al. (1971) und Hinings et al. (1974) eine „strategic contingencies theory of intraorganizational power" entwickelt. Im Gegensatz zu den Aston-Studien hat diese Theorie innerorganisatorischer Macht in der deutschsprachigen betriebswirtschaftlichen Organisationstheorie bisher nur wenig Beachtung gefunden[14]. Die Autoren wollen mit ihrer Theorie die Macht organisatorischer Subeinheiten auf der Grundlage ihrer Interdependenzen mit anderen Subeinheiten des Unternehmens erklären. Sie schieben damit die Hierarchiediskussion beiseite, sehen in den Subeinheiten die für sie relevante Analyseebene und bestimmen mit einem multivariaten Erklärungsverfahren die Determinanten innerorganisatorischer horizontaler Macht, die so zur abhängigen Variablen wird.

Damit ein Unternehmen seine Aufgaben erfüllen kann, muß es arbeitsteilig vorgehen. Den einzelnen Abteilungen fallen Teilaufgaben zu, deren Beiträge für die Gesamtaufgabe von unterschiedlicher Wichtigkeit sind. Die Abteilungen sind bei der Leistungserstellung aufeinander angewiesen. Die *funkionalen Interdependenzen organisatorischer Subeinheiten* im Rahmen der betrieblichen Leistungserstellung sind nicht das Ergebnis von Wahlentscheidungen, sondern sind vorgegeben: „... subunits, unlike individuals, are not free to make decisions to participate, ..., nor to decide whether or not to come together in political relationship. They must. They exist to do so" (Hickson et al., 1971: 217). Unter dieser Prämisse vorgegebener funktionaler Interdependenzen bestimmen drei strategische Bedingungen die Macht oder Ohnmacht einer organisatorischen Subeinheit:

1) Die Bewältigung von Unsicherheit

Zahlreiche Autoren haben vorgeschlagen, die Bewältigung von Unsicherheit als eines der zentralen Probleme von Organisationen anzusehen (Crozier/Friedberg, 1979; Pfeffer/Salancik, 1974; Perrow, 1970; Thompson, 1967; Crozier, 1964). Unsicherheit kann dabei in einem generellen Sinn als Mangel an Informationen über künftige Ereignisse verstanden werden. Ist nun eine Abteilung in der Lage, in kritischen Situationen für andere Abteilungen solche Unsicherheit zu reduzieren oder zu bewältigen, so erfüllt sie für diese Abteilungen eine wichtige Funktion. Entscheidend ist hier, daß nicht Unsicherheit an sich zur Macht führt, sondern erst deren *Bewältigung*: „By coping, the subunit provides pseudo-certainty for the other subunits by controlling what are otherwise contingencies for other activities" (Hickson et al., 1971: 220). Mit der Fähigkeit der Bewältigung kritischer Unsicherheiten steigt die innerorganisatorische Macht der Abteilung. Unsicherheiten können in diesem Sinn „bewältigt" werden 1) durch eine Vorhersage künftiger Ereignisse, 2) durch die vorsorgliche Verhinderung des Eintretens unangenehmer Ereignisse oder 3) durch deren nachträgliche Absorption.

2) Nichtsubstituierbarkeit

Nun sind aber Leistungen, die jederzeit von jemandem anderen auch erbracht werden können, ungeeignet, die strategische Position des Leistungserbringers wesentlich zu verbessern. Für die Macht einer Abteilung ist es daher notwendig, daß die Abteilung bei der Bewältigung kritischer Unsicherheit nicht von anderen Abteilungen *substituiert* werden kann. Erst wenn es keine oder nur mehr deutlich ungünstigere Alternativen für die Leistungen der Abteilung gibt, ist das Kriterium der Nichtsubstituierbarkeit erfüllt.

3) Zentralität (Reichweite, Unmittelbarkeit)

Zur Bewältigung kritischer Unsicherheit und zur Nichtsubstituierbarkeit kommt als dritte Bedingung noch Zentralität dazu. Unter Zentralität ist die qualitative und quantitative *Koppelung* der Leistungen einer Abteilung mit den Aktivitäten anderer Abteilungen bzw. des Gesamtunternehmens zu verstehen. Zentralität gliedert sich in Reichweite und Unmittelbarkeit und verbindet die Bewältigung von Unsicherheit mit der Nichtsubstituierbarkeit. Die Reichweite dokumentiert dabei als Interaktionsmaß die aufgabenmäßige Verflechtung mit anderen Subeinheiten; Unmittelbarkeit zeigt u.a. in der Schnelligkeit und Intensität der Auswirkungen die Bedeutung der eigenen Tätigkeit für andere Subeinheiten.

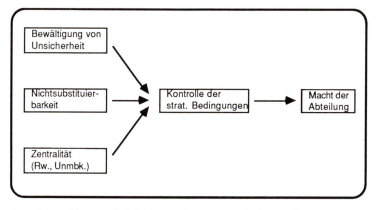

Abb. 9. Das Machtmodell der Kontrolle der strategischen Bedingungen (nach Hickson et al., 1971: 223)

Solange diese drei Variablen isoliert sind, stellen sie zwar notwendige, jedoch keine hinreichenden Bedingungen für die Erklärung der Macht im Rahmen einer Kontingenztheorie dar. Erst ihr Zusammenspiel – modelltheoretisch als multiplikative Verknüpfung ausgedrückt – erzeugt jene strategischen Kontingenzen, deren Kontrolle zur Macht führt und damit auch die Machtunterschiede zwischen Abteilungen eines Unternehmens erklärt (s. Abb. 9).

Damit werden die funktionalen Interdependenzen und deren strategische Handhabung zu Determinanten innerorganisatorischer Macht; das Modell der Kontrolle der strategischen Bedingungen ist als strukturelles Machtmodell anzusehen.

b) Praktische Umsetzung

Bringt man z.B. die Kontrolle der drei strategischen Bedingungen in einen Zusammenhang mit der Macht von Stäben, so legt dieser Machtansatz für Irles Untersuchung des Stab-Linien-Systems (Irle, 1971) eine alternative Interpretation nahe. Irle beschäftigt sich mit der „illegitimen Macht" der Stäbe. In Anlehnung an French/Raven führt er diese auf Informationsmacht zurück (Irle, 1971: 85 ff.). Betrachtet man die Tätigkeit von Stäben aus der Warte der drei strategischen Bedingungen des eben dargestellten Machtmodells, dann reduzieren Stäbe durch die Vorstrukturierung von Entscheidungsfeldern Unsicherheit; auf Grund der Breite ihres Aufgabenbereichs und ihrer fachlichen Spezialisierung sind sie eher schwer ersetzbar; schließlich erhalten sie Zentralität dadurch, daß die von ihnen vorbereiteten Entscheidungen in der Regel auch weitreichende Auswirkungen haben. Die Macht von Stäben ist damit (auch) unter dem Blickwinkel zu beurteilen, in welchem Maße die Stäbe in der Lage sind, kritische Kontingenzen zu kontrollieren.

Mit den vorgegebenen Interdependenzen sind modelltheoretisch die Möglichkeiten der Kontrolle der strategischen Bedingungen deterministisch angelegt. Dennoch drängen sich Überlegungen auf, wie eine Abteilung die Kontrolle der strategischen Bedingungen zu ihren Gunsten beeinflussen könnte:

– Unsicherheit: Eine Abteilung führt z.B. durch Informationsverzerrung kritische Unsicherheiten herbei, um diese dann anschließend zu bewältigen.
– Substituierbarkeit: Eine Abteilung minimiert ihre Ersetzbarkeit z.B. durch Spezialisierung, Aufsuchen von Nischen oder durch Monopolisierung von Ressourcen, Informationen und Tätigkeiten.
– Zentralität: Eine Abteilung trachtet, mittels ihres Repräsentanten in wichtigen Entscheidungsgremien vertreten zu sein und versucht gleichzeitig, den externen Zugriff auf abteilungsinterne Entscheidungen zu minimieren.

Nimmt man damit die funktionalen Interdependenzen als etwas weniger deterministisch an, als sie im Machtmodell angelegt sind, so ergibt sich die Frage: Wie gelangt eine Abteilung zu Macht? bzw. wie vergrößert sie ihre Macht? Eine solche Strategie zum Erwerb innerorganisatorischer Macht könnte wie in Abb. 10 dargestellt aussehen.

c) Diskussion

Der Machtansatz der Kontrolle der strategischen Bedingungen hat die funktionale Interdependenz organisatorischer Subeinheiten zum Ausgangspunkt. Die Beziehungen der Subeinheit mit der Umwelt der Organisation werden in den Hintergrund

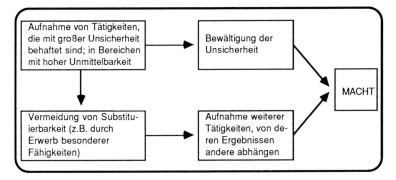

Abb. 10. Strategie zum Erwerb innerorganisatorischer Macht
(nach Hinings et al., 1974: 41)

gedrängt. Modelltheoretisch werden die funktionale Interdependenz und damit das organisationsinterne Interaktionssystem als vorgegeben angenommen. Macht erhält so eine strukturelle Qualität.

Hinings et al. (1974) haben die Theorie einem empirischen Test unterzogen und fanden die Hypothesen bestätigt. Mächtige Abteilungen zeichneten sich vor allem durch die Bewältigung von kritischer Unsicherheit aus. Die Unsicherheitsbewältigung mußte jedoch, um zu Macht zu führen, durch Unmittelbarkeit, Nichtsubstituierbarkeit sowie Reichweite (in dieser Reihenfolge) abgesichert sein (Hinings et al., 1974: 35). Die Untersuchung von Cohen/Lachmann stützt die Ergebnisse von Hinings et al., auch wenn sich Nichtsubstituierbarkeit als eher unbedeutend herausstellte (Cohen/Lachmann, 1988: 386). Im Gegensatz dazu kamen Saunders/Scamell (1982) in einer Replikation der Studie von Hinings et al. zu widersprüchlichen Resultaten, wobei v.a. Nichtsubstituierbarkeit die Macht von Abteilungen kennzeichnete.

Die Stärke des Machtmodells der Kontrolle der strategischen Bedingungen liegt in seinem Versuch der Erklärung horizontaler Macht. Auf Grund der Modellkonstruktion dürfte der Erklärungsgehalt vor allem für jene Unternehmen besonders hoch sein, wo eine reale und scheinbar objektivierte funktionale Interdependenz tatsächlich den statischen Modellbedingungen nahekommt.

Die Schwächen des Modells liegen 1) theoretisch in seiner Beschränkung auf horizontale Macht und in der Umsetzung des Dependenzkonzeptes, 2) methodisch in der Operationalisierung der Subeinheiten und 3) methodologisch im Interaktionszusammenhang zwischen machtüberlegenen und machtunterlegenen Subeinheiten.

ad 1) Die Stärken des Modells wurden eben auf statische Interdependenzkonstellationen beschränkt. Dazu ist aber festzuhalten, daß dem Modell nicht nur eine ahistorische Betrachtungsweise zugrunde liegt, sondern auch eine völlige Vernachlässigung (mikro-)politischer Prozesse. Das Modell impliziert, daß die beteiligten Akteure entweder ausschließlich funktional im Sinne der Unternehmenszwecke handeln oder daß jene Aktivitäten, bei denen dies nicht der Fall ist, vernachlässigbar sind. Die Berücksichtigung letzterer Aktivitäten würde zu einem weitaus weniger deterministischen Modellansatz führen. Die Einseitigkeit der Beschränkung auf horizontale Macht führt weiters zwar zur (anerkennenswerten) Auseinandersetzung mit dieser, übersieht aber dabei die (zuvor selbst als einseitig qualifizierte) vertikale Macht in Unternehmen. Innerorganisatorische Macht allein mit funktionalen Interdependenzen zu erklären, heißt, damit zwar einen wichtigen Beitrag zur Erklärung innerorganisatorischer Macht zu leisten, aber gleichzeitig andere Elemente innerorganisatorischer Macht zu ignorieren.

Dem Dependenzmodell liegt in seiner austauschtheoretischen Basis (z.B. Blau, 1964) die Annahme des offenen Systems zugrunde, das von seiner Umwelt Ressourcen erhält und an die Umwelt Ressourcen abgibt. Diese Annahme wird in der Konzeption des Machtansatzes zwar für die Gesamtorganisation und ihre Umweltbeziehungen angenommen (Hickson et al., 1971: 216 f.), für die innerorganisatorischen Systembeziehungen jedoch nicht nur nicht zugrundegelegt, sondern durch einen funktionalen Determinismus ersetzt: „... subunits ... are not free to make a decision to participate ... They must. They exist to do so" (Hickson et al., 1971: 217). Das bedeutet, daß wir damit ein deformiertes Dependenzkonzept vor uns haben. Dependenz wird durch einen sich allein auf technologisch-ökonomische Handlungsrationalität gründenden Determinismus erklärt und ersetzt. Handlungsspielräume sind – modelltheoretisch – keine gegeben. Einem funktionalen Determinismus liegt auch die Annahme zugrunde, daß in der Bestimmung und Interpretation der Ziele der Gesamtorganisation bei allen organisatorischen Subeinheiten und bei allen Organisationsmitgliedern völlige Übereinstimmung herrscht. Träfe man diese Annahme nicht, so müßten die Ziele und Subziele der Organisation zumindest partiell Verhandlungsprozessen unterliegen, womit jedoch wiederum den deterministischen Prämissen ihre Basis entzogen würde.

ad 2) Der deterministische Fehlschluß korrespondiert auch der methodischen Vorgangsweise. Hier wurden nämlich von Hinings et al. (1974) die Subeinheiten als homogene Ganzheiten operationalisiert. Eine solche Annahme aber entspricht der mikropolitischen Realität nur in Ausnahmefällen (z.B. Bosetzky, 1988: 34 f.). Unter der – irrealen – Annahme kollektiver Homogenität begnügen sich Hickson et al. bei ihrer Datenerhebung mit Aussagen von Leitern von Subeinheiten und mit Aussagen von deren Vorgesetzten (‚Abteilung = Leiter/Vorgesetzter'), anstatt im Gegensatz dazu auch Daten bei den übrigen Abteilungsmitgliedern zu erheben. Solche Aussagen über die organisatorische ‚Realität' verengen sich auf die Vorgesetzten-Sichtweise dieser Realität bzw. auf Vorstellungen von Managern, wie diese Realität aussehen sollte. Eine solche Auffassung von Subeinheiten vernachlässigt dadurch gerade alle jene Elemente, die organisatorische Subeinheiten zu einem sozialen Gefüge machen, wie z.B. Aushandlungsprozesse, Interpretations- und Definitionsleistungen. Was wir statt dessen vor uns haben, sind organisatorische Subeinheiten als technisch-ökonomische Bestandteile der – wie es Hickson et al. (1981: 157) selbst bezeichnen – „structured organizational machine", welche die konkreten Akteure außer acht läßt. Dieser Machtansatz fällt damit hinter die Machtbasenmodelle, wie z.B. jenes von French/Raven, zurück, dessen Popularität partiell ja darauf zurückzuführen ist, daß es die lange Zeit vorherrschende ökonomisch-technizistische Tendenz der organisationstheoretischen Machtforschung um nicht-technisch-ökonomische Ressourcen erweitert hat.

ad 3) Methodologisch geht es um das Bedingungsverhältnis zwischen machtüberlegener und machtunterlegener Abteilung. Die Ausgangsbasis des Machtmodells der Kontrolle der strategischen Bedingungen bilden das Dependenzmodell von Emerson (1962) und das Konzept der relationalen Macht von Dahl (1957). Wenden wir uns vorläufig Dahl zu, so definiert dieser Macht so: „A has power over B to the extent that he can get B to do something that B would not otherwise do" (Dahl, 1957: 202). Hickson et al. übernehmen diese Definition unter Bezugnahme auf Dahl mit „power is defined as the determination of the behavior of one social unit by another" (Hickson et al., 1971: 218). Wie leicht festzustellen ist, besteht der Unterschied zwischen den beiden Definitionen im „B would not otherwise do". Hickson et al. begründen ihren Verzicht auf diese Passage damit, daß es für eine Subeinheit in ihrer reziproken funktionalen Interdependenz keine Wahl in ihrer Teilnahmeentscheidung gibt: „They must. They exist to do so" (1971: 217). Die Dependenz des B von A beruht hier nicht mehr auf einer Wahlentscheidung des B, sondern ist funktional definiert. Implizit muß damit jemand oder etwas als Prämisse existieren, der/das über entsprechendes Definitionspotential verfügt. Macht wird damit aber nicht erklärt, sondern bereits *vorausgesetzt*.

Führt man den Gedanken der funktionalen Interdependenz weiter und stützt ihn mit der systemtheoretischen Referenz von Hickson et al. (1971: 217), so kommt man zu einem veränderten Emerson'schen Grundmodell. Wenn vorhin von funktionaler Interdependenz die Rede war, so setzt analytisch die Macht der Abteilung A die Existenz der Abteilung B voraus; existiert kein B, so kann man weder von einer Macht des A noch von einer funktionalen Interdependenz sprechen. In arbeitsteiligen Organisationen sind Subeinheiten aufeinander angewiesen, der Terminus Interdependenz drückt dies aus, der austauschtheoretische Bezug von Hickson et al. weist darauf hin. Die Subeinheit A erbringt bestimmte Leistungen, die von B weiterverarbeitet werden oder sonstige Auswirkungen auf B haben. In diesem Sinn würde daher A Macht über B ausüben. Nun kann aber B – um seine betrieblichen Aufgaben erfüllen zu können – seinerseits in Anspruch nehmen, daß er von A bestimmte Vorleistungen erwarten kann. B verfügt also über das legitime Recht, den Leistungsbereich des A ihm gegenüber zu definieren. D.h. auf der funktionalen Ebene setzt die Macht des A die Abhängigkeit des B voraus, ebenso umgekehrt; auf der analytischen Ebene steht der horizontalen Macht des A die vertikal abgesicherte Macht des B gegenüber. Das Grundmodell von Hickson et al. (1971):

$$M\ A/B = D\ B/A \tag{1}$$

sieht daher nach Berücksichtigung funktionaler Reziprozität und vertikaler Absicherung jedoch so aus:

$$\begin{array}{c} M\ A/B = D\ B/A \\ + \\ M\ B/A = D\ A/B \end{array} \tag{2}$$

Ein solches Machtmodell mit tatsächlich austauschtheoretischer Basis ist aber im kontingenztheoretischen Rahmen der Aston-Forscher undenkbar. Das Machtmodell, zu dem Hickson et al. kommen, sieht in der Tat etwas anders aus. Das „otherwise" der Dahl'schen Machtdefinition und die Relationalität werden bei Hickson et al. durch die definitorische Zwangsteilnahme der Subeinheiten am

Leistungsprozeß („They must") absorbiert, die austauschtheoretische Bezugnahme löst sich gegenstandslos auf, die Widersprüchlichkeit von systemischer und kausaler Argumentation wird zu Gunsten der kausalen gelöst, und durch Vernachlässigung interagierender Abteilungsmitglieder werden Handlungen *in* den Subeinheiten auf die technisch-ökonomische Funktionalität *der* Subeinheiten beschränkt. Erst dort stellt sich das Machtmodell dann auch als Kontrolle der strategischen Kontingenzen dar:

$$\text{Kontrolle der strat. Bedingungen} \rightarrow \text{M rel} \tag{3}$$

Dieses Machtmodell ist uns in seiner Grundstruktur nicht unbekannt. Es repräsentiert nicht anderes als das einfache, kausalistische Machthaber- bzw. ressourcenorientierte Machtmodell. Ersetzt man „Kontrolle der strat. Bedingungen" durch „Kontrolle der Ressourcen" (d.h. wer die strategischen Kontingenzen kontrolliert, verfügt über diese Ressourcen), so ergibt sich das bereits bekannte Machtmodell:

$$R \rightarrow \text{M rel} \tag{4}$$

Führt man die Annahmen des Machtmodells der Kontrolle der strategischen Ressourcen weiter, dann *reagieren* auf Grund der Beschränkung auf technisch-ökonomische Funktionalität die Subeinheiten so, wie es der Kontext verlangt. Funktional interdependente Subeinheiten haben daher in ihrer modelltheoretischen Konzeption durch Hickson et al. gar keinen Variationsfreiraum hinsichtlich der strategischen Kontingenzen. Machtveränderungen sind das Ergebnis der Adaption des Systems an eine veränderte Umwelt (Hickson et al., 1971: 219). Das eben skizzierte Machtmodell benötigt daher auch keine explizite Transfervariable, denn diese ist funktional integriert. Den Handlungsspielraum, den Hinings et al. (1974) skizzieren, kann es auf Grund der modelltheoretischen Konzeption gar nicht geben.

Wir haben also ein auf die Ebene von Subeinheiten abgeleitetes Machtmodell vor uns, das Macht als Kontrolle der strategischen Bedingungen im Rahmen arbeitsteiliger Organisationen erklärt. Die a priorische Liste der strategischen Kontingenzen unterscheidet dieses Modell im grundsätzlichen nicht von anderen ressourcen- und machthaberbezogenen Machtmodellen.

2.2.4.2.2 Der Ressourcen-Dependenz-Ansatz

Dieser Ansatz ist in seiner Betonung kritischer Unsicherheiten dem Machtmodell der Kontrolle der strategischen Ressourcen zwar verwandt, unterscheidet sich von diesem aber sowohl im Systembezug als auch in einem geringeren Grad der strukturellen Ausdifferenzierung des Modells.

a) Das Machtmodell

Der Ressourcen-Dependenz-Ansatz greift die allgemeine systemtheoretische Überlegung auf, daß Unternehmen, Abteilungen oder individuelle Akteure nicht in der Lage sind, alle jene Ressourcen, welche die Voraussetzung ihrer Überlebensfähigkeit bilden, selbst bereitzustellen (Pfeffer/Salancik, 1978: 32). Sie sind daher auf externe Ressourcen angewiesen und sehen sich in ihrer Interdependenz mit anderen Akteuren in einen kontinuierlichen Transaktionsprozeß eingebunden (Aldrich/

Pfeffer, 1976: 83). Die Dependenz steigt dabei in dem Maße, als die zur Bewältigung kritischer Unsicherheiten benötigten Ressourcen knapp sind und auch nicht substituiert werden können (Pfeffer, 1981a: 101). Jene Unternehmen, Abteilungen oder individuellen Akteure, die in der Lage sind, solche Ressourcen zur Verfügung zu stellen oder deren Verfügbarkeit zu vermitteln, haben wegen der Dependenz der auf die Ressourcen Angewiesenen Macht über diese (Koot, 1983: 20 f.; Kirsch, 1977b: 193 f). In der Interaktion mit ihrer Umwelt versuchen die kollektiven oder individuellen Akteure ihre eigenen Dependenzen zu minimieren und sich gleichzeitig die Kontrolle über solche Ressourcen zu verschaffen, die geeignet sind, die Dependenz anderer Akteure von ihnen zu vergrößern (Ulrich/Barney, 1984: 472). Macht basiert daher im Rahmen dieses Modells letztlich auf *systemexternen Ressourcen*, die in einem *Austauschprozeß* erworben werden. Die in den Austauschprozeß eingehenden unterschiedlichen Dependenzen der Akteure geben den Ausschlag für die Macht eines Akteurs über den anderen (s. Abb. 11).

b) Praktische Umsetzung

Der Ressourcen-Dependenz-Ansatz beschränkt sich im Gegensatz zum Machtansatz der Kontrolle der strategischen Bedingungen nicht auf organisatorische Subeinheiten, sondern richtet sich auch an das Gesamtunternehmen sowie an individuelle Akteure.

1) Die Macht des *Unternehmens* A über das Unternehmen B bestimmt sich aus der Dependenzsituation des Unternehmens B:

- Welche Bedeutung hat die Ressource für B?, wie wichtig ist sie für das Unternehmen B?, und wie dringend wird sie benötigt?
- Wie sieht die Dependenzsituation des Unternehmens A aus?, wo liegen dessen Abhängigkeiten?
- Welche Beschaffungsalternativen gibt es?

Kann das Unternehmen B wichtige Ressourcen nicht kontrollieren, wird es zum Objekt der Macht anderer: „control over resources provides others with power over the organization" (Pfeffer/Salancik, 1978: 258). Es versteht sich fast von selbst, daß die Organisationstheorie der Versuchung erlegen ist, generelle, allgemeingültige Listen von Dependenzen der Organisationen gegenüber ihren Umwelten zu entwickeln (z.B. Jacobs, 1974: 50). Mittlerweile hat das Aussagesystem des Kontin-

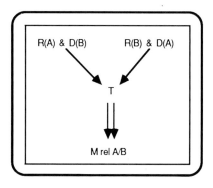

Abb. 11.
Das Machtmodell des Ressourcen-Dependenz-Ansatzes
(R(A) = Ressourcen des A;
D(B) = Dependenz des B;
R(B) = Ressourcen des B;
D(A) Dependenz des A;
T = Transformation;
M rel A/B = relationale Macht des A über B)

genzansatzes den Wert solcher allgemeingültiger Listen wieder gemindert. Dependenz bedeutet nun aber nicht, daß das Unternehmen seiner Umwelt gegenüber als determinierter Reagierer aufträte, im Gegenteil. Auch hier wird das Unternehmen trachten, externe Unsicherheiten in den Griff zu bekommen (Hambrick, 1981: 266). Wohl wird es sich situativ an schwer oder nicht veränderbare Gegebenheiten anzupassen haben. Es wird aber dennoch versuchen, auf diese Umwelt einzuwirken und – wenn möglich – Teile der eigenen Umwelt auch selbst zu gestalten bzw. herzustellen (Pfeffer/Salancik, 1978; Child, 1972). Dies können z.B. die Schaffung eines Marktes für die von der Organisation angebotenen Dienstleistungen unter Zuhilfenahme externer Koalitionen sein (Ritti/Silver, 1986), Absprachen über Märkte und Preise, Kooperationsabkommen oder auch die vernetzte Besetzung von Aufsichtsratspositionen (Ziegler, 1984; Murray, 1983). Bei den Versuchen der Gestaltung der eigenen Organisationsumwelt geht es darum, eigene Dependenzen zu minimieren und fremde Dependenzen zu erhöhen, um damit die eigene Machtunterworfenheit zu verringern und die eigenen Möglichkeiten, Macht über andere Unternehmen auszuüben, zu vergrößern.

2) Auf der Ebene *organisatorischer Subeinheiten* zeigen Pfeffer/Salancik die Bedeutung des Umgangs mit kritischen Ressourcen am Beispiel von Departments US-amerikanischer Universitäten. Macht erhielten diese Departments nicht dadurch, daß sie ihren Unterrichtsverpflichtungen nachkamen, sondern dadurch, daß sie in der Lage waren, Forschungsmittel zu organisieren (Pfeffer/Salancik, 1974: 149 f.). Gleichzeitig war es aber für die Machtausübung notwendig, diese Forschungsmittel nicht nur zu beschaffen, sondern auch deren Zuteilung und Verwendung zu beeinflussen. Pfeffer schätzt die Bedeutung der Kontrolle (d.h. Zuteilung und Verwendung) budgetärer Mittel in Unternehmen so wichtig ein, daß er eine 10%-Regel nennt: „*... organizations can be taken over by discretionary control over not more than (and frequently much less than) 10% of the organization's total budget*" (Pfeffer, 1981a: 106; k.i.O.).

3) Auf der Ebene *individueller Akteure* wird das Unternehmen als soziales Gebilde betrachtet, in dem und mit dem die Akteure ihre Interessen zu realisieren trachten. Astley/Sachdeva zufolge beruht die Macht eines Akteurs auf drei sog. strukturellen Quellen: 1) auf der Kontrolle von für andere wichtigen Ressourcen, 2) auf der legalen Autorität und 3) auf der Netzwerkzentralität (Astley/Sachdeva, 1984: 110). Mit Pfeffer hat sich besonders für die individualistische Ausrichtung des Ressourcen-Dependenz-Ansatzes der Begriff des „politischen Organisationsmodells" (wieder) durchgesetzt (Pfeffer, 1982: 63 ff.; Pfeffer, 1981a: 27 ff.), nachdem der „politische" Anteil des Koalitionsmodells von Cyert/March (1963) in der Theorieentwicklung in den Jahren zuvor etwas zurückgedrängt bzw. übersehen worden war. Dem Akteur steht hier – zumindest theoretisch – das ganze strategische und taktische Instrumentarium, angefangen von Koalitionen, Netzwerken, Schaffung besonderer situativer Bedingungen, einflußwirksamen Interaktionen etc., offen, um seine Interessen durchzusetzen (Mintzberg, 1983; Bacharach/Lawler, 1980; Kipnis/Schmidt/Wilkinson, 1980). Bacharach/Lawler (1981, 1980) betonen die Bedeutung von Verhandlungsprozessen sowohl bei der Transformation von Interessengruppen zu Koalitionen als auch bei der Ausübung von Macht. In diesem Sinn schlägt auch Abell vor, Verhandlungsprozesse als das wesentliche Merkmal von Organisationen anzusehen und beschreibt Organisationen als Aushandlungs- und Einflußsysteme

(Abell, 1975). Der Ressourcen-Dependenz-Ansatz legt weiters nahe, nicht nur die Verfügbarkeit und die Verteilung kritischer Ressourcen zu kontrollieren, sondern auch die Teilnahme an wichtigen Unternehmensentscheidungen (wer ist berechtigt mitzuentscheiden?), die Schaffung von Agenden (worüber wird entschieden?, welche Agenden sind relevant bzw. irr-relevant?), den Informationsfluß (welche Daten sind zu berücksichtigen, welche vernachlässigbar?) sowie die Verfügbarkeit von Alternativen (welche sind im Sinne des Machthabers opportun?). Bachrach/ Baratz haben im Rahmen ihrer Untersuchungen kommunaler Macht die Kontrolle und Strukturierung des Vorfeldes von Entscheidungen als „das zweite Gesicht der Macht"[15] bezeichnet (Bachrach/Baratz, 1977: 43).

c) Diskussion

Auch wenn der Ressourcen-Dependenz-Ansatz die Abhängigkeit des B als notwendige Bedingung enthält, so wird Macht hier doch als eine *Fähigkeit* (z.B. Staehle, 1988: 162; Astley/Sachdeva, 1984: 104; House, 1984: 4) des Machthabers verstanden: A hat Macht, weil B von ihm dependent ist. D.h. auch dieser Ansatz ist – trotz Relationalität – auf den Machthaber hin ausgerichtet.

Es stellt dennoch keinen Widerspruch dar, wenn als eine der Stärken dieses Ansatzes die Berücksichtigung der Dependenzsituation des B hervorzuheben ist. Die Machtüberlegenheit des A findet damit eine Begründung in der Situation des B, die infolge der Ressourcen des A (auch die Bewältigungskompetenz von Unsicherheit ist eine Ressource) in eine relationale Machtbeziehung A-B transformiert wird. Auf der Ebene des Gesamtunternehmens und der organisatorischen Subeinheiten bleibt jedoch dieser Transformationsprozess konzeptionell weitgehend offen, während für individuelle Akteure Verhandlungsprozesse, Strategien und Taktiken erörtert werden. Der Ressourcen-Dependenz-Ansatz überwindet gleichzeitig die deterministische Tendenz des Ansatzes der Kontrolle der strategischen Bedingungen. Der Stellenwert der funktionalistischen Interdependenz wird in den Hintergrund gedrängt und – in der Konzeption des offenen sozialen Systems – die Abhängigkeit des Systems von externen Ressourcen betont.

Diese Betonung der externen Abhängigkeit wird aber – und das stellt zweifellos eine Schwäche dieses Ansatzes dar – von einer weitgehenden Vernachlässigung systeminterner Voraussetzungen der Macht begleitet. So weisen Astley/Zajac nach, daß funktionale Interdependenz auch in einem Ressourcen-Dependenz-Ansatz nicht übersehen werden kann (Astley/Zajac, 1986: 38 f.). Gleiches kann für vertikale Macht angenommen werden. Darüberhinaus zeigt Enz in ihrer Untersuchung die machtgenerierende und machtstabilisierende Bedeutung gemeinsam geteilter Werte und Handlungsrationalitäten (Enz, 1986: 69 ff.), welche im Machtmodell des Ressourcen-Dependenzansatzes ebenfalls unberücksichtigt bleiben. Der Ressourcen-Dependenz-Ansatz argumentiert damit zwar mit Dependenzen, läßt aber offen, warum Dependenzen zu solchen werden. In dieser Vernachlässigung der Voraussetzungen werden z.B. jene Prozesse übersehen, in denen Akteure auf Grund ihres Definitionspotentials in der Lage sind, Ressourcen als kritische Ressourcen zu definieren und damit die Parameter der Handlungsrationalität festzulegen. Vereinfacht (und tautologisch) könnte man das dann auch so ausdrücken: Mächtige Akteure bleiben mächtig, weil sie mächtig genug sind, die Bedingungen ihres Mächtigseins selbst zu definieren.

Trotz dieser theoretischen Bedenken stützen mehrere empirische Untersuchungen den Ressourcen-Dependenz-Ansatz. Hills/Mahoney weisen nach, daß die Beschaffung von Forschungsmitteln für Universitätsdepartments (US-amerikanischer Universitäten), d.h. die Bewältigung kritischer Unsicherheit in Form der Beschaffung wichtiger Ressourcen, tatsächlich einen bedeutenden machtgenerierenden Stellenwert besitzt; allerdings nur bei einer Knappheit der wichtigen Ressourcen (Hills/Mahoney, 1978: 454 ff.). Pfeffer/Moore differenzieren in ihrer Längsschnittstudie (US-amerikanischer) Universitätsdepartments in kurzfristige und langfristige Machtindikatoren. Langfristig stellt die Allokation von Budgetmitteln den vorrangigen Machtindikator dar, in einer kurzfristigen Perspektive tritt neben die Allokation der Budgetmittel noch die studentische Nachfrage des Lehrangebots der Departments als Machtindikator (Pfeffer/Moore, 1980: 124).

Die trotz Dependenz und Relationalität festzustellende Machthaberorientierung dieses Machtansatzes hat auch ihre methodologischen Konsequenzen. Macht begriffen als Fähigkeit des Machthabers bedeutet, daß Macht in einer sozialen Beziehung von A ausgeht und B die abhängige Variable darstellt. Der Begriff des ‚Macht Habens' drückt diese Bindung an den Machthaber als dessen Eigenschaft (‚Fähigkeit') aus. D.h. im methodologischen Kern ist der Ressourcen-Dependenz-Ansatz über die erste Zeile der austauschtheoretischen Gleichung von Emerson (1962: 33) nicht hinausgekommen:

$$M\ A/B = D\ B/A \qquad (1)$$

Die Macht des A über B entspricht der Abhängigkeit des B von A (z.B. Molm, 1987: 103). Als Machtmodell läßt sich dies so darstellen:

$$D\ \to\ M\ rel \qquad (2)$$

Diese Automatik des: ‚Dependenz erzeugt Machtunterworfenheit' wird durch die vier bereits bei Blau (1964: 124 ff.) erwähnten Ausnahmen zwar gemildert, aber im Prinzip aufrechterhalten. Der positivistische Kern dieses Machtmodells läßt sich dann so ausdrücken: Immer dann, wenn A für B wichtige Ressourcen kontrolliert, hat A Macht über B. Nun könnte man dagegen einwenden, daß diese Einwegkausalität durch Verhandlungsprozesse, wie sie von Bacharach/Lawler (1980) und Pfeffer (1981a) in die Diskussion eingebracht werden, aufgehoben würde, und Macht damit als Ergebnis eines Aushandlungsprozesses zu erklären wäre. Eine solche Logik, welche aber konsequenterweise den Machtunterworfenen als methodologischen Ausgangspunkt der Macht des A begreifen müßte, ist aber dem Ressourcen-Dependenz-Ansatz nicht möglich: Mit seinen methodologischen Grundlagen muß er die Macht des A auch als von A ausgehend konzipieren. Dies bringt daher auch Bacharach/Lawler (1981, 1980) in ein größeres theoretisches Dilemma: Einerseits diskutieren sie vorrangig Verhandlungsprozesse, aus denen sich in der Folge Machtbeziehungen ergeben (sollen). Andererseits bedienen sich die Autoren dabei überraschenderweise aber sowohl objektiver als auch subjektiver Theorieelemente. Einem deterministischen Dependenzkonzept (Bacharach/Lawler, 1980: 20) und a priorisch gefaßten Machtbasen („enable ... to manipulate the behavior of others" (Bacharach/Lawler, 1980: 34)) steht die Absicht gegenüber, in einem handlungstheoretischen Bezugsrahmen (Bacharach/Lawler, 1980: 9) soziale Situationen als Lebensweltkonstruktionen, die von den Akteuren in Aushandlungsprozessen hergestellt werden, herausarbeiten zu wollen. Wenn aber die Dependenz des B mit der Macht des A gleichzusetzen ist und die Machtbasen einwegkausalistisch die Machtausübung ermöglichen, dann stellt sich auf der Ebene der Theoriebildung die Frage, warum sich A als Machtüberlegener noch länger Verhandlungsprozessen aussetzen sollte, wo doch methodologisch die Macht ohnehin von ihm ausgeht. Verhandlungsprozesse sind daher nicht mehr offen, sondern die Ressourcen des Machthabers (im Zielbereich relational eingeengt durch entsprechende Dependenzen des Machtunterlegenen) prädeterminieren theoretisch und methodologisch nicht nur den Verhandlungsprozeß, sondern auch die Interaktionsbeziehung. B wird auch hier zum bedingten Reagierer.

2.2.4.2.3 Implizite dependenztheoretische Erklärungsansätze der Macht

a) Implizite dependenztheoretische Erklärungsansätze der Macht im Rahmen des objektiven Forschungsprogramms

Neben den bisher erwähnten Theorien, welche die Entstehung von Macht erklären, existiert eine Zahl machttheoretischer Ansätze (v.a. auf kontingenztheoretischer Basis), welche ebenfalls Macht zum Gegenstand haben, dabei aber den Prozeß der Entstehung von Macht aus ihren Erklärungen ausblenden. Solche Theorien erklären damit zwar Aspekte der *Machtausübung*, setzen dabei aber Macht oder die ‚Fähigkeit' zu dieser Machtausübung bereits *voraus*. Nur implizit gehen dependenztheoretische Ausgangsüberlegungen (warum unterwirft sich B den Handlungsaufforderungen des A?) in diese Ansätze mit ein.

In diesem verkürzten kontingenztheoretischen Erklärungsansatz der Macht (s. Abb. 12) bestimmen situative Determinanten die Macht des A über B. Die Dependenz des B geht implizit als Voraussetzung in das Modell ein. Besondere Determinanten, die B betreffen, sind ebenfalls Teil der Antezedenzbedingungen.

Auf der Grundlage dieses Kontingenzmodells schildert Mintzberg (1983) „power in and around organizations" (so auch der Titel seines Buches). Mintzbergs Schwerpunkt liegt auf einer möglichst umfassenden Beschreibung aller seiner Meinung nach relevanten Machtdeterminanten. Diese werden in vier Machtsystemen angesprochen (Mintzberg, 1983: 140 ff.): dem Autoritätssystem (legitime Macht), dem sog. ideologischen System (gemeinsame Überzeugungen, Annahmen), dem Expertensystem (Sachkenntnis) und dem sog. politischen System (v.a. illegitimes und ego-orientiertes Verhalten). Mintzbergs Stärke liegt im Versuch einer möglichst umfassenden Darstellung. Dennoch sah sich House veranlaßt, in einer Erweiterung Mintzbergs u.a. auf die individuellen Bedingungen der Machtausübung von Unternehmensmitgliedern genauer einzugehen (House, 1984: 29 ff.).

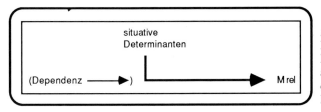

Abb. 12.
Kontingenztheoretisches Erklärungsmodell der Macht auf der Grundlage impliziter dependenztheoretischer Prämissen

Krüger (1976: 79 ff.) arbeitet ebenfalls die Determinanten individueller Macht (des Machthabers) heraus.

Staehle wendet sich gegen die deterministische Tendenz der älteren kontingenztheoretischen Forschung und schlägt vor, in kontingenztheoretische Machtmodelle den Handlungsspielraum der Gestalter sowie als weitere Determinanten Organisationskultur und Organisationsklima einzubeziehen (Staehle, 1988: 160 f.). Damit versteht er „Macht als die Fähigkeit ..., für Dritte Handlungsspielräume zu determinieren" (Staehle, 1988: 162). Mit dieser Definition nimmt er sowohl die Spielmetapher (Crozier/Friedberg, 1979), die Handlungsspielraumdiskussion (Sydow, 1985b) als auch die in jüngster Zeit populär gewordene Organisationskulturdiskussion in seinen Erklärungsansatz auf.

Staehles Konzeption kann als repräsentativ für diese fortgeschrittenere Variante der implizit-dependenztheoretischen Ansätze gelten[16]. Dennoch ist auch hier vieles von bereits früher Angemerktem zu wiederholen:

– trotz Relationalität liegt eine einseitige Orientierung am Machthaber vor,
– Macht wird als Fähigkeit des Machthabers begriffen, A ‚verursacht' Macht; B wird nach wie vor zum Erfüllungsgehilfen der Machtansprüche des A degradiert;
– die Handlungsspielräume, die das Machtmodell für A als Gestalter vorsieht, fehlen für B als ‚Gestalteten';
– die eigentliche Entstehung von Macht bleibt unberücksichtigt; Macht wird hier bereits vorausgesetzt, sie kommt unter bestimmten Vollzugsbedingungen zum erfolgreichen Einsatz; Machtausübung wird – tautologisierend – damit erklärt, daß jemand Macht hat;
– implizit wird damit auch eine Handlungsrationalität, die von allen Beteiligten bedingungslos und unreflektiert anerkannt wird, angenommen.

b) Implizite dependenztheoretische Machtansätze im Rahmen des subjektiven Forschungsprogramms

Durch die Eingrenzung des Untersuchungsfeldes auf betriebswirtschaftlich relevante ressourcenorientierte Theorien der Macht wird es hinfällig, von solchen im Rahmen des subjektiven Forschungsprogramms zu sprechen. Es gibt sie nicht, auch nicht in der Einzahl. Die Machtforschung nimmt im subjektiven Forschungsprogramm eine noch unbedeutendere Stellung ein als im objektiven Forschungsprogramm. Reduziert man jedoch den Anspruch auf die Ebene von Ansätzen[17], so bleibt neben der mikropolitischen Erörterung von kontingenten „Reaktionen der Machtunterworfenen" durch Bosetzky (1980: 135 ff.) ein einziger Ansatz[18], der eine einigermaßen abgerundete Vorstellung von Macht in Organisationen enthält, nämlich die Ausführungen von Crozier und Friedberg zum Verhältnis von Akteur und System.

Crozier (1964) hat mit seiner Untersuchung des Monopole Industriel einen wesentlichen Beitrag für alle späteren (objektiven) Ressourcen-Dependenztheorien geleistet. Er zeigte, daß und wie Wartungsarbeiter auf Grund ihrer funktionalen Interdependenz[19] in der Lage waren, Macht auszuüben. Diese strategische Kontingenz wird von ihm allgemein als *Kontrolle kritischer Unsicherheiten* formuliert. Macht bestimmt sich dabei aus den die Interaktionen der Partner leitenden Bedingungen. Die von den Akteuren in Organisationen akzeptierten formellen und informellen Ziele samt den damit verbundenen Regelungen wirken sich indirekt aus: Es werden solche Handlungsbereiche geschaffen, in denen Handlungen der Akteure zur Gänze voraussagbar sind, und andere Handlungsbereiche, die von Unsicherheit bestimmt sind. Der Schlüssel liegt daher in den Freiheitsgraden, die sich ein Akteur bewahren kann. Es geht für den Akteur darum, das eigene künftige Verhalten weniger voraussagbar zu machen als das seines Gegenübers (Crozier, 1973: 217 f.). Macht ist daher „das immer kontingente Ergebnis der Mobilisierung der von den Akteuren ... kontrollierten Unsicherheitszonen" (Crozier/Friedberg, 1979: 17). Bezogen auf die dependenztheoretische Basis bedeutet dies (in strukturierten Handlungsfeldern) die Problematisierung der Dependenzen anderer.

Wie viele andere Forscher vor ihnen unterliegen auch Crozier/Friedberg der Versuchung, sog. Quellen der Macht aufzulisten[20] (Crozier/Friedberg, 1979: 51 ff.):

– schwer ersetzbare funktionale Fähigkeit oder Spezialisierung („Expertise"),
– Vermittlung der Beziehungen zwischen Organisation und ihrer Umwelt,
– Gestaltung der organisationsinternen Kommunikation und der Informationsflüsse,
– Benutzung organisatorischer Regeln.

In der Einbindung des Akteurs in kollektives Handeln verknüpfen Crozier/Friedberg strategisches Denken und systemisches Denken. Sie greifen dazu die von Crozier bereits früher entwickelte Idee des Spiels auf (Crozier, 1976). Das Spiel bietet nicht nur eine gedankliche Konstruktion, sondern auch einen konkreten „Mechanismus, mit dessen Hilfe die Menschen ihre Machtbeziehungen strukturieren und regulieren" (Crozier/Friedberg, 1979: 68). Den Akteuren wird in Organisationen zwar die Teilnahme am Spiel aufgezwungen (Nichtteilnahme bedeutet ausscheiden), mit der Teilnahme ergeben sich für sie jedoch auch mehrere strategische Alternativen. Die Akteure sind so auf der Ebene des strategischen Handelns in der Lage, ihre Interessen zu realisieren. Auf der Systemebene tragen sie mit ihrem Handeln zum Weiterbestand des Systems bei. Die Organisation selbst wird als Gesamtheit aneinander gegliederter Spiele konzipiert.

Crozier/Friedberg haben mit ihrem „wissenschaftlichen Essay" einen wesentlichen Beitrag zur Verknüpfung von Handlungs- und Systemebene geleistet; das braucht nicht weiter erörtert zu werden. Im Gegensatz zum französischen Originaltitel hat die deutsche Übersetzung einen griffigeren Titel erhalten. Das Problem dabei besteht darin, daß in ihrer Diskussion des Akteurs und des Systems die Machtdiskussion (genauer: Machtbeziehungen in gegebenen strukturierten Handlungsfeldern) eigentlich nur als Nebenprodukt anfällt. Crozier/Friedberg erörtern dabei den Umgang mit Macht, setzen die Existenz von Macht aber bereits voraus.

Auch wenn in ihrem theoretischen Bezugsrahmen Macht keinen a priorischen Besitz und auch keine a priorische Fähigkeit eines Akteurs darstellt, so rückt ihr Sprachgebrauch Macht mehrfach in die Nähe von solchen: Dann „*besitzt jeder Akteur Macht über andere Akteure*" (Crozier/Friedberg, 1979: 56; k.i.O.), dann hängt die Macht eines Akteurs von „seiner Fähigkeit, Unsicherheitszonen zu kontrollieren" ab (Crozier, 1973: 220), und dann definiert (!) Friedberg Macht „als die Fähigkeit von jemandem, bei anderen Verhalten zu erzeugen, das sie ohne sein Zutun nicht angenommen hätten" (Friedberg, 1988: 41)[21]. In diesem Sinn setzen

Crozier und Friedberg nicht bei den Dependenzen der Akteure an – diese werden als gegeben angenommen -, sondern beim Organisationsalltag, auf dessen Vorstrukturiertheit sich die Akteure eingelassen haben. Crozier und Friedberg erörtern damit zwar den Umgang mit Macht, lassen aber die Entstehung der Macht im wesentlichen unberücksichtigt. Macht wird hier nicht erklärt, sondern vorausgesetzt. Soweit ihre Ausführungen Macht betreffen, könnte man – etwas überspitzt – von einem auf sozialen Regelmäßigkeiten aufbauenden Machthaberansatz sprechen.

Die thematische Konzentration auf die Verknüpfung von Akteur und System läßt grundlegende Begriffe (z.B. Dependenz, Quellen der Macht) sowie den Begriff der Macht selbst im Unpräzisen. Die Auflistung der sog. Quellen der Macht ist unsystematisch, sie beruht auf unterschiedlichen Bezugspunkten (Qualitäten des Akteurs, funktionale Interdependenz, bürokratische Regeln). Auch die Prozesse der Macht (z.B. Unterordnungsaufforderungen, wie „kontrolliert" man Unsicherheitszonen?, Verhandlungen, Koalitionsbildungen) bleiben unberücksichtigt. Gleichfalls werden Prozesse der Veränderung von Machtbeziehungen vernachlässigt.

So erhellend die Metapher des Spieles für die theoretische Verknüpfung von Akteur und System ist und damit auch eine Beschreibung des Umgangs mit Macht im Organisationsalltag ermöglicht, so offen bleiben bei Crozier und Friedberg wesentliche machttheoretische Fragen: Wir erfahren wenig darüber, was Macht ist, wie sie entsteht und wie sie sich verändert.

2.2.4.2.4 Zusammenfassung[22]

Dependenztheoretische Erklärungen der Macht integrieren in unterschiedlichem Umfang die Abhängigkeit eines Akteurs als machtgenerierendes Element in ihr Machtmodell. Damit gewinnt das relationale Konzept der Macht an Substanz: Zum Machtüberlegenen kommt nun noch ein zweiter Akteur – der Machtunterlegene – hinzu.

Die wesentliche Kritik aber an diesem Machtmodell, und die trifft alle bisher diskutierten Dependenz-Modelle der Macht gleichermaßen, betrifft die explizite (bzw. implizite) Annahme der einwegkausalistischen Verknüpfung von ‚Macht A = Dependenz B'. Diese Verknüpfung ist aber *nicht* aufrechtzuerhalten. Die Abhängigkeit eines Akteurs von den Ressourcen eines anderen bedeutet nicht von vornherein seine gleichzeitige Machtunterworfenheit. So kann jemand aus allen möglichen Gründen alle möglichen Ressourcen haben wollen und damit vielen Ressourcenkontrollierenden gegenüber dependent sein. Das bedeutet aber noch lange nicht, daß diese deshalb – als Umkehrreaktion – Macht über ihn ausüben könnten. Ich kann z.B. die Absicht des Erwerbs von Ressourcen aufgeben, weil sich meine Interessen geändert haben, weil sie mir zu teuer sind, weil mir derjenige, der die Ressourcen kontrolliert, unsympathisch ist etc. Nur und erst dann, wenn ich die Bedingungen des A zum Erwerb seiner Ressourcen akzeptiere, akzeptiere ich gleichzeitig, daß A Macht über mich ausüben kann. Das bedeutet 1), daß Dependenz nicht mit Macht gleichzusetzen ist – die austauschtheoretische Grundannahme von Emerson ist als Erklärung der Genese von Macht nicht aufrechtzuerhalten, weil sie dann nicht ausreicht –, sie stellt nur eine Eingangsbedingung dar; Dependenz und Machtunterworfenheit fallen auseinander; es bedeutet 2), daß letztendlich *die Macht des A aus der Akzeptanz der Unterordnungsbedingungen durch B zu erklären* ist; B kann nicht mehr als abhängige Variable verstanden werden, sondern ist als eigenständiger Teil der Interaktionsbeziehung A-B zu begreifen. Die diskutierten Dependenz-Modelle der Macht sind jedoch in ihrer gegenwärtigen Fassung nicht in der Lage, B methodologisch einen solchen die Macht des A generierenden Stellenwert einzuräumen.

2.3 Zur Methodologie ressourcenorientierter Theorien der Macht

Die bisherige Diskussion des status quo betriebswirtschaftlich-organisationstheoretischer Theorien der Macht hat deren konzeptionelle Logik, deren Stärken und Schwächen sowie Weiterentwicklungen im einzelnen aufgezeigt. In einem nächsten Schritt ist es daher notwendig, diese Theorien der Macht auf ihre wissenschaftstheoretischen Voraussetzungen rückzubeziehen. Erst damit wird es möglich, zu erkennen, ob die aufgezeigten Probleme spezifische theoretische Probleme des jeweiligen Machtansatzes darstellen oder ob sie elementare Qualitäten repräsentieren, die grundsätzlich mit dem gewählten Forschungsprogramm verknüpft sind. Dadurch werden das paradigmatische Potential sowie die Grenzen der bisher diskutierten Theorien der Macht aufgezeigt. Damit wird auch verständlich, warum eine betriebswirtschaftliche Machttheorie bisher praktisch nicht existiert, und sie dort, wo wir sie vorfinden, in den Grenzen (einfacher) kausalistischer Ressourcenmodelle steckenbleibt. Bei dieser Auseinandersetzung geht es nicht um eine allgemeine Diskussion auf der Ebene eines Paradigmenvergleichs. Solche paradigmenvergleichende Gegenüberstellungen und Kontroversen liegen nicht nur schon vor (z.B. Burrell/ Morgan, 1979; Steinmann, 1978a), sie erscheinen außerdem in ihrer Breite für die Zwecke dieser Untersuchung nicht sinnvoll. Notwendig erscheint dagegen eine spezifische, mit der Machtdiskussion rückgekoppelte Diskussion der methodologischen Voraussetzungen, die an Hand der dargestellten Machttheorien auf ihren Zusammenhang mit den dort aufgezeigten Problemen untersucht werden.

Sollte sich dabei herausstellen, daß die aufgezeigten Probleme dem zugrundeliegenden Forschungsprogramm und im besonderen der daran orientierten Machtforschung inhärent sind, dann ergibt sich die Frage, ob nicht mit einem anderen Forschungsprogramm einige dieser Grenzen überwunden und etliche der Probleme bereinigt werden könnten, um so die Theorieentwicklung der betriebswirtschaftlichen Machtforschung einen Schritt weiterzubringen. Es ist eine an sich müßige Feststellung, daß im Stadium unseres derzeitigen wissenschaftlichen Wissens und Denkens jedes Forschungsprogramm seine Stärken und Schwächen, Vor- und Nachteile, Möglichkeiten und Grenzen aufweist. In diesem Sinn geht es auch hier dann darum, das Potential dieses anderen Forschungsprogramms für die betriebswirtschaftliche Machtforschung auszuloten, um es dadurch überwinden und erneut zu fortgeschritteneren Alternativen vorstoßen zu können.

2.3.1 Problembereiche ressourcenorientierter Machttheorien

Die ressourcenorientierten Theorien der Macht gehen davon aus, daß die von einem Akteur kontrollierten Ressourcen seine Handlungsmöglichkeiten bestimmen. Je knapper diese Ressourcen sind, je wichtiger sie für B sind und je mehr sie daher von B erstrebt werden, desto größer ist die Macht des Machtüberlegenen. A als Ressourcenkontrollierender wird im Rahmen dieser Theorien auch als ‚Machthaber' bezeichnet. ‚Macht haben' verdeutlicht semantisch die theoretische und methodologische Qualität der Verbindung des Machtüberlegenen mit Macht: Macht stellt eine mit A verbundene Eigenschaft, eine Fähigkeit oder einen Besitz dar. Auch in den relationalen Varianten der ressourcenorientierten Machttheorien, die B zumindest definitorisch in die Machtbeziehung integrieren, bleibt die auf den Machthaber und seine Ressourcen gerichtete Betrachtungsweise gewahrt. B wird als Objektbereich der Macht von A definiert. Wird die Macht eines Machthabers durch die von ihm kontrollierten Ressourcen bestimmt, so ergibt sich daraus die Forderung, vor allem jene Ressourcen zu identifizieren, die in Machtbeziehungen zu einer Überlegenheit des A führen. Es finden sich daher auch eine Anzahl von Unterfangen, solche Ressourcen in Form von Grundlagen oder Determinanten der Macht klassifikatorisch zu erfassen.

In ihrem konzeptionellen Zugang zur Machtproblematik bauen die dargestellten ressourcenorientierten Theorien der Macht auf Annahmen auf, die festgesetzte Orientierungspunkte, wie Unternehmensziele, Produktionsprogramme, Aufgabenverteilung, Kompetenzbereiche etc., zur Voraussetzung haben. Methodologisch stützen sie sich auf eine kausalistische Logik, die in den modelltheoretischen Konzeptionen deutlich wird. Die jeweils nachfolgenden Machtmodelle versuchen dabei, die Unzulänglichkeiten der vorangehenden zu überwinden:

1) im Ressourcenkontrollansatz (R = M) werden Ressourcen (noch) mit Macht gleichgesetzt; wer Ressourcen kontrolliert, hat Macht;
2) im Ressourcentransformationsansatz (R/T/M) wird berücksichtigt, daß Ressourcen, um wirksam zu werden, in irgendeiner Form zur Anwendung gebracht werden müssen (im Machtmodell mit der Transfervariable T ausgedrückt). In den Transformationsprozeß fließen so neben dem Willen des Machthabers, seine Ressourcen einzusetzen, auch strategische Elemente, wie Koalitionsbildungen oder Taktiken, mit ein. Ungenutzte Ressourcen können daher nicht mit Macht gleichgesetzt werden;
3) relationale Machtmodelle (R/T/M rel) folgen der Einsicht, daß Macht nicht als ein generelles, unspezifisches Phänomen zu verstehen ist, sondern daß Ressourcen immer nur in bezug auf einen bestimmten, spezifischen Adressatenkreis zum Einsatz gebracht werden können;
4) die Dependenztheorien der Macht schließlich berücksichtigen die Abhängigkeit des B von den Ressourcen des A und nehmen diese Dependenz des B als (Mit-)Ursache der Macht des A über B in das Machtmodell (R/D/T/M rel) auf.

In all diesen Fällen ist Macht eine Fähigkeit des Machthabers und resultiert aus den Ressourcen, die A kontrolliert. Konzeptionell geht die Macht vom Machthaber aus. Will man daher wissen, wer in einem sozialen System Macht hat, so ist es notwendig, einerseits die bestehenden Dependenzen zu eruieren und andererseits die den Dependenzen korrespondierende Verteilung der Ressourcen. Gleiches gilt auch für Absichten, Macht zu erlangen oder Macht zu vergrößern. Wer nach Macht strebt, sollte somit versuchen, sich Kontrolle über jene Ressourcen zu verschaffen, die für andere Akteure Dependenzen darstellen. Typologien der Machtgrundlagen und Determinanten der Macht helfen dabei, das Augenmerk auf die ‚richtigen' Ressourcen zu legen. Mit dieser Zusammenfassung sind gleichzeitig die wesentlichsten Problembereiche genannt:

1) Macht als Fähigkeit eines Machthabers;
2) Relationalitätskonzept;
3) Dispositionen des B als Antezedenzbedingung;
4) Einwegkausalität;
5) Menschenbild des B;
6) Umkehrschluß: Dependenz B = Macht A;
7) Typologien bzw. Determinanten als Gesetzmäßigkeiten bzw. kontingente Gesetzmäßigkeiten;
8) gegeben angenommener sozialer Kontext;
9) Komplexitätsreduktion.

Alle genannten Problembereiche stehen in einem Zusammenhang mit den forschungsprogrammatischen Annahmen, und hier im besonderen mit dem zugrundeliegenden Kausalitätsprinzip samt den damit verbundenen Annahmen und Konsequenzen. Es erweist sich daher als notwendig, im folgenden auf dieses Kausalitätsprinzip, das die Theorieentwickung der bisherigen betriebswirtschaftlichen Machtforschung im wesentlichen geleitet hat, näher einzugehen.

2.3.2 Zum Kausalitätsprinzip in der Machtforschung

Was bedeutet nun das Kausalitätsprinzip für die Machtforschung? Sozialwissenschaftliche Erklärungen haben dem deduktiv-nomologischen Erklärungsschema (Subsumptionstheorie der Erklärung) zu folgen. „Einen Vorgang ‚kausal' erklären heißt, einen Satz, der ihn beschreibt, aus Gesetzen und Randbedingungen ableiten" (Popper, 1966: 31; s. dazu und im folgenden auch Stegmüller, 1983). Der Vorgang wird als ‚Wirkung' bezeichnet und aus den ‚Ursachen' mit Hilfe der Gesetze abgeleitet. Zwischen Ursache und Wirkung besteht ein gesetzmäßiger Zusammenhang. Dieses Erklärungsschema trifft für Natur- und Sozialwissenschaften gleichermaßen zu. Die Gesetze beanspruchen universelle Geltung; außerdem gilt das Konstanzprinzip: Gleiche Ursachen erzeugen gleiche Wirkung, ungleiche Ursachen erzeugen ungleiche Wirkungen (Hoppe, 1983: 22). Eine kausale Erklärung nennt damit Antezedenzbedingungen, die bestimmte Wirkungen herbeiführen. Das Verhalten des Akteurs A ist Ursache der Unterordnung des B; die Ressourcenkontrolle des A und die Dependenz des B sind gleichfalls operationaler Teil der Anfangsbedingungen. Das Verhalten des Akteurs B wird logisch und begrifflich in Kategorien der Ursache ausgedrückt. In diesem Sinn ist der Machthaber der aktive Teil, er verhält sich zielorientiert; B ist der passive Teil, er reagiert. Verhaltenswissenschaftliche Theorien der Macht auf der Basis des methodologischen Individualismus (Schanz, 1977) positionieren ihre Antezedenzbedingungen ‚innerhalb' des Individuums in Form von Motiven (z.B. Winter, 1973), Präferenzen (z.B. Nagel, 1975) oder Zielen (z.B. Pfeffer, 1981a). Situative Theorien der Macht positionieren die Antezedenzbedingungen außerhalb der Untersuchungseinheit, und zwar in deren Kontext (z.B. Pfeffer/Salancik, 1978; Hinings et al. 1974). Schließlich ist noch auf notwendige und hinreichende Bedingungen hinzuweisen. Eine Bedingung ist ‚hinreichend', wenn sie alle Eigenschaften in sich trägt, um die Wirkung zu erzeugen, und zwar unabhängig von besonderen Kontexten. ‚Notwendig' ist eine Bedingung dann, wenn sie und nur sie in der Lage ist, einen ganz bestimmten Erfolg herbeizuführen.

Dieses Kausalitätskonzept wurde in die betriebswirtschaftliche Machtforschung von H. Simon eingebracht: „influence, power, and authority are ... *asymmetrical* relations ... for the assertion, ‚A has power over B', we can substitute the assertion, ‚A's behavior causes B's behavior'. If we can define the causal relation, we can define influence, power, or authority and vice versa" (Simon, 1957a: 5; k.i.O.). Einige Jahre später drückt Simon dies etwas vereinfacht nochmals so aus: „An influence or power mechanism, ..., is simply a particular kind of causal mechanism" (Simon, 1968: 355). Während Dahl (1957: 202) und Riker (1964: 341) noch der Meinung sind, die systematische Erforschung der Macht habe mit den politikwissenschaftlichen Arbeiten von Lasswell/Kaplan (1950) begonnen, zeigt Ball, daß sich das mechanistische Konzept der Macht, auf das sich Simon und seine Nachfolger stützen, bis auf Hobbes zurückverfolgen läßt: „Power and cause are the same thing. Correspondent to cause and effect are POWER and ACT; nay, those and these are the same things" (Hobbes, 1839: 127 f., zit. nach Ball 1975: 214; Hervorhebung i.O.). Hobbes stellt Macht in den Natur- und in den Sozialwissenschaften am Beispiel des Verhaltens von Billardbällen dar, also an Körpern in Bewegung und kollidierenden Kräften. Die Bewegung der Billardbälle muß durch einen vorangehenden Stoß verursacht worden sein; tut der Machthaber nichts, so kann auch nicht von Macht gesprochen werden. Diese Vorstellung mechanistischer Kausalität hat in March (1955), Dahl (1957), Simon (1957a) und Cartwright (1959b) wichtige Befürworter in den Sozialwissenschaften gefunden. Wie die bisherige Diskussion des status quo zeigt, hält deren Einfluß zweifellos auch heute noch immer an.

Den bisher diskutierten Theorien der Macht liegt die klassische Vorstellung der Kausalität zugrunde, zu der es auch, einem ersten Anschein nach, keine Alternative zu geben scheint: Die Ursache erzeugt die Wirkung, der Anlaß führt zum Ereignis. Der Verkehrspolizist hebt den Arm, und die Autos bleiben stehen; der Räuber bedroht den Bankkassier mit einer Pistole, und dieser öffnet den Tresor; der Vorgesetzte überträgt seinem Mitarbeiter Aufgaben, und dieser erfüllt sie. So einleuchtend und trivial diese Beispiele sein mögen, so beruht ihre Kausalität dennoch auf einer Reihe von Annahmen:

– unendliche, ineinander verwobene Ketten von Ursache-Wirkung-Beziehungen lassen sich ohne wesentlichen Erklärungsverlust auf Wirkungen mit unmittelbar vorhergehenden Ursachen begrenzen;
– der Ausgangspunkt von Machtbeziehungen sind der Wille, die Wünsche, die

Absichten, die Bedürfnisse oder die Ziele eines sog. Machthabers;
- Macht ist das Mittel, mit dem sich die Vorstellungen des Machthabers realisieren lassen;
- Machtbeziehungen sind konflikthaft, knappe Ressourcen führen zu Konkurrenz um diese Ressourcen, der Gegner im Konflikt bzw. Machtkampf ist bekannt;
- der Machthaber ‚hat' die Macht; d.h. Macht kommt die Eigenschaft eines besitzbaren Gutes, das man sich aneignen, das man aber auch wieder verlieren kann, zu;
- der Machthaber verfügt über jene Informationen, die er benötigt, um das Eintreffen der beabsichtigten Wirkung vorauszusehen, sowie ausreichende Informationen über jene Alternativen, die er daher nicht realisiert;
- Macht ist unidirektional, sie geht in eine Richtung; im jeweiligen Zusammenhang lassen sich somit ‚Sieger' und ‚Verlierer' feststellen;
- die Machtsumme ist konstant: B verliert seine Handlungsmöglichkeiten an A;
- Macht ist transitiv: Ist der Vorgesetzte A in der Lage, B Anweisungen zu geben, und ist B ebenfalls in der Lage, C Anweisungen zu geben, dann gilt dies auch für A in Hinblick auf C; nicht aber für C in Hinblick auf A. Das klassische Beispiel dafür sind formale Organisationspläne, bei denen sich scheinbar omnipotente organisationale Macht an der Spitze der Pyramide konzentriert.

Zusammengefaßt stellt sich Macht daher als *Durchsetzung des eigenen Willens*, nötigenfalls auch gegen Widerstand, dar. In die Form einer Definition gebracht, drückt sich dies z.B. so aus: „Der Machthaber z setzt zur Zeit t dank der Machtgrundlage g mit den Machtmitteln m und im Ausmaß s in der Machtausdehnung u sein Verlangen im Machtbereich b durch" (Kiechl, 1985: 240).

Damit kann nun auf die eingangs genannten Probleme kausalistischer Theorien der Macht eingegangen werden.

2.3.3 Methodologische Probleme kausalistischer Erklärungen der Macht

Geht die Macht von A aus (d.h. A als Machthaber ‚hat' die Macht), dann ist Macht als Eigenschaft, Fähigkeit oder Besitz mit A verbunden. Bei A liegen Wollen und Können. B ‚hat' nichts (außer seine Dependenzen); er stellt den Objektbereich des Macht Habens' dar. Ob B nun die Machtausübung des A freudig begrüßt, sie duldet oder ihr Widerstand entgegensetzt, bedeutet keinen Unterschied: Stimulus und notwendige Kompetenz zur Macht liegen allein bei A. A übt die Macht aus, über B wird sie ausgeübt. A ist der aktive Anteil dieser Relation, B der passive. Dies ist (neben zweischneidigen Komplexitätsreduktionsbemühungen) auch der Hauptgrund, warum sich die betriebswirtschaftliche Machtforschung bisher dominant mit *Einwegkausalitäten* der Macht beschäftigt hat. Die Aussage eines Vorgesetzten: „Ich habe hier die Macht, zu bestimmen" müßte – bezogen auf den Hintergrund der legalen Autorität in Unternehmen – richtig lauten: „Ich habe hier das Recht, zu bestimmen". Denn ob der Vorgesetzte wirklich die Macht hat, seinen Willen durchzusetzen, wird sich erst mit der *tatsächlichen* Unterordnung des B erweisen. Wenn aber B nur als *mechanistischer Reagierer* konzipiert wird, dann ist es theoretisch *nicht* allzu *interessant*, sich näher mit ihm zu beschäftigen. Diese Haltung kommt vor allem in Modellen sog. Rezeptkausalität zum Tragen, die sich weniger mit der Wirkung, sondern vor allem mit der Ursache beschäftigen. Nun, Zahnweh kann man ‚haben', die ‚Fähigkeit' zu singen kann man auch ‚haben', aber Macht als Fähigkeit kann man *nicht* in diesem Sinn ‚haben'. Darauf weist auch Oppenheim, ein Vertreter des objektiven Forschungsprogrammes, hin (Oppenheim, 1976: 103). Leider geht er dann nur einen halben Schritt. Er löst nämlich nicht die Eigenschaft des ‚Habens' auf, sondern schlägt nur die Abkehr von einem generellen und die Hinwendung zu einem im Adressatenkreis spezifischen Macht Haben', also ein relationales Modell der Macht, vor. Aber auch für ein relationales Modell der Macht ist eine Fähigkeit des Macht Habens' nicht aufrechtzuerhalten. Begreift man Macht nicht als generelle, sondern als relationale Qualität, dann müßte der zweite Interaktionspartner, B, auch berücksichtigt werden. Die bisherigen Konzepte der Relationalität versuchen dem insofern Genüge zu tun, als sie die Unterordnungsbedingungen des B wohl in ihr Modell aufnehmen, aber als Antezedenzbedingungen der Macht des A. Damit kommen wir nicht nur zu einem ziemlich *statischen* Machtmodell (B ist in seinen ‚zulässigen' Handlungen festgeschrieben), sondern auch nach wie vor zu einem *verzerrten Relationalitätskonzept*: Den einen Interaktionspartner gibt es wiederum nur als abhängige Variable des anderen, d.h. die beiden Akteure sind auf unterschiedlichen Ebenen angesiedelt und sind mit *ungleichen methodologischen Qualitäten* ausgestattet. Während A die Fähigkeit zum selbständigen Handeln zugeschrieben wird, wird dies bei B negiert. B hat keine Handlungskompetenz, *er wird nur in Kategorien der Ursache begriffen*.

Das Kausalitätskonzept weist eine Bandbreite auf, deren bekannteste Ausprägungen die sog. ‚Rezeptkausalität' und die ‚Kausalität der notwendigen und hinreichenden Bedingungen' darstellen (Stegmüller, 1983: 584 ff.). Im Zusammenhang mit der Machtforschung hat sich Riker (1964) als erster mit dieser Problematik befaßt. Die *‚Rezeptkausalität'* kommt zur Aussage: Wenn p, dann q. Diese Fassung des Kausalkonzeptes birgt jedoch zwei Nachteile in sich. Die Wirkung q wird auf die Ursache p beschränkt, was mitunter weder beabsichtigt noch empirisch haltbar ist. q könnte ja außerdem auch noch durch andere p, nämlich p_2, p_3, …, p_n herbeigeführt werden. Das zweite Problem der Rezeptkausalität besteht darin, daß sie die ceteris-paribus-Regel überfordert, wenn nicht gar ihrer methodologischen Unhaltbarkeit preisgibt. Alle Variablen außer p werden konstant gesetzt, was in den Sozialwissenschaften eine grobe Vereinfachung komplexer sozialer Prozesse bedeutet. Die Rezeptkausalität legt damit ihr Augenmerk auf die Ursache, die Darstellung der Wirkung stellt kein zentrales Anliegen dar. Demgegenüber beschäftigt sich die *‚Kausalität der notwendigen und hinreichenden Bedingungen'* auch mit der Wirkung. Ein solches Kausalitätskonzept muß in einer sozialwissenschaftlichen Machtdiskussion auch den Machtunterworfenen in die volle Definition der Antezedenzbedingungen mit aufnehmen. Ohne Machtunterlegenen B gibt es keinen Machthaber A. Dies bedeutet, daß in einem ressourcenorientierten Machtmodell die Absicht des A, seine Ressourcen sowie der Transformationsprozeß die notwendigen Bedingungen darstellen würden, der Machtunterworfene B jedoch die hinreichende Bedingung. Das Dilemma der kausalistischen Machtforschung liegt damit deutlich vor uns: Versteht sie sich als Rezeptkausalität, so sieht sie sich dem Vorwurf ausgesetzt, einer *naiven, inadäquaten und überholten* Methodologie anzuhängen und den Machtunterlegenen zu negieren. Definiert sie Macht dagegen relational und will sie tatsächlich alle notwendigen und hinreichenden Bedingungen anführen, so steht sie vor dem Faktum, daß dies außerhalb künstlicher Laborbedingungen unmöglich sein dürfte, d.h. sie scheut daher aus logischen und operationalen Gründen davor zurück (z.B. Dahl, 1968: 410 f.). Die sog. ‚Lösung' dieses Dilemmas ist bekannt: Macht wird zwar relational konzipiert (M/T/M rel), der Machtunterlegene geht aber im Machtmodell, abgesehen von einigen wenigen Antezedenzbedingungen, verloren; das Machtkonzept wird im Sinne der Rezeptkausalität ausgearbeitet. Wir haben eine Rezeptkausalität mit einem relationalen Mäntelchen vor uns.

Dies führt zum Dependenzkonzept der betriebswirtschaftlichen Machtforschung. Mit D/B = M/A entspricht der Dependenz des B die Macht des A. Dependenz wird als Stimulus begriffen, der *keinen* Handlungsraum für B übrig läßt. In diesem Modell ist es *nicht möglich*, daß B zwar von bestimmten Ressourcen des A dependent ist, A aber *trotzdem keine Macht* über ihn ausüben kann, weil B – gleichgültig aus welchen Gründen – auf den Erwerb der von A kontrollierten Ressourcen verzichtet. B *muß* sich modelltheoretisch der Unterordnungsaufforderung des A unterwerfen. Nun könnte man einwenden, daß dieser Prozeß in der black box der Transformationsvariablen T aufgefangen würde, wenn auch eher plump. Aber genau dieses Argument geht in die falsche Richtung. Versteht man T als jenen Prozeß, in dem die Handlungsaufforderung des A umschlägt in die Unterordnungsakzeptanz des B, so würde ja ein sozialer Prozeß, an dem B beteiligt wäre, angenommen. D.h. der Handlungsraum für B, der modelltheoretisch nicht existiert, wäre dann doch vorhanden. Führt man diese Überlegung eines an der Genese von Macht aktiv beteiligten B weiter, so würde das die Prämissen und die gesamte Methodologie der kausalistischen Machtmodelle *auf den Kopf stellen*: Die Macht des A ginge dann nicht mehr vom Machthaber aus, sondern, im Gegenteil, vom Machtunterlegenen. Der läßt auf Grund seiner Akzeptanz der Unterordnungsbedingungen – und diese Akzeptanz fällt ausschließlich in die Handlungskompetenz des B – ein Über- und Unterordnungsverhältnis zwischen A und B entstehen. Das würde aber nicht nur ein gänzlich anderes Menschenbild voraussetzen (Abkehr von B als mechanistischem Reagierer), es würde auch ein als Antezedenzbedingung begriffenes Verhalten des B irrelevant machen.

Eine solche Konzeption der Genese von Macht, die B als selbständigen Akteur auffaßt, betont gleichzeitig die Abhängigkeit der Handlungen des B von seiner Interpretation der Situation. Es würde dann von vornherein problematisch, Sequenzen aus einer an sich unendlichen Kette von Ursache-Wirkung-Abfolgen – mehr oder weniger schlecht begründet – herauszunehmen und sie *isoliert von ihrem Kontext* zu untersuchen. Für betriebswirtschaftliche Machttheorien betrifft dies vor allem Annahmen bezüglich (vor-)gegebener Unternehmensziele, Produktionsprogramme u.ä. Bezieht man diese, v.a. in den situativen Machttheorien nicht weiter reflektierten Annahmen aber in die Machtdiskussion mit ein und macht sie auf diese Weise selbst zum *Gegenstand* der Machtanalyse, so führt dies zu einer wesentlich komplexeren Betrachtungsweise: Die außer Diskussion gestellten Orientierungspunkte und Annahmen werden selbst zu Parametern inner- und überorganisatorischer Machtverteilung und sehen sich damit genau jenen Fragen gegenüber, welche die ressourcenorientierten Theorien der Macht vermeintlich schon beantwortet haben, nämlich: wie entsteht Macht?, wie verteilt sie sich?, wie kann sie stabilisiert werden?, wie kann sie verändert werden? Die Isolierung aus dem Kontext und ihre Reduktion auf ein mit wenigen Variablen ausgestattetes Machtmodell bedeutet einen beträchtlichen *Verlust an Realitätsabbildung*.

Diese Art der Komplexitätsreduktion wird nicht nur im Ausbleiben einer angemessenen Verknüpfung der Machtmodelle mit ihrer Umwelt deutlich, sondern auch an zwei oft ‚übersehenen' bzw. modelltheoretisch vernachlässigten Phänomenen: den sog. Nicht-Entscheidungen und den antizipatorischen Reaktionen. Worum geht es dabei? Die klassische, an Dahl orientierte sozialwissenschaftliche Machtforschung operiert mit einem Machtmodell, das u.a. durch das Kriterium der Beobachtbarkeit von Ereignissen bestimmt ist: Wo nichts beobachtbar ist, hat auch kein ‚Ereignis' stattgefunden. Damit bleiben aber Machtphänomene, die sich auf nichtbeobachtbare Ereignisse zurückführen lassen, wie eben Nicht-Entscheidungen (Bachrach/Baratz, 1963) und antizipatorische Reaktionen, unberücksichtigt. Als *antizipatorische Reaktionen* werden Machtphänomene bezeichnet, bei denen B in Erwartung künftiger Handlungen des A diese vorwegnimmt und gleich so handelt, wie er glaubt, daß A dies von ihm erwartet. D.h. es kommt hier zu einer Unterordnung des B, ohne daß dafür ein Tun des A beobachtbar oder feststellbar wäre. Als *Nicht-Entscheidungen* werden dagegen jene Machtphänomene bezeichnet, die im Vorfeld von Entscheidungen stattfinden. Organisationen sind darauf angewiesen, daß nicht alle Problemlagen immer und u.U. auch immer wieder neu ‚offiziell' entschieden werden, sondern daß durch Verfahrensregeln, Strukturierungen, Abgrenzungen u.ä. ein großer Teil dieser Probleme bereits im Vorfeld bewältigt, d.h. erledigt, ausgeschieden, ignoriert, abgeblockt oder umdefiniert wird. Durch die Strukturierung des Entscheidungsvorfeldes werden Problemlagen entschieden, ohne daß es dabei zu einer ‚offiziellen' Entscheidung käme. Obwohl wir auch hier kein beobachtbares Ereignis haben, eben die Nicht-Entscheidung, handelt es sich zweifellos um ein Machtphänomen. Beide Problembereiche werden von der klassischen Machttheorie nicht geleugnet. Es wird auch zugestanden, daß man bisher *keinen Weg* gefunden hat, mit diesen Problemen fertig zu werden (s. dazu Hradil, 1980: 22 f.)[23]. Implizit äußert sich dies darin, daß auch in den ‚jüngeren' konzeptionellen Entwürfen zur Machtthematik dieses Problem ‚übersehen' wird (z.B. bei Burkolter-Trachsel, 1981; Richter, 1979; Schneider, 1978; Kießler/Scholl, 1976).

Schließlich ist noch zu fragen, ob a priorische Grundlagen oder Determinanten der Macht tatsächlich in verschiedenen sozialen Kontexten der postulierten Ursache-Wirkung-Gesetzmäßigkeit folgen und sich die angestrebte Vorhersagbarkeit von Ereignissen damit einlösen läßt oder ob nicht in einer Abschwächung eher von Kontingenzen (im eigentlichen Sinn dieses Wortes) gesprochen werden sollte, d.h. daß die genannten Folgehandlungen zwar *möglich* sein *können*, aber *nicht* eintreten *müssen*. Führt man diesen Gedanken noch einen Schritt weiter, so würde dies aber letztlich zu der Überlegung führen, den Anspruch auf soziale Gesetzmäßigkeiten aufzugeben und bei wiederkehrenden Ereignisabfolgen von *sozialen* Regelmäßigkeiten zu sprechen, denen aber dann eine naturwissenschaftliche Kausalität, wie sie bisher diskutiert wurde, nicht mehr zukommt.

Dahl definiert in seinem bekannten Aufsatz aus dem Jahre 1957, der einen wichtigen Bezugspunkt zahlreicher machttheoretischer Überlegungen darstellt, Macht folgendermaßen: „A has power over B to the extent that he can get B to do something that B would not otherwise do" (Dahl, 1957: 202). Als Beispiel nennt

Dahl einen Verkehrspolizisten, der eine Kreuzung regelt. Je nach dessen Handsignale stoppt der Verkehrsfluß oder setzt sich in eine bestimmte Richtung in Bewegung. Der Verkehrspolizist bzw. seine Handzeichen sind zweifellos Ursache des Stoppens, Stehens und Weiterfahrens der Verkehrsteilnehmer. In einem betriebswirtschaftlichen Zusammenhang kann dieses Beispiel ohne weiteres auf einen Vorgesetzten übertragen werden, dessen Mitarbeiter nach seinen Vorgaben, Richtlinien und Hinweisen ihre Arbeit erledigen. Die Anordnungen des Machtüberlegenen werden regelmäßig von den Machtunterlegenen befolgt – ein evidentes Beispiel erfolgreicher Machtausübung liegt vor. Ist aber die Befolgung der Anordnungen in beiden Beispielen tatsächlich ein Fall von Kausalität, wie er dem naturwissenschaftlichen Verständnis entspricht? Sind die Handbewegungen des Verkehrspolizisten und die Anordnungen des Vorgesetzten tatsächlich den Bewegungen der Billardkugeln in Humes Analogie gleichzusetzen? Oder handelt es sich nicht doch um qualitative Unterschiede in der Regelmäßigkeit des Aufeinanderprallens und Sich-Weiterbewegens von Billardkugeln und der Regelmäßigkeit, mit der Anordnungen befolgt werden?

Die Billardkugeln folgen den kausalen Gesetzen der Mechanik, das braucht nicht weiter verfolgt zu werden. Die Autofahrer dagegen folgen dem Verkehrspolizisten, weil sie wissen, was seine Handzeichen bedeuten und deren Zweck akzeptieren, und nicht, weil ein uniformiertes Individuum Körperbewegungen vorführt. Die Mitarbeiter folgen ihrem Vorgesetzten, weil sie auf Grund ihrer Situationsinterpretation verstehen, in welchem Zusammenhang seine Anweisungen zu sehen sind, und nicht deshalb, weil ein im selben Raum befindliches Individuum etwas vor sich hinbrummt. Diese Regelmäßigkeiten entsprechen offensichtlich nicht den Regelmäßigkeiten des Billardspieles. Die Unterordnung unter die Anordnungen des Vorgesetzten oder des Verkehrspolizisten ist keine Regelmäßigkeit, die einem naturwissenschaftlichen Kausalitätsbegriff entspricht, sondern das Ergebnis eines von Machtüberlegenen und Machtunterlegenen gemeinsam geteilten Regelsystems. Die Handlungen des B können prinzipiell nicht nur gänzlich anders sein, als dies A herbeizuführen trachtet, sondern implizieren prinzipiell auch seine *Zustimmmung zur Unterordnung*, d.h. den Freiraum, auch *anders* handeln zu können. Der Vorgesetzte kann dann keine Macht über seinen Mitarbeiter ausüben, wenn dieser sich offen oder verdeckt weigert, seinen Anordnungen nachzukommen.

Die diskutierten Probleme kausalwissenschaftlicher Machttheorien präsentieren sich damit auf zwei Ebenen: Einer Gruppe (z.B. Komplexitätsreduktion, Tendenz zur Einwegkausalität) läßt sich – im Prinzip – mit verbesserten Machtmodellen unter Beibehaltung der Forschungsprogrammatik beikommen. Es handelt sich dabei um keine grundsätzlichen Schwierigkeiten, sondern um Fallgruben der Methodik, in die man mit einem an sich ernstzunehmenden Anspruch hinsichtlich ‚Modellklarheit' und ‚Modellübersichtlichkeit' leicht gerät. Für die zweite Gruppe der aufgezeigten Problembereiche (z.B. Macht als Fähigkeit, gesetzmäßige Ursache-Wirkung-Abfolgen, methodologische Positionierung des B) ist dies nicht mehr möglich. Hier handelt es sich um *grundsätzliche Divergenzen*, hier hat die kausalistische Forschungsprogrammatik ihre Grenzen.

2.4 Zusammenfassung

In der vorgängigen Erörterung des state of the field wurden unter Zugrundelegung zunehmend komplexerer Machtmodelle jene Theorien und Ansätze der Macht diskutiert, die in der Betriebswirtschaftslehre entweder ihren Platz bereits haben, einen Platz haben sollten oder einen Platz haben könnten.

Das Resumee fällt eindeutig aus: Es gibt keine betriebswirtschaftliche Theorie der Macht. Und dort, wo Ansätze dafür erkennbar sind, handelt es sich um eine Auseinandersetzung mit spezifischen Problembereichen. Selbst bei der hier eher weit abgesteckten Abgrenzung des Untersuchungsfeldes zeichnen sich alle diskutierten Theorien und Ansätze der Macht durch beträchtliche theoretische und/oder methodische und/oder methodologische Probleme aus.

3 Die Entstehung der Macht

3.1 Theoretische Grundlagen

Die Diskussion des state of the field hat Stärken und Schwächen sowie Möglichkeiten und Grenzen der gegenwärtigen organisationstheoretischen Machtforschung deutlich gemacht. In der Folge wird auf der Grundlage eines handlungstheoretischen Bezugsrahmens ein Modell der Entstehung (und damit auch der Veränderung) von personaler Macht in Unternehmen entwickelt. Die Entscheidung für einen handlungstheoretischen Bezugsrahmen wird begründet:

1) mit dem Entwicklungsstand der betriebswirtschaftlich-organisationstheoretischen Machtdiskussion: Führungsprozesse als zentraler Bereich betriebswirtschaftlicher Forschung und Lehre beruhen zwar auf einer Theorie der Macht (und Herrschaft), die Betriebswirtschaftslehre verfügt aber bisher über eine solche Theorie bestenfalls rudimentär[24]. Soweit in der betriebswirtschaftlichen Theorie auf Machtprozesse eingegangen wird, bleibt deren Voraussetzung, nämlich die Entstehung der Macht, weitgehend im Dunkeln oder auf einem niedrigen Erklärungsniveau. Um sinnvoll über Macht reden und Führungsprozesse damit theoretisch begründen zu können, ist es daher im *gegenwärtigen* Entwicklungsstand *vordringlich*, Voraussetzungen und Prozesse der *Entstehung* von Macht zu untersuchen. Ein subjektives Forschungsprogramm erscheint 1) unter Bedachtnahme auf die Schwächen und Grenzen objektiver Theorien der Macht und 2) wegen der Bindung an die Handlungen der Beteiligten für diese Zwecke gegenüber einem objektiven Forschungsprogramm besser geeignet[25];
2) mit den drei maßgebenden Konzepten: Ressourcen, Relationalität und Dependenz bleiben der Betriebswirtschaftslehre ‚nahe' Konzepte als zentrale Ordnungskriterien dieser Untersuchung gewahrt. In einem handlungstheoretischen Bezugsrahmen erscheint es möglich, die theoretische Substanz dieser Konzepte nachhaltiger zu entwickeln, als dies bisher der Fall war;
3) mit der Erwartung, Macht dann tatsächlich als einem interdependenten Phänomen gerecht zu werden: Jedem der in einen Machtzusammenhang involvierten Akteure wird auch theoretisch ein eigener Handlungsraum zugestanden. Damit wird das vielfache empirische Scheitern vorausgesagter objektiver Gesetzmäßigkeiten, das methodologisch den ‚Fehler' bei A suchen muß, überwunden;
4) mit der Integration des Konzeptes der Ver- und Aushandlungsprozesse: Dadurch kommt es schließlich nicht nur zum Übergang von einer bisher vorwiegenden statischen Betrachtungsweise zu einer dynamisch-prozessualen, sondern auch zur Herstellung der Realität durch die beteiligten Akteure.

Eine handlungstheoretische Vorgangsweise ist der Organisationstheorie nichts Fremdes. Sie mag zwar in der deutschsprachigen betriebswirtschaftlichen Organisationstheorie nicht besonders dominant sein. Nimmt man aber eine weite Fassung des Handlungsbegriffs, so ist festzustellen, daß bereits die Wegweiser der betriebswirtschaftlichen Entscheidungstheorie, wie etwa Simon, Cyert und March mit „actor", „act" und „action" argumentieren, daß z.B. Pfeffer in seiner Aufarbeitung des Wissenschaftsfortschrittes der Organisationstheorie die Handlungsperspektive zum entscheidenden Untersuchungskriterium wählt (Pfeffer, 1982: 5), ja daß sogar Abel in einer Auseinandersetzung mit dem Konstruktivismus festhält, daß „das Handeln im Sinne eines zielorientierten Tuns als das zentrale Erklärungsproblem der Betriebswirtschaftslehre" anzusehen sei (Abel, 1983: 16).

Verständlicherweise ist eine weite Fassung des Handlungsbegriffes diesem nicht gerade förderlich. Aber selbst eine Beschränkung auf das deutungstheoretische bzw. interpretative Paradigma zeigt noch immer eine Anzahl betriebswirtschaftlich relevanter organisationstheoretischer Beiträge, die den Akteur und seine Handlungen in theoretischer und methodischer Weise unterschiedlich ansetzen: So finden sich funktionalistisch orientierte Arbeiten (z.B. Perrow, 1986), konstruktivistische (z.B. Steinmann, 1978b), phänomenologische (z.B. Weick, 1979), symbolisch-interaktionistische (z.B. Gussmann/Breit, 1987) und ethnomethodologische (z.B. Clegg, 1975). Wie daraus ersichtlich wird, hat sich ‚die Handlungstheorie', ausgehend von einem Kern gemeinsamer Annahmen, durch Berücksichtigung unterschiedlicher Schwerpunkte in mehrere Richtungen ausdifferenziert.

Hier kann weder auf die Methodenmonismus/Methodendualismus-Diskussion eingegangen werden noch auf eine Erörterung der Unterschiede zwischen den einzelnen handlungstheoretischen Ausrichtungen (siehe dazu u.a. Habermas, 1981a; Habermas, 1981b; Burrell/Morgan, 1979). Die Entscheidung, dieser Arbeit einen handlungstheoretischen Bezugsrahmen auf der Basis des subjektiven Forschungsprogramms zugrundezulegen, liegt nicht daran, daß nun ein Paradigma ‚richtig' und das andere ‚falsch' wäre. Im Gegenteil, sie ist *forschungspolitisch* im Entwicklungsstand der gegenwärtigen betriebswirtschaftlich-organisationstheoretischen Machtdiskussion begründet. Diese forschungspolitische Entscheidung für einen handlungstheoretischen Bezugsrahmen inkludiert auch die v.a. methodologischen Grenzen einer handlungstheoretischen Vorgangsweise, die sich mit einer Bemerkung von Giddens auf den Nenner bringen lassen: „strong on action, weak on institutions" (Giddens, 1982: 29). Auch wegen dieses Hinweises auf die Grenzen einer handlungstheoretischen Vorgangsweise wird es in einem späteren Teil dieser Arbeit notwendig sein, auf die Institutionalisierung der Macht, d.h. auf deren strukturelle Aspekte, ausführlich einzugehen. Zunächst sind jedoch einige zentrale, dieser Untersuchung zugrundeliegende handlungstheoretische Begriffe und Konzepte zu erläutern.

3.1.1 Handlungstheoretische Grundlagen

Nehmen wir an, es sei Mittagszeit und der Mitarbeiter M_1 sei auf dem Wege in ein nahe gelegenes Gasthaus. Er wird dort mit seinem Kollegen, M_2, zu Mittag essen. Dabei wird er mit M_2 das gemeinsame Projekt P/M_1 & M_2 durchsprechen. Er hat mit

M_2 vereinbart, einander um 12.15 Uhr im ‚Böhmerwald' zu treffen. Auf dem Weg zum Gasthaus will M_1 noch für seine älteste Tochter, die demnächst Geburtstag hat, ein Geschenk kaufen.

Was wir hier vor uns haben, sind Aktivitäten des Herrn M_1, die aus dessen beruflichem und privatem Alltag besonders herausgehoben wurden. Sie stellen in unserem Kulturkreis nichts Außergewöhnliches dar und sind in ihrem Zusammenhang verständlich. Allen diesen Aktivitäten ist gemeinsam, daß sie auf Zwecke hin ausgerichtet sind. Aus handlungstheoretischer Sicht empfiehlt es sich, bei der Untersuchung dieser Aktivitäten drei Ebenen zu unterscheiden (Cranach et al., 1980: 10 ff.):

– den offenkundigen/manifesten, beobachtbaren Ablauf der Aktivitäten,
– den subjektiven Status des Akteurs und
– die soziale Bedeutung der Handlungen.

Beobachten wir den *Ablauf der Aktivitäten* des Mitarbeiters M_1, so sehen wir, daß er geht, stehenbleibt, eine Tür öffnet, spricht etc. Gliedert man diese Teilaktivitäten noch weiter auf, so sind einzelne Körperbewegungen auszumachen: M_1 hebt den Arm, berührt die Türschnalle, umfaßt sie, drückt sie hinunter usw. Alle diese Aktivitäten sind offensichtlich nicht zufällig, sondern stehen in einem Zusammenhang. Manche Aktivitäten lassen M_1 mehrere Wahlmöglichkeiten, andere weniger. M_1 kann die Straße schon früher, aber auch erst einen Block später überqueren; er kann sich der Gehgeschwindigkeit der anderen Passanten anpassen, er kann aber auch versuchen, rascher vorwärts zu kommen. Sein Eintritt in das Spielzeuggeschäft wird dagegen mit großer Wahrscheinlichkeit durch die Türe erfolgen – ein Eindringen durch die Auslagescheibe würde eher in einem anderen Konnex zu erwarten sein. Augenscheinlich sind diese Teilaktivitäten nicht gleichwertig, sondern hierarchisch geordnet: Aus dem Gesamtverhalten des M_1 lassen sich einzelne Körperbewegungen ausmachen, diese lassen sich zu Handlungsschritten zusammenfassen, diese wiederum zu Teilhandlungen, diese münden schließlich in Handlungen. Die hierarchische Ordnung wird auch in den Zwecken sichtbar: M_1 bewegt die Beine, um zu gehen; er geht, um zum Spielzeuggeschäft zu kommen; er ersteht ein Spielzeug, um seine Tochter zu beschenken; er beschenkt seine Tochter, um ihr Freude zu machen usf.

Eine Betrachtung des *subjektiven Status* des Akteurs M_1 zeigt, daß seine Handlungen nicht zufällig sind: Er betritt das Spielzeuggeschäft, um Spielzeug zu erstehen. Hier ist ein absichtgeleitetes Tun auf einen bestimmten Zweck gerichtet. In die Handlungen gehen seine Erfahrungen, Wünsche und Ziele ein. Auch die Handlungszwecke des M_1 stehen in einem hierarchischen Zusammenhang, die, je weiter man sie verfolgt, oft recht breit und allgemein gefaßt sind, z.B. Freude zu bereiten, ein ‚gutes' Leben zu leben etc. Aus der Über- und Unterordnung von Zwecken wird ersichtlich, daß M_1 eine bestimmte Vorstellung – einen Plan – davon hat, wie er seine Zwecke realisieren kann. Es mag durchaus sein, daß der Bewußtheitsgrad, der dem Handeln des Akteurs zugrunde liegt, nicht so deutlich zu Tage kommt. M_1 mag das Gasthaus für sein Arbeitsessen mit M_2 aus reiner Routine und ohne besonderes Nachdenken vorgeschlagen haben, er kann aber auch ganz bewußt diese bestimmte Gaststätte ausgesucht haben.

Die *soziale Bedeutung* wird dort verständlich, wo wir ‚wissen', daß ein Erwachsener in einem Kinderspielzeuggeschäft aller Wahrscheinlichkeit nach kein Puppenfetischist sein wird. Handlungen werden an einem Handlungserwartungsrahmen gemessen. Erkundigt sich M$_1$ z.B. nach der (Un-)Giftigkeit der verwendeten Materialien, so wird das in einem Spielzeuggeschäft in den Erwartungsrahmen hineinpassen; drückt er dagegen systematisch den Puppen die Augen ein, so stellt sich einem Beobachter die Frage nach dem Zweck solchen Handelns. Auf Grund gemeinsam geteilten Wissens bestehen Bedeutungs- und Handlungserwartungen, etwa daß in einem Spielzeuggeschäft Puppen nicht systematisch beschädigt werden, daß mit ‚Böhmerwald' keine mitteleuropäische Waldlandschaft, sondern ein ganz bestimmtes Gasthaus gemeint ist, oder daß ein Arbeitsessen durchaus in den konventionellen Handlungsbereich von M$_1$ und M$_2$ hineinpaßt. Dieses Hineinpassen in ein Handlungsgefüge gibt Handlungen im Rahmen des von einer Kommunikationsgemeinschaft gemeinsam geteilten Wissens ihre Bedeutung.

Nach diesem handlungstheoretisch interpretierten Alltagsbeispiel werden nun die elementaren handlungstheoretischen Begriffe und Konzepte, soweit sie für diese Untersuchung von Bedeutung sind, erörtert[26] (siehe im einzelnen dazu auch z.B. Habermas, 1981; Peukert, 1978; Steinmann, 1978b; Haferkamp, 1976; von Wright, 1974).

a) Handeln

Weber definiert *handeln* als ein mit einem subjektiven Sinn verbundenes Tun (Weber, 1972: 1). Unter zweckrationalem Handeln wird dann, und darauf beziehen sich die weiteren Ausführungen, ein beabsichtigtes, zweckgerichtetes Tun verstanden[27]. Darunter fällt auch ein Unterlassen als intentionales, zweckgerichtetes Nicht-Tun. Eine Handlung stellt dabei eine Einheit des Tuns in bezug auf den beabsichtigten Zweck dar. Derjenige, der handelt, heißt Akteur. Ein Akteur handelt mit der Absicht, mit Hilfe geeigneter Mittel einen bestimmten Zustand herbeizuführen. Verhalten ist im Gegensatz zu handeln eine durch Stimuli ausgelöste instinkt- oder reflexhafte Reaktion. Verhalten wird beobachtet, Handeln wird verstanden. Steinmann nennt dazu noch eine Zwischenstufe, das sog. Quasi-Verhalten, das ein gewohnheitsmäßiges Tun bezeichnet (Steinmann, 1978b: 74). Ein Akteur handelt, baut dabei auf vergangenen Handlungen auf und ermöglicht zugleich künftige Handlungen. Handlungen werden verstanden, weil sie sich auf anderes Handeln beziehen. Ein System von Handlungen eines oder mehrerer Akteure, das durch Sinnbeziehungen abgrenzbar ist, heißt Handlungssystem. Menschen handeln auf der Grundlage von Bedeutungen, welche die Dinge ihrer Umwelt für sie besitzen. Die Bedeutungen entstehen in den sozialen Interaktionen der Handelnden und können durch Interpretation wieder verändert werden; Bedeutungen sind somit soziale Produkte (Blumer, 1980: 81 ff.).

b) Zweck

Der Begriff des Handlungs-*Zweckes* bezieht sich auf die Folgen einer Handlung. M$_1$ geht in das Spielzeuggeschäft, um ein Geschenk zu erstehen. Der käufliche Erwerb des Geschenkes stellt die Begründung seiner Handlung, ihren Zweck, dar. Mit der Zuordnung eines Zweckes wird eine Handlung verständlich. So werden z.B. in strategischen Wettbewerbssituationen die Handlungen der Konkurrenten auf die

Zwecke hin, denen sie dienen könnten, untersucht. Mit der Zwecksetzung erfolgt eine Grenzziehung, die den Erfolg einer Handlung definiert. Nebenbedingungen der Handlung sowie Handlungsfolgen, die über den gesetzten Zweck hinausgehen, stellen entweder sog. Kosten[28] dar oder bleiben außer Betracht. Für den Akteur stellt die Zwecksetzung eine subjektive Vorstellung eines Zustandes am Ende der Handlung dar, die Handlung wird ausgeführt, um den Zweck zu realisieren. Durch die Bindung des Zweckbegriffes an die Folgen einer Handlung wird eine Verwechslung oder Gleichsetzung mit dem Begriff der Intention verhindert (Schwemmer, 1978: 37). Eine Intention bezieht sich auf den Willensgehalt des Handelnden; Handlungsfolgen dagegen beziehen sich auf Ergebnisse, die eintreten, wenn eine Handlung ausgeführt wird, bzw. die nicht eintreten, wenn eine Handlung unterlassen wird. Nun ist es aber nicht so, daß die Zwecke von Handlungen dem Handelnden immer zur Gänze klar und deutlich sind, im Gegenteil. Der berufliche und private Alltag des M_1 ist bei weitem keine Aneinanderreihung bewußter Einzelhandlungen, die auf ebenso bewußte und klar gefaßte Zwecke ausgerichtet sind. Der Alltag stellt sich vielmehr als ein Strom von Aktionen und Interaktionen dar, deren Zwecke mitunter nur zum Teil eindeutig und präzise sind, und die sich darüberhinaus gegenseitig beeinflussen. Zwecksetzungen von Akteuren sind oft widersprüchlich und inkonsistent (M_1 möchte sowohl in Ruhe ein Geschenk aussuchen, nicht zu spät zum Essen kommen, das Projekt gründlich durchdiskutieren als auch rechtzeitig vor Ende der Mittagspause wieder im Büro sein), vieldeutig und mehr oder weniger explizit (ein Geschenk kaufen). Solche empirischen Feststellungen beeinträchtigen jedoch den Zweckbegriff nicht: Einerseits ist sich der Handelnde seiner Zwecke insofern bewußt, als er sie sich – wenn notwendig – für bestimmte Situationen in Erinnerung rufen kann; andererseits sind seine Handlungen, bezogen auf ihren jeweiligen Kontext, rational. Zusätzlich wird die Annahme getroffen, daß die Zielsetzungen, die ein Akteur trifft, (grundsätzlich) argumentationszugänglich sind (Steinmann, 1978b: 74).

Der Handelnde bewirkt den erwünschten Zustand durch Wahl und Anwendung geeigneter Mittel. Auch wenn in Folgesequenzen der Zweck einer Handlung zum Mittel einer nachfolgenden Handlung werden kann, so ist es analytisch doch möglich, zwischen Mittel und Zwecken zu unterscheiden. Der Zweck ‚Betreten des Spielzeuggeschäfts' wird zum Mittel des Zweckes ‚Erwerb eines Geschenkes'. Denkt man diese Überordnung von Zwecken weiter, so gelangt man zu einer Hierarchie, die in der Regel von einem zunehmenden Unbestimmtheitsgrad gekennzeichnet sein wird.

c) Intention

Unter *Intention* ist die Absicht eines Akteurs zu verstehen, einen Zweck zu verwirklichen. Sie weist damit auf jenes Wollen hin, das von der Zwecksetzung zum Tun führt. Intentionales Handeln ist aber nicht mit bewußtem Handeln zu verwechseln. Auf seinem Rückweg vom Gasthaus ‚Böhmerwald' zu seinem Arbeitsplatz kann M_1 routinemäßig den Weg einschlagen, den er sonst immer geht, wenn er in diesem Gasthaus zu Mittag ißt. Er kann sich aber auch dafür entscheiden, diesmal eine Abkürzung zu wählen, die jedoch, da sie über eine stark befahrene Straße führt, mehr Aufmerksamkeit erfordert. Wählt er seinen Normalweg, so führt ihn dieser über eine ampelgeregelte Kreuzung, und er widmet den Verkehrsbedingungen, da er mit M_2 noch immer über das Projekt P/M_1 & M_2 diskutiert, weniger Aufmerksamkeit. Der Begriff der Intention ist damit nicht nur von den Handlungszwecken zu unterscheiden, sondern auch vom Bewußtseinsgrad, von dem eine Handlung begleitet wird. Der Begriff ‚bewußt' meint die kognitive Repräsentanz der Handlung eines Akteurs (Cranach et al., 1982: 16). Aus dem Rückwegbeispiel ist zu ersehen, daß diese kognitive Repräsentanz unterschiedlich ausgeprägt sein kann – nicht alles menschliche Tun erfolgt zur Gänze bewußt. Die Tiefenpsychologie weist auf die Bandbreite bewußt – vorbewußt – unbewußt hin (z.B. Brenner, 1967: 11 ff.). Weiters zeigt unser beruflicher und privater Alltag, daß viele unserer Handlungen weit davon entfernt sind, zur Gänze als bewußte Handlungen bezeichnet werden zu können. Erinnern wir uns allein daran, in welchem Zustand wir am Morgen ins Badezimmer gelangen. Das Kriterium ‚bewußtes Handeln' erfordert aber nicht, daß sich der Akteur jeder seiner Handlungen voll bewußt sein muß, etwa nach der Vorstellung „jetzt tue ich a, jetzt tue ich b, jetzt c usf.". Ebenso ist es nicht erforderlich, daß diese Subschritte immer als Teil übergeordneter Zwecke mitrepräsentiert sind, etwa nach der Vorstellung „jetzt tue ich h als Subhandlungsschritt zu H, das dem Zweck Z dient, der wiederum ... usf". Während eine Totalrepräsentanz eher absurd erscheint, weist das Beispiel bereits darauf hin, daß die Bewußtheit des Handelns auf verschiedenen Handlungsebenen unterschiedlich ausgeprägt sein kann. M_1 kann routinemäßig die Straße überqueren, aber im Gespräch mit M_2 vorrangig darauf bedacht sein, diesen zur Absichtserklärung $m_{1/2}$ zu drängen. Gleichzeitig kann das Positionsspiel, das M_1 im Rahmen des Projekts P/M_1 & M_2 bewußt betreibt, im Zusammenhang mit einem übergeordneten Zweck, z.B. der Sicherung der eigenen Karriere, auf einem geringeren Bewußtheitsniveau erfolgen. Spricht man M_1 jedoch darauf an, oder reflektiert M_1 selbst seine Handlungen, so kann er diesen Zusammenhang herstellen. Der Begriff des bewußten Handelns umschließt daher verschiedene Ausprägungsstufen, die sich aber in ihren weniger offenkundigen Darstellungsformen dadurch auszeichnen, daß sie diskursiv angesprochen werden können bzw. durch den Akteur selbst auf eine höhere Bewußtheitsstufe gebracht werden können (Giddens, 1982: 31).

d) Situation

Die Handlungen eines Akteurs erfolgen nicht isoliert von der Umwelt, sondern sind in eine *Situation* eingebettet. Um einen bestimmten Zweck zu realisieren, wird sich der Akteur in einer gegebenen Situation auf Grund seiner Situationsdeutung zur Wahl geeignet erscheinender Mittel entschließen. Die Definition der Situation ist für den Akteur insofern wichtig, als sie die Voraussetzung für die Wahl zwischen verschiedenen Handlungsalternativen darstellt.

Der Bezugsrahmen der Handlungstheorie schließt damit die Determiniertheit sozialer Handlungen aus. Die soziale Welt, als Konstruktion der Akteure, hat keine vorbestimmte Zukunft, dem Akteur steht *grundsätzlich* die Möglichkeit, *anders* zu handeln, offen. Da der Betriebswirtschaftslehre die Idee des „one best way" nicht fremd ist und auch z.B. die Theorie struktureller Kontingenz quasi-deterministische Reaktionen des Managements gegenüber situativen Determinanten enthält, stellt sich die Frage nach den ‚Zwängen', welche in eine Definition der sozialen Situation mit eingehen. Die Zwänge, denen sich ein Akteur ausgesetzt sieht, sind von unterschiedlicher Art. Ein Manager, der um 20.00 Uhr das Unternehmen verläßt, kann vorher zwei Stunden in einem zwischen zwei Stockwerken stehengebliebenen Lift gesteckt sein. Er kann aber auch, weil das Projekt P/M$_1$ & M$_2$ noch zu überarbeiten war, ‚gezwungen' gewesen sein, länger im Unternehmen zu bleiben. Der Unterschied zwischen physischen und sozial vermittelten Zwängen wird damit deutlich: Das zweite Beispiel stellt einen ‚Zwang' dar, der einer sozio-ökonomischen Handlungsrationalität entspringt und in keiner Weise naturgesetzlichen Determinismen unterliegt. Die Möglichkeit des Managers, bei sozialen ‚Zwängen' auch anders zu handeln, bleibt grundsätzlich bestehen.

e) Rationalität

Wenn Handeln das Ergebnis einer Wahlentscheidung darstellt, dann stellt sich die Frage, welche *Rationalität* einer Handlung zugrunde liegt. Rationalität wird einer Handlung unterstellt und drückt die kausale Verknüpfung von Zwecken mit ihren Realisierungsbedingungen aus. Es geht also um die logische Verbindung des Zweckes mit jenem Wissen, das als Mittel seine Realisierung herbeiführen soll, und damit um jene Gesichtspunkte, die eine Beurteilung einer Handlung nach ihrer Rationalität zulassen. Die Rationalität einer Handlung wird beurteilt an Hand von begründbaren Geltungsbehauptungen, die einer Diskussion zugänglich sind und deren abgeleitete Präferenzregeln in bezug auf ihre Ableitung einer methodischen Argumentation ausgesetzt werden können. Rationalität bezieht sich damit auf eine Art des Denkens und nicht auf den Inhalt der Entscheidungsbildung – eine Unterscheidung, die leicht verwechselt werden kann. Es geht nicht darum, welche Wahlmöglichkeiten in Anspruch genommen werden oder wie im einzelnen bestimmte Mittel für bestimmte Zwecke eingesetzt werden, sondern um die Untersuchung des Entscheidungsprozesses als Denkform in bezug auf seine Rationalität. Die Rationalität einer Handlung stellt damit keine empirische Behauptung dar, sondern ist als ein methodisches Prinzip zu sehen (Schwemmer, 1978: 44; Schwemmer, 1975: 60). Zweckrationalität wird so zu einem methodischen Kriterium, das eine Deutung von Handlungen zuläßt: Zweckrationalität unterstellt begründbare Zwecke und eine Auswahl der Mittel zur Realisierung der Zwecke unter Berücksichtigung voraussehbarer Handlungsfolgen und Nebenfolgen der Handlung. Da die Deutung einer Handlung in der Verknüpfung eines Zweckes mit dieser Handlung besteht, ermöglicht die Argumentation der Zweckrationalität die Deutung der Handlung. Schwemmer (1978: 49) schlägt vor, zwischen subjektiver und objektiver Rationalität zu unterscheiden. Ein Akteur handelt dann subjektiv rational, wenn er bei der Verwirklichung seines Zweckes jene Mittel wählt, die ihm unter Berücksichtigung ihrer Nebenfolgen den Zweck realisierbar erscheinen lassen. Objektive Rationalität geht darüber hinaus. Sie liegt dann vor, wenn die subjektive Meinung des Akteurs auch in seiner Kommunikations- und Handlungsgruppe begründbar ist und der Handlungszweck für diese Gruppe auf Grund ihres Normensystems relevant ist.

f) Maximen, Normen, Interessen

Die Deutung einer Handlung erfolgt durch Zuordnung eines Zweckes. Stützt und beschränkt sich die Handlungsdeutung jedoch allein auf Zwecke, so kann dies zu Schwierigkeiten führen: Eine Handlung kann durchaus mehreren Zwecken zugeordnet werden, die nicht nur unterschiedlich, sondern auch widersprüchlich und unvereinbar sein können. Um die Zuordnung eines Zweckes zu erleichtern und um eine subjektivistische Zweckrationalität zu überwinden, schlägt Schwemmer (1976: 131) vor, den Deutungszweck aus allgemeinen *Maximen* abzuleiten. Eine Maxime ist eine generelle, personenunabhängige Aufforderung, regelmäßig in bestimmten Situationen bestimmte Sachverhalte herbeizuführen. Es wird also nicht angenommen, daß eine Person dauernd ihre Zwecke ändert bzw. erst am Ort der Entscheidung ihren Zweck setzt, was eine Handlungsdeutung praktisch unmöglich machen würde, sondern daß eine Konstanz bezüglich der Zwecke einer Person anzunehmen ist. Die Person verfolgt also diesen Zweck nicht nur ‚jetzt', sondern hat ihn – im Prinzip – auch schon früher verfolgt bzw. wird ihn – im Prinzip – auch später verfolgen, d.h., daß dieser Zweck aus Maximen abgeleitet wird. Die Betriebswirtschaftslehre kennt solche Maximen z.B in der Form der Stellvertreterqualifikation in der Personalpolitik („Triff für den Fall, daß jemand ausfällt, Vorsorge; und zwar so, daß dann ein geeigneter Ersatz zur Verfügung stehen wird"). Will nun A, daß B eine bestimmte Handlung ausführt, so wird er versuchen, B auf entsprechende Maximen zu verweisen. Widerspricht aber die Maxime, auf die B von A verwiesen wird, einer anderen Maxime von B, so wird B u.U. die Handlung nicht ausführen. A wird in einem solchen Fall versuchen, B auf übergeordnete Maximen zu verweisen, d.h. er bezieht sich auf eine Maximenstruktur. Die Handlungsaufforderung leitet sich damit aus einem System von Maximen ab, der Zweck einer Handlung wird vor dem Hintergrund einer Maximenstruktur gedeutet. Maximen als generelle Handlungsaufforderungen, in bestimmten Situationen regelmäßig bestimmte Zwecke zu verfolgen, ermöglichen aber nicht nur die Deutung von Handlungen, sondern zeigen, wie Kieser/Kubicek (1978a: 46) richtig feststellen, „daß das individuelle Handeln gesellschaftlich vermittelt ist". Wären wir darauf angewiesen, Handeln auf der Basis subjektiv verfolgter Zwecke zu deuten, wären wir in dieser Subjektivität, die für Handlungen viele Zwecke zuläßt, verfangen. Erst über Maximen ist es einem Außenstehenden, der bei einer Handlungsdeutung über die subjektive Selbstdeutung des Handelnden hinausgehen will, möglich, Handlungszwecke abzuleiten. Solche Maximen, die von einer Gruppe von Menschen gemeinsam anerkannt werden, werden als *Normen* bezeichnet (Lorenzen, 1978: 26). Die Erwartungshaltung, die sich in Normen ausdrückt, stützt sich auf einen generellen Aufforderungscharakter, dessen Nichtbefolgung in der Regel Konsequenzen z.B. in Form einer wiederholten und expliziten Aufforderung, einer Frage oder einer Mißbilligung oder andere Sanktionen nach sich zieht (Popitz, 1980: 21 ff.).

Handlungen werden ausgeführt, um bestimmte Zwecke zu realisieren, sie beziehen sich damit auf die Herbeiführung bestimmter Situationen. Wirtschaftliches Handeln dient, v.a. unter dem Aspekt des Mangels, der Befriedigung von Bedürfnissen (z.B. Heinen, 1985: 16). Nun bieten aber nicht alle Situationen eine Gelegenheit, die Bedürfnisbefriedigung zu ermöglichen. Ein Akteur wird daher versuchen, solche Situationen herbeizuführen, die geeignet sind, der Bedürfnisbefriedigung zu dienen. Das Bestreben eines Akteurs, jene Situationen herbeizuführen oder zu erhalten, die unmittelbar oder mittelbar der Bedürfnisbefriedigung dienen, wird als *Interesse* bezeichnet (Kambartel, 1978: 61; Mittelstraß, 1975: 135). Da mit Handeln Situationen herbeizuführen sind, kann das auch so ausgedrückt werden, daß der Akteur mit der Handlung ein Interesse verfolgt. Nun sind aber Interessen von Zwecken zu unterscheiden. Sowohl Zwecke als auch Interessen beziehen sich auf die Herbeiführung oder Aufrechterhaltung von Situationen. Zwecke richten sich auf einen abgrenzbaren Einzelfall, der durch Inanspruchnahme geeigneter Mittel realisiert wird. Interessen dagegen richten sich auf „*rahmenartige* Situationsbeschreibungen, ..., worauf man *hinarbeiten* soll" (Mittelstraß, 1975: 136; k.i.O.). D.h. mit einer Handlung kann ein bestimmter Zweck realisiert werden, das Interesse an der Herbeiführung oder Aufrechterhaltung solcher Situationen kann aber weiterbestehen. M_1 erwirbt ein Spielzeug, um seine Tochter zum Geburtstag zu beschenken, sein Interesse an der Erhaltung einer guten Beziehung zu seiner Tochter besteht weiter. M_1 und M_2 sprechen über ihr gemeinsames Projekt, um es zu einem erfolgreichen Abschluß zu bringen; ihr Interesse an einer zufriedenstellenden Bewältigung ihrer beruflichen Aufgabenstellungen besteht aber weiterhin. Zwecke stellen sich damit als Sonderfälle von Interessen dar.

3.1.2 Politische Prozesse in Unternehmen

Nach der einführenden Erörterung handlungstheoretischer Begriffe geht es nun in einem nächsten Schritt darum, das Handeln in Unternehmen in jenen theoretischen Rahmen zu kleiden, welcher der Normativität dieses Handelns gerecht wird. Besonders im Zusammenhang mit der Diskussion von Machtphänomenen erscheint hiefür der Politikbegriff geeignet. Der Begriff des „Politischen" ist der Betriebswirtschaftslehre vertraut, auch wenn sie sich damit theoretisch bisher nicht allzu intensiv auseinandergesetzt hat. Im Anschluß an die Diskussion der gegenwärtigen Politikkonzepte der Betriebswirtschaftslehre wird daher ein Politikkonzept entwickelt, das es ermöglicht, Handeln in Unternehmen als politisches Handeln zu verstehen. Gleichzeitig dient dieses Politikverständnis als Voraussetzung der nachfolgenden Entwicklung des Machtbegriffes.

3.1.2.1 Zur praktischen und theoretischen Relevanz politischer Phänomene in Unternehmen

Die rational-analytische Vorstellung von Unternehmen zeichnet ein Bild, in dem auf der Basis geordneter formaler Strukturen Unternehmensphilosophien als oberste Handlungsmaximen entwickelt werden. Diese werden in Teilpolitiken, Plänen und Programmen konkretisiert, bis schließlich alle organisatorischen Ebenen auf die Ziele des Unternehmens bzw. auf die jeweiligen Subziele ausgerichtet sind. Diese Sichtweise geht weiters davon aus, daß Entscheidungen von den laut Organisationsplan dafür Zuständigen und Berechtigten getroffen werden; die Mitarbeiter der Entscheidungsträger üben eine informierende, beratende oder vorbereitende Funktion aus. Die Aufgabe aller Mitarbeiter eines Unternehmens ist es, die in ihren Arbeitsbereich fallenden Tätigkeiten in Übereinstimmung mit den von ‚oben' nach ‚unten' transformierten und konkretisierten Zielvorstellungen durchzuführen, sei dies nun die Einschätzung von Kreditrisken, die Entwicklung einer Marketingstrategie oder die Kontrolle der Verarbeitungsqualität. Unterstützt werden sie dabei von einer Anzahl mehr oder weniger expliziter Regeln und Vorschriften, die sicherstellen sollen, daß die jeweiligen Tätigkeiten in sinnvoller Abstimmung aufeinander erfolgen. Die Ordnungsvorstellung dieses Modells drückt sich in Form einer Pyramide aus, die sich im formalen Organisationsplan widerspiegelt. Abweichungen von diesem Organisationsplan werden als nichtentsprechend, als dysfunktional, als nicht bzw. irrational oder als Fehlverhalten betrachtet und sind zu korrigieren, damit die Ziele des Unternehmens erreicht werden können.

Entspricht nun die Organisationsrealität wirklich dieser Vorstellung?, trifft eine solche Beschreibung von Unternehmen, bei denen im Idealfall alles ‚wie am Schnürchen funktioniert', tatsächlich zu? Die Untersuchungen von Titscher/Königswieser (1985), Gandz/Murray (1980), Madison et al. (1980), Allen et al. (1979) und Pettigrew (1973) zeichnen ein *anderes* Bild des Unternehmensalltags: Sie finden konkurrierende Zielvorstellungen, die Verfolgung und Realisierung von Individual- und Gruppeninteressen, von Konflikt und Macht geprägte Entscheidungsprozesse sowie strategische und taktische Handlungsorientierungen. Darüberhinaus halten diese Untersuchungen fest, daß Mitarbeiter solche Prozesse und Situationen als *regelmäßigen* Bestand ihrer Organisationsrealität betrachten. Nun könnte man aber behaupten, daß die eingangs skizzierte rational-analytische Sichtweise von Unternehmen ohnehin keine Deskription darstelle, sondern eine normative Ordnungsvorstellung widerspiegle, d.h. präskriptiv wäre. Gegen eine solche Wertaussage ist im Grundsätzlichen nichts einzuwenden, auch wenn mittlerweile erhebliche Bedenken hinsichtlich der praxisbezogenen Funktionalität solcher Ordnungsvorstellungen geltend gemacht werden (z.B. Morgan, 1986: 19 ff.).

Wenn die Untersuchungsergebnisse von Titscher/Königswieser, Gandz/Murray, Madison et al., Allen et al. und Pettigrew keine zufälligen Devianzen, sondern tatsächlich den Organisationsalltag beschreiben, dann stellen aus einer solchen Sicht die Mitarbeiter in Organisationen keine beliebig einsetzbaren und austauschbaren funktionalen Einheiten im Rahmen einer technisch-ökonomischen Aufgabenstellung dar. Im Gegensatz dazu sind sie als Akteure zu betrachten, die ihre Interessen einbringen und verfolgen, dabei Koalitionen bilden und auflösen, Strategien entwerfen und durchziehen, Konflikte eingehen usf., kurzum: politisch handeln. Damit wird jede eindimensional-rationale Vorstellung von Organisationen empirisch fragwürdig. Die Idealvorstellung technischer Optimierbarkeit wird von der Realität nicht eingelöst. Unternehmen stellen dann soziale Gebilde dar, in denen und mit denen Akteure ihre Interessen verfolgen und deren Realität innerhalb struktureller Rahmenbedingungen von den Akteuren ausgehandelt wird – also politische Gebilde. Die Vorstellung, Prozesse in Organisationen als politische Prozesse und Organisationen selbst als politische Gebilde zu betrachten, ist der betriebswirtschaftlichen Organisationstheorie bei weitem nicht so fremd, wie es mitunter den Anschein hat. Zweifellos haben H. Simon, J. March und R. Cyert die Entwicklung der betriebswirtschaftlichen Organisationstheorie wesentlich mitgeprägt. Es verwundert daher, daß einige ihrer zentralen Aussagen mehr oder weniger vernachlässigt oder an den Rand gedrängt wurden oder nur formal rezipiert wurden. Bereits in ihren sehr frühen Arbeiten (z.B. Simon, 1953; Simon, 1957a; March, 1957; Simon, 1958; Cyert/March, 1959) weisen sie auf politische Phänomene in Wirtschaftsorganisationen hin[29]. Sie werden dabei von anderen Autoren unterstützt: „executives ... although they would hate the thought and deny the allegations, the fact is that they are politicians" (Martin/Sims, 1956: 25), oder „... regard corporations as somehow, or in essence, political organizations" (Burns, 1961: 258). Ihren prägnantesten Ausdruck finden diese Überlegungen bei March, der damit einen Teil der gemeinsamen Arbeit mit Cyert (Cyert/March, 1963) vorwegnimmt: „Basically, we assume that a business firm is a political coalition and that the executive in the firm is a political broker. The composition of the firm is not given; it is negotiated. The goals of the firm are not given; they are bargained" (March, 1962: 672). Daraus ergeben sich für ihn folgende Konsequenzen (March, 1962: 674 f.):

– das Augenmerk muß sich – weg von den Eigentümern oder den leitenden Führungskräften – auf die Koalition richten, „who ever that may be";
– für kurzfristige Problemlösungen gibt es zu jedem Zeitpunkt eine Vielzahl möglicher lebensfähiger Koalitionen;
– Ausgleichszahlungen und Zustimmung zu einem übergeordneten Ziel lösen die Konfliktproblematiken nicht, die zwischen den Interessen der Akteure bestehen; die institutionellen Zwänge der Organisation dürfen nicht übersehen werden.

Die betriebswirtschaftliche Organisationstheorie hat manche dieser Überlegungen auf- oder herausgegriffen bzw. weiterentwickelt, wie etwa die Diskussion um die Ziele der Organisation oder um Entscheidungen in Organisationen (z.B. Heinen, 1984; Kirsch, 1977a). Manche der obigen Überlegungen klingen jedoch heute noch genauso revolutionär wie vor einem Vierteljahrhundert. So finden sich z.B. praktisch keine betriebswirtschaftlich orientierten Untersuchungen zur Vorstellung der Organisation als „negotiated order", d.h. zur Vorstellung, daß die interne Ordnung der Organisation von den Organisationsmitgliedern ausgehandelt werde.

Die zentrale Aussage von March (1962) bzw. Cyert/March (1963), daß das Unternehmen eine politische Koalition sei, deren interner Zustand von den Organisationsmitgliedern ausgehandelt werde, wurde von Cyert und March zugunsten der Ausarbeitung einer Theorie des Wahlverhaltens nicht weiterentwickelt. In der Folge wurde die von March und Cyert skizzierte Vorstellung nur mehr selten aufgenommen, so etwa bei Zaleznik „organizations ... are political structures" (Zaleznik, 1971: 281). In der deutschsprachigen Betriebswirtschaftslehre haben v.a. Heinen (1981) und Kirsch (1981a) den Ansatz von Cyert und March aufgegriffen, ohne jedoch eine ähnlich umfassende Konzeption von Politik zu erreichen, wie dies bei Cyert und March bereits angelegt ist. Etwas häufiger dagegen tauchen kleinkriegähnliche Vorstellungen von innerorganisatorischen politischen Prozessen auf, die von Bosetzky als „Mikropolitik" bezeichnet werden (Bosetzky, 1977b: 121). Erst im Zusammenhang mit einer zögernden Auseinandersetzung mit Unternehmenspolitik (Unternehmungspolitik, Betriebswirtschaftspolitik) kommt es schließlich in jüngerer und jüngster Zeit zur Diskussion unterschiedlicher Auffassungen des „Politischen" im Unternehmen (Küpper/Ortmann, 1988; Wondracek, 1987; Dlugos, 1984; Dorow, 1982; Remer, 1982; Heinen, 1981; Kirsch, 1981a; H. Ulrich, 1978). Die konzeptionelle Reichweite dieser Auseinandersetzung hat sich jedoch eher als gering erwiesen. Die schon bei Cyert/March angelegten Entwicklungsmöglichkeiten werden weitgehend nicht realisiert, ja z.T. bleibt die Diskussion beträchtlich hinter diesen Autoren zurück.

3.1.2.2 Der Begriff des Politischen

Der Politikbegriff ist nicht nur innerhalb der Politikwissenschaft selbst umstritten (Lenk/Franke, 1987; Alemann, 1985), sondern auch innerhalb der Betriebswirtschaftslehre. In der Betriebswirtschaftslehre finden derzeit fünf unterschiedliche Politikkonzepte Verwendung.

a) Politik im Unternehmen als Unternehmensstrategie

Der institutionalistische Politikbegriff geht davon aus, daß in einer Analogie zur Institution Staat in der Institution Unternehmen die dazu Befugten verbindliche und grundsätzliche Entscheidungen für ihr Sozialsystem treffen. Politische Entscheidungen können nur von den hierarchisch obersten Organen des Unternehmens getroffen werden und sind originär, relativ abstrakt, langfristig und wesentlich. Sie beziehen nicht nur Ziele, sondern auch Mittel und Verfahren mit ein (H. Ulrich, 1978: 18 ff.). Neben H. Ulrich (1985, 1978) sind v.a. noch Rühli (1971) und Sandig (1966) als Vertreter dieses Ansatzes zu sehen. Mellerowicz (1976) sowie Vogler (1981), Stadler (1978) und Kühn (1978) betonen in einer Variante des unternehmensstrategischen Politikverständnisses v.a. die Mittel-Zweck-Verknüpfung. Unternehmenspolitik besteht hier in der Erstellung instrumenteller betriebswirtschaftlicher Aussagen über Entscheidungsregeln, Grundsätze und Empfehlungen (Mellerowicz, 1976: 82).

b) Politik im Unternehmen als Treffen verbindlicher Entscheidungen durch die dazu legitimierte Kerngruppe

Im Anschluß an das Kerngruppenkonzept von Easton (1965) steht bei diesem Ansatz die Frage im Mittelpunkt, wie es zu *verbindlichen* („autoritativen") Entscheidungen, die für alle Organisationsmitglieder Geltung haben, kommt. Die Organisationsmitglieder artikulieren auf der Basis ihrer eigenen Interessen Ziele für die Organisation. In einem Aushandlungsprozeß werden die Ziele für die Organisation von der Kerngruppe in Ziele *der* Organisation transformiert (Heinen, 1984). Ziele der Organisation stellen also die von der Kerngruppe autorisierten Ziele dar. Politische Entscheidungen sind nach Kirsch jene Entscheidungen, für die in der Organisation noch keine „offiziellen" Wertprämissen existieren. Solche Entscheidungen weisen einen niedrigen Strukturierungsgrad auf und sind durch die Berücksichtigung vieler individueller Wertprämissen gekennzeichnet (Kirsch, 1981b: 127 f.). Heinen kritisiert die Kirsch'sche Fassung politischer Entscheidungen als zu allgemein. Für ihn sind Entscheidungen dann politisch, wenn sie „sowohl die formalen Ziele der Organisation als auch die individuellen Bedürfnisse anderer Organisationsmitglieder betreffen" (Heinen, 1981: 47). Politische Entscheidungen sind so auch immer wertgeladene Entscheidungen. Remer schließlich kennzeichnet Politik im Anschluß an Easton ebenfalls als „Prozeß der Verbindlichmachung von Entscheidungen" (Remer, 1982: 43), betont dabei aber im besonderen Macht als wichtigstes Medium interessegeleiteter Auseinandersetzungen (Remer, 1982: 27).

c) Politik im Unternehmen als sekundäres Sicherungshandeln

Dlugos (1987; 1984; 1981; 1974) trennt in seiner Auseinandersetzung mit der Unternehmenspolitik die Grundzielsetzung von der *Sicherung der Durchsetzung* dieser Ziele. Während Dlugos den strategieorientierten Politikansätzen vorhält, sich konzeptionell nur auf die Setzung grundlegender Ziele zu beschränken, sieht er das Charakteristikum von Unternehmenspolitik in der Durchsetzung der eigenen Zielvorstellungen gegenüber konfligierenden anderen Zielvorstellungen, d.h. im sekundären Sicherungshandeln (Dlugos, 1987: 1990; Dorow, 1982: 116 ff.).

d) Politik im Unternehmen als Diskurs

Steinmann nennt jene Prozesse politisch, „die auf argumentativer Verständigung beruhen, d.h. auf die Erzielung von Konsens oder rationaler Vereinbarung angelegt sind" (Steinmann, 1985: 228). Damit kommt es im Anschluß an Habermas zu einem normativen Politikverständnis, das Handlungen dann als „rational" bezeichnet, wenn sie sich auf „gute Gründe" stützen (P. Ulrich, 1981: 86 ff.). Die „guten Gründe" sind in diesem normativen Rationalitätsverständnis in einem „Diskurs zwischen sachverständigen Dialogteilnehmern, die unvoreingenommen, zwanglos und nichtpersuasiv Argumente auf ihren Wahrheitsgehalt (für technische Vorschläge) oder Rechtfertigung (für normative Ansprüche oder Interessen) überprüfen" (Steinmann, 1985: 225), zu erschließen.

e) Politik im Unternehmen als Mikropolitik

Politik bezieht sich hier auf die Verfolgung partikularistischer persönlicher Ziele der Organisationsmitglieder aller hierarchischen Ebenen. Mikropolitische Ansätze legen ihren theoretischen Schwerpunkt entweder auf ego-orientiertes Verhalten (z.B. Narayanan/Fahey, 1982) oder auf den Prozeß der Zielrealisierung (z.B. Kakabadse/Parker, 1984) oder auf Macht als zentralen Erfolgsfaktor politischen Verhaltens (z.B. Cobb, 1986), oder sie betrachten die Organisation als mikropolitisches Ressourcen- und Wertverteilungssystem, das in der Konzeption des ‚Spieles' seinen prozessualen Ausdruck findet (z.B. Küpper/Ortmann, 1988; Crozier/Friedberg, 1979). Politik ist dabei v.a. als individuelles, erfolgsorientiertes, kompetitives Verhalten bzw. Handeln zu verstehen, bei dem die Beteiligten unter vorwiegend konfliktären Bedingungen ihre persönlichen Ziele gegenüber konkurrierenden Zielvorstellungen durchzusetzen versuchen.

3.1.2.3 Kritik der betriebswirtschaftlichen Politikkonzepte

Da die Probleme der dargestellten Politikkonzepte bereits an anderer Stelle ausführlich diskutiert wurden (Sandner, 1989), genügt es hier, die wesentlichsten Kritikpunkte zusammenzufassen:

a) Reduktionismus

Die Strategierichtung in der Unternehmenspolitik reduziert Politik auf Mittel-Zweck-Beziehungen. H. Ulrich, als Vertreter dieser Richtung, scheint sich dessen bewußt zu sein, wenn er vorschlägt, den Begriff „Unternehmungspolitik" durch „strategische Führung" zu ersetzen (H. Ulrich, 1985: 391). Steht bei der Strategierichtung das technizistische Element im Vordergrund, so ist es bei der Mikropolitik v.a. das psychologische. Jene Richtung des Mikropolitikansatzes, der sich auf die behavioristische angelsächsische Tradition zurückführen läßt, beschränkt Politik auf in psychologischen Begriffen erklärtes Wettbewerbsverhalten. Der Reduktionismusvorwurf drückt somit aus, daß diese Ansätze keinen ‚eigentlichen' politischen Kern haben, daß diesen Ansätzen das ‚eigentlich' Politische fehlt. Zur Erklärung bzw. zum Verständnis der beschriebenen Phänomene reichen die bestehenden sozialpsychologischen bzw. organisationstheoretischen Begriffe und Konzepte aus. Allein dadurch, daß sie mit der Bezeichnung Politik versehen werden, erhalten sie aber nicht schon eine neue Qualität.

b) Die Differenzierung ‚politisch' – ‚unpolitisch'

Sämtliche der vorgestellten Ansätze zeigen erhebliche Probleme bei der Trennung des politischen vom unpolitischen Handeln. Die Trennlinie wird allgemein am Kriterium der Legitimität festgemacht (z.B. Mintzberg, 1983; Kirsch, 1981a; Heinen, 1981; Mayes/Allen, 1977; Tushman, 1977). Wohl wird mit diesem Kriterium eine Unterscheidung in legitimiertes und in nicht legitimiertes Handeln geleistet, *nicht* jedoch in politisches und unpolitisches. Der konzeptionelle Stellenwert des Legitimitätskriteriums folgt einer überholten Sichtweise des Politischen, welche politische Prozesse unter pejorativen Vorzeichen – hier: ‚illegitim' – betrachtet. In dieser Sichtweise werden alle nicht legitimierten Handlungen gleichzeitig auch zu dysfunktionalen. Die meta-politische Bedeutung eines solchen Politikverständnisses besteht darin, daß ein nicht erwünschtes Handeln negativ besetzt wird. Eigenes Handeln würde normativ neutralisiert, unerwünschtes Handeln anderer würde als unzulässig ausgegrenzt. Der aus einem solchen Politikbegriff ausgeschlossene Phänomenbereich sagt damit mehr über das zugrunde liegende Politikverständnis aus als der darin enthaltene Phänomenbereich.

Zusätzlich ist hier darauf hinzuweisen, daß mit dem Differenzierungskriterium der Legitimität die Kerngruppe durch ihr Recht zur Legalisierung selbst bestimmen kann, welche Prozesse nun politische sein sollen und welche nicht. D.h. erfolgreiches politisches Handeln würde nach diesen Konzepten letztendlich in unpolitischem Handeln münden. Oder anders ausgedrückt, je erfolgreicher das politische Handeln ist, desto unpolitischer würde es. Ein solches Politikverständnis ist unkritisch bzw. blind gegenüber dem jeweiligen status quo. Das Legitimitätskriterium als Differenzierungsmerkmal zwischen politischem und unpolitischem Handeln ist daher offensichtlich nicht geeignet, die ihm zugedachte Differenzierungsfunktion zu erfüllen.

c) Vernachlässigung struktureller Elemente

Die dargestellten betriebswirtschaftlichen Politikkonzepte sind in der Mehrzahl mit dem Konzept des Konflikts gekoppelt und daher aus methodischen Gründen gezwungen, auf erkennbare und auch operational erfaßbare Konflikte abzustellen. Wo ein Konflikt nicht festgestellt werden kann, kann in diesem Politikverständnis auch nicht von politischem Handeln gesprochen werden. Ein solches Politikverständnis ist zu eng – es würde nichtkonfliktäres politisches Handeln ausschließen bzw. als ‚unpolitisch' (s.o.) qualifizieren. Aber auch Manipulationen würden – wären sie erfolgreich – nicht mehr darunterfallen. Es übersieht weiters solche konflikthafte Situationen, in denen ein Akteur z.B. in einer antizipatorischen Reaktion seine Interessenrealisierung zurückstellt und sich einem von ihm als überlegen attribuierten A unterordnet. Betrachten wir Organisationen jedoch als institutionalisierte Herrschaftsbeziehungen (Kieser/Kubicek, 1983: 16), so sind in den strukturellen Handlungserwartungen systematische Konfliktreduzierungs- und -vermeidungsmechanismen angelegt. Kommt es in deren Folge zu keinen Konflikten, so sind die bestehenden konfliktorientierten Politikkonzepte methodologisch gezwungen, das Vorhandensein ausschließlich unpolitischer Prozesse anzunehmen, wie ‚wertgeladen' die Situation auch immer sein mag. Eine solche Sichtweise würde letztlich jede politische Analyse weitgehend ad absurdum führen, da langfristig erfolgreiches politisches Handeln u.a. auch auf die Vermeidung der Entstehung systembedrohender Konflikte gerichtet ist. Einem in obiger Weise gefaßten (Mikro-)Politikbegriff entziehen sich aber strukturelle politische Phänomene.

3.1.2.4 Politisches Handeln

Die zusammenfassende Kritik hat die Probleme der bestehenden betriebswirtschaftlichen Politikkonzepte deutlich aufgezeigt. Im folgenden wird daher ein handlungstheoretischer Politikbegriff entwickelt, der später (Kap. 4.1.4) um einen strukturellen Politikbegriff ergänzt wird. In einem ersten Schritt wird dabei politisches Handeln am Begriff des Interesses festgemacht. Dies vermeidet gleichzeitig die mitunter tautologische Verknüpfung des Politik- und des Machtbegriffes (z.B. Cobb, 1986: 483).

Die Politikwissenschaft führt den interesseorientierten Politikbegriff auf die Etablierung der bürgerlichen Gesellschaften Englands und Frankreichs im 17. und 18. Jahrhundert zurück. Mit den ökonomischen und sozialen Veränderungen der Industrialisierung des 19. Jahrhunderts verfestigt sich das neue politische Bewußtsein: Politik ist vor allem als Geltendmachung und Realisierung von Interessen zu verstehen. Der Staat stellt in dieser Sichtweise eine Arena dar, in welche individuelle und kollektive Interessen eingebracht und realisiert werden (Lenk/Franke, 1987: 43f.).

Das traditionelle betriebswirtschaftlich-interesseorientierte Politikverständnis knüpft bei dieser Analogie an (Remer, 1982; Heinen, 1981; Kirsch, 1981a). Unter Interessen sind längerfristige Absichten der Herbeiführung oder Aufrechterhaltung von Situationen, die der Bedürfnisbefriedigung dienen, zu verstehen (Mittelstraß, 1975: 135). Unternehmen stellen in diesem Sinn soziale Gebilde dar, in denen und mit denen Akteure ihre Interessen zu realisieren versuchen.

Über den herkömmlichen betriebswirtschaftlichen interesseorientierten Politikbegriff hinausgehend, zeichnet sich der hier verwendete interesseorientierte Politikbegriff durch folgende Definitionsmerkmale aus:

– *Intentionalität*: Politisches Handeln ist notwendigerweise intentional (s. Kap. 3.1.1). Nichtintentionales Handeln als politisches Handeln zu verstehen, würde bedeuten, den Begriff der Beliebigkeit zuzuführen. Intentionalität verknüpft sich mit der inhaltlichen Ausgerichtetheit des interesseorientierten Politikverständnisses, nämlich der
– *Herstellung, Bewahrung oder Veränderung von Ordnungsvorstellungen eines Systems oder Subsystems*: Die Interessen der Akteure richten sich auf die Verteilung der Werte und Ressourcen, die es entweder in ihrem Status zu

sichern oder den eigenen Vorstellungen gemäß herzustellen oder zu verändern gilt. Politisches Handeln hat Konsequenzen für die Ordnungsvorstellungen bzw. Ressourcen- und Wertverteilung der anderen Systemmitglieder. Der politische Prozeß selbst bedarf nicht der konflikthaften Öffentlichkeit, so besteht das Charakteristikum der Manipulation gerade darin, daß sie von den Manipulierten nicht bemerkt wird. Wohl aber beansprucht das Ergebnis des politischen Prozesses die Öffentlichkeit des jeweiligen Systems, auf das er sich richtet: Die damit hervorgebrachten Ordnungsvorstellungen stellen Handlungserwartungen (z.B. Akzeptanz, Unterordnungsleistungen) an die Mitglieder des Systems dar.

– *Konflikt, Legitimität und Macht sind keine Definitionsmerkmale*: Politische Prozesse können auch in kooperativen, konfliktfreien Organisationsformen stattfinden; umgekehrt können sich erfolgreiche institutionalisierte politische Prozesse eben dadurch auszeichnen, daß es zu keinen Konflikten mehr kommt. Legitimität stellt nur eine von mehreren möglichen Ordnungsvorstellungen dar, in der Form der Legalität ist sie zwar mit einer besonderen Rechtsform ausgestattet, aber damit zugleich – was den jeweiligen aktuellen Zustand des Systems betrifft – eine soziale Fiktion. Komplexe Organisationen bestehen aus multiplen, mitunter inkompatiblen Regelsystemen (Burns/Flam, 1987: 213 ff.), von denen eben eines den Anspruch der Legalität stellt. In der Dynamik sozialer Prozesse drückt das offizielle Regelsystem eine historische Festschreibung damals (zum Zeitpunkt der Festschreibung) aktueller oder gewünschter Ordnungsvorstellungen aus, die im Zeitverlauf und auf Grund der Dynamik sozialer Prozesse von nachfolgenden anderen, nicht notwendigerweise auch offiziellen, Regelungsvorstellungen ergänzt, beeinträchtigt und verändert werden. Macht stellt ebenfalls kein Definitionskriterium dar. Während ‚Macht ausüben' oder ‚Macht haben' begrifflich nur ein *erfolgreiches* Macht Ausüben' oder Macht Haben' sein können, impliziert politisches Handeln auch schon den Versuch, der nicht erfolgreich sein muß.

– *Streben nach Dauerhaftigkeit*: Erfolgreiche Interessendurchsetzung richtet sich in der Regel auf Wiederholung, d.h. sie richtet sich auf die Stabilisierung erwünschter Handlungsmuster. Es liegt ihr eine längerfristige Ordnungsvorstellung zugrunde, die es herzustellen oder zu bewahren gilt. Im weitestgehenden Fall kommt es dabei zur Institutionalisierung. Dabei wird die Wert- und Ressourcenverteilung des Systems von den Mitgliedern als geltende Ordnung außer Diskussion gestellt. Da sich aber schon im Normalfall eigene Interessenrealisierungsabsichten gegen die Interessenrealisierungsvorhaben anderer Akteure durchzusetzen haben, trifft dies für Versuche, Interessenrealisierungen auf dauerhafter Basis einzurichten, verstärkt zu. Solche meist strukturellen Wert- und Ressourcenverteilungen konfligieren mit den Handlungen anderer Akteure; diese versuchen sie auszuhöhlen, zu unterlaufen, zurückzudrängen oder aufzuheben, um die eigenen Interessen durchzusetzen und, wenn möglich, diese Durchsetzung ebenfalls auf dauerhafter Basis einzurichten.

Zusammenfassend wird politisches Handeln damit als *interessegeleitetes Handeln, das sich auf die Herstellung, Bewahrung oder Veränderung der Ordnungsvorstellungen eines sozialen Systems* richtet, definiert.

3.1.2.5 Politisches Handeln in Unternehmen

Von dieser Definition ausgehend, stellen Unternehmen sowohl den Ort als auch das Medium dar, in dem und mit dem Akteure ihre Interessen zu realisieren versuchen. Auf die im Gegensatz dazu stehende Einseitigkeit und Eindimensionalität traditioneller analytisch-rationaler Zielvorstellungen haben bereits Cyert/March hingewiesen: „To what extent is it arbitrary, ... that we call wage payments ‚costs' and dividend payments ‚profits' rather than the other way round? ... The confusion arises because ultimately it makes only slightly more sense to say that the goal of a business organization is to maximize profits than to say that its goal is to maximize salary of Sam Smith, assistant to the janitor" (Cyert/March, 1963: 30). Eine Gleichsetzung von Partikularinteressen mit einem abstrakten Unternehmensinteresse reduziert damit das Unternehmen als soziales System einseitig auf die Verfolgung der durch die Kerngruppe formal legitimierten Ziele (s. dazu auch Edelmann, 1976: 72). Dies bedeutet auch, daß die jeweilige Sicht der Organisation zugleich partielle Interessen an der Organisation ausdrückt[30]. Die Akteure haben nicht nur eigene subjektive Interessen am bzw. im Unternehmen, sie haben auch subjektive Sichtweisen der Unternehmens‚realität': Auf der Basis dieser doppelten Subjektivität entwerfen sie ihre Handlungsstrategien. Die Etablierung normativer Bezugsrahmen, in denen Ausprägungen von Wert- und Ressourcenverteilungen als ‚normal' erscheinen, kann daher nicht darüber hinwegtäuschen, daß in die Prämissen solcher Bezugsrahmen normative Positionen eingehen. Organisationen stellen somit pluralistische Zweckgebilde dar, „organizations are multipurpose tools" (Perrow, 1986: 11). Sie dienen der Realisierung von Interessen, sie transportieren Interessenrealisierungsmöglichkeiten.

Das Unternehmen selbst ist ebenfalls als Akteur, der seine Interessen in seiner Umwelt zu realisieren versucht, zu sehen. Das erfolgreiche ‚Überleben' des Unternehmens (in seiner Umwelt) ist Voraussetzung innerorganisatorischer Interessenrealisierung. Sowohl auf der Organisationsebene als auch auf der Ebene des Individuums stellen die eigenen Dependenzen das Kriterium der Akzeptanz fremder Unterordnungsbedingungen bzw. das Kriterium der eigenen Handlungsspielräume dar. Auf allen hierarchischen Ebenen gehen in die Entscheidungen der Akteure auch deren Wertvorstellungen mit ein.

Da Unternehmen strukturierte Handlungsfelder darstellen, bringen die Akteure ihre Interessen vornehmlich im Rahmen sog. Entscheidungsarenen in die zur Diskussion stehenden Problemlagen ein. Freeman hat für die Strategieforschung einen Ansatz entwickelt, mit dem er versucht, strategische Situationsdefinitionen besser in den Griff zu bekommen (Freeman, 1984). In einer Adaption des Freeman'schen Ansatzes lassen sich organisatorische Problemlagen und die in sie einfließenden Interessen anschaulich darstellen. Freeman geht davon aus, daß die traditionelle Strategieforschung den Akteur und seine Handlungsmöglichkeiten zu stark in den Vordergrund stellt. Vernachlässigt und z.T. übersehen werden in der Regel die Handlungsmöglichkeiten der Akteure im Umfeld des Unternehmens (z.B. Lorange, 1980). Freeman argumentiert recht überzeugend, daß erst die Berücksichtigung der sog. „stakeholders" einer Organisation zu einer erfolgreichen Handlungsstrategie führen kann. Ein „stakeholder" ist „any group or individual who can affect or is affected by the achievement of the organization's objectives" (Freeman, 1984:

46). Während Freeman die „stakes" an einer Organisation personalisiert, erscheint es m.E. vorteilhafter, sich auf Interessen, die in Problemlagen eingehen, zu konzentrieren. Nicht nur wird es dann möglich, einem Akteur mehrere, u.U. inkompatible Interessen zuzuschreiben, es gelingt damit auch, Problemlagen inhaltlich und nicht mehr personalisiert zu betrachten. In einem weiteren, über diese Umformulierung Freemans hinausgehenden Schritt, sind noch Interessenkoalitionen und Interessennetzwerke miteinzubeziehen.

Der unmittelbarste Bereich, in dem Akteure ihre Interessen einbringen (können), ist ihr eigener Kompetenzbereich. Hier können Ambiguitäten ausgenutzt, Sachzwänge vorgeschoben, opportune situative Variablen instrumentalisiert, Situationen redefiniert oder einfach die auf Grund der Stellung in der legalen Hierarchie zur Verfügung stehenden Möglichkeiten zum eigenen Vorteil genutzt werden. Darüberhinaus, und v.a. dann, wenn es sich um Entscheidungen größerer sachlicher und personaler Reichweite handelt, sind es drei Arten von Entscheidungsarenen, in welche die Interessen der Akteure eingebracht werden (können):

– offizielle, auf regelmäßiger Basis eingerichtete Zusammenkünfte: Hier treffen selektierte Organisationsmitglieder auf selektierte – z.T. von diesen Organisationsmitgliedern selbst, z.T. von anderen Organisationsmitgliedern als relevant definierte – Problemfelder;
– garbage cans (Cohen/March/Olsen, 1972: 1 ff): Hier warten Lösungen auf passende Problemlagen, ebenso warten auch individuelle Interessen auf ‚günstige' Entscheidungssituationen. Je nach vermuteter Günstigkeit der Situation werden Akteure ihre Interessen aktualisieren und durchzusetzen versuchen;
– ad hoc Arenen: Sie entstehen auf Grund besonderer situativer Veränderungen und/oder der aktualisierten Interessenlagen von mit entsprechenden Handlungsmöglichkeiten ausgestatteten Organisationsmitgliedern.

Entscheidungen resultieren mittelbar oder unmittelbar aus Verhandlungsprozessen. Für alle Entscheidungsarenen, besonders aber für „Mülleimer", kann sich dabei die ‚normale' rationale Entscheidungslogik umkehren. Es werden dann nicht mehr Lösungen für bestimmte Problemlagen gesucht, sondern Problemlagen gesucht, mit denen sich künftige Lösungen (Interessenrealisierungen) verknüpfen lassen. Bei der hier entwickelten Sichtweise von Politik ist es nicht notwendig, daß die Entscheidungsarenen auch formell legitimiert sind – sog. illegitime Entscheidungsarenen sind ebenso in der Lage, für ihr (Sub-)System verbindliche Entscheidungen hervorzubringen.

Interessen, die in offiziellen Entscheidungsarenen durchgesetzt werden konnten, werden legalisiert und – transformiert in entsprechende sprachliche Hüllen – zu offiziellen Zielen der Organisation (vgl. Heinen, 1984). Als solche ist ihre Realisierung gegenüber den konfligierenden Interessen anderer Akteure zu sichern (Dlugos, 1987). Organisationen stellen damit pluralistische soziale Systeme dar, durchsetzt mit Interessenkoalitionen und -netzwerken. Auf Grund der eingeschränkten Rationalität der Akteure und der Dynamik von Verhandlungsprozessen kommt es mitunter zu Entscheidungen, die von den Akteuren weder vorhergesehen noch beabsichtigt waren. Desgleichen ist anzunehmen, daß aufgrund der Interessendynamik und der damit wechselnden Koalitionen und Verhandlungsergebnisse Interessenkonflikte eher selten dauerhaft gelöst werden können. Die Vorstellung von Interessen als langfristige Handlungsorientierungen birgt in sich, daß jetzt zurückgedrängte Interessen nicht aufgegeben, sondern nur aufgehoben werden und auf entsprechende Problemlagen und Entscheidungsarenen warten, bis sie eingebracht und erfolgreich durchgesetzt werden können.

3.1.2.6 Strukturelle Rahmenbedingungen des politischen Handelns

Der interesseorientierte Politikbegriff unterstreicht die *Dynamik* des politischen Handelns. Nun stellen Unternehmen aber keine unstrukturierten, sondern strukturierte Handlungsfelder dar. D.h. wir finden z.B. institutionalisierte Bedingungen, welche die Interessenrealisierungsmöglichkeiten der Akteure einschränken. Umgekehrt werden damit aber auch Spielräume, innerhalb derer Interessen realisiert werden können, eröffnet. Die Organisationsmitglieder müssen anderen Organisationsmitgliedern Möglichkeiten zur Realisierung von Interessen einräumen, um eigene Interessenrealisierungen wahrnehmen zu können. So haben z.B. Crozier/ Friedberg diese Überlegung der Interdependenz organisatorischer Akteure im Konzept des „Spieles" ausgearbeitet (Crozier/Friedberg, 1979: 66 ff.). Um das „Spiel" fortsetzen zu können (d.h. eigene Interessenrealisierungsmöglichkeiten offen zu halten), müssen die Akteure selbst zu dessen Aufrechterhaltung beitragen. Die Organisation wird damit als Gesamtheit aneinander gegliederter Spiele konzipiert. So nützlich die Idee des „Spieles" zur Erhellung der Dynamik des interesseorientierten Politikbegriffes ist, so kommt doch dabei die zweite Seite des Politikbegriffes, der Herrschaftsaspekt, zu kurz. Es ist daher notwendig, bereits an dieser Stelle auf diese zweite Komponente des Politikbegriffes hinzuweisen: Zum interesseorientierten Politikverständnis tritt noch das herrschaftsorientierte Politikverständnis hinzu. Beide ergänzen einander, beide stehen einander aber auch konflikthaft gegenüber. Das Konzept der Institutionalisierung ist geeignet, diese beiden Sichtweisen von Politik zu verknüpfen. Da es vorerst aber darum geht, die Dynamik von Machtprozessen an den Handlungsmöglichkeiten der Akteure festzumachen, wird der herrschaftsorientierte Politikbegriff an dieser Stelle nicht mehr weiter erörtert, sondern die Diskussion darüber im Zusammenhang mit der Institutionalisierung der Macht wieder aufgenommen.

Mit der Etablierung eines interessegeleiteten Politikbegriffes erhält das Untersuchungsfeld ‚Unternehmen' jene theoretische Grundlage, auf deren Basis es in der Folge möglich wird, den Begriff der Macht zu entwickeln und Prozesse der Entstehung der Macht eingehend zu untersuchen.

3.1.3 Der Begriff der Macht

Die Entwicklung eines handlungstheoretischen Begriffes der Macht erfolgt an Hand der Auseinandersetzung mit sieben problematischen Theoriebereichen: sind Konflikt und Widerstand notwendige Definitionsmerkmale?, kann Macht nur intentional ausgeübt werden oder ist für den Machtunterlegenen die Intention des Machtüberlegenen irrelevant?, übt A bei einem sog. vorauseilenden Gehorsam des B (obwohl A hier nichts tut) Macht aus?, sind Relevanzstrukturierungen im Entscheidungsvorfeld als Machtausübung anzusehen?, was ‚hat' A, wenn er potentielle Macht ‚hat'?, welches Dependenzkonzept ist zugrunde zu legen?, und was bedeutet schließlich Relationalität in interdependenten sozialen Beziehungen?

3.1.3.1 Konflikt und Widerstand

Ein naheliegender Ausgangspunkt der Beschäftigung mit Machtphänomenen ist das Auftreten eines Konflikts. Zwei Manager stellen z.B. bei der Verfolgung ihrer Ziele deren Unverträglichkeit fest. Jede Lösung würde einen der beiden begünstigen, den anderen jedoch benachteiligen. Beide versuchen nun, Mittel und Wege zu finden, die Situation zu ihren Gunsten zu entscheiden. Ein solcher Versuch der Herstellung von Überlegenheit enthält bereits eine bildhafte Charakterisierung von Machtprozessen: ‚Im Kampf siegen'. Diese Metapher ist bezeichnend für die konfliktorientierte Machtforschung (z.B. für feldtheoretische Ansätze der Macht). Demgegenüber sind aber auch Machtphänomene vorstellbar, die das Vorhandensein eines Konflikts nicht notwendigerweise zur Voraussetzung haben. So kann z.B. der Eintritt eines neuen Mitarbeiters in ein Unternehmen als freiwilliger Akt der Einordnung in ein hierarchisches System betrachtet werden. Damit wird Vorgesetzten die Möglichkeit legitimer Machtausübung eingeräumt. Für diese Machtausübung muß weder ein manifester Konflikt zwischen Mitarbeiter und Vorgesetztem beobachtbar sein noch müssen auf der Theorieebene ‚wahre Interessen' angenommen werden. Machtphänomene sind somit in ‚konflikthaften' als auch in ‚konfliktfreien' Situationen feststellbar.

Da das Konzept des Konflikts in den Sozialwissenschaften unterschiedliche Auslegungsmöglichkeiten offenläßt, werden im folgenden drei Ausprägungen konfliktorientierter Machtforschung vorgestellt. Diesen wird anschließend ein ‚konfliktloser' Machtbegriff, d.h. ein Machtbegriff, der definitorisch nicht an das Vorhandensein eines Konfliktes gebunden ist, gegenübergestellt.

Konfliktorientierte Machtbegriffe[31]

a) Manifeste und beobachtbare Konflikte

Vor allem der sog. Entscheidungsansatz[32] der älteren Gemeindeforschung hat auf Grund seiner positivistischen Basis das Bestehen eines manifesten und auch beobachtbaren Konflikts als notwendiges Kriterium für Machtphänomene angesehen (Dahl, 1968; Harsanyi, 1962; Dahl, 1957). Kommt es nicht zu einem manifesten und beobachtbaren Konflikt, so könne nicht von einer Machtausübung durch A gesprochen werden, da gleichzeitig angenommen wird, daß sich ja B sonst dagegen wehren würde. Damit ist aber auch eine ganz bestimmte Betrachtungsweise von Macht angesprochen, nämlich eine negative: Die Machtausübung erfolgt gegen B und zu seinen Ungunsten. Die Reaktion des B auf einen unerwünschten Machtausübungsversuch durch A könnte sich in einer verbal ausgedrückten Ablehnung äußern, aber auch in Gegenmaßnahmen bis hin zur gewalttätigen Auseinandersetzung. Manche, v.a. ältere Machtansätze verknüpfen daher den Machtbegriff mit dem Auftreten von Widerstand (z.B. Tedeschi/Bonoma, 1972: 35; Emerson, 1962: 32), wie dies auch in der feldtheoretischen Machtkonzeption (Lewin, 1963: 359; Cartwright, 1959b: 194) zum Ausdruck kommt. Die operationalen Vorteile eines solchen an manifeste und beobachtbare Konflikte gebundenen Machtbegriffs bringen es aber mit sich, daß damit der Nachteil eines relativ engen Machtbegriffs erkauft wird. So werden dadurch wichtige Phänomene, wie z.B antizipatorische Reaktionen, definitorisch aus dem Untersuchungsfeld ausgeschlossen.

*b) Ein Interessengegensatz führt zu einem manifesten
oder zu einem latenten Konflikt*

Bei diesem Verständnis von Macht geht man von der Annahme aus, daß durch eine Machtausübung die Interessen, Wünsche, Präferenzen etc. des B zu seinem Nachteil beeinträchtigt würden. B ist sich des Interessengegensatzes und seiner Beeinträchtigung durch die Überlegenheit des A bewußt und führt in der Folge z.B. einen offenen Konflikt herbei. Ein latenter Konflikt besteht jedoch dann, wenn B sich z.B. in einer antizipatorischen Reaktion resignativ unterordnet. Manchen Machtansätzen genügt das subjektive Bewußtsein eines Interessengegensatzes gegenüber A als Definitionsmerkmal (z.B. Braun, 1980: 253; Nagel, 1975: 155; Holm, 1969: 275; Dahlström, 1966: 278). Andere Machtansätze halten dagegen daran fest, daß auch in Situationen nicht-manifesten Konflikts die Handlungen des B (z.B. als antizipatorische Reaktion) seinen Widerstand gegenüber dem Machtausübungsversuch des A ausdrücken müssen; d.h. Widerstand stellt auch hier ein notwendiges Definitionsmerkmal der Macht dar (z.B. Galbraith, 1983: 72; Blalock/Wilken, 1979: 177). Durch die Bindung des Machtbegriffes an das Wissen des B um die Beeinträchtigung seiner Interessen geraten aber jene Phänomene aus dem Blickfeld, bei denen sich eine erfolgreiche Machtausübung gerade dadurch auszeichnet, daß B sie nicht bemerkt.

*c) Ein Interessengegensatz führt zu einer von B
nicht erkannten Beeinträchtigung*

Manipulation stellt eine Form der Machtausübung dar, bei der es mangels des B'schen Gewahrwerdens seiner Beeinträchtigung weder zu einem offenen noch zu einem latenten Konflikt kommt. Dennoch ist die Annahme eines dabei zugrundeliegenden Interessenkonflikts nicht von der Hand zu weisen. Lukes greift die Idee eines solchen nicht wahrgenommenen Interessenkonflikts auf und entwickelt daraus „a radical view of power" (Lukes, 1974: 21 ff.). Solange es möglich sei, verdeckte Beeinträchtigungen des B aufzudecken, meint Lukes, sei es auch möglich, den dahinterliegenden Interessengegensatz zu zeigen. Besteht denn die effektivste Form der Machtausübung nicht gerade darin, daß sowohl die Machtausübung selbst als auch Mißstände nicht mehr wahrgenommen werden? (Lukes, 1974: 24). Lukes diskutiert dies an Hand eines Falles von Umweltschädigung, bei dem die Schädigung von der betroffenen Bevölkerung nicht (mehr) bemerkt wird. Er geht damit über eine bloße subjektive Beeinträchtigung hinaus und nimmt in seinen Machtbegriff auch „objektive" Beeinträchtigungen auf. Seine Argumentation lehnt sich dabei an die in der marxistischen Theorie entwickelten Begriffe des „wahren" und des „falschen" Bewußtseins im Rahmen einer Theorie „objektiver Interessen" an. Damit kommt er zur folgenden Definition von Macht: „A exercises power over B when A affects B in a manner contrary to B's interests" (Lukes, 1974: 34). Dazu ist es notwendig, die „objektiven" Interessen des B festzustellen. Ein solches Unterfangen läuft darauf hinaus, jene Interessen zu eruieren, „die die Menschen in einer Gesellschaft als ihre eigenen erkennen und verfolgen *würden*, wenn nicht die bestehenden Machtverhältnisse sie daran hindern würden, dies zu tun" (Offe, 1977: 25; k.i.O.). Die sog. radikale Sicht der Macht weist damit darauf hin, daß Menschen nicht in der Lage sein könnten, ihre „objektiven" Interessen zu erkennen und zu verfolgen, weil ihre aktuellen Wünsche, Präferenzen oder Interessen Produkte eines Systems seien, das gegen die „objektiven" Interessen der Menschen gerichtet ist. So bemerkenswert das Konzept des „wahren" und des „falschen" Bewußtseins ist, so problematisch erweist sich seine Anwendung außerhalb der marxistischen Theorie. Während im Marxismus der Partei das Definitionsmonopol hinsichtlich der „wahren"/„falschen" Interessen zufällt, verfällt außerhalb der marxistischen Theorie das Konzept der „wahren" und „falschen" Interessen der subjektiven, normativen Beliebigkeit des Beobachters, der für andere feststellt, welche Interessen und welches Bewußtsein für sie die „wahren" zu sein haben. Die Kritik an Lukes „radikalem" Machtansatz richtet sich daher auch auf normative, theoretische und methodische Kalküle (Martin, 1977: 167 ff.; Bradshaw, 1976: 121 ff.).

Die konfliktorientierten Machtbegriffe binden Macht an Konflikt: Wo kein Konflikt feststellbar ist (sei es als manifester, als latenter oder als Konflikt von Interessen), dort ist es auch nicht möglich, von Macht zu sprechen. Mit der Bindung an Konflikt erhält Macht eine Qualität, die auf Auseinandersetzung, auf ein Gegeneinander und auf Schädigung gerichtet ist und dazu tendiert, negativ bewertet zu werden. Der in der Machtbeziehung Überlegene versucht, sich Vorteile zu verschaffen, während der Unterlegene Nachteile auf sich zu nehmen hat. Ein solches Verständnis von Macht als Durchsetzung der eigenen Interessen *gegen* die Interessen anderer findet Übereinstimmung mit dem subjektiven Alltagserleben von Macht: In der Gewahrwerdung des Konfliktes, wenn ich feststelle, daß jemand versucht, seinen Willen zu meinen Lasten durchzusetzen.

Im Gegensatz zu den konfliktorientierten Machtbegriffen wird in einigen Machtansätzen davon ausgegangen, daß Konflikt keine notwendige Bedingung des Machtbegriffes darstelle (z.B. Mintzberg, 1983: 4; Etzioni, 1975b: 338; Partridge, 1963: 111). Eine solche Annahme ist auch für die Betriebswirtschaftslehre überlegenswert. Denn gerade eine betriebswirtschaftliche Machtforschung würde mit dem Festhalten am Konflikt das Untersuchungsfeld ungebührlich einschränken: Die freiwillige Unterordnung in hierarchischen Strukturen, wie dies z.B. in Unternehmen der Fall ist, wäre damit nicht mehr als Machtbeziehung beschreibbar; ebenso jene Prozesse, wo B von A für die Ausführung einer Handlung belohnt wird (außer man nimmt einen präexistierenden Interessenkonflikt auf der Basis einer Theorie „objektiver" Interessen an). Ebenso würden auch Prozesse der Machtausübung auf der Basis eines von B als überlegen anerkannten Expertenwissens des A der Machtforschung entzogen.

Demgegenüber argumentieren Braun/Schreyögg für einen konflikthaften (betriebswirtschaftlichen) Machtbegriff. Sie sind der Meinung, daß Machtbeziehungen nur vor dem Hintergrund von Konfliktsituationen verstanden werden können (Braun/Schreyögg, 1980: 25). Liegt kein Konflikt vor, so bestünde für A kein Grund einer einseitigen Willensdurchsetzung, da ihm andere Möglichkeiten zur Verfügung stünden, seine Zwecke zu realisieren. Diese Argumentation ist in zweifacher

Hinsicht problematisch: einerseits trifft sie eine normative Voraussetzung, die Habermas' Verständigungsorientierung (Habermas, 1981a: 385 ff.) entspricht. In einem verständigungsorientierten Handlungszusammenhang kann m.E. die Frage nach der Notwendigkeit konflikthafter Macht berechtigterweise gestellt werden[33]. Die zweite Problematik der Braun/Schreyögg'schen Argumentation ist die Frage nach der Qualifizierung jener Phänomene, bei denen sich B konsensual in eine hierarchische Struktur einordnet. Dies ermöglicht es dem übergeordneten A (auch in verständigungsorientierten Handlungszusammenhängen), mit der Zustimmung des B, von diesem einen unscharf abgegrenzten Katalog an Unterordnungsleistungen zu fordern. Auch wenn die Genese in verständigungs- und erfolgsorientierten Handlungszusammenhängen eine unterschiedliche sein mag, so bleibt doch das Phänomen grundsätzlich das gleiche. M.E. sind solche Prozesse freiwilliger ‚konfliktloser' Unterordnung, wie dies z.B. auch in Lehrer/Lernwilliger-Situationen der Fall ist (wo sich der Lernwillige von sich aus der tatsächlichen oder bloß attribuierten Überlegenheit seines Lehrers unterordnet), als Machtprozesse zu verstehen. Ebenso wie alle Phänomene legitimer Herrschaft, die ja mit und seit Weber als institutionalisierte Machtausübung verstanden werden (Weber, 1972).

Eine Einschränkung des Machtbegriffes auf konflikthafte Über- und Unterordnungsphänomene stellt sich damit für die vorliegende Untersuchung als nicht sinnvoll dar: Es ist weder theoretisch noch methodisch erforderlich, Konflikt als ein definitorisch notwendiges Kriterium der Macht einzuführen. Auch wenn empirisch die Ausübung von Macht häufig mit Konflikten verbunden sein mag, so werden auf der Ebene der Theorie Macht und Konflikt *entkoppelt*. Macht kann *konflikthaft* und *konfliktfrei* ausgeübt werden.

3.1.3.2 Intentionalität und Handlungsfolgen

In einem weiteren Schritt der Präzisierung des Machtbegriffes geht es nun um die Frage, ob unter Machtausübung nur solche Handlungen zu verstehen sind, die vom Handelnden intentional ausgeführt werden, oder ob dem Begriff der Ausübung von Macht auch jene Handlungsfolgen zuzurechnen sind, die vom Handelnden zwar nicht beabsichtigt sind, in ihren Auswirkungen aber Unterordnungsleistungen oder Beeinträchtigungen des B darstellen. Mit einem allgemeinen Terminus sind solche Manifestationen als unbeabsichtigte Nebenfolgen zu bezeichnen. Eine Definition *beabsichtigter* Machtausübung wird durch die ausdrückliche Betonung eines subjektiven Wollens unterstrichen, wie z.B. bei Weber „... den eigenen Willen ... durchzusetzen" (Weber, 1972: 28).

Mit der Bindung des Machtbegriffes an das Kriterium der Absicht ergeben sich jedoch einige Schwierigkeiten. So haben methodologische Schwierigkeiten einige orthodoxe Behavioristen veranlaßt, Macht als wissenschaftliches Konzept überhaupt abzulehnen: Ein künftiger Zustand könne kein gegenwärtiges Ereignis auslösen. Für Allison hat daher Macht innerhalb einer ernsthaften Forschung keinen Platz (Allison, 1974: 138). Andere Forscher wiederum haben ein Machtmodell konstruiert, das ohne das Kriterium der Absicht auskommt, wie z.B. Nagel (1975: 20), der den Machtbegriff an Präferenzen festmacht. Mittlerweile scheint sich jedoch auch unter den Behavioristen die Meinung Cartwrights durchgesetzt zu haben, daß Absicht als Definitionskriterium von Macht nicht zu umgehen sei: „Although some theorists object to its use because of its ‚subjective' nature, there is real doubt that it can be avoided" (Cartwright, 1965: 11).

Für einen handlungstheoretischen Begriff der Macht stellt Intentionalität kein Problem dar, da Handeln ja von vornherein als ein absichtsgeleitetes Tun oder Unterlassen definiert wird. Dennoch ergeben sich auch hier einige Abgrenzungsprobleme. Nehmen wir an, der Mitarbeiter B sei gekündigt worden und derzeit ohne Beschäftigung. Für den Zustand der Arbeitslosigkeit des B ist es ziemlich belanglos, warum sie entstanden ist. B kann gekündigt worden sein, weil seinem Vorgesetzten seine Nase nicht mehr gefallen hat; die Arbeitslosigkeit des B kann aber auch die unbeabsichtigte Nebenfolge eines Zusammenschlusses zweier Unternehmen darstellen, in dessen Folge Personalüberkapazitäten abgebaut wurden. Wenn, wie in diesem Beispiel, beabsichtigte und unbeabsichtigte Handlungsfolgen den gleichen Effekt haben, dann stellt sich die Frage, ob nicht auch unbeabsichtigte Handlungsfolgen in den Machtbegriff zu inkludieren sind. Eine solche Ansicht wird z.B. von Partridge (1963: 110 ff.) und van Doorn (1962: 12) vertreten.

Damit kämen wir aber zu einem Machtbegriff, bei dem ein Unternehmen mächtig wäre, weil es z.B. der einzige größere Anbieter von Arbeitsplätzen in einer Region ist und seine Personalpolitik damit beträchtliche Auswirkungen auf die Berufs- und Lebenssituation der in dieser Region Lebenden hat[34]. Ebenso würde damit einem Erfinder und Produzenten von Arbeitsautomaten Macht zugesprochen, wenn seine Erfindung zur Folge hätte, daß damit der Arbeitsplatz des B wegrationalisiert wird. Besonders an diesem letzten Beispiel wird die Problematik der Inklusion nicht beabsichtigter Handlungsfolgen in den Machtbegriff deutlich. Ebenso wie die Erfindung und die Produktion der Arbeitsautomaten dazu führt, daß früher oder später andere Menschen in irgendeiner Form davon betroffen sein werden, so stellt dies auch ein Phänomen dar, das im Generellen für unser tägliches Handeln zutrifft: Auf unserem eiligen Weg zum Parkplatz ‚veranlassen' wir andere Dahineilende, uns auszuweichen, ebenso wie andere wiederum uns ‚veranlassen', ihnen auszuweichen. So plastisch sich damit die Alltäglichkeit und Unausweichlichkeit unbeabsichtigter Handlungsfolgen auch darstellt, so würde ihre Inklusion in den Begriff der Macht doch bedeuten, daß damit der Begriff der Macht im Begriff des sozialen Handelns aufginge. Ein Begriff der Macht würde überflüssig. Die Alternativen zur Verknüpfung des Machtbegriffes mit der notwendigen Bedingung der Intentionalität bestünden damit einerseits darin, Machtphänomene theoretisch als Varianten von Reiz-Reaktions-Abläufen zu konzipieren oder andererseits den Machtbegriff durch Einbindung der unbeabsichtigten Handlungsfolgen so weit zu fassen, daß er dann mit dem Begriff des sozialen Handelns zusammenfiele. Trotz der Bedeutung der unbeabsichtigten Handlungsfolgen erscheint es daher zweckmäßig, (die Ausübung von) Macht als ein *beabsichtigtes* Tun oder Unterlassen zu definieren[35].

Nun sind aber mit einer Ausübung von Macht oft auch solche Machtwirkungen verbunden, die zwar vom Handelnden vorausgesehen werden, aber nicht den Zweck seiner Handlung darstellen. Derartige Machtwirkungen sind als *Nebenbedingungen* der Realisierung von Zwecken zu betrachten. Z.B.: Der Vorgesetzte A entscheidet, den Arbeitsbereich des Mitarbeiters B_1, der ihn vor kurzem öffentlich blamiert hat, umzustrukturieren und formal aufzulösen; dabei müßten auch die beiden Mitarbeiter des B_1 gekündigt werden. Hier stellt die Kündigung der beiden Mitarbeiter des B_1 eine Nebenbedingung der Auflösung des Arbeitsbereiches des B_1 dar. Eine solche Nebenbedingung ist daher auch Ergebnis intentionalen Handelns und damit als Machtausübung zu betrachten.

Die Ausübung von Macht richtet sich auf einen bestimmten Zweck. Ihr Definitionskriterium ist aber die Unterordnung und nicht die perfekte Zweckrealisierung. D.h. es kann auch zu einer Unterordnung des B kommen, bei der die ursprünglichen Ziele des A nur partiell realisiert werden. Diese Unterscheidung verhindert eine zu enge Fassung des Machtbegriffs in der Form einer ‚zur Gänze erfolgreichen Machtausübung' und ermöglicht es, z.B. auch Aushandlungsprozesse als Prozesse der Macht zu berücksichtigen. Damit wird auch dem empirischen Faktum stattgegeben, daß viele unserer Handlungsergebnisse von ihrer ursprünglichen Zwecksetzung letztlich oft weit entfernt sind: „Eines der auffallendsten Phänomene im sozialen Leben besteht darin, daß niemals genau jenes Ereignis auftritt, das von den Beteiligten beabsichtigt war" (Popper, 1965: 124).

3.1.3.3 Antizipatorische Reaktionen

In einem engen Zusammenhang mit der Intentionalität der Macht stehen die sog. antizipatorischen Reaktionen. Eine der ersten Fragen, die sich bei der Definition des Machtbegriffes stellt, ist, ob A etwas *tun* muß, um Macht auszuüben. Die Alternative dazu wäre eine Machtausübung auch *ohne* ein Tun des A.

Eine naheliegende Beantwortung dieser Frage besteht darin, sich Macht entweder als ein Tun oder als eine Folge eines Tuns vorzustellen. Bei Dahl sieht das so aus: „... the intuitive view of the power relation ... involve(s) a successful attempt by A" (Dahl, 1957: 204)[36]. Dieses Machtverständnis ist typisch für die klassische behavioristische Tradition (s. auch Cartwright, 1959b: 193), die eine Zuschreibung einer Machtausübung nur dann vornimmt, wenn ein Tun des A feststellbar ist[37]. Eine solche enge Sichtweise leidet jedoch unter zwei Schwierigkeiten:

- erstens ist die Beschränkung auf ein Tun insofern problematisch, als auch ein Nicht-Tun in der Form des Unterlassens ein Handeln darstellen kann. Eine Beschränkung auf ein (sichtbares) Tun erweist sich damit als nicht sinnvoll;
- die zweite Schwierigkeit besteht darin, daß B – in der Annahme, A werde, wenn B die Handlung b_1 setzte, a_1 tun und damit einen eventuellen Effekt von b_1 zerstören – gleich auf die Handlung b_2 ausweichen kann; von einer Handlung b_2 nimmt B an, daß A dann nicht destruktiv eingreifen würde.

Dieses Machtphänomen, bei dem B mit seiner Handlung eine mögliche Handlung des A vorwegnimmt, wird als *antizipatorische Reaktion*[38] bezeichnet. Antizipatorische Reaktionen zählen zu den geläufigsten Machtphänomenen (s. auch Luhmann, 1981: 45; Walsh et al., 1981: 145; Nagel, 1968: 130; Simon, 1953: 505). Dabei werden Erfahrungen der Vergangenheit und aktuelle Situationsdefinitionen in die Zukunft projiziert und von B in Form eines Szenarios ‚durchgespielt'. Die jeweiligen Interessen, Handlungsmöglichkeiten und Handlungswahrscheinlichkeiten werden gegeneinander abgewogen. Ergebnis einer antizipatorischen Reaktion ist die Anerkennung der Superiorität des A durch B. Dies bringt sowohl für A als auch für B den Vorteil, die mit einer Konfliktaustragung verbundenen Kosten (s. dazu Harsanyi, 1962) zu vermeiden. Eine solche, ohne manifesten Konflikt stattfindende Anerkennung der Machtüberlegenheit des A stellt in der Tat ein weitverbreitetes und alltägliches soziales Phänomen dar – man stelle sich nur den Zusammenbruch unseres sozialen Systems vor, wenn jede Anerkennung einer Machtüberlegenheit erst nach einer offenen Konfliktaustragung zwischen A und B erfolgte. Ein typisches Verlaufsmuster könnte daher so aussehen, daß B mehrmals offen konfliktär versucht, der Machtüberlegenheit des A zu entgehen. Schließlich akzeptiert er diese Machtüberlegenheit, und im Laufe der Zeit wird diese zu einem nicht mehr weiter reflektierten Bestandteil der Realitätsdefinition des B, womit ein scheinbarer Konsens den vormaligen Dissens überlagert.

Unternehmen wurden vorhin als soziale Gebilde, deren formelle und informelle Ordnungen auf Aushandlungsprozessen beruhen, beschrieben. Ergebnis der Aushandlungsprozesse ist eine Interdependenz, die sich in auf die jeweils anderen Organisationsmitglieder gerichteten Handlungserwartungen ausdrückt. Diese Handlungserwartungen repräsentieren Machtverhältnisse und lassen sich von den Zwecken und Interessen der Machtüberlegenen nicht trennen. Selbst wenn man Unternehmen eine rein technisch-ökonomische Rationalität zuspricht[39], stellen arbeitsteilige Unter- und Überordnungsstrukturen entweder vorausgesehene Nebenbedingungen oder Mittel zur Realisierung dieser Zwecke und Interessen dar. Ein Mitarbeiter B, der in einer antizipatorischen Reaktion die Handlung b_1 ausführt, ist als Unterlegener in einem (strukturellen) Machtprozeß anzusehen. Für A bedeutet die antizipatorische Reaktion des B entweder den Handlungszweck an sich, oder die vorausgesehene Nebenfolge im Zusammenhang mit der Realisierung eines anderen Handlungszweckes oder ist überhaupt als Mittel zur Realisierung von Zwecken anzusehen. Für den Untersuchungsbereich Unternehmen stellt es damit kein Problem dar, antizipatorische Reaktionen als Ausdruck von Machtausübung zu betrachten, da ja nicht übersehen werden kann, daß durch den Eintritt des B in das Unternehmen für diesen ein bedingt anerkanntes Über- und Unterordnungssystem existiert, auf Grund dessen B akzeptiert, daß legitimerweise bestimmte Handlungserwartungen an ihn gerichtet werden.

Antizipatorische Reaktionen lassen sich also dadurch charakterisieren, daß der Mitarbeiter B in einer bestimmten Situation zwar die Handlungsalternative b_1 bevorzugen würde, aber auf Grund einer in der Folge von A erwarteten Handlung a_1 von seiner ursprünglich bevorzugten Alternative Abstand nimmt und die Handlungsalternative b_2 wählt, von der er annimmt, daß A sie zulassen wird.

Nun kann jedoch der Fall eintreten, daß die antizipatorische Reaktion des B auf einem Irrtum des B beruht, d.h. B schreibt A eine bestimmte zu erwartende künftige Handlung zu, die A jedoch nicht setzen würde. Bei dieser irrtümlichen Machtattribution sind zwei Arten von Fehlern möglich:

– der Fehler erster Art besteht darin, daß B die Situation falsch definiert; er schreibt A Handlungen oder künftige Handlungen zu, die jeder Grundlage entbehren. In solchen Fällen einer irrtümlichen Machtzuschreibung kann nicht mehr von einer Machtausübung durch A gesprochen werden, da man ansonsten auch eine Macht des Weihnachtsmannes, der Hexen und anderer Kunstfiguren,

die dazu benutzt werden, um Kinder (und Erwachsene) zu disziplinieren, annehmen müßte;
- der Irrtum zweiter Art, der B unterlaufen kann, besteht darin, daß B innerhalb einer an sich richtig definierten Situation eine Handlung des A erwartet, die A zwar im konkreten Fall nicht setzen würde, die aber zu den Handlungen, die A üblicherweise in solchen Situationen setzt, zählt. Bsp.: B hört und sieht, wie der Vorgesetzte des A diesen wegen eines mißglückten Projekts oberlehrerhaft zur Rede stellt. B weiß aus Erfahrung, daß A in solchen Fällen seinen Ärger regelmäßig an einem seiner Mitarbeiter abreagiert. In seiner Angst, zum Objekt des Ärgers zu werden, sucht B sich für die nächsten Stunden eine Beschäftigung, die ihn aus der unmittelbaren Umgebung des A fernhält – ohne zu wissen, daß sich A bereits den Mitarbeiter C als Opfer geholt hat. In einem solchen Fall einer antizipatorischen Reaktion ist von Macht zu sprechen, da die der antizipatorischen Reaktion des B zugrundegelegte erwartete Handlung des A in den für solche Situationen üblichen Absichtsbereich des A fällt.

Ein Irrtum der ersten Art wird jedoch dann zu einer als Machtausübung zu definierenden Handlung, wenn A diesen absichtlich hervorgerufen hat oder wenn A in Kenntnis und auf Basis der von ihm als Irrtum erkannten Attribution des B handelt. Keine Machtausübung liegt dagegen vor, wenn A von der irrtümlichen Attribution des B nichts weiß und auch kein Irrtum der zweiten Art besteht.

Die Qualifizierung nicht irrtümlicher (d.h. es besteht kein Irrtum der ersten Art) antizipatorischer Reaktionen als Machtausübung wird noch verständlicher, wenn wir uns der Beschreibung des Unternehmens als politisches Gebilde erinnern, in welches die Akteure ihre Interessen einbringen und zu realisieren versuchen. Wir haben dort nicht nur Situationen vor uns, in denen B die Handlungen des A antizipiert, sondern wo alle an den Aushandlungsprozessen Beteiligten mögliche Handlungen der anderen Akteure in ihren Strategien antizipieren. In die Handlungspläne der Beteiligten gehen Erwartungen und Vermutungen über künftige Handlungen anderer, mögliche eigene Alternativen, Strategien und Erfolgswahrscheinlichkeiten ein. Solche Phänomene als Machtphänomene auszuschließen, würde bedeuten, den Begriff der Macht willkürlich auf sichtbare Handlungen des Machtüberlegenen einzuengen. Dies erscheint weder theoretisch sinnvoll noch methodisch oder methodologisch notwendig.

3.1.3.4 Nicht-Entscheidungen

In einem engen Zusammenhang mit antizipatorischen Reaktionen stehen auch die sog. Nicht-Entscheidungen. Der Ausdruck „non-decisions", von Bachrach/Baratz (1962) in die kommunalpolitologische Machtforschung eingebracht, steht für ein Phänomen, das in der Politologie zu heftigen Auseinandersetzungen geführt hat (Bachrach/Baratz, 1962; Bachrach/Baratz, 1963; Frey, 1971; Wolfinger, 1971a; Wolfinger, 1971b). Die Art und Weise, wie mit dieser Problematik auf der Theorieebene umgegangen wird, verkörpert seitdem forschungsprogrammatische Positionierungen[40].

Worum geht es? Die v.a. an Dahl ausgerichtete behavioristische Machtforschung hat ihren Machtbegriff an dem von A geäußerten Willen, an kausalen und beobachtbaren Ereignissen und am Auftreten von manifesten Konflikten festgemacht (Dahl, 1968: 407 ff.; Dahl, 1957: 204 ff.). Dadurch wird ein wichtiges Element des Machtbegriffes berücksichtigt, nämlich das aktuelle Machthandeln. Als Phänomen zwar erkannt, aber weil methodisch nicht faßbar – und damit ‚nicht theorierelevant' -, werden Machtprozesse vernachlässigt, mit denen A verhindert, daß Wünsche, Vorschläge, Anliegen etc. des B in die öffentliche Entscheidungsarena vordringen: „when the dominant values, the accepted rules of the game, the existing power relations among groups, and the instruments of force, single or in combination, effectively prevent certain grievances from developing into full-fledged issues, it can be said that a nondecision-making situation exists" (Bachrach/Baratz, 1963: 641). Bachrach/Baratz weisen damit darauf hin, daß erfolgreiche Bemühungen, „Forderungen ... zu ersticken, schon bevor sie artikuliert worden sind; oder um sie zu verdecken; oder zu Fall zu bringen, bevor sie überhaupt Zugang zur relevanten Arena der Entscheidungsprozesse finden" (Bachrach/Baratz, 1977: 78 f.), ebenfalls als Machtprozesse anzusehen sind. Eine Festlegung des Machtbegriffes auf sich konfliktär äußernde beobachtbare Ereignisse übersieht die Vielgestaltigkeit, mit der Macht in einer verdeckten Weise ausgeübt wird. Genausowenig wie B von A jedesmal geprügelt werden muß, damit er sich den Wünschen des A unterordnet, genausowenig verkörpert sich Macht nur in konkreten offiziellen Entscheidungen.

Es ist daher notwendig, auch das „zweite Gesicht der Macht" (Bachrach/Baratz, 1962: 952) zu berücksichtigen. Während das „erste Gesicht der Macht" nur Entscheidungen abdeckt, die in die Entscheidungsarena gelangen, haben die Nicht-Entscheidungen ihren Platz im *Vorfeld* der Entscheidungsarena. Dieses Vorfeld ist geprägt durch organisatorische Normen, Regeln, Vorschriften, Verfahren, Präzedenzfälle, Vorurteile, Drohungen, Einschüchterungen, Patronage etc. Hier kristallisiert sich heraus, welche Vorschläge, Ideen, Meinungen, Interessen in die vorherrschenden Handlungspläne und Realitätsdefinitionen ‚hineinpassen', was also in den interessegeleiteten Anspruch des „bei uns wird das so gemacht" integriert wird und was davon ausgeschlossen wird (z.B. durch ein „das hat mit der Sache nichts zu tun"). Im allgemeinen dürfte es ‚kostengünstiger' sein, den eigenen Interessen konträre Anliegen nicht zu einem offiziellen Entscheidungsproblem werden zu lassen, als sich in einer formellen Entscheidungsarena damit herumschlagen zu müssen. Die Möglichkeiten des B, sich mit seinen Interessen durchzusetzen, sind in strukturierten Handlungsfeldern wie Unternehmen bereits so prä- und deformiert, daß die Alternativen, die er anzubieten hat, oft gar nicht in die offizielle Entscheidungsarena vordringen, sondern auf dem Weg dorthin verkümmern[41]. Aus der Warte der Steuerung ist es daher strategisch ratsam, sog. garbage-can-Entscheidungen zu vermeiden. Wenn kein Mülleimer auftaucht, in dem sich unerwünschte Lösungen mit Problemlagen verknüpfen können, bietet das Entscheidungsvorfeld üblicherweise genügend Möglichkeiten, um unerwünschte Vorschläge zu hintertreiben.

Organisatorische Entscheidungsprobleme tauchen weder aus dem Nichts auf noch fallen sie vom Himmel: Sie werden von den Akteuren als Probleme definiert und vorgebracht. Gerade in den Problementstehungs-, den Problemkonkretisierungs- und den Problemmobilisierungsphasen (Narayanan/Fahey, 1982: 28 f.) wird klar, welche Problemlagen unter welchem Betrachtungswinkel Aussicht darauf haben, zu einem manifesten Entscheidungsproblem zu werden, und welche Probleme und Alternativen bereits vorher ausgesondert und fallengelassen werden. Dieses Wegfiltern von Problemen, Sichtweisen, Alternativen, d.h. der Prozeß der *Definition von Irrelevanz*, ist als Machtprozeß zu sehen. Unternehmen sind in den komplexen Zusammenhängen, in denen sie agieren, nicht anders vorstellbar, als daß sie Verfahrensregeln, Entscheidungskriterien, Normen etc. entwickeln, die einen Hinweis darauf ermöglichen, welche Angelegenheiten als relevant zu gelten haben. Soll ein Unternehmen in seiner relevanten Umwelt überleben, dann ist sein Entscheidungsvermögen quantitativ beschränkt. Unternehmen behelfen sich daher damit, daß Regeln und Richtlinien festgelegt werden, auf die im gegebenen Fall zurückgegriffen werden kann. Regeln und Richtlinien stellen so das Ergebnis früherer Entscheidungsprozesse dar. Da aber Unternehmen als politische Gebilde zu betrachten sind, die durch Aushandlungsprozesse gekennzeichnet sind, stellen diese Regeln und Richtlinien auch das verfestigte Ergebnis vorhergehender Machtprozesse dar und ermöglichen damit im Anlaßfall durch Feststellung von Relevanz bzw. Irrelevanz von Ereignissen, Vorschlägen, Wünschen etc. eine indirekte Machtausübung.

Unter Berücksichtigung der Nicht-Entscheidungen erfolgt die Machtausübung in Unternehmen damit neben den beobachtbaren, manifesten Prozessen auch durch in Aushandlungsprozessen festgelegte Relevanzkriterien und Ausschließungsregeln. Machtausübung richtet sich damit nicht nur auf den jeweils einzelnen Akt, sondern geht darüber hinaus. Durch Verfestigung in organisatorischen Regeln drückt sich eine Tendenz in Richtung der Etablierung von Dauerhaftigkeit aus. Dies soll verhindern, daß bei allen Angelegenheiten auf eine offene Konfliktaustragung zurückgegriffen werden muß. Mit der Festlegung von Regeln und der Herausbildung von Strukturen werden für die beteiligten Akteure unterschiedliche Handlungsspielräume festgelegt. Eine betriebswirtschaftlich-organisationstheoretische Machtforschung kann sich daher *nicht* auf eine bloß manifeste Machtausübung beschränken, weil sonst alle jene Prozesse, durch die kontrolliert wird, welcher Angelegenheit Relevanz zugesprochen wird und die damit die bestehende Ordnung bewahren oder verändern können, einer Machtanalyse entzogen würden.

Da eine behavioristisch orientierte Machtforschung bereits antizipatorische Reaktionen zu Nicht-Ereignissen erklärt (z.B. Merelman, 1968), ist es nur konsequent, daß sie auch das „zweite Gesicht der Macht" aus der Machtdiskussion heraushalten will (z.B. Nagel, 1975; Wolfinger, 1971a). M.E. ist es aber nicht sinnvoll, einen als wichtig erkannten Phänomenbereich einer rigiden und unzureichenden Methodik zu opfern und damit seine Nicht-Relevanz zu konstruieren[42]. Der relativ niedrige Entwicklungsstand der verhaltenswissenschaftlichen Machtforschung stellt folglich auch den Preis dar, der für solche methodenorientierte Entscheidungen zu bezahlen ist.

Eine handlungstheoretische Vorgangsweise ist dagegen in der Lage, indirekte Formen der Machtausübung auf früheres Entscheidungshandeln zurückzubinden. Indirekte Machtausübung via Verfahrensregeln, Relevanzkriterien u.ä. sind Ausdruck von Ordnungsvorstellungen, die sich in früheren Aushandlungsprozessen durchgesetzt haben. Während Bachrach/Baratz daran festhalten, daß Konflikte auch im Rahmen von Nicht-Entscheidungen ein Definitionskriterium der Macht darstellen müßten (Bachrach/Baratz, 1977: 84), wird hier davon ausgegangen, daß Konflikte bei Machtprozessen zwar auftreten können, aber nicht müssen: Die Durchsetzung der Interessen des A ist nicht an den Widerstand des B gebunden.

Mit der Berücksichtigung der Nicht-Entscheidungen als eine Form indirekter Machtausübung kündigt sich aber auch eine Grenze der handlungstheoretischen Vorgangsweise an. Lukes schlägt vor, nicht nur die organisatorischen, sondern auch die gesellschaftlichen Verhältnisse als Machtverhältnisse zu begreifen (Lukes, 1974:21), und handelt diesen Vorschlag an der Studie von Crenson (1971) über die Stadt Gary ab. Gary ‚lebt' von einem Werk der US-Steel und weist u.a. eine wesentlich höhere Luftverschmutzung auf als vergleichbare andere Orte. Dennoch findet sich in Gary kein Widerstand gegen das Werk. Lukes stellt dies als Charakteristikum einer Form der Machtausübung dar, wo die Machtunterworfenen keine Möglichkeit mehr haben, die Totalität ihrer Abhängigkeit zu begreifen. Solche Überlegungen beruhen auf dem Konzept der „wahren" und „falschen" Interessen, stellen auf eine Theorie der gesellschaftlichen Produktionsweise ab und liegen außerhalb des hier zugrundegelegten Theorierahmens.

3.1.3.5 Potentialität

Alltagssprachliche Bezeichnungen wie ‚Machtbesitz' oder Macht Haben', aber auch die Fähigkeits-Machtdefinitionen legen nahe, daß neben der aktuellen Machtausübung noch weitere Machtphänomene existieren, wo ein Akteur ‚Macht hat', ohne diese aber im aktuellen Zeitpunkt auszuüben. Solche Phänomene, die z.T. gleiche, z.T. aber höchst unterschiedliche Inhalte betreffen, werden in der einschlägigen Literatur als potentielle Macht (z.B. Meleghy/Zelger, 1983: 306; Provan 1980: 550; Krüger, 1976: 7), als potentieller Einfluß (z.B. Dahl, 1973: 57), als latente Macht (z.B. Bachrach/Baratz, 1977: 62), als mögliche Macht (z.B. Dörler, 1985: 52; Hamilton, 1976: 306), als aktuelle mögliche Macht und potentielle mögliche Macht (z.B. Wrong, 1968: 680) sowie als potentielle Macht und Macht als Potential (Rose, 1967: 47) bezeichnet. Damit gesellt sich zu den bestehenden inhaltlichen Problemen der Potentialität von Macht noch eine beträchtliche Verwirrung auf Grund des unterschiedlichen Sprachgebrauchs, was im übrigen angesichts des unausgereiften Stadiums der Machtforschung für diese nicht unüblich ist.

Machtdefinitionen, die Macht als Fähigkeit eines Akteurs definieren (z.B. Ehrensperger, 1985: 35; Mintzberg, 1983: 4; Burkolter-Trachsel, 1981: 34; Provan, 1980: 550; Michener/Suchner, 1972: 239), implizieren, daß diese Fähigkeit nach *eigenem* Ermessen ausgeübt werden kann oder eben auch nicht ausgeübt wird. Auch im Falle einer Nichtausübung würde A trotzdem noch immer ‚Macht haben'. Solche Überlegungen führen dann dazu, Macht als Dispositionskonzept auszuarbeiten (z.B. Wrong, 1980: 6; Holm, 1969: 270). Die damit verbundenen Operationalisierungsprobleme haben jedoch einige Forscher veranlaßt, den Machtbegriff auf die aktuelle Ausübung von Macht einzuengen (z.B. Hamilton, 1976: 305; White, 1972: 483; Polsby, 1963: 60; Simon, 1953: 501 f.). Den damit gewonnenen Operationalisierungsvorteilen steht jedoch der Nachteil entgegen, jene Machtprozesse vernachlässigen zu müssen, die eben als potentielle, latente, mögliche etc. Macht bezeichnet werden.

Theoretische Grundlagen 85

Worum geht es dabei? Im folgenden werden mehrere Situationen geschildert, die in den zur Diskussion stehenden Bereich fallen. Daran anschließend werden an Hand der bisher entwickelten Elemente des Machtbegriffes diese Situationen auf ihren theoretischen Status hin analysiert.

Sit. a) A besitzt ein Grundstück. Er möchte verhindern, daß es jemand betritt, und errichtet daher einen Zaun. Für Oppenheim wäre dies „having power" (Oppenheim, 1976: 108 f.).

Sit. b) A ist ein wohlhabender Gemäldesammler, hat aber kein Interesse für Politik. Nach Dahl (1963: 271) hat A „potentielle Macht"[43]; Wrong (1968: 680) bezeichnet eine solche Situation als „potentielle mögliche Macht".

Sit. c) A verfügt über Machtmittel wie Geld, gesellschaftliche Positionen u.a. Er setzt sie aber in einem gegebenen Zusammenhang nicht ein. Für Bachrach/Baratz stellt dies „*latente Macht*" dar (Bachrach/Baratz, 1977: 62; k.i.O.).

Sit. d) Die Summe aller Ressourcen, über die A verfügt, wird von Schneider (1978: 10) als „potentielle Macht" bezeichnet.

Sit. e) A könnte Macht über B ausüben, wenn A es wollte. Nach Hamilton (1976: 306) wäre dies „mögliche Macht", bei Nagel (1975: 173) „potentielle Macht".

Sit. f) A könnte Macht über B ausüben, wenn A es wollte, auch gegen den Widerstand des B. Eine Machtausübung erweist sich aber auf Grund des gegebenen Handelns des B als nicht notwendig. Hamilton (1976: 306) bezeichnet dies als „latente Macht".

Sit. g) Der Mitarbeiter A verfügt über ‚einen guten Draht' zum Vorgesetzten AA, den er gegenüber B (einem Kollegen des A), der bei AA weniger beliebt ist, einsetzen könnte. Nach Krüger besitzt A Macht über B. Benutzt er sie nicht, so verfügt A über „potentielle Macht", wendet A sein „Machtpotential" an, „liegt ein anderer Aggregatzustand vor, gewissermaßen kinetische Energie, hier als *eingesetzte* Macht bezeichnet" (Krüger, 1976: 7; k.i.O.).

Sit. h) A besitzt Machtmittel, wendet sie nicht an; B schreibt ihm irrtümlich Macht zu und handelt entsprechend. Die unter Sit c) von Bachrach/Baratz als latente Macht bezeichnete Situation führt zu „faktischer, obgleich unbeabsichtigter Ausübung" der Macht (Bachrach/Baratz, 1977: 62).

Sit. i) Für den Fall, daß der Abteilungsleiter A einmal nicht da sein sollte, ‚läuft der Laden' auch ohne ihn. Diese Situation würde nach Krüger (1976: 137) „potentielle Macht" darstellen.

Sit. j) Kann A von B Unterordnung erwarten, weil A z.B. ein Amt innehat, so bezeichnet dies Hamilton als „potentielle Macht" (Hamilton, 1976: 306).

Sit. k) B berücksichtigt im Rahmen einer Auseinandersetzung mit A die Möglichkeit, daß dieser Handlungen setzen könnte, die zum Nachteil des B wären. Die Möglichkeit künftiger Sanktionen des A bezeichnen Bachrach/Baratz als „*potentielle Macht*" des A (Bachrach/Baratz, 1977: 62; k.i.O.).

So inhaltlich und begrifflich widersprüchlich und verwirrend sich diese Situationen auch darstellen, so lassen sie sich dennoch an Hand der bisherigen Begriffsentwicklung bereits analysieren. Die Ressourcendiskussion hat u.a. auf die Gefahr hingewiesen, Ressourcen a priori als Machtressourcen zu qualifizieren, unabhängig von der Relationalität, d.h. der Spezifität und dem Zutreffen in der jeweils konkreten Situation. Weitere wesentliche Kriterien, um von einer Machtausübung des A sprechen zu können, stellen die Intentionalität des A und die Akzeptanz des B dar (letztere entsteht aus dessen Dependenz). Antizipatorische Reaktionen und sog. Nicht-Entscheidungen wurden bereits erörtert. Bevor wir uns wieder den Situationen a) – k) zuwenden, ist noch auf den Begriff der Potentialität von Macht einzugehen.

Der bisher entwickelte Machtbegriff hat sich auf das Phänomen der aktuellen Machtausübung bezogen. Es ist jedoch vorstellbar, daß B bereit ist, sich A unterzuordnen, A diese Bereitschaft wahrnimmt, aber von ihr keinen Gebrauch macht. Dies trifft z.B. auf die Beziehung Mitarbeiter – Vorgesetzte im generellen zu, wo B sich mit seinem Eintritt in das Unternehmen bzw. mit der Unterzeichnung des Dienstvertrages in ein hierarchisches System einordnet. Besteht also eine Bereitschaft des B, sich in einem gegebenen Zusammenhang dem A unterzuordnen, und erkennt A diese Bereitschaft bzw. nimmt sie wahr, macht aber (noch) keinen Gebrauch von ihr, dann wird eine solche Situation hier als *potentielle Macht* bezeichnet. Und nur in diesem Sinn kann von einem Macht *Haben* gesprochen werden: A hat dann potentielle Macht. Die soziale Wahrscheinlichkeit, daß viele Situationen potentieller Macht auch zu einer tatsächlichen Ausübung von Macht führen, hebt den analytischen Unterschied nicht auf. Es wäre unsinnig, von einem Macht Haben zu sprechen, wenn A zum gegebenen Zeitpunkt nur eine Zusage hat, aber noch keine Machtausübung stattfindet.

Die Bezeichnung einer Situation der arbeitsvertraglichen Über- und Unterordnung in Unternehmen als potentielle Macht und nicht als ein generelles ,Macht Haben' entspricht nicht gerade den traditionellen betriebswirtschaftlichen Gepflogenheiten. Ihre analytische Berechtigung und Notwendigkeit ist jedoch offenkundig. Potentielle Macht stellt eine künftige Möglichkeit der Machtausübung dar, sie findet ihre *Grenze* dort, wo A beim aktuellen Versuch der Machtausübung am Widerstand oder an der Weigerung des B scheitert. Bsp.: Der Vorgesetzte A hat vom Mitarbeiter B bisher regelmäßig bestimmte Leistungen erwarten können, die B auch erbracht hat. Auch zu jenen Zeiten, wo A diese Leistungen von B nicht gefordert hat, hätte er sie fordern können, und B hätte diese Leistungen auch erbracht. Es ist daher gerechtfertigt, von einer potentiellen Macht des A über B zu sprechen. Ebenso hat der Direktor A, auch wenn er seinen Dienstwagen heute nicht benutzen will, dennoch die potentielle Macht, seinen Chauffeur zu veranlassen, ihn zum Ort x zu führen. Weigert sich nun B (aus welchen Gründen auch immer), oder erklärt B dem A, daß dieser ab nun „seinen Kram alleine machen" könne, so endet mit der Aufkündigung der Zustimmung zur Unterordnung auch die potentielle Macht des A über B. Potentielle Macht bezieht sich daher *nicht* auf eine *Fähigkeit* des A, die unabhängig von B besteht, sondern nur auf eine mögliche Handlungskonstellation der Akteure A und B, die neben der Intention des A auch auf die *Zustimmung* des B angewiesen ist und zu ihrer Realisierung der aktuellen Ausübung bedarf. Ein Macht Haben im Sinne eines potentiellen Macht Habens stellt damit *keine Eigenschaft* des A dar. Damit von einer Machtausübung gesprochen werden kann, muß potentielle Macht durch eine tatsächliche Ausübung eingelöst werden[44]. Potentielle Macht stellt daher nichts anderes als eine soziale Wahrscheinlichkeit der Einlösbarkeit einer Unterordnungserklärung für einen nachfolgenden Versuch aktueller Machtausübung dar.

Mit der begrifflichen Festlegung potentieller Macht kann nun auch der Begriff Macht Haben' definiert werden. Er bezieht sich auf zwei Bereiche:

1) auf die aktuelle Ausübung von Macht: In der Situation des Ausübens von Macht kann von einem Macht Haben' des A gesprochen werden. Hier wird jedoch weiterhin der Terminus der ‚Ausübung der Macht' bevorzugt, um keine Assoziationen mit eigenschaftsorientierten Machtbegriffen hervorzurufen;
2) auf potentielle Macht: A kann solange auf Grund einer Unterordnungserklärung des B ‚potentielle Macht haben', bis es entweder zu ihrer Einlösung durch eine tatsächliche Ausübung von Macht kommt oder bis B seine Unterordnungszustimmung wieder zurücknimmt.

In beiden Fällen stellt ein Macht Haben weder eine Eigenschaft noch eine Fähigkeit des A dar.

Es besteht hier keine Notwendigkeit, den Begriff der „latenten Macht" aufzugreifen, der z.B. bei Hradil als Sammelbegriff für eine Anzahl recht heterogener Phänomene dient (Hradil, 1980: 38). Die bisherigen Ausführungen reichen aus, um den hier verwendeten Machtbegriff zu vergegenständlichen[45]. Damit wenden wir uns der Analyse der unter a) bis k) geschilderten Situationen zu. Um es vorwegzunehmen: Es kann nur in wenigen Fällen den in den Beispielen vorgenommenen Zuordnungen als potentielle, latente, mögliche etc. Macht zugestimmt werden. Diese vielleicht etwas überraschende Feststellung hat vor allem zwei Ursachen:

1) die älteren, nicht-relationalen Theorien der Macht konzentrieren sich auf die Ressourcen eines ‚Machthabers' und setzen diese mit Macht gleich bzw. führen vor der Gleichsetzung eine – wiederum machthaberorientierte – Transformationsvariable ein. Eine solche nur einseitige Betrachtung eines Machtphänomens wird durch den Gebrauch der Alltagssprache unterstützt, die mit der Verfügung über Ressourcen auch einen ‚Machtbesitz' nahelegt. Um diese Verzerrung zu vermeiden, kann nicht von Machtressourcen a priori gesprochen werden. Ressourcen bleiben Ressourcen, solange sich ihre Relevanz durch potentielle oder aktuelle Macht nicht erwiesen hat. Geht man von einem Konzept relationaler Macht aus, so ist es offensichtlich ziemlich unsinnig, von ‚Machtressourcen' zu sprechen, wenn im konkreten Anwendungsfall der damit zu beeindruckende B kein Interesse daran zeigt und damit diese Ressourcen für den gegebenen Fall wertlos sind. Solche Ressourcen stellen daher keine ‚Machtressourcen' dar, sondern bleiben so lange ‚Ressourcen', solange sie in einer Beziehung mit B keine Bedeutung erhalten. Dies führt dann auch dazu, den Begriff der potentiellen Macht – aus analytischen Gründen – eher eng zu fassen. Die Alternative dazu, die gleichzeitig wiederum die Suggestivität, zumindest bestimmte Ressourcen als ‚Machtressourcen' zu bezeichnen, demonstriert, wäre, die Verfügung über solche Ressourcen als „mögliche Macht" (z.B. Ehrensperger, 1985: 35 f.; Meleghy/Zelger, 1983: 306 f.; Wrong, 1980: 7 f.) oder als „potential for power" (Rose, 1967: 47) zu bezeichnen; auch Schneiders Konzept der potentiellen Macht drückt dies aus (Schneider, 1978: 10). M.E. ist dies überflüssig, da grundsätzlich alle Ressourcen in eine Machtbeziehung eingebracht werden können. D.h. die eben genannte – hypothetische – Potentia-

lität oder Möglichkeit ist dem Ressourcenbegriff an sich inhärent. Ob diese Ressourcen zu Machtressourcen werden, liegt – abgesehen vom Fall des physischen Zwanges – in der Akzeptanz des B. Akzeptiert man aber die Axiomatik der älteren Machtansätze, d.h. vor allem ihre Rezeptkausalität, so führt dies konsequenterweise zu a priorischen ‚Machtressourcen' und in der Folge zu entsprechenden auf den Machthaber bzw. seine Ressourcen hin orientierten Machtkonzepten. Die Problematik dieser Ansätze wurde jedoch bereits ausführlich diskutiert;

2) der zweite Grund der geringen Übereinstimmung mit den als „potentiell" etc. genannten Situationen liegt darin, daß ein Konzept relationaler Macht notwendigerweise den Machtunterlegenen und seine Akzeptanz der Unterordnung einbezieht und sich nicht damit begnügen kann, Macht zwar in einer scheinbar selbstverständlichen Weise als relational zu definieren, um danach wieder der Logik eines machthaberorientierten Ressourcenansatzes zu folgen.

Sehen wir uns damit die elf vorhin geschilderten Situationen an:

Sit. a) Es fehlt der Machtunterlegene; A hat nicht Macht, sondern einen Zaun.
Sit. b) Es fehlt der Machtunterlegene; A hat nicht Macht, sondern Ressourcen.
Sit. c) Detto.
Sit. d) Detto[46].
Sit. e) Diese Situationsbeschreibung benötigt Zusatzannahmen, die Hamilton jedoch nicht beibringt. Es bleibt offen, ob B seiner Unterordnung zugestimmt hat; die Formulierung läßt auch offen, ob es sich nicht um eine Attribution des B handelt, von der A nichts weiß; darüberhinaus könnte sich Hamilton auch auf ein Machtmodell beziehen, in dem Ressourcen einer möglichen Macht gleichgesetzt werden.
Sit. f) Hier handelt es sich um potentiellen Zwang, der einer Zustimmung des B nicht bedarf.
Sit. g) In der Beziehung AA-B hat der Vorgesetzte AA auf Grund des Mitarbeiterverhältnisses des B potentielle Macht. In der Beziehung A-AA verfügt A über eine Ressource, deren Einsatz von der Akzeptanz des AA abhängt. Erst mit der Akzeptanz des AA hat A potentielle Macht über B.
Sit. h) Der hier verwendete Machtbegriff setzt eine Intentionalität des A voraus, es gibt daher keine unbeabsichtigte Machtausübung; solche Phänomene sind unter Einfluß zu subsumieren. In der geschilderten Situation liegt jedoch auch kein Einfluß des A vor, sondern ein Irrtum des B auf Grund einer falschen Attribution.
Sit. i) ‚Läuft der Laden' auch ohne A, d.h. die Mitarbeiter erledigen ihre Aufgaben im Sinne der Vorgaben des A, so handelt es sich nicht um potentielle Macht, bei der A zwar Macht ausüben könnte, es aber nicht tut, sondern auf Grund der zeitbindenden Funktion der Vorgaben des A um aktuell stattfindende Unterordnungen der Mitarbeiter des A, d.h. um eine indirekte Machtausübung auf Grund von Relevanzregeln.
Sit. j) Offizielle Ämter sind im Zusammenhang mit Zwangsmitgliedschaften zu sehen. Obwohl die Unterordnung des B durchaus auch eine freiwillige sein kann, beruhen Zwangsmitgliedschaften letztlich auf dem Gewaltmonopol

des Staates; es handelt sich hier daher um potentielle Macht vor dem Hintergrund von Zwangsmitteln.

Sit. k) Daß jemand in Zukunft eine Schädigungshandlung setzen könnte, ist zwar bedauerlich, aber als solches ein generelles Phänomen. Um als Machtausübung bezeichnet zu werden, bedarf sie einer Intentionalität des A. Dennoch ist es problematisch, künftige Handlungen, die ihren Sinn erst durch Interpretation des B erhalten, in ihrer Bedeutung schon jetzt festzuschreiben. Was ist, wenn B die Handlung des A nicht als Bestrafung erlebt, sich ihr entzieht oder überhaupt das Sozialsystem, in dem diese künftige Handlung des A als Bestrafung zu bezeichnen wäre, verläßt? Dann ist die künftige Handlung des A nichts anderes als sinnlos und reduziert sich auf verbrauchte Energie. Bringt man die Sit. k) jedoch in einen Zusammenhang mit antizipatorischen Reaktionen, dann müßte hier, damit von einer Macht des A gesprochen werden kann, die von B erwartete Bestrafungshandlung des A eine für solche Situationen typische sein.

Die Mißverständnisse beim Umgang mit dem Begriff der potentiellen Macht beruhen daher überwiegend darauf, welchen Stellenwert man den Ressourcen des A zuerkennt und in welchem Umfang es für notwendig erachtet wird, den Machtunterlegenen im Machtkonzept zu berücksichtigen. Der Alltagssprachgebrauch trägt das seine dazu bei, ein ‚Macht Haben' an die ‚Machtressourcen' des ‚Machthabers' zu binden. Hier wird ein eher enger Begriff der potentiellen Macht vertreten, der auch die potentielle Macht an die Akzeptanz der Unterordnungsbedingungen durch B bindet.

3.1.3.6 Dependenz

Dependenzmodelle der Macht gehen davon aus, daß Akteure bei der Verfolgung ihrer Interessen auf Ressourcen angewiesen sind und daher von jenen Akteuren, welche die benötigten Ressourcen kontrollieren, abhängig sind. Während Emerson (1962) als die theoretische Referenzquelle aller nachfolgenden Dependenzmodelle auf die Zweiseitigkeit von Machtbeziehungen hinweist, bedeutet das jedoch noch nicht, daß alle jene Autoren, die sich in der Folge auf ihn berufen, sein Machtmodell auch in diesem Sinn übernehmen. Meist wird nämlich auf die Darstellung der Genese der Dependenz des B verzichtet und auch die Gegenabhängigkeit des A von B außer acht gelassen. Übrig bleibt dann ein *deformiertes* Dependenzmodell, das zur Logik des relationalen Ressourcentransformationsansatzes zurückkehrt. Dependenz wird in einem solchen Modell diskussionslos *vorausgesetzt*. Das bedeutet aber damit gleichzeitig, daß ein solches Modell relativ stabile soziale Systeme voraussetzt und dynamisch-prozessuale Aus- und Verhandlungselemente ausschließt oder ignoriert.

Da in dem eben beschriebenen Machtmodell weder das Konzept der Relationalität noch das Konzept der Dependenz eine adäquate Behandlung erfahren, ist es zunächst einmal notwendig, Emersons Überlegungen etwas eingehender zu erörtern. Dies ist auch deshalb erforderlich, weil alle nachfolgenden dependenztheoretischen Machtansätze direkt oder indirekt auf Emerson zurückgehen bzw. sich auf ihn berufen.

Für Emerson ist Macht eine Eigenschaft einer sozialen Beziehung. Im Gegensatz zu den bis dahin vorherrschenden Ressourcentransformationsansätzen liegt der Ausgangspunkt der Macht für ihn nicht beim Machthaber A oder den von ihm kontrollierten Ressourcen, sondern in der Abhängigkeit des B: „power resides implicitely in the others dependency" (Emerson, 1962: 32). Zwei Kriterien bestimmen die Abhängigkeit des B von A: „The dependence of actor A upon actor B is (l) directly proportional to A's *motivational investment* in goals mediated by B, and (2) inversely proportional to the *availability* of those goals to A outside of the A-B relation" (Emerson, 1962: 32; k.i.0.)[47]. In die Alternativen, welche der Machtunterlegene außerhalb der A-B Relation zu erlangen versuchen kann, sind auch die mit diesen Alternativen verbundenen Kosten miteinzubeziehen. Mit der Feststellung, daß Macht die Kehrseite von Abhängigkeit sei, kommt Emerson zu seinem Gleichungspaar:

$P_{ab} = D_{ba}$
$P_{ba} = D_{ab}$

Der Macht von A über B entspricht die Abhängigkeit des B von A und umgekehrt. Die Macht des A über B kann durch die Macht von B über A ausgeglichen werden. Die Beziehung A-B stellt dann eine „balancierte" Relation dar. In einer „unbalancierten" Relation überwiegt die Macht eines Akteurs.

Die Bedeutung des Emerson'schen Macht- bzw. Dependenzkonzeptes liegt zweifellos darin, daß es dem Konzept relationaler Macht Substanz verleiht und über ein Relationalitätskonzept, das B in den Objekt- bzw. Transformationsbereich der Ressourcen des A versetzt, hinausgeht. Macht wird damit zu einer Qualität einer Relation und ist keine Eigenschaft eines Machthabers oder seiner Ressourcen mehr. Mit Emerson geht die Vorstellung der Gegenseitigkeit von Machtbeziehungen explizit in ein Machtmodell ein. Weiters liegt mit dem Konzept der Dependenz auch ein Ansatz vor, der sich mit der Genese der Macht beschäftigt.

Leider ist dieser Ansatz, so verbreitet er auch ist, irreführend. Die Emerson'sche Gleichsetzung von $P_{ab} = D_{ba}$ ist nicht aufrecht zu erhalten. Emerson vertritt die Meinung, daß Dependenz sowohl die Konkretisierung als auch der Gradmesser einer Zielvorstellung des Akteurs B sei und daß gleichzeitig die unmittelbare Kehrseite dieser Dependenz die Macht des A über B sei[48]. Die Hauptprobleme seiner Dependenzdefiniton sind somit die Umkehrbarkeit von D = M und „motivational investment". Während sich „motivational investment" bei genauerer Betrachtung letztlich auf eine verschwommene, intrapersonelle, alles einschließende Steuerungsvariable reduziert, die offensichtlich dazu dient, theoretische Schwächen zu absorbieren, läßt sich die Gleichsetzung von D = M in zwei Problembereiche aufgliedern, die zugleich auch die Problematik des „motivational investment" verdeutlichen:

1) eine Zielvorstellung des B kann nicht mit einer Dependenz des B von A gleichgesetzt werden;
2) eine Dependenz des B von A kann nicht mit der Macht des A über B gleichgesetzt werden.

ad 1) Zur Gleichsetzung von Zielvorstellung und Dependenz:

Es ist Teil der menschlichen Natur, Zielvorstellungen zu entwickeln. Solche Zielvorstellungen könnten im Unternehmen z.B. für einen Abteilungsleiter eine Verdopplung des Budgets und der Mitarbeiterzahl oder eine geänderte Kompetenzverteilung sein, außerhalb des Unternehmens kann das bis zu mehr oder weniger phantastischen Wünschen reichen. Solche Zielvorstellungen haben alle Menschen zu jeder Zeit hinsichtlich einer variierenden Anzahl von Gütern und Leistungen. Vom theoretischen Status aus betrachtet, ist es hier wichtig, festzuhalten, daß es sich in diesem Stadium um bloße Wunschvorstellungen handelt, ohne irgend eine über den Akteur B hinausgehende soziale Verbindlichkeit. *Wunschvorstellungen haben aber weder mit Dependenz noch mit der Ausübung von Macht etwas zu tun.* Viele Berufstätige hätten wahrscheinlich gerne einen Dienstwagen mit Chauffeur oder eine zusätzliche Woche bezahlten Urlaubs. Und dennoch ist in diesem Stadium ihres Wunsches niemand in der Lage, allein auf der Basis ihrer Wünsche Macht über sie auszuüben. Erst dann, wenn eine Zielvorstellung beginnt, die Form eines Handlungsplanes anzunehmen, d.h. wenn klar wird, welche Handlungen notwendig sind, um diese Zielvorstellung zu realisieren, kommt es zum Stadium der Dependenz: B weiß nun, daß er eine Ressource a von A benötigt, um seine Zielvorstellung zu realisieren. B ist hinsichtlich der Ressource a von A dependent[49].

ad 2) Zur Gleichsetzung von Dependenz und Macht:

Auch wenn die Zielvorstellungen des B schon zu jenem Stadium gereift sind, wo er seine Dependenzen hinsichtlich der Realisierung dieser Zielvorstellung erkennt, ist es noch nicht möglich, dieses Stadium als ‚Ausübung von Macht' zu bezeichnen. Alle Menschen entwickeln Zielvorstellungen und stellen dabei fest, daß sie zu deren Realisierung auf Ressourcen, die von anderen kontrolliert werden, angewiesen sind. Selbst wenn ich konkrete Zielvorstellungen habe und auch genau weiß, welche Ressourcen ich von wem dazu benötige, sind diese anderen Akteure deswegen noch nicht in der Lage, Macht über mich auszuüben. Solange B den ‚Preis' der Erlangung der Ressourcen nicht ‚bezahlt', kann A nicht über ihn Macht ausüben – B wird aber auch solange seine Zielvorstellung, die auf die Ressource des A angewiesen ist, nicht realisieren können. In diesem Stadium der Interaktion ist B zwar dependent, A hat aber weder Macht noch Machtressourcen: A hat einzig eine Ressource, die B benötigt. Was hier offensichtlich fehlt, ist der Entschluß des B, seine Zielvorstellung tatsächlich zu realisieren und den Bedingungen des A hinsichtlich der Überlassung dessen Ressource a zuzustimmen. Ohne seine Zustimmung zu den Unterordnungsbedingungen kommt es zu keiner Machtausübung des A über B. *Dependenz kann daher nicht mit Macht gleichgesetzt werden.* Nähme man diese Differenzierung nicht vor, so kämen wir auf Grund der universellen Tatsache, daß alle Menschen hinsichtlich einer großen Anzahl von Ressourcen von anderen Menschen dependent sind, zu einem Machtbegriff, der sich in einem ‚alles ist Macht' auflösen würde. Ein solcher Machtbegriff wäre bedeutungslos.

Diese beiden Abgrenzungen zeigen auch, daß Emerson im Grunde mit dem auf die Relation bezogenen einfachen Ressourcenmodell R = M operiert. Diesem Modell wird das Dependenzkonzept vorangestellt, die Machtausübung wird auf die Relation eingeschränkt. Die Dependenz des B von den Ressourcen des A führt bei Emerson – ohne Einbezug einer Transfervariablen – unmittelbar zur Macht des A.

Eine relationale Definition der Macht muß daher über Emerson (und seine zahlreichen Nachfolger) hinausgehen. Zielvorstellungen sind von Dependenz und diese wiederum von Macht zu trennen. Gehen wir im weiteren davon aus, daß Zielvorstellungen des B – oder allgemeiner ausgedrückt: Interessen des B – von dessen Absicht begleitet sind, diese Interessen zu realisieren, so *setzt ein Modell der Macht bei der Dependenz des B an* und nicht, wie es traditionelle ressourcenorientierte Machtmodelle noch immer nahelegen, bei den Ressourcen des sog. Machthabers.

3.1.3.7 Relationalität

Die Relationalität der Macht ist inzwischen unbestritten (Krüger, 1980: 226; Neuberger, 1980c: 160; Martin, 1977: 50). Ziemlich problematisch bleibt jedoch weiterhin, *was* dabei jeweils unter Relationalität verstanden wird.

In der einfachsten Variante präsentiert sich die Relationalität der Macht als bloße Erweiterung des nicht-relationalen Ressourcentransformationsmodells: Aus R/T/M wird R/T/M rel. Statt jedoch auf die Besonderheit der Beziehung zwischen A und B genauer einzugehen und im einzelnen herauszuarbeiten, was zur Machtüberlegenheit des A führt, haben wir es mit einer Einweg-Relationalität zu tun, die den Machtunterlegenen trotz des Hinweises auf die Relationalität wiederum außer acht läßt. Relationalität führt hier B nur als Objektbereich der transformierten Ressourcen des A ein, womit in einer Absage an die Generalität der vorhergehenden Machtansätze nunmehr auf einen eingeschränkten Adressatenkreis abgestellt wird. Der Machtunterlegene stellt eine Transformationsbedingung der Ressourcen des A dar. D.h. in dieser Sichtweise der Relationalität der Macht sind Ressourcen, Transformation und Macht als eine Eigenschaft des A anzusehen und nicht als Elemente der Beziehung A-B.

Einen Schritt weiter gehen die herkömmlichen Dependenzmodelle. Die Diskussion der Dependenz hat aber gezeigt, daß die auf Emerson (und seine Nachfolger) beruhenden dependenztheoretischen Machtmodelle ebenfalls machthaberorientiert sind. Relationalität ist in diesen Modellen eine theoretische Konstruktion, die methodologisch nicht eingelöst wird. Denn hat B in diesem Modell Zielvorstellungen, dann ist er gleichzeitig dependent und dann ist er in einem weiteren Schritt auch gleichzeitig der Macht des A unterworfen. D.h. A übernimmt in dieser Relationalitätskonstruktion die aktive, agierende Rolle, B übernimmt die passive, reagierende Rolle.

Aus der Dependenzdiskussion wissen wir bereits, daß es ohne ein Handeln des B zu keiner Machtausübung des A kommen kann. Ein relationaler Machtbegriff kann sich daher methodologisch nicht mit einem Agierer und einem dependenten Reagierer begnügen, sondern bedarf zweier eigenständiger Akteure, d.h. das Relationalitätskonzept muß auch B als selbständig Handelnden anlegen. Erst – und das gilt für A und für B – mit dem Entscheidungsfreiraum, die Relation eingehen zu können oder eben nicht einzugehen (und sie damit auch jederzeit wieder aufkündigen zu können), kommt es zu einem theoretisch sinnvollen Relationalitätskonzept. Ein relationales Konzept der Macht dagegen, das sich an A orientiert, kommt mit der Tatsache, daß sich B eben auch weigern kann, nicht zurecht: Wenn A keine Macht über B ausüben kann, weil dieser es nicht zuläßt, gibt es aber keinen Sinn mehr, von einer Machtrelation zu sprechen. Der Relationalitätsbegriff bedarf daher zweier theoretisch gleichwertiger Akteure. Diese legen in einem Interaktionsprozeß die Bedingungen der Machtrelation, d.h. die Bedingungen der Ressourcenüberlassung und die Bedingungen der Über- und Unterordnung, fest.

Das Konzept relationaler Macht argumentiert in der hier vorgestellten Form auf der Basis der Freiräume beider Akteure, spricht also auch B einen Handlungs- und Entscheidungsfreiraum zu. Mit der Möglichkeit der Weigerung des B, dem Machtausübungsansinnen des A zu folgen, kommt Macht erst mit der *Akzeptanz* des B zustande. Solange B sich weigert, kann A keine Macht über ihn ausüben.

Zumindest theoretisch alternative Handlungsmöglichkeiten für A und B, die Kosten der Machtausübung, die Bandbreite möglicher Unterordnungsbedingungen sowie die jeweils subjektiven Situationsdefinitionen weisen auf den Verhandlungsspielraum, der für A und B besteht, hin. Damit wird das *dynamische* Element solcher Prozesse hervorgehoben. Diese den Machtprozessen eigene Dynamik und Veränderungsmöglichkeiten lassen auch jene Definitionen der Macht obsolet werden, die Macht als eine ‚Fähigkeit' oder als ein ‚Vermögen' des A betrachten. Solche einseitigen Definitionen relationaler Macht vernachlässigen genau das relationale Element dieser Macht, das sie zu definieren vorgeben. In einer relationalen Definition kann aber Macht keine Eigenschaft des A sein, sondern ist eine Eigenschaft der Relation. Relationalität weist damit auf eine spezifische Konstellation hin. Diese Konstellation zeichnet sich durch Reziprozität aus (Giddens, 1979: 93). Der Bestand der Machtbeziehung A-B drückt das beidseitige Interesse an der Aufrechterhaltung dieser Beziehung aus – sie würde ja sonst (per definitionem) nicht bestehen. Solange die Machtbeziehung aufrecht ist, bleibt auch die Reziprozität, die ihre Grundlage in den Dependenzen beider Akteure hat, bestehen. Das bedeutet jedoch nicht, daß die Beziehung damit in irgendeiner Weise ausgewogen, ausgeglichen oder symmetrisch sein müßte, eher das Gegenteil: Derjenige, der ein geringeres Interesse an der Aufrechterhaltung der Beziehung hat, wird sich tendenziell in einer günstigeren Verhandlungsposition finden als derjenige, der ein großes Interesse an der Aufrechterhaltung der Beziehung hat.

Das Konzept der Relationalität der Macht kennzeichnet Macht als Eigenschaft der A-B Beziehung, die durch die Interaktion beider Akteure zustande kommt, beiden Akteuren aber auch (zumindest theoretisch) andere Handlungsmöglichkeiten offenläßt. Die Dependenzen beider Akteure gehen in diese Beziehung ein und heben den instrumentellen Charakter dieser Beziehung hervor. Durch die Spezifität der Konstellation wird deutlich, daß Macht eine nichttransitive Beziehung ist (Crozier/Friedberg, 1979: 40; Holm, 1969: 273). Was für die Beziehung A-B relevant ist, kann völlig irrelevant für die Beziehung A-C sein; wenn A in der Lage ist, Macht über B auszuüben, und B in der Lage ist, Macht über C auszuüben, bedeutet das noch lange nicht, daß auch A in der Lage ist, Macht über C auszuüben.

Nun sind aber Machtprozesse nicht auf isolierte Dyaden reduzierbar. Auch wenn hier aus analytischen Gründen die Entstehung der Macht an Hand von Dyaden abgehandelt wird, ist nicht zu übersehen, daß Relationen nur in ihrem sozialen Kontext verständlich werden. Die systemische Qualität von sozialen Beziehungen und deren Angewiesenheit auf externe Ressourcen würden eine Beschränkung auf die Dyade als zu eng erscheinen lassen (s. dazu auch Neuberger, 1980c: 159; Kirsch, 1977b: 190). Aus diesem Grund wird in Kap. 4 dieser Arbeit auf Macht- und

Herrschaftsprozesse in *strukturierten* Handlungsfeldern, d.h. in Unternehmen, eingegangen. Macht entsteht und verändert sich ja nicht vorbedingungslos in einem sozialen Vakuum, sondern in einem sozialen System, das durch Strukturen und Institutionen gekennzeichnet ist. Das Unternehmen als organisiertes System ist mit seinen Subsystemen (und damit auch mit der Dyade) in diese Interdependenzen eingebunden.

3.1.3.8 Der Begriff der Macht

Mit dem Konzept der Relationalität ist die Diskussion und definitorische Abgrenzung der zur Entwicklung eines Begriffes der Macht notwendigen Subkonzepte abgeschlossen. Geht man von der Absicht eines Akteurs aus, seine Zielvorstellungen in einem sozialen Feld realisieren zu wollen, so ist Macht auf der Grundlage der eben erörterten Elemente des Begriffes der Macht wie folgt zu definieren: Macht ist die *intentionale Durchsetzung von Zielvorstellungen, die auf das Handeln (die Unterordnung) anderer angewiesen ist*. Macht und Ausübung von Macht werden in einem handlungstheoretischen Sinn synonym gebraucht. – Nach dieser Begriffsklärung geht es nun in einem nächsten Schritt um die Umsetzung in ein handlungstheoretisches Modell der Entstehung der Macht.

3.2 Der Prozeß der Entstehung der Macht

3.2.1 Das Verhandlungsmodell der Macht

Die vorgängige Diskussion hat unterstrichen, daß die Ausübung von Macht ein intentionales Handeln beider Akteure erfordert. Bevor es jedoch zur faktischen Unterordnungshandlung kommt, läuft zwischen den Interaktionspartnern ein dynamischer Prozeß ab, in dem sich entscheidet, ob und unter welchen Bedingungen eine Machtausübung möglich wird. Der *prozessuale Kern* dieser Interaktion besteht darin, daß A eine Dependenz des B anspricht und Unterordnungsbedingungen bekanntgibt (z.B.: „du erhältst dann die Ressource a, wenn du b für mich tust"). B entscheidet über die Relevanz der Dependenz für seine Zwecke, wägt Dependenz und Unterordnungsbedingungen ab und entscheidet sich dann entweder zu einer Ablehnung, zur Akzeptanz oder zu einem Weiterverhandeln (z.B.: „ich werde b für dich tun, will aber dafür die Ressourcen a_1 und a_2"). Einigen sich A und B, dann kommt es mit der Zustimmung des B zu einer potentiellen oder aktuellen Machtausübung des A, je nach dem Zeitpunkt der Unterordnungsleistung des B.

Sehen wir uns diesen Interaktionsprozeß etwas genauer an (Abb. 13). In der bisherigen Diskussion wurde bereits mehrfach darauf hingewiesen, daß A seine Macht über B *nicht verursachen* könne, sondern daß es des Handelns beider Akteure bedarf.

1) Der erste Handlungsschritt des A ist daher kein Stimulus, der eine Reaktion bewirkt, sondern eine Handlung, mit der A eine *Dependenz des B anspricht*. Diese Handlung ist funktional auf die Herstellung oder Stabilisierung einer

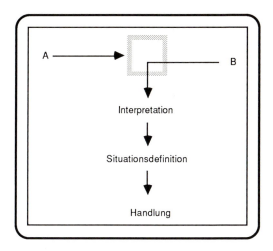

(▦ = Interpretationsrahmen, den A der Interpretation und Situationsdefinition des B zugrunde legen möchte)

Abb. 13.
Handlungsaufforderung und Beantwortung

Dependenz gerichtet; da A diese aber nicht rezeptkausalistisch bewirken kann, wird er versuchen, B eine solche Situationsdefinition nahezulegen, daß dessen nachfolgende Handlung den Erwartungen des A entspricht. Dieser Dependenzverweis kann a) *generell* erfolgen (z.B.: „ich gebe dir ÖS 5000"), wobei in diesem Fall der generelle Tauschcharakter des Geldes als Medium zum Erwerb von für B wichtigen Ressourcen impliziert ist. Der Dependenzverweis kann aber auch b) *konkret* sein (z.B.: „du möchtest dir doch neue Schi kaufen; mit den ÖS 5000, die ich dir geben werde, kannst du das"). Neben diesen verbalen Dependenzverweisen durch kommunikatives Handeln kann B auf seine Dependenz auch c) in einer *sonstigen Handlung* aufmerksam gemacht werden (z.B.: A hat B bisher regelmäßig mit dem Auto ins Büro mitgenommen; weil er am Vortag im Büro mit B einen Streit hatte, fährt er diesmal eine andere Route und läßt B vergeblich warten). Die Bezugnahme auf Dependenzen des B bzw. der Versuch des A, Dependenzen für B ‚herzustellen', erfolgt im Rahmen kommunikativer und sonstiger Handlungen (v.a. Versprechen, Belohnung, Empfehlung, Drohung, Bestrafung, Warnung, Überzeugung und Manipulation).
Mit dem Ansprechen der Dependenz des B kann dieser erste Handlungsschritt des A bereits *beendet* sein. A kann aber auch gleichzeitig seine *Bedingungen bekanntgeben*, unter denen B die in der Dependenz angesprochene Ressource erwerben kann (z.B.: „ich gebe dir ÖS 5000, wenn du b für mich tust"; A kann mit seinem Auto zum wartenden Bürokollegen fahren und diesem vor dessen Zusteigen das Versprechen abnehmen, im Büro als Wiedergutmachung sofort b zu tun).

2) Der nächste Handlungsschritt liegt bei B. B interpretiert die (kommunikative) Handlung des A und kommt zu einer Situationsdefinition. Er wägt die von A angesprochene Dependenz (z.B. eine versprochene Belohnung, eine angedroh-

te Bestrafung) hinsichtlich seiner latenten oder manifesten Zielvorstellungen ab. U.U. kann es dem A gelungen sein, Zielvorstellungen aus übergeordneten Normen oder Maximen des B abzuleiten oder in einen solchen Zusammenhang zu bringen, daß sie für B wichtig werden (z.B. „wenn ich diese Aufgabe jemandem übertrage, dann muß sich dieser der Verantwortung würdig erweisen"). B wägt in diesem Stadium den Beitrag der von A angebotenen Ressource zur Realisierung möglicher Zielvorstellungen ab.

Hat A bereits die Unterordnungsbedingung bekanntgegeben, so wägt B weiters seine materiellen und immateriellen ‚Kosten', die ihm durch die Unterordnung entstehen, gegenüber der von A angebotenen Ressource und den damit möglich erscheinenden Zielrealisierungen ab.

Als Ergebnis seiner Situationsdefinition stehen B drei Handlungsalternativen offen:

– B *lehnt* die Unterordnungsaufforderung des A *ab,* es kommt zu keiner Machtausübung;
– B *akzeptiert* die Bedingungen der Unterordnungsaufforderung und erbringt die geforderte Leistung – A übt Macht über B aus;
– B *verhandelt weiter*, bis es zu einer Ablehnung oder zur Akzeptanz kommt.

Ablehnung und Akzeptanz *ohne* vorangehenden Verhandlungsprozeß sind jedoch nur dann möglich und sinnvoll, wenn die Randbedingungen dieser Unterordnungsaufforderung in *früheren* Verhandlungsprozessen so weit geklärt wurden, daß ihre Geltung auch für die anstehende Situation angenommen wird. D.h. auch Akzeptanz und Ablehnung ohne einen unmittelbar vorangehenden Verhandlungsprozeß enthalten implizite, historische Verhandlungsprozesse. Deren Ergebnisse werden von B auf die jetzige Situation übertragen[50]. In einem solchermaßen abgekürzten Verfahren werden von B in seiner Entscheidung für Ablehnung oder Akzeptanz diese Ergebnisse vorweggenommen. Das Machtmodell ist damit ein Verhandlungsmodell (S. Abb. 14).

Nun ist es aber so, daß uns in unserem Alltag die meisten Unterordnungsaufforderungen oder -erwartungen, denen wir uns gegenüber sehen, bei weitem nicht so frei und offen erscheinen, daß wir sie problemlos ablehnen könnten. Im Gegenteil, bei vielen haben wir den Eindruck eines mehr oder weniger großen ‚Zwanges', dem wir kaum entkommen zu können scheinen. Dazu ist grundsätzlich festzuhalten, daß keine Handlung eines Akteurs gegen seinen Willen zustande kommen kann; mit der Ausnahme von physischem Zwang bedarf *jede* Unterordnungsleistung der Akzep-

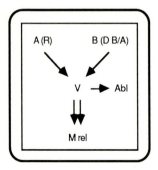

Abb. 14.
Verhandlungmodell der Macht
(A(R) = A verfügt über Ressourcen; B(D B/A) = Dependenz des B von den Ressourcen des A; V = Verhandlung; M rel = relationale Macht des A über B; Abl = Ablehnung

tanz jenes Akteurs, von dem die Unterordnung erwartet wird. Was uns im Alltag im allgemeinen als kaum zu vermeidender ‚Zwang' erscheint, fällt dagegen in eine andere Kategorie: Hier wird die den Entscheidungen zugrunde gelegte Rationalität als nicht weiter reflektierter Bestandteil unserer Normalität erlebt, die in ihrer Logik bestimmte Entscheidungen ‚zwingend' nahezulegen scheint. Wenn sich daher etwas in diesem Sinne als ‚zwingend' darstellt, dann drückt das nichts anderes aus, als daß der Akteur sich bindend auf ein bestimmtes Interpretationsschema eingelassen hat. Da die Rationalität jedoch nur Mittel-Zweck-Verknüpfungen betrifft und nicht die Normativität der Zielsetzungen, kann jeder Akteur im Prinzip jeder Situation auch ein anderes Beurteilungssystem zugrunde legen, aus dessen Warte die vorher noch ‚zwingende' Entscheidung mehr oder weniger bedeutungslos wird. Z.B.: Entschließe ich mich, den Rest meines Lebens abseits von oberflächlichen Konsumbedürfnissen in der Südsee zu verbringen, dann wirkt die für einen Verbleib im Unternehmen angebotene 17%ige Gehaltserhöhung nur komisch, weil irr-relevant. Die Verfügung über dieses Beurteilungssystem, d.h. der Rahmen, der den Beurteilungsmaßstäben und den Handlungen des Akteurs für diesen Sinn verleiht, fällt in die Kompetenz des Akteurs. Das bedeutet z.B. auch, daß eine Handlung, die in den Augen des A eine extreme Bedrohung des B darstellt (darstellen sollte), sich für B gänzlich anders darstellen kann und B daher auch keinen Grund sieht, der Unterordnungsaufforderung des A zu folgen. Umgekehrt ergibt sich daraus für A im Zusammenhang mit Unterordnungsaufforderungen die Aufgabe, bei B solche Dependenzen anzusprechen, die für diesen tatsächlich relevant sind. Denn erst dadurch wird für B eine Situationsinterpretation samt nachfolgender Handlung nahegelegt, die den Erwartungen des A entspricht (s. auch Abb. 13).

In einer *horizontalen Erweiterung* dieses Verhandlungsmodells ist zu berücksichtigen, daß die Akteure nicht isoliert von ihrem sozialen Kontext auftreten, sondern in Interessenkoalitionen und Interessennetzwerken eingebunden sind. Damit wird es den Akteuren möglich, in den Aushandlungsprozeß zusätzliche Ressourcen einzubringen bzw. geltend zu machen, womit sich die bisher diskutierte Situation einfacher Dependenz schon für den Fall einer einzigen Problemlage zu einer Situation mit komplexen Interdependenzen ausweiten kann.

Im Rahmen eines Verhandlungsmodells der Macht sind *beide* Beteiligten an der Machtbeziehung interessiert. Wäre es einer nicht (mehr), bestünde auch die Beziehung nicht (mehr). Das drückt sich auch darin aus, daß der sog. Machtüberlegene sein Interesse an der Machtbeziehung dadurch dokumentiert, daß er sich nicht anderen Alternativen zuwendet, die, aus welchen Gründen immer, eine geringere Präferenz für ihn besitzen. Da auf der austauschtheoretischen Basis der Machtbeziehung beide Beteiligten Ressourcen oder Leistungen in die Machtbeziehung einbringen, aber auch etwas erhalten[51], kann es aus der Warte eines externen Betrachters mitunter schwierig sein, in eindeutiger Weise den Machtüberlegenen und den Machtunterlegenen zu identifizieren. Reduzierte man die Machtbeziehung auf eine reine Tauschbeziehung, wäre es überhaupt unmöglich, von Machtüberlegenem und Machtunterlegenem zu sprechen. Dies würde nämlich ein objektives und a priorisches Güter- und Leistungsbewertungssystem voraussetzen. Beide Beteiligten können subjektiv einen Vorteil aus der Tauschbeziehung gewinnen. Diese objektiven, subjektiven und methodischen Schwierigkeiten der Feststellung von Machtüberlegenheit und Machtunterlegenheit vergrößern sich zusätzlich dadurch, daß Verhandlungsprozesse oft Ergebnisse produzieren, welche mit den ursprünglichen Zielvorstellungen der Akteure nur mehr partiell übereinstimmen, diese nur partiell befriedigen oder überhaupt von den ursprünglichen Zielvorstellungen gänzlich abweichen und von beiden Akteuren zu Beginn der Interaktion nicht vorhergesehene Ergebnisse erbringen. Während diese Unterscheidung damit auf der subjektiven und der fiktiven objektiven Ebene mitunter schwierig bzw. unmöglich sein dürfte, stellt die Feststellung von Macht(-überlegenheit bzw. -unterlegenheit) auf der analytischen Ebene kein Problem dar.

Zu der horizontalen Erweiterung einer Machtrelation durch Einbindung von Interessenkoalitionen und Netzwerken tritt das empirische Faktum, daß in der Komplexität sozialer Beziehungen beide Beteiligten in ihrer Beziehung zueinander zur gleichen Zeit in manchen Problemlagen Machtüberlegene, in anderen Problemlagen wiederum Machtunterlegene sein können. D.h. zur vorigen eher positionellen Erweiterung tritt jetzt eine komplexere dyadische Beziehung, die mehrere Machtrelationen zur gleichen Zeit enthalten kann. Das gegenseitig-aufeinander-Angewiesensein geht damit über die vereinzelte Machtbeziehung hinaus und erweitert diese über die *dyadische* Interdependenz auf *multiple* Machtrelationen, bei denen der selbe Akteur je nach Problembereich Machtüberlegener und dann wieder Machtunterlegener ist. Neben diesen parallelen Machtrelationen ist es auch möglich, daß aus Anlaß einer hochkonfliktären Problemlage die Interdependenzen gegeneinander ‚aufgerechnet' werden und sich in einer ‚Netto-Macht' der relativ Machtüberlegene herauskristallisiert.

In diesem erweiterten Verhandlungsmodell der Macht (s. Abb. 15) konkretisieren sich die Interessen der Akteure in Zielvorstellungen, diese werden in der Interaktionsbeziehung A-B in Interdependenzen (D A/B bzw. D B/A) manifest. Die Akteure verfügen über Ressourcen (R) und sind in Koalitionen und Netzwerken verankert. M rel ergibt sich als ‚Netto-Macht' oder für die jeweils einzelne Problemlage. In letzterem Fall kann in der Problemlage P_1 A der Machtüberlegene sein, in der Problemlage P_2 aber B usf.

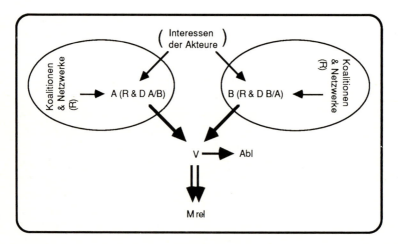

Abb. 15. Erweitertes Verhandlungsmodell der Macht

Über die Dyade hinaus sind schließlich die Machtbeziehungen auf das Netzwerk sozialer Interdependenzen und damit auf das *Netzwerk* vielfältiger, sich überlagernder Machtbeziehungen zu erweitern, bei denen die Beteiligten mit unterschiedlichen Partnern in Dyaden, Triaden oder größeren Gruppen als Machtunterlegene oder Machtüberlegene im Rahmen von Austauschbeziehungen agieren.

Die eben beschriebene Entstehung der Macht setzte bei der Dependenz des B an und hat die in formalen Organisationen bestehenden Über- und Unterordnungsverhältnisse ausgeklammert. Wie aber unschwer zu zeigen ist, gilt das Verhandlungsmodell der Macht auch für Unternehmen. Mit dem Eintritt in das Unternehmen, d.h. mit der Unterzeichnung des Arbeitsvertrages anerkennt B ein mehr oder weniger unscharf abgegrenztes Über- und Unterordnungsverhältnis, innerhalb dessen er bestimmte Leistungen zu erbringen hat. Er anerkennt die Legitimität dieser Ordnung und unterwirft sich ihr. Vorgesetzte sind daher in der Lage, bestimmte Leistungen von ihm zu verlangen und so Macht über ihn auszuüben. Ihre potentielle Macht endet jedoch dort, wo B seine Unterordnungszustimmung aufkündigt oder verweigert oder – was weit häufiger der Fall sein wird – in ad hoc Verhandlungen versucht, die Situationsbedingungen zu seinen Gunsten zu verändern.

Damit liegt die Grundstruktur eines handlungstheoretischen Verhandlungsmodells der Macht vor. Im weiteren wird im einzelnen auf diesen Prozeß der Entstehung der Macht eingegangen, d.h. auf zentrale Handlungsmuster (Versprechen, Belohnung, Empfehlung, Drohung, Bestrafung, Warnung, Überzeugung und Manipulation), auf den Verhandlungsprozeß sowie auf die Erweiterung der Verhandlungssituation durch Einbezug von Koalitionen und Netzwerken.

3.2.2 Die ‚Herstellung' der Dependenz

Damit A Macht über B ausüben kann, ist es notwendig, daß beide Beteiligten zum Zustandekommen etwas beitragen: In den Handlungsbereich des A fällt das Ansprechen der Dependenz („du erhältst a") und die Bekanntgabe der Bedingungen („wenn du b tust"). In den Handlungsbereich des B fällt die Akzeptanz und die Ausführung der von ihm geforderten Unterordnungsleistung. Wenden wir uns vorerst den Handlungen des A zu, so betrifft die ‚Herstellung' der Dependenz den sowohl sozial als auch theoretisch interessanteren Teil der beiden Handlungsschritte des A. Während die Bekanntgabe der Bedingungen als Subkategorie der Zwecke und Interessen des A anzusehen ist und als solche einen strategischen oder taktischen Spielraum offenläßt, geht es bei der ‚Herstellung' der Dependenz des B darum, Handlungen oder Handlungspläne des B mit den Zwecken des A zu verknüpfen.

Die Kommunikationsforschung war lange Zeit von der Vorstellung geprägt, daß der Informationsprozeß ein einseitiger Prozeß sei, der von einem aktiven (Informations-)Sender ausgehe und auf einen mehr oder weniger passiven (Informations-)Empfänger ausgerichtet wäre. Der Empfänger stellt in einer solchen Sichtweise den Objektbereich der (kommunikativen) Handlungen des Senders dar. In diesem Sinn beschäftigte sich die (sozial-)psychologische Kommunikationsforschung vorwiegend damit, festzustellen, unter welchen Bedingungen welche Effekte vom Sender beim Empfänger bewirkt werden konnten (z.B. Larson, 1983; Ross/Ross, 1981; McGuire, 1968). Die konzeptionelle Ähnlichkeit mit den ressourcenorientierten

Machtansätzen ist offenkundig. Heute überwiegt dagegen eine Sichtweise, die auch den Empfänger stärker berücksichtigt (Stohl/Redding, 1987; Smith, 1982: 5 ff.; Miller/Burgoon, 1978: 31 ff), wobei unterschiedliche Meinungen vorherrschen, in welchem Umfang das geschehen sollte. Im Rahmen der Erforschung situativer Variablen wird besonders folgenden Determinanten des Kommunikationsprozesses verstärktes Augenmerk geschenkt:

- Sender: Glaubwürdigkeit (Hass, 1981; Cronkhite/Liska, 1980), physische und psychische Attraktivität (Chaiken, 1979; Berscheid, 1966);
- Information: Wiederholung (Sawyer, 1981; Cacioppo/Petty, 1979), Ein- bzw. Ausschluß von Gegenargumenten (Sawyer, 1973), Argumentationsart (Larson, 1983; Burgoon/Bettinghaus, 1980), Ausmaß der Bedingung (Smith, 1982; Seligman/Bush/Kirsch, 1976);
- Empfänger: kognitive (In-)Kongruenzen (Tashakkori/Insko, 1979; Tyler/Sears, 1977).

Eine handlungstheoretische Vorgangsweise nimmt Abstand von der objektiven Wirksamkeit situativer Determinanten des Kommunikationsprozesses (und damit der einseitigen Herstellbarkeit von Dependenz) und überträgt die Situationsdefinition und die daraus resultierende Handlung in den Handlungsbereich des sog. Empfängers der Kommunikation. Überspitzt ausgedrückt, ‚überzeugt' sich damit ein künftig Machtunterlegener selbst, seiner Handlung jenen Beurteilungsrahmen zugrunde zu legen, der den Erwartungen des A entspricht (s. Abb. 13).

In der Folge werden unter heuristischen Gesichtspunkten Handlungsmuster diskutiert, mit denen A eine Dependenz des B ‚herzustellen' versucht. Man sollte sich dabei von den Begriffen nicht verwirren lassen: So stellen hier z.B. eine Drohung oder eine Manipulation – auch wenn der Alltagssprachgebrauch etwas *anderes* darunter versteht – *keine Formen der Machtausübung* dar, sondern nur kommunikative Handlungen, mit denen A eine Machtausübung herbeizuführen versucht. Um analytisch den Entstehungsprozeß der Macht deutlicher herauszuarbeiten, wird vorläufig die Dyade als Untersuchungsebene beibehalten.

3.2.2.1 Drohung, Bestrafung, Warnung

Mit einer Drohung soll B zu einer Handlung veranlaßt werden, ohne daß dafür eine eigentliche Gegenleistung erbracht wird: „wenn du nicht b tust/unterläßt, werde ich dich mit a bestrafen!" Erst dann, wenn die Drohung wirkungslos geblieben ist, kommt es zur Bestrafung[52] und damit zu einem Ressourceneinsatz: „weil du nicht b getan/unterlassen hast, bestrafe ich dich mit a!" Die Warnung ist einer Drohung ähnlich, unterscheidet sich aber insofern von ihr, als die angekündigte Bestrafung unabhängig vom Wollen des A ist; „wenn du nicht b tust/unterläßt, wird dich C bestrafen!"

3.2.2.1.1 Drohung

Eine Drohung ist die Mitteilung einer Handlungserwartung, mit der gleichzeitig für den Fall ihrer Nichterfüllung eine Bestrafung angekündigt wird. Will B diese angekündigte Bestrafung vermeiden (hier liegt die Dependenz, die A herzustellen versucht), dann hat es für ihn den Anschein, als ob er dazu die Unterordnungsleistung b erbringen müßte. Damit wird versucht, B einen Perspektivenwechsel zu unterschieben (Paris/Sofsky, 1987: 16 f.). Nicht mehr die Absicht des A, sondern ein möglicher Nachteil des B wird in den Mittelpunkt gestellt. Die Abschreckung soll B zu einer verzerrten Situationsdefinition drängen: Für die Vermeidung des scheinbar determinierten künftigen Ereignisses scheint nur B verantwortlich. Die Drohung bezieht sich auf einen *Interessenkonflikt*, den A dadurch zu lösen versucht, daß er B für den Fall dessen Nicht-Unterordnung eine Bestrafung ankündigt. A hofft dabei, daß die alleinige *Ankündigung genügt*, um Macht über B ausüben zu können. Fügt sich B tatsächlich der Drohung des A, so tritt damit für A ein vorteilhafter Zustand ein: Er erhält etwas, *ohne* dafür eine eigentliche *Gegenleistung* zu erbringen.

a) Sprachliche Ausformulierung

Drohungen können explizit („wenn ich morgen früh um 09.00 Uhr den Bericht nicht auf meinem Schreibtisch habe, dann sind sie die längste Zeit Projektleiter gewesen!") oder unbestimmt („hier wird getan was ich sage, oder man wird mich kennenlernen!") sein. Der unterschiedliche Konkretisierungsgrad trifft sowohl für die gestellten Bedingungen als auch die angekündigten Bestrafungen zu. Drohungen können aber auch eine strukturelle Form annehmen (wobei sie dann oft nicht mehr als Drohung erlebt werden) und bezeichnen dann z.B. eine Leistungsnorm, für deren Nichterreichung Lohnabzüge vorgesehen sind. Je nach dem *Grad der Konkretisierung* der in der Drohung enthaltenen Bedingungen und Bestrafungen lassen sich verschiedene Modalitäten von Drohungen unterscheiden (s. Abb. 16). Die vorerst nächstliegende Form konkretisiert sowohl die Bedingung als auch die Bestrafung; in der offensten Form bleiben beide unspezifiziert.

Eine Drohung enthält damit zwei miteinander verknüpfte Elemente: die Bedingung und die angedrohte Bestrafung. Ist sich A sicher, daß er im Falle der Weigerung des B die Bestrafung durchführen würde, und ist sich A sicher, daß er dazu in der Lage wäre, dann kann die Taktik des A darin bestehen, sowohl die Bedingung als auch die Bestrafung unmißverständlich mitzuteilen. Ordnet sich dagegen B trotz einer angekündigten Bestrafung nicht unter, so fällt die Drohung auf A zurück. D.h.

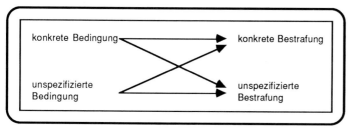

Abb. 16. Konkretisierung von Bedingungen und Bestrafungen

im Falle einer *Weigerung* des B *bindet* die angekündigte Bestrafung den drohenden A (Schelling, 1960: 30). Dies wird v.a. dort problematisch für A, wo die Bestrafung des B für ihn mit beträchtlichen Kosten verbunden ist oder die angekündigte Bestrafung nur eine Täuschung des B bezweckte, von der A von vornherein weiß, daß er ihre Durchführung entweder nicht betreiben kann oder will. Eine Weigerung des B, die nicht mit der angekündigten Bestrafung beantwortet wird, untergräbt aber die Glaubwürdigkeit des A und beeinträchtigt den Wert künftiger Drohungen.

Ist eine angekündigte Bestrafung für A mit Schwierigkeiten verbunden, dann kann A die Drohung so formulieren, daß sie ihm sowohl bei der Bedingung als auch bei der Bestrafung mehrere Optionen offenläßt. Die Bedingung kann so breit oder mehrdeutig abgefaßt sein, daß im Falle einer Weigerung des B eine Reinterpretation der Bedingung durch A einen Verlust seiner Glaubwürdigkeit auffängt; das gleiche gilt für die angekündigte Bestrafung. Schützt sich A einerseits selbst durch eine unpräzise oder mehrdeutige Drohung vor einer etwaigen Durchführung einer Bestrafung des B, so gefährdet andererseits eine solche Drohung ihren Zweck: Ist für B nicht mehr feststellbar, worin die Bedingung bzw. die Bestrafung besteht, dann wird er auch die Drohung nicht mehr als solche wahrnehmen. Womit der Handlungsplan des A gescheitert wäre.

b) *Die Interpretation der Drohung durch B*

A beabsichtigt mit einer Drohung, die Wahlfreiheit des B einzuengen, im Extremfall auf zwei Alternativen: „wenn nicht b, dann a". Ob eine Drohung des A *erfolgreich* ist, hängt jedoch von *B* ab. B muß nicht nur die Drohung als solche wahrnehmen und von den in der Drohung enthaltenen Alternativen die Unterordnung vorteilhafter beurteilen als eine Bestrafung durch A, sondern er muß auch der Drohung des A eine genügend große Glaubwürdigkeit zuschreiben, damit er sich ihr unterordnet. B wird die Drohung *ignorieren*, wenn:

1) die kommunikative Handlung des A von B nicht als Drohung erlebt wird. Sie ist z.B. verschwommen formuliert oder kündigt eine für B irrelevante Sanktion an.
2) B keinen gravierenden Unterschied in den Alternativen feststellen kann. Damit es zu seiner Unterordnung kommt, muß diese von B ‚vorteilhafter' beurteilt werden als eine eventuelle Bestrafung. Ist die angekündigte Bestrafung von A unmißverständlich formuliert, so erleichtert dies B den Kostenvergleich. Eine Strafankündigung, die ihrem Inhalt nach unklar ist, kann dazu führen, daß sie von B über- oder unterschätzt wird.
3) B annimmt, daß A die angekündigte Bestrafung nicht ausführen werde oder könne. Die Beurteilung der Wahrscheinlichkeit der Ausführung einer angekündigten Bestrafung hängt von der Bewertung des B der Möglichkeit und der Willigkeit des A zu einer Bestrafung ab. Die attribuierte Möglichkeit des A bemißt sich an jenen Ressourcen, von denen B annimmt, daß A sie kontrolliert, und die auch eine Schädigung bei ihm herbeiführen könnten. Um B zu beeindrucken, kann daher A seine Ressourcen symbolisch demonstrieren (z.B. Rangabzeichen, Statussymbole, verbale Referenzen). Gleichzeitig läßt die symbolische Demonstration von Ressourcen für A genügend Möglichkeiten einer Täuschung des B offen. Die Vortäuschung von Ressourcen kann auch

durch ihre alleinige Behauptung erfolgen, sofern der Kontext, in dem diese vorgebracht wird, das zuläßt (z.B. „ich bin der Bruder des Chefs"). Damit wird offenkundig, welche Bedeutung der symbolischen Darstellung von Ressourcen zukommt. Bacharach/Lawler meinen daher, daß Drohungen vor allem „impression management" seien (Bacharach/Lawler, 1980: 191).

Nun ist es aber so, daß Menschen in manchen Situationen, in denen sie bedroht werden, den *subjektiven Eindruck* haben, sie stünden nicht mindestens zwei Alternativen gegenüber (Nicht-Unterordnung, Unterordnung) sondern nur einer – ihrer Unterordnung. Ausgedrückt wird das dann u.U. so: „was hätte ich denn tun sollen, ich hatte ja keine andere Wahl!" Auch wenn dies von B subjektiv nicht so erlebt wird, so stehen ihm dennoch bei einer Drohung mindestens zwei – wenn auch u.U. ungünstige – Alternativen offen, d.h. eine *Wahlmöglichkeit* ist gegeben[53]. Diese Existenz der (wenn auch mitunter nicht so erlebten) Wahlmöglichkeit ist Voraussetzung der Handlungsfähigkeit des Menschen und gibt ihm eine (wenn auch mitunter nicht sehr große) Kontrolle über seine Handlungen. Die Wahlmöglichkeit bleibt bei der Drohung erhalten, auch wenn eine Alternative so negativ empfunden wird, daß „sie keinesfalls mehr in Betracht kommt", und damit *scheinbar* nur mehr die Unterordnung bleibt. Ist eine Unterordnung im Anschluß an eine Drohung das Ergebnis einer Entscheidung, die von B selbst getroffen wird, so wird demgegenüber bei Zwang die Wahlmöglichkeit aufgehoben: A definiert einseitig die Situation und macht B zum Objekt seiner Überlegungen, denen B nichts entgegensetzen kann und sich unterordnen *muß*. Diese analytische Unterscheidung in Zwang und Drohung durch Bestehen einer Wahlfreiheit sagt jedoch nichts über die Normativität, die damit verbunden sein kann, aus.

c) Praktische Umsetzung

Mit einer Drohung bezweckt A eine Abschreckung. Interpretiert B die Drohung auch so, dann war sie im Sinne des A erfolgreich. Ebenso ist aber denkbar, daß das genaue Gegenteil eintritt: B läßt sich nicht nur nicht abschrecken, sondern antwortet darüber hinaus noch mit einer Gegendrohung, womit eine *Konfliktspirale* in Bewegung gesetzt wird. Dann besteht die Gefahr, daß beide Beteiligten zu Verlierern werden.

Diese Gefahr der zunehmenden Konflikthaftigkeit veranlaßt Raven/Rubin zur Empfehlung, für beabsichtigte Machtausübungen Drohungen eher zu vermeiden und dafür weniger offen-konflikthaften Interaktionsmustern (z.B. Versprechen/Belohnungen) den Vorzug zu geben (Raven/Rubin, 1976: 210). Tedeschi/Lindskold sind ähnlich wie Raven/Rubin der Meinung, daß eine Drohung die gegenwärtige Beziehung zwischen A und B in den Vordergrund stellt. Für den „Dauergebrauch" sei daher eine Drohung nicht zu empfehlen. A kann sich jedoch in bestimmten Situationen veranlaßt sehen, eine Drohung auszusprechen: dann nämlich, wenn ihm 1) wenig Zeit zur Verfügung steht für ein Handeln im Rahmen weniger repressiver Interaktionsformen, wie z.B. Überzeugung (s. dazu auch Kipnis, 1976:116 ff.), und 2) wenn A möchte, daß B einen bestimmten Termin einhält und A gleichzeitig vermeiden will, daß die Setzung des Termins dem Ermessen des B überlassen bleibt (Tedeschi/Lindskold, 1976: 379 f.). Mit einer Drohung, im besonderen mit einer erfolgreichen, erhält die Beziehung zwischen A und B eine längerfristige instabile Dynamik, da B trachtet, sich der Gefahr künftiger ihn schädigender Drohungen zu entziehen. Hat sich B bereits untergeordnet, dann wird er trachten, den damit erlittenen Nachteil auszugleichen; d.h. er wartet seinerseits auf eine Situation oder versucht eine solche herbeizuführen, die ihm Gelegenheit gibt, Macht über A auszuüben.

Die *Bedeutung* der Drohung besteht somit darin, daß sie im Falle ihres Erfolges für A eine kostengünstige Machtausübung erlaubt. Da der Erfolg einer Drohung aber durch B, d.h. durch seine Unterordnung, bestimmt wird, geht A mit der Drohung das Risiko ein, daß B sich weigert und er (A) sich mit der Ankündigung der Bestrafung selbst gebunden hat. Kann oder will er B trotz dessen Weigerung nicht bestrafen, und gelingt es ihm auch nicht, einen für B plausiblen Grund dafür zu finden, so ist er nicht nur im Anlaßfall gescheitert, sondern hat die Erfolgsaussichten seiner künftigen Drohungen wesentlich beeinträchtigt.

3.2.2.1.2 Bestrafung

Versteht man unter Bestrafung eine Handlung des A, die eine Schädigung des B bezweckt, so besteht ihr übergeordneter Zweck darin, die Glaubwürdigkeit des A bei zukünftigen Drohungen zu unterstreichen.

Die Bedeutung der Bestrafung liegt in der Projektion historischer Erfahrungen in die Zukunft. Betrachtet man Bedrohung und Bestrafung ohne ihren Kontext, d.h. als Einzelfall, so gibt es für A – außer Rache – keinen Grund, B bei einer erfolglosen Drohung zu bestrafen und dabei eigene Ressourcen einzusetzen. In einer isolierten Einzelfallbetrachtung wäre es sinnlos, Ressourcen für ein bereits abgeschlossenes Ereignis einzusetzen. Erst mit der Ausrichtung auf künftige Drohungen des A wird der Signalcharakter einer Bestrafung deutlich: Sie unterstreicht die Ernsthaftigkeit künftiger Bestrafungsandrohungen. Damit es aber dazu kommt, muß B der Zusammenhang zwischen seiner Unterordnungsverweigerung und seiner Bestrafung einsichtig sein; d.h. ob die von A durchgeführte Bestrafungshandlung erfolgreich ist, hängt von ihrer Aufnahme durch B ab[54] und zeigt sich bei späteren Drohungen des A.

In Unternehmen stehen Vorgesetzten in der Regel mehrere Möglichkeiten offen, Mitarbeiter zu bestrafen[55]. Der Aufstieg in der formalen Hierarchie ist im allgemeinen auch mit zunehmenden Bestrafungskompetenzen verbunden. Es ist nicht notwendig, daß die Bestrafung unmittelbar auf die Unterordnungsverweigerung folgt: A kann warten, bis sich eine für ihn günstige Gelegenheit ergibt. Solange für B der Zusammenhang zwischen Nichtbeachtung der Drohung und Bestrafung einsichtig ist, trägt dies zur Glaubwürdigkeit künftiger Drohungen und damit zur Möglichkeit bei, künftig Macht im Anschluß an Drohungen ausüben zu können.

3.2.2.1.3 Warnung

Bei einer Drohung kündigt A eine Bestrafung für die Nichterfüllung einer Bedingung an. Die Bestrafungshandlung wird dabei von A selbst oder auf Grund seiner Initiative durchgeführt; stellt die Drohung zugleich eine Täuschung dar, so erweckt

A den Eindruck, die Bestrafungshandlung läge in seinem Handlungsbereich. Eine Warnung dagegen nennt – ebenso wie die Drohung – eine Bedingung, für deren Nichterfüllung eine Bestrafung angekündigt wird (Tedeschi, 1970: 161). Der Unterschied zur Drohung besteht aber darin, daß der Warner keine Kontrolle über die tatsächliche Durchführung der Bestrafung hat, d.h. die Bestrafung ist vom Warner *unabhängig*: „wenn du b tust/unterläßt, wird man (z.B. C) dich dafür bestrafen". Ebenso wie die Drohung kann die Warnung sowohl die Bedingung als auch die Bestrafung spezifizieren oder offenlassen.

Für B stellt die Interpretation einer Warnung eine etwas kompliziertere Aufgabe dar als die Beurteilung einer Drohung. Er muß nun auch das Interesse, das der Warner (A) an einer Befolgung der Warnung hat, berücksichtigen. Die Beurteilung der Interessen des Warners erweitert die Situation zu einer Triade, die für B die Gefahr der Täuschung in sich birgt. Sie überläßt ihn außerdem der Unsicherheit, wie groß die Wahrscheinlichkeit der Bestrafung durch C tatsächlich ist. Bei einer Warnung hat daher B die Glaubwürdigkeit des A, d.h. dessen ‚Trefferquote' bei früheren Voraussagen, sowie das Interesse des A zu beurteilen, weiters die Möglichkeit und Willigkeit des C zur Bestrafung abzuschätzen und schließlich seine (B) Kosten, die ihm durch Unterordnung bzw. Bestrafung entstehen, in seine Überlegungen mit einzubeziehen.

3.2.2.2 Versprechen, Belohnung, Empfehlung

Ebenso wie bei Drohung, Bestrafung und Warnung handelt es sich bei Versprechen, Belohnung und Empfehlung um alltägliche (kommunikative) Handlungsaufforderungen. Ein Versprechen kündigt eine künftige Belohnung an, eine Belohnung erfolgt als Einlösung eines Versprechens (mitunter auch unabhängig davon), und eine Empfehlung korrespondiert insofern einer Warnung, als auch hier eine Sanktion durch einen Dritten in Aussicht gestellt wird.

3.2.2.2.1 Versprechen

Ein Versprechen ist die Mitteilung einer Handlungserwartung, für deren Erfüllung eine Belohnung (das ist die Dependenz, die A anspricht bzw. ‚herzustellen' versucht) angekündigt wird: „wenn du b tust/unterläßt, werde ich dich mit a belohnen". Auch bei einem Versprechen kann sowohl die Formulierung der Bedingung als auch die Formulierung der Belohnung konkret oder unspezifisch erfolgen.

Mit einem Versprechen wird B eine zusätzliche Handlungsalternative angeboten. Da die Wahlentscheidung des B, welche der Alternativen er in Anspruch nimmt, zur Gänze bei B liegt, kann sich seine Situation *nicht verschlechtern*. Nimmt B den Vorschlag des A nicht an, dann handelt er so, wie er es ursprünglich vorhatte. Der Unterschied zur Drohung besteht daher darin, daß bei einer erfolgreichen Drohung nur A seine Situation verbessert, B jedoch seine Situation verschlechtert, während bei einem erfolgreichen Versprechen nach der Belohnung sowohl A als auch B ihre Situation verbessert haben. Auch hier tritt das relationale Element der Macht zutage: A kann zwar über alle möglichen Ressourcen verfügen, lehnt B jedoch die mit der Belohnung verbundene Unterordnungsaufforderung des A ab, so nützen diesem alle seine Ressourcen nichts, sie sind für diese Situation irrelevant. Erst dann, wenn in einem Vergleich der Handlungsalternativen die von A vorgeschlagene dem B günstiger erscheint, kommt es zu dessen Unterordnung.

Schon bei der Drohung wurde darauf hingewiesen, daß alltagssprachliche Formulierungen wie „ich hatte keine andere Wahl", „ich war dazu gezwungen" oder „was hätte ich denn sonst tun sollen?" aus analytischer Sicht meist irreführend sind: Auch bei einer Drohung bleibt für B immer ein nicht aufhebbarer Rest an Wahlfreiheit offen. Werden daher solche oder ähnliche Formulierungen, die auf scheinbare Zwangssituationen hinweisen, im Zusammenhang mit Versprechen verwendet, so ist auch bei diesen nicht von ‚Zwang' zu sprechen. Sie drücken im Gegenteil das Ergebnis eines Vergleichs der Erträge von Alternativen aus, bei denen eine Alternative sich als weitaus überlegen herausgestellt hat.

Für B ist ein Vergleich der Erträge seiner Handlungsalternativen dann am einfachsten durchzuführen, wenn A die Unterordnungsbedingungen und die Belohnung konkret angibt. A wird somit vor allem dann sein Versprechen spezifizieren, wenn er den Eindruck hat, die von ihm vorgeschlagene Alternative sollte auch in der Einschätzung des B dessen anderen Handlungsalternativen überlegen sein. Ist sich A dagegen des Erfolges seines Versprechens nicht sicher oder will er sich eine Hintertür offenlassen, dann wird er entweder die Belohnung unspezifisch fassen oder die Unterordnungsbedingung so formulieren, daß sie später auch eine andere Interpretation offenläßt. Ob eine Unterordnungsaufforderung in der Form eines Versprechens *erfolgreich* ist, hängt 1) vom Ertragsvergleich des B und damit vom Ausmaß der versprochenen Belohnung sowie 2) von der Glaubwürdigkeit, die B dem A zuschreibt, ab. Auch hier beruht die Glaubwürdigkeit des A auf Erfahrungen, die B in ähnlichen Situationen bereits gemacht hat sowie auf der Reputation des A, Versprechen auch einzulösen.

3.2.2.2.2 Belohnung

Unter Belohnung ist eine Handlung zu verstehen, mit der jemand in eine Situation versetzt wird, die von diesem als positiv empfunden wird. Richtet sich ein Versprechen auf künftige Handlungen, so hat die Belohnung sowohl einen *vergangenheitsbezogenen* als auch einen *zukunftsbezogenen* Aspekt. Der vergangenheitsbezogene Aspekt besteht in der Einlösung des gegebenen Versprechens. Die Unterordnung des B wird durch die Gegenleistung des A ausgeglichen. Besonders die austauschtheoretischen Ansätze der Macht heben das Element des Tausches als ein wichtiges Element von Machtprozessen hervor (Baumgartner/Buckley/Burns, 1976; Ekeh, 1974; Nord, 1969; Blau, 1964).

In einer ahistorischen, auf den Einzelfall bezogenen und rein nutzenorientierten Betrachtung stellt sich jedoch die Frage, warum A den B noch belohnen sollte, wenn die für A wichtige Handlung von B bereits geleistet wurde. A hat, was er wollte – die Leistung des B –, und kann durch eine Belohnung des B seine eigene Situation nicht mehr verbessern, höchstens verschlechtern. Aus einer solchen Sicht gibt es für A keinen Sinn, sein Versprechen B gegenüber einzulösen. Erst durch Einbeziehung des sozialen Kontextes und der Zeitdimension wird *der Zweck der Belohnung* deutlich: Sie trägt zu jener Glaubwürdigkeit bei, die notwendig ist, damit A auch in

Zukunft Macht in der Folge von Versprechen ausüben kann. Der Zweck einer Belohnung besteht damit auf der moralischen Ebene in einer Gegenleistung, auf der strategischen Ebene jedoch in der *zukunftsorientierten Situationsaufbereitung* für nachfolgende Versprechen.

Bleiben in einem Unternehmen die Leistungen eines Mitarbeiters hinter den Erwartungen zurück, so bieten sich v.a. Drohung/Bestrafung sowie Versprechen/Belohnung als Möglichkeiten, das Problem von Minderleistungen zu bewältigen, an[56]. Kipnis/Cosentino stellten in den von ihnen untersuchten Unternehmen fest, daß Mitarbeitern, deren Leistungen hinter den Erwartungen zurückgeblieben waren, in der Regel entweder gedroht wurde oder sie sofort bestraft wurden (Kipnis/Cosentino, 1969: 465). Diese mittlerweile etwas bejahrten Untersuchungsergebnisse spiegeln m.E. das Alltagsbewußtsein (kurzfristige nutzenorientierte Überlegungen sowie Vernachlässigung psychologischer Komponenten) und den damaligen normativen Kontext wider: Unter ökonomischen Gesichtspunkten bietet sich eine Drohung als Unterordnungsaufforderung insofern vorrangig an, als sie mit geringem Aufwand durchzuführen ist. Mittlerweile hat die Motivationspsychologie ein etwas komplexeres Menschenbild gezeichnet, weiters hat die gesellschaftliche Entwicklung die Zulässigkeit von Bestrafungen etwas in den Hintergrund gedrängt, und schließlich zeigen Arbeitsgestaltungsansätze, daß Drohung und Bestrafung ziemlich untaugliche Mittel darstellen, um Arbeitsleistungen von Mitarbeitern über längere Zeit auf akzeptablem Niveau zu stabilisieren. Während damit die Drohung ein mögliches Korrektiv für den Einzelfall einer Devianz darstellt, ist ein systematisches Drohungsinstrumentarium als Mittel betrieblicher Leistungserbringung nicht zielführend[57]. Versprechen/Belohnung werden dagegen eingesetzt, um ein bestimmtes Leistungsniveau zu erhalten oder zu übertreffen. Betriebliche Anreizsysteme, v.a. in plakativer Form wie z.B. Verkäufer des Monats (samt entsprechender materieller Belohnung), bieten nicht nur häufig vorzufindende Beispiele, sondern stellen auch Handlungserwartungen an bzw. Handlungsorientierungen für die übrigen Mitglieder der betreffenden Zielgruppe dar. Raven/Rubin unterstützen indirekt den Einsatz von Belohnungen im Zusammenhang mit der Aufrechterhaltung des Leistungsniveaus bzw. der Erzielung überdurchschnittlicher Leistungen. In einer längerfristigen Betrachtung geben sie Belohnungen gegenüber Bestrafungen den Vorzug: Bestrafungen, so meinen sie, könnten dazu beitragen, daß der Machtunterlegene die gesamte Situation negativ generalisiert, was schließlich dazu führen könnte, daß er die Situation überhaupt verläßt (Raven/Rubin, 1976: 210 f.). In Unternehmen basieren daher psychologische Steuerungsformen auf einer Bandbreite von Versprechen und Belohnungen, die von einfachen Anreizsystemen bis hin zu komplizierten Selbststeuerungskonzepten reichen. Bereits Blau/Schoenherr weisen darauf hin, daß Anreizsysteme eine effektivere Form der Machtausübung darstellen als Drohung/Bestrafung (Blau/Schoenherr, 1971: 347 ff.; s. auch Zündorf/Grunt, 1980: 203 ff.).

3.2.2.2.3 Empfehlung

Empfehlungen stellen das Pendant zu Warnungen dar und kündigen für die Erfüllung bestimmter Bedingungen eine Belohnung an, deren Ausfolgung aber *unabhän-*

gig vom Empfehlenden erfolgt. Eine Empfehlung stellt damit ebenso wie die Warnung eine Voraussage eines wahrscheinlichen Handlungszusammenhanges dar. B muß daher neben seinem Ertragsvergleich sowohl die Glaubwürdigkeit des Empfehlenden beurteilen als auch zu einer Bewertung der Wahrscheinlichkeit gelangen, ob derjenige, der die Belohnung ausfolgen sollte, dies gegebenenfalls tatsächlich würde.

Auch wenn der Empfehlende nicht derjenige ist, der die Belohnung ausfolgt, so kann es ihm mit seiner Empfehlung doch gelingen (was er ja bezweckt), die Situationsinterpretation des B zu verändern bzw. zu stabilisieren. Er kann z.B. beitragen zur Glaubwürdigkeit desjenigen, der belohnen wird, zur Einschätzung der Kosten und der Erträge des B sowie der Wahrscheinlichkeit der Zielerreichung (Tedeschi/Schlenker/Lindskold, 1972: 295).

3.2.2.3 Manipulation

Manipulation zählt zweifellos zu jenen sozialwissenschaftlichen Konzepten, die sich im beruflichen und privaten Alltag einer gewissen Faszination erfreuen. Das zeigt sich auch in einem entsprechenden Angebot an sog. how-to-do-Literatur (z.B. Nystrom/Starbuck, 1984; Lay, 1977). Wie kann man, so die Frage, Macht über andere ausüben, ohne daß die Betroffenen dies bemerken?

Unter Manipulation sind (kommunikative) Handlungen zu verstehen, mit denen B solche Situationsinterpretationen nahegelegt werden, die den Erwartungen des A entsprechen, ohne daß B aber die eigentliche, dahinterliegende Absicht des A erkennt. Bei einer Manipulation legt A somit die eigenen Interessen nicht offen und läßt B im unklaren, was er mit der Interaktion bezweckt (Schönhammer, 1985: 4; Lewicki, 1983: 70 ff.; vgl. auch Klis, 1970: 80 f.). A geht implizit von der Annahme aus, daß sich B seinem Einwirkungsversuch widersetzte, wüßte er (B) über die tatsächlichen Interessen und Zwecke des A Bescheid. Da B aber von A über dessen eigentliche Ziele im unklaren gelassen wird, ist es für B meist schwierig, den Manipulationsversuch des A zu durchschauen und entsprechenden Widerstand entgegenzusetzen. Der mit der Manipulation verfolgte Vorteil muß dabei nicht dem Machtüberlegenen selbst zugute kommen; A kann mit einer erfolgreichen Manipulation auch für B einen Vorteil herbeiführen[58]. Häufig dient eine Manipulation jedoch den Zwecken und Interessen des A und bringt für B nur geringe oder keine Vorteile mit sich bzw. schadet ihm sogar.

Das verbreitetste und zugleich alltäglichste Beispiel für Manipulation ist der gezielte Umgang mit Informationen. Kontrolliert A den Fluß von für B wichtigen Informationen, so ist er in der Lage, wesentliche Entscheidungsprämissen, auf Grund derer B anschließend ‚selbst' entscheidet, zu begründen.

Eine Manipulation kann sich direkt auf B richten, aber auch indirekt erfolgen. Bei einer direkten Manipulation ist B der unmittelbare Adressat der Einwirkungsversuche des A. A kann B etwa besondere Schlüsselinformationen zukommen lassen oder im umgekehrten Fall den Informationsstrom filtern. Zu diesen beiden Arten der Informationsverzerrung tritt noch die Produktion und/oder Weitergabe von Informationen, die zur Gänze oder in entscheidenden Punkten nicht der Wahrheit entsprechen. Auch das sog. Einschmeicheln von Mitarbeitern bei ihren

Vorgesetzten, in der Praxis oft mit kräftigen Ausdrücken bezeichnet, stellt einen Versuch direkter Manipulation dar (Kipnis, 1976: 66).

Eine indirekte Manipulation richtet sich dagegen nicht auf den Machtunterlegenen selbst, sondern auf seine Umwelt[59]. Der Unterschied zu Zwang ist ein zweifacher: 1) Bei der indirekten Manipulation läßt A den B im unklaren über den eigentlichen Zweck; bei Zwang ist dies nicht der Fall. 2) Bei Zwang engt A den Handlungsspielraum des B auf eine einzige Alternative ein, eine Wahlmöglichkeit existiert nicht mehr, bei einer indirekten Manipulation dagegen wird die Situation so verändert, daß B zu einer anderen Interpretation kommt, die in der Folge auch zu anderen Handlungsalternativen, zwischen denen B dann wählt, führt.

Goffman weist im Zusammenhang mit der Konstruktion von Lebenswelt auf die Bedeutung der Zurverfügungstellung von plausiblen Interpretationsrahmen durch Abgrenzungen und Rahmenbildungen hin (Goffman, 1977: 98 ff.), wobei sog. Rahmenfehler die Ursache für oft kuriose Realitätsinterpretationen sein können[60].

Der Erfolg von Manipulationen hängt davon ab, ob B im unklaren über den eigentlichen Zweck der Handlung des A bleibt. Ist dies der Fall, so ist es für ihn schwierig, den Handlungen des A Widerstand entgegenzusetzen. Stellt B jedoch fest, daß A ihn manipulieren möchte oder ihn bereits manipuliert hat, dann beeinträchtigt dies die soziale Beziehung zwischen A und B nachhaltig. B kann dann z.B. nicht nur die Interaktion abbrechen und damit die Realisierung des Zwecks durch A unmöglich machen, sondern im weiteren A auch soviel Mißtrauen entgegenbringen, daß er hinter allen künftigen Vorschlägen des A verdeckte Absichten vermuten wird. D.h. er wird sich vorerst einmal dagegen wehren, womit die langfristige Zusammenarbeit zwischen A und B beträchtlich gestört ist. Abgesehen von der ethisch-normativen Dimension[61], die mit der Manipulationsproblematik verbunden ist, steht damit bei einer Manipulation einem möglichen (meist kurzfristigen) Erfolg des Machtüberlegenen im Falle des Scheiterns bzw. des Aufdeckens der Manipulation ein oft langfristiger Schaden in Form einer gestörten Zusammenarbeit zwischen A und B gegenüber.

3.2.2.4 Überzeugung

Bei einem Versprechen verknüpft A eine positive Sanktion mit der Unterordnung des B, bei einer Drohung die Unterlassung einer negativen Sanktion. Eine Überzeugung ist dagegen mit keinerlei positiven oder negativen Sanktionen verknüpft. Überzeugung ist jene Form der Unterordnungsaufforderung, die den Anteil des sog. Machtunterlegenen an der Macht des Machtüberlegenen am deutlichsten betont. Es liegt allein bei B, ob er die Inhalte bzw. die Argumentation des A akzeptiert oder nicht. A liefert allein die Information und übt keinerlei Druck (etwa in Form von Drohung, Versprechen, Warnung oder Empfehlung) auf B aus. Kommt es bei einer Drohung oder einem Versprechen zu einer öffentlichen Unterordnung des B, ohne daß B diese Unterordnung für sich persönlich auch akzeptieren muß[62], so akzeptiert B bei einer Überzeugung die Information und internalisiert sie. Bei der Überzeugung anerkennt B in einer Situation freier Wahl den Inhalt einer kommunikativen Handlung des A, ohne positiven oder negativen Sanktionen des A ausgesetzt zu sein.

Im Gegensatz zu dem sonst üblichen Überzeugungsbegriff wird hier ein ‚enges‘ Begriffsverständnis vertreten. Im Unterschied dazu finden sich neben einem weiten Alltagsverständnis in der traditionellen Beeinflussungsliteratur dagegen vor allem drei Begriffsverständnisse von Überzeugung:

- In der ersten Variante stellt Überzeugung einen Sammelbegriff für mehrere Formen der Macht dar, die in der Folge nicht mehr weiter differenziert werden (z.B. Galbraith, 1983: 24 ff.; Petty/Cacioppo, 1981: 4; Miller/Burgoon, 1978: 35 f.). Versprechen, Drohung, Manipulation und Überzeugung i.e.S. werden auf der Grundlage eines positivistischen Wissenschaftsverständnisses in einem einzigen Begriff – Überzeugung – zusammengefaßt. Der praxisbezogenen Begründung, daß es bei der Ausübung von Macht (in dieser Art der Argumentation wird nicht zwischen Dependenz und Macht unterschieden) sowieso meist zu Mischformen käme und sich Grenzen damit verwischen bzw. kaum ziehen ließen (Miller, 1980: 12 ff.), steht der unübersehbare Nachteil der Vernachlässigung analytisch sinnvoller Unterscheidungen gegenüber.
- In der zweiten Variante wird Überzeugung dagegen im Sinn von Überredung gebraucht (z.B. Etzioni, 1975b: 378). Diesem Verständnis liegt ebenfalls die alte kausalistische Sichtweise der Macht zugrunde, in der ein überlegener Machthaber in einem einseitigen Prozeß sich eines mehr oder weniger wehrhaften Opfers bemächtigt und es schließlich erfolgreich ‚bekehrt‘. B hat bei einer solchen ‚Überzeugung‘ dem A nichts mehr entgegenzusetzen. Er akzeptiert daher zwar die Handlungserwartung des A, internalisiert aber die Information des A nicht: „Die Fähigkeit zu überreden ist eine Macht; ... Das Zeichen dafür, daß die Macht angewendet wurde, ist der verbliebene latente Widerstand derjenigen Akteure, die ihre Präferenz zurückstellen mußten" (Etzioni, 1975b: 378).
- In der dritten Variante wird Überzeugung als „Expertenmacht" verstanden (z.B. House, 1984: 52 ff.). Hier geht es – ebenfalls auf der Grundlage des positivistischen Wissenschaftsverständnisses – darum, jene Determinanten zu eruieren (v.a. Merkmale des Experten, Kommunikationsprozeß, Merkmale des Empfängers der Kommunikation), die geeignet sind, eine erfolgreiche Machtausübung auf der Grundlage von Expertenwissen zu ‚verursachen‘. Auf die Schwächen situativer Machtbasenmodelle wurde bereits an anderer Stelle eingegangen (s. Kap. 2.2.4).

Bei Überzeugung i.e.S., so wie sie hier verstanden wird, setzt A zwar ebenfalls eine kommunikative Handlung, aber Macht ist hier keine Fähigkeit des A, sondern entsteht erst mit der Akzeptanz der Information durch B. B ist in einer Situation, in der ihm Wahlmöglichkeiten offenstehen und in der er auch keine Bedrohung zu fürchten hat. B interpretiert die Information des A auf der Basis seines eigenen Wissens und seiner eigenen Erfahrung und gibt ihr eine Bedeutung. D.h. nicht die Information ‚an sich‘ ‚verursacht‘ die Überzeugung, sondern ihre Interpretation durch B führt zu ihrer Ablehnung oder zu ihrer Akzeptanz.

Für Etzioni würde eine solche Sichtweise wegen der freien Wahl des B keine Form der Macht darstellen (Etzioni, 1975b: 378). Auf der Grundlage des hier entwickelten Machtbegriffes besteht jedoch kein Zweifel daran, daß Überzeugung i.e.S. als Machtausübung zu sehen ist. Versucht daher A intentional, für B die Richtigkeit einer bestimmten Argumentation, die Wichtigkeit einer Information etc. einsichtig zu machen, oder liefert A Informationen an B in einem nicht-manipulativen Zusammenhang, dann ist für den Fall, daß B diese Information oder Argumentation akzeptiert, von einer Machtausübung des A zu sprechen. Verengen wir den Blickwinkel auf die ‚Herstellung' von Dependenz, dann würde A – theoretisch – folgendermaßen argumentieren: „Wenn du die Angelegenheit x richtig machen/verstehen willst, dann mußt du die Information a berücksichtigen (= Herstellung der Dependenz), die ich dir geben kann. Akzeptierst du die Information a als für dich maßgeblich, dann akzeptierst du gleichzeitig, daß ich, der ich dir diese Information gebe, in diesem Zusammenhang – ohne manifeste Gegenleistung außer der Anerkennung meiner Informationsüberlegenheit für diesen Zusammenhang – Macht über dich ausgeübt habe". A stellt somit einen Zusammenhang zwischen der Information, über die er verfügt, und ihrer Brauchbarkeit für B (in der Sichtweise des A) her, B entscheidet über ihre Akzeptanz.

Bei einer Überzeugung übermittelt A Informationen, die von B beurteilt werden. Bei einer erfolgreichen Überzeugung kommt es bei B zu einer *kognitiven Reorganisation,* d.h. es werden bestehende kognitive Zusammenhänge verändert und/oder neue kognitive Zusammenhänge geschaffen, in deren Folge B entsprechend handelt. Überzeugung stützt sich auf Inhalte, auf Gründe und auf Argumentation, ohne daß A zusätzliche Vorteile (das wäre dann entweder Versprechen oder Empfehlung) oder zusätzliche Nachteile (das wäre dann Drohung oder Warnung) in die Situation einbringt.

In der Tat wird von Mitarbeitern in Unternehmen Überzeugung v.a in der Form der Angabe von Gründen und in der Form der Weitergabe von Informationen als ein wesentliches Element in Machtprozessen gesehen (Schilit/Locke, 1982: 307; Allen et al., 1979: 78 f). In den von Kipnis und Mitarbeitern durchgeführten Untersuchungen wurde ebenfalls eine sog. „rationale Vorgangsweise" (z.B. Informationen zur Verfügung stellen, Gründe angeben, logisch argumentieren) als am häufigsten verwendete Beeinflussungsstrategie sowohl gegenüber untergebenen Mitarbeitern als auch gegenüber Vorgesetzten genannt (Kipnis/Schmidt, 1983: 309; s. auch Kipnis, 1984b: 141 ff.; Kipnis/Schmidt/Wilkinson, 1980: 442).

Bei der Interpretation der Information des A beurteilt B neben dem Inhalt bzw. der Argumentation des A auch dessen *Glaubwürdigkeit.* Die Glaubwürdigkeit des A resultiert 1) aus dem Sachverständnis, das A von B zugemessen wird, und 2) aus der Vertrauenswürdigkeit des A, d.i. jene A von B zugeschriebene Größe, auf Grundlage derer B annimmt, daß A sein Sachwissen unverzerrt an B weitergibt (Hass, 1981:143; Michener/Suchner, 1972: 260 f.). Besteht dagegen ein Konflikt zwischen A und B, in dessen Folge B dem A eine geringere Vertrauenswürdigkeit zuschreibt, dann sinkt mit der Glaubwürdigkeit des A auch seine Chance, B erfolgreich zu überzeugen. Tedeschi/Lindskold vertreten die Meinung, daß auch das eigene Vertrauen des A in die ‚sachliche Richtigkeit' seiner Kommunikation in den Kommunikationsprozeß – verbal oder nonverbal – mit einfließt. Als Beispiel führen sie Zögern, Vermeiden von Augenkontakt in kritischen Situationen, Zittern in der Stimme u.ä. an (Tedeschi/Lindskold, 1976: 332). Ebenso wie die inhaltliche und logische Konsistenz der Kommunikation geht dies in die Interpretation der Information durch B mit ein und bildet einen Faktor für die Entscheidung des B, die

Information zu ignorieren, in Frage zu stellen oder zu akzeptieren. Überzeugung stellt damit jene Form der Unterordnungsaufforderung dar, bei welcher der subjektive Freiraum des B am deutlichsten hervortritt.

Es ergibt sich nun die Frage, ob ein – und wenn ja welcher – *Unterschied* zwischen ‚Sachverständnis' und ‚Überzeugung' besteht. Wrong (1980: 76) z.B. betont einen solchen Unterschied. Dieser besteht für ihn darin, daß Überzeugung auf dem Inhalt und auf den Argumenten beruht, „competent authority" dagegen auf der „source", d.h. bei demjenigen liegt, der sie hat (Wrong 1980:54). Sachverständnis als eine Form der Autorität sei „the untested acceptance of another's judgement whereas persuasion is the *tested* acceptance of another's judgement" (Wrong, 1980: 35; k.i.O.). M.E. unterliegt hier Wrong sowohl einem Trugschluß als auch einem Rückfall in einen theoretischen Zugang, den er eigentlich in seiner Arbeit zu überwinden sucht. Sein Trugschluß besteht darin, daß das Konzept Sachverständnis (auch: Expertentum, Expertise, competent authority, expert knowledge u.ä.) zu seiner Relevanz eine Anerkennung durch B notwendigerweise prozessual voraussetzt, d.h. B muß dem Experten z.B. Glaubwürdigkeit zuschreiben, sonst ist er für B keiner. Der theoretische Rückfall besteht darin, daß das Konzept der „Machtquelle" („source") genau wiederum jene a priorische Macht voraussetzt, die Bestandteil eines naiven Rezeptkausalismus ist. Nicht zufällig stellt daher Wrong auch „competent authority" neben legale Autorität im Unternehmen, weil seiner Meinung nach in beiden Fällen dem Machtüberlegenen (d.h. dem Vorgesetzten bzw. dem Sachverständigen) a priori Macht eingeräumt wird. Durch eine a priorische und quellenhafte Charakterisierung des Sachverständnisses geht aber der prozeßhafte Charakter der Entstehung von Sachverständnis verloren. Es kann nämlich nicht übersehen werden, daß im Zusammenhang mit Macht das Sachverständnis des A nur dann von Relevanz ist, wenn B dieses Sachverständnis anerkennt. B schreibt A Sachverständnis zu, d.h. diese Zuschreibung fällt nicht in den Bereich der „Quelle", sondern ist das Resultat eines bei B liegenden Prozesses.

Nun scheint es aber Phänomene zu geben, wo B dem A ein Sachverständnis zuschreibt, bevor A noch überhaupt Inhalte kommuniziert hat, die für B eine Beurteilung der Glaubwürdigkeit des A zulassen. Etwa dann, wenn sich jemand als „Dr. Müller, Laborleiter" vorstellt und beginnt, komplizierte chemische Prozesse zu erläutern. Aber selbst hier handelt es sich um kein a priorisches, quellenhaftes Expertentum, sonst könnte ja jeder kommen und behaupten, er sei der „Dr. Müller". Bevor wir uns von Herrn Müller inhaltlich überzeugen lassen, beurteilen wir seine Glaubwürdigkeit z.B. nach dem Kontext, in dem das Gespräch stattfindet, nach Symbolen oder Merkmalen, die schon in der Vergangenheit bei der Beurteilung ähnlicher Situationen hilfreich waren, nach den Interessen, von denen wir annehmen, daß sie der Dr. Müller an dem Gespräch hat. Wir unterscheiden also zwischen der Ressource Sachwissen, über die A verfügen kann, und der Relevanz dieses Sachwissens für eine konkrete Situation. Es mag dabei mitunter der Eindruck entstehen, als ob dieser Beurteilungsvorgang durch B nicht stattfände, z.B. wenn B in der Sache inhaltlich nicht kompetent ist. Aber selbst dann, wenn B inhaltlich nicht kompetent ist und die Beurteilung des Kontextes und von Symbolen dafür spricht, A Glaubwürdigkeit zuzuschreiben, muß A sein Expertentum immer wieder beweisen, um B zu überzeugen. Zu einem Arzt, der einem irrtümlich statt des Blinddarms etwas anderes herausoperiert, geht man nicht mehr (sofern man überlebt). Ein sog.

Experte, dem B keine Glaubwürdigkeit zuschreibt, ist für B keiner und kann daher auch keine Macht über ihn ausüben. Sachverständnis kann somit vom Prozeß der Überzeugung nicht getrennt werden.

3.2.2.5 Physischer Zwang

Physischer Zwang bedarf im Gegensatz zu den eben erörterten (kommunikativen) Unterordnungsaufforderungen *keiner* Zustimmung, um eine Unterordnung des B herbeizuführen. D.h. überall dort, wo B im Prinzip erfolgreich „nein" sagen (d.h. sich weigern) könnte, handelt es sich nicht um Zwang, sondern um Macht. Das bedeutet, daß die Mehrzahl jener Phänomene, die wir alltagssprachlich als Zwang bezeichnen[63], keiner sind.

Bei allen bisher besprochenen Unterordnungsaufforderungen hat B die Möglichkeit, die Unterordnung zu verweigern, d.h. er hat die Wahl zwischen Machtunterworfenheit und Nicht-Unterworfenheit. Bei Zwang existiert die Wahlmöglichkeit für B nicht, es stehen ihm keine Alternativen offen. B muß tun, was A will. Physischer Zwang[64] zeichnet sich also dadurch aus, daß A intentional mit Hilfe physischer Mittel Handlungen des B verhindert oder herbeiführt, *ohne* daß dazu eine *Zustimmung* des B notwendig wäre. Die Zwangshandlungen des A richten sich entweder auf die Umgebung des B (z.B. Einschränkung seines Aktionsradius' durch Absperrungen) oder auf B direkt (z.B. A hält B fest und/oder entreißt ihm seine Geldbörse). A setzt hier seine Zwangsmaßnahmen in Verfolgung seiner Zwecke und Interessen, unbeschadet der Zwecke und Interessen, die B realisieren möchte. Der Unterschied zur Manipulation besteht darin, daß im Fall des Zwanges für B keine Wahlmöglichkeit besteht, während bei einer Manipulation dem B von A ein bestimmter Interpretationsrahmen aufgedrängt wird, B jedoch selbst entscheidet und in seiner Entscheidung alternative Handlungsmöglichkeiten grundsätzlich gegeben sind.

Es stellt sich nun die Frage, ob die Setzung von Zwangsmaßnahmen als Eingeständnis der Niederlage des Machtüberlegenen, auf nicht-zwangsweise Art zu einer Überlegenheit zu kommen, anzusehen ist (Bachrach/Baratz, 1977: 64). Diese Frage kann nur im Hinblick auf den verfolgten Zweck beantwortet werden. Ein Räuber wird sein Opfer nicht mit Anreizen motivieren, umgekehrt ist aber auch die Sklavenhaltung eine ziemlich ineffiziente Form der Leistungsherbeiführung. D.h. A stehen (zumindest analytisch) eine Reihe auf die Realisierung seiner Zwecke gerichteter Interaktionsformen zur Verfügung. Diese Interaktionsformen könnten für A z.B. durch den damit verbundenen Zeitaufwand oder durch andere Kosten abgestuft sein. Scheitert A, dann greift er auf die für ihn nächstgünstigste Abstufung zurück (z.B.: Überzeugung > Versprechen > Drohung > Zwang). Für B bedeutet dies aber, daß er immer dann, wenn A über Zwangsmittel verfügt, auch bei nicht-zwangsweisen Unterordnungsaufforderungen die im Hintergrund ‚wartenden' Zwangsmittel des A mitberücksichtigen muß. Weiß B, daß A über Zwangsmittel verfügt, und ist er gleichzeitig sicher, daß A diese Ressourcen auch einsetzen wird, dann ist es für B günstiger (sofern für ihn der Endzustand der gleiche ist), sich jener Interaktionsform unterzuordnen, die für ihn mit den geringsten Kosten verbunden ist. Anders verhält es sich jedoch, wenn die Absicht des B darin besteht, durch seinen

Widerstand dem A solche Kosten zu verursachen, daß damit dessen Ressourcen für künftige Zwangsausübungen geschwächt werden.

In Unternehmen werden Zwangshandlungen jedoch eher die Ausnahme als die Regel darstellen. Erscheinungsformen, wie die räumliche Vereinzelung der Mitarbeiter in der Arbeitsverrichtung oder eine übermäßige Lärmentwicklung, sind in ihren Auswirkungen dem Zwang zwar ähnlich: Sie machen eine nicht-arbeitsbedingte Kommunikation zwischen den Mitarbeitern unmöglich. Dennoch ist hier von unterschiedlichen Voraussetzungen auszugehen. Die Auswirkungen betrieblicher Arbeitsarrangements, so normativ problematisch sie sein mögen, beruhen darauf, daß B mit dem Arbeitsvertrag seiner Unterworfenheit – im Prinzip – zustimmt. Bei Zwang wird eine solche Zustimmung nicht eingeholt.

3.2.3 Die Akzeptanz der Unterordnungsbedingungen

3.2.3.1 Aushandlungsprozesse als politische Prozesse in Unternehmen

Vorhin wurde dargelegt, wie Dependenzen für B entstehen:

– B stellt auf Grund seiner kontextuellen Eingebundenheit fest, daß er zur Realisierung seiner Zwecke auf Ressourcen, über die A verfügt, angewiesen ist;
– A versucht, durch besondere (kommunikative) Handlungen dem B solche Situationsinterpretationen nahezulegen, auf Grund derer B von den von A kontrollierten Ressourcen abhängig wäre.

Mit der Einsicht in seine Dependenz und dem Herantreten an A zwecks Erwerb der benötigten Ressourcen einerseits bzw. mit dem Versuch der ‚Herstellung' der Dependenz durch A andererseits erfährt B im allgemeinen auch die Bedingung, unter der er die von A kontrollierte Ressource erwerben kann. Die Bedingung definiert den Bereich und das Ausmaß der von B geforderten Unterordnungsleistung. Sie drückt jene Macht aus, die A über B im gegebenen Fall ausüben will.

Dependenz stellt somit eine Vorstufe der Machtausübung dar. Die traditionelle Machtforschung trifft diese Unterscheidung nicht. Mit der Trennung von Dependenz und Macht wird es möglich, Phänomene zu beschreiben, in denen B zwar hinsichtlich der Ressource a dependent ist, A aber dennoch (noch) keine Macht über B ausüben kann. Die Trennung von Dependenz und Macht ermöglicht nicht nur eine angemessene Beschreibung der *Entstehung* von Machtbeziehungen, sondern auch die Beschreibung der *Dynamik der Veränderung* von Machtbeziehungen. Dies zeigt sich besonders in Verhandlungsprozessen, in denen Leistung und Gegenleistung und damit die soziale Wirklichkeit der Beteiligten ausgehandelt wird.

Mit dieser stärkeren Berücksichtigung des B wird auch Abstand von einer Betrachtungsweise genommen, die A als Agierenden und B als Objekt bzw. das Opfer der Machtausübungsversuche des A konzipiert. Im Gegensatz dazu wird nun von der Annahme ausgegangen, daß *beide* Akteure an der Gestaltung ihrer Existenz interessiert sind und diese auch agierend betreiben. Sie übersetzen objektive Gegebenheiten (Daten) in subjektive Bedeutungen und treffen Annahmen über die

Situation, über andere Akteure, deren Interessen und Strategien und stellen diesen die eigenen Interessen und Strategien gegenüber. Was ihre Handlungen im Unternehmen betrifft, so verfolgen sie gleiche und verschiedene Interessen; die verschiedenen Interessen können kompatibel und inkompatibel sein. Ihre Interessen und Interdependenzen sind jedoch (vor dem Hintergrund der Institution Herrschaft) ausreichend tragfähig, um ihre wechselseitigen Beziehungen bzw. ihre Beziehung dem Unternehmen gegenüber aufrecht zu erhalten.

Unternehmen sind damit als soziale Gebilde anzusehen, in denen die darin Tätigen gemeinsame und unterschiedliche Interessen verfolgen. Handlungsabsichten, Strategien, Entscheidungen und Handlungen sind eher als Ergebnis von konfligierenden Interessen, Verhandlungen, Kompromissen und Situationsredefinitionen zu sehen denn als Ergebnis rein rationaler Überlegungen. Die Resultate solcher *Aushandlungsprozesse* stellen oft Ergebnisse dar, die sich von dem, was die Beteiligten ursprünglich erreichen wollten, beträchtlich unterscheiden. Da Entscheidungen einerseits getroffen werden müssen, die Entscheidungsbereiche aber gleichzeitig nicht vordeterminiert werden können, sondern im Gegenteil Ambiguität und Unsicherheit enthalten (Abell, 1975: 11 f.), kommt es zu Konflikten über Präferenzen und ‚richtige' Vorgangsweisen. Aushandlungsprozesse, offene und verdeckte Konflikte sind damit untrennbare Bestandteile des Geschehens in Unternehmen. Ziele, Prioritäten und Strategien sind in einem Unternehmen nicht vorgegeben, sondern werden von den Beteiligten unter Berücksichtigung kontextueller Daten ausgehandelt, d.h. geschaffen. Mintzberg weist daher auch zu Recht darauf hin, daß Manager nicht nur beträchtliche Zeit mit Verhandlungen verbringen, sondern daß die Rolle des Verhandlers einen essentiellen Teil der Gesamttätigkeit eines Managers darstellt (Mintzberg, 1975: 59). Strauss geht noch einen Schritt weiter und erweitert den Verhandlungsbezugsrahmen allgemein auf soziale Ordnungen: „Social orders are, in some sense, always negotiated orders" (Strauss, 1978: 235)[65]. Aushandlungsprozesse sind demzufolge regelmäßiger Bestandteil menschlicher Koexistenz. Sie sind zwar nicht unabhängig von ihrem strukturellen Kontext zu sehen, wirken aber durch ihre Ergebnisse sowohl auf die Bedingungen selbst als auch auf den Kontext zurück und verändern diese damit.

Bereits March (1962) und Cyert/March (1963) stellen das Unternehmen als eine *politische* Koalition dar: „... a business firm is a political coalition and ... the executive in the firm is a political broker. The composition of the firm is not given; it is negotiated. The goals of the firm are not given; they are bargained" (March, 1962: 672). An das Unternehmen werden unterschiedliche Interessen herangetragen, die sich in Koalitionen organisieren. Damit kommt es zu Verhandlungen, Kompromissen, Ambiguitäten und Konflikten. Obwohl das Konzept der Koalition in der betriebswirtschaftlichen Organisationstheorie auf große Resonanz stieß, wurde die Prädikation „politisch" weitgehend ignoriert. Selbst die intensivere Beschäftigung mit Konfliktphänomenen der letzten Jahre hat wenig dazu beigetragen, dieser bereits vor mehr als einem Vierteljahrhundert vorgestellten Sichtweise gerecht zu werden und über eine eher statische Rezeption des Koalitionskonzeptes hinauszukommen. Auseinandersetzungsprozesse in Organisationen, Prozesse der Macht, die Verfolgung von Zielen und Interessen wurden apolitisch abgehandelt (z.B. Reber, 1980a; Krüger, 1976). Abgesehen von wenigen Ausnahmen (v.a. Pettigrew, 1973; Allison, 1971), wurde der Politikbegriff im Sinne von Cyert und

March erst sehr spät wieder aufgenommen, und hier v.a. in eingeschränkter Form. Gemeint wurden damit „political tactics" (Allen et al., 1979) oder „political behavior" (Farrell/Peterson, 1982), worin das eingegrenzte Verständnis dieses Politikbegriffes zum Ausdruck kommt: „Not all behavior in organizations can be categorized as political" (Mayes/Allen, 1977: 672). Auch bei Pfeffer, dessen Arbeit an sich einen wesentlichen Beitrag zur Machtforschung darstellt, findet sich die Trennung zwischen politischen und unpolitischen Handlungen, wenn er darauf hinweist, daß es wichtig wäre, „to distinguish between political activity and administrative action in general" (Pfeffer, 1981a: 8). Dieses verkürzte Verständnis politischer Handlungen stellt eine bloße *Ergänzung* zum bereits angesammelten Wissen über Organisationen dar. So wie es z.B ein theoretisches Wissen über Kommunikation, Planung, Wettbewerb, Konflikt etc. gibt, kommt jetzt noch ein (eingegrenztes) Wissen über politisches Handeln hinzu. Manche Forscher setzen die Trennung zwischen politischen und nicht-politischen Handlungen noch krasser an. Für Mayes/Allen liegt „organizational politics" außerhalb dessen, was von der Organisation sanktioniert wird (Mayes/Allen, 1977: 675), und für Farrell/Peterson sind politische Handlungen auf der Dimension „legitim – illegitim" anzusiedeln (Farrel/Peterson, 1982:406).

Neben diesem eingeschränkten Politikverständnis ist es jedoch möglich, den Politikbegriff etwas umfassender anzusetzen. Politisches Handeln integriert dann auch Handlungen auf Grund sog. Sachzwänge, indem sie die *Rationalität*, die hinter Handlungen steht, nur mehr als eine von mehreren möglichen versteht und damit als Ausdruck des Versuchs der Realisierung von Interessen begreift. Die drei Handlungsalternativen, die B angesichts seiner Dependenz und der Unterordnungsbedingungen offenstehen, nämlich

1) B akzeptiert die Bedingungen und unterwirft sich,
2) B akzeptiert die Bedingungen nicht und verzichtet (vorläufig) auf den Erwerb der von A kontrollierten Ressourcen,
3) B versucht die Dependenzbeziehung und/oder die Unterordnungsbedingungen zu seinem Vorteil zu verändern,

sind in diesem Sinn als *politische* Strategien zu verstehen.

Nach dieser einführenden Rekapitulation der hier vertretenen Sichtweisen von Dependenz, politischem Handeln und Unternehmen wenden wir uns nun jenen Situationen zu, wo B von A dependent ist und A seinerseits die Unterordnungsbedingungen bekanntgegeben hat. B sieht sich den drei grundsätzlichen Alternativen: Akzeptanz, Ablehnung und Veränderung gegenüber.

3.2.3.2 Akzeptanz

Aus der Warte des B ist es belanglos, ob A die z.B. mit einer Drohung angekündigte Bestrafung tatsächlich auszuführen in der Lage ist oder nicht. Solange B ihm dies zuschreibt und sich daher fügt, akzeptiert er den Machtausübungsanspruch des A. D.h. Akzeptanz ist ein Prozeß, welcher der *subjektiven* Konstruktion von Lebenswelt des B entspringt.

Akzeptiert B die Bedingungen des A, so ist diese Akzeptanz *nicht unvermittelt*. Entweder

– es geht ihr ein Verhandlungsprozeß voraus, oder
– B war schon früher in ähnlichen Situationen und überträgt seine historischen Erfahrungen auf die jetzige Situation, oder
– B überträgt sein Wissen um die Erfahrungen anderer auf die jetzige Situation, oder
– B interpretiert die die Unterordnungsaufforderung des A begleitende Symbolik in der Richtung, daß es für ihn besser wäre, seine Unterordnungsbereitschaft möglichst unmittelbar bekanntzugeben; außerdem
– trifft in einem Unternehmen B die Aufforderung, a zu tun, nicht unvorbereitet: Das ist ja Teil seiner Erwartungen an den beruflichen Alltag.

Die Akzeptanz enthält die Anerkennung der eigenen Abhängigkeit von A und das Eingeständnis, die von A begehrten Ressourcen anderswo nicht zu zumindest gleichen (Gesamt-)Bedingungen erhalten zu können oder zu wollen. In die Situationsdefiniton des B gehen damit explizit oder implizit ein:

– die Abwägung der Handlungsalternativen,
– die Abwägung der Kosten der Nicht-Akzeptanz,
– die Abwägung der Chance, in Verhandlungen günstigere Bedingungen aushandeln zu können,
– die Abwägung der eigenen Chancen, A gegenüber erfolgreich Gegendependenzen ansprechen und damit u.U. (Gegen-)Macht ausüben zu können, sowie
– die Antizipation möglicher künftiger Handlungen des A.

Unterstützung findet B dabei durch Ergebnisse und Erfahrungen früherer Aushandlungs- und Unterordnungsprozesse. Soziale Standards geben ihm Hinweise auf den Äquivalenzgrad der Entsprechung von zu erfüllender Bedingung und Gegenleistung. Die Akzeptanz von Normen ist mitunter so verinnerlicht, daß eine Machtausübung vor diesem normativen Hintergrund von B als völlig unproblematisch und ‚normal' erlebt wird (z.B. das Übergreifen der formalen Autorität auf Unterordnungsleistungen außerhalb des Unternehmens, d.h. im privaten Bereich des B). Durch den Einbezug früherer Erfahrungen und die Abstützung auf Ergebnissen vorhergehender Verhandlungsprozesse geht in jeden Prozeß scheinbar unmittelbarer Akzeptanz der Unterordnungsbedingungen ein *impliziter Aushandlungsprozeß* mit ein. Ohne einen solchen, d.h. ohne Rückgriff auf frühere Aushandlungsprozesse, wären Bedingung und Gegenleistung nur mehr als Produkte von Irrationalität oder nicht mehr näher begründbarer Zufälle zu verstehen.

Die Akzeptanz der Über- und Unterordnungsbedingungen erfolgt durch

– Handeln: B erbringt die Unterordnungsleistung durch ein Tun oder Unterlassen, A übt Macht über B aus;
– kommunikatives Handeln (verbale Zustimmung): Es entsteht potentielle Macht;
– schriftliche Zustimmung (z.B. Arbeitsvertrag): Auch hier entsteht potentielle Macht.

Verbale und schriftliche Zustimmungen des B führen nur zu potentieller Macht und müssen durch die tatsächliche Unterordnung des B verifiziert werden. Erst dann kommt es zur tatsächlichen Machtausübung des A über B. Diese Unterscheidung zwischen potentieller und tatsächlicher Macht ist analytisch und empirisch vor allem deshalb wichtig, weil Irreführungen und nicht eingehaltene Unterordnungszusagen regelmäßiger Bestandteil von Machtprozessen sind. Mit der Akzeptanz der Unterordnungsbedingungen des A anerkennt B die Überordnung des A und stimmt zu, eine Bedingung b zu erbringen, um dafür eine Ressource a von A zu erhalten. Mit der Erfüllung der Bedingung b kommt es zur Machtausübung des A über B.

3.2.3.3 Legale Autorität

Im Zusammenhang mit der Akzeptanz der Unterordnungsbedingungen ist die legale Autorität, d.h. die a priorische Unterordnungsbereitschaft der Mitarbeiter in Unternehmen als eine der grundlegenden Voraussetzungen der betrieblichen Leistungserstellung besonders hervorzuheben.

Menschen arbeiten in Unternehmen, weil sie damit ihren Lebensunterhalt verdienen und/oder andere Zwecke und Interessen (z.B. Interaktion mit Kollegen, ‚Selbstverwirklichung', Beitrag zu einem übergeordneten Zweck) realisieren müssen, können oder wollen. Sie sind von den Gütern und Leistungen, die das Unternehmen anzubieten hat oder vermitteln kann, dependent. Falls die Akteure die Verfolgung ihrer Zwecke und Interessen nicht aufgeben und keine Substitutionsmöglichkeiten oder andere Alternativen finden, dann werden sie in ein Unternehmen[66] eintreten.

Mit dem Eintritt in das Unternehmen, d.h. mit ihrer Unterschrift unter den Arbeitsvertrag[67], akzeptieren die Akteure ihre Einbindung in ein formales Über- und Unterordnungsschema. Sie stimmen mit ihrer Unterschrift freiwillig[68] und im vorhinein zu, daß Vorgesetzte – in einem unscharf abgegrenzten Rahmen – künftig Macht über sie ausüben können und daß sie diese Machtausübung akzeptieren werden. Aus Dependenz entsteht potentielle Macht. Die Akteure stimmen der künftigen Machtausübung durch hierarchisch Übergeordnete zu, sie anerkennen die legale Autorität von Vorgesetzten. Aus der Sicht des Unternehmens ist damit unter legaler Autorität zu verstehen, daß gegenüber einem angebbaren Personenkreis ein Anspruch auf Unterordnung und Folgeleistung besteht, der von diesem Personenkreis grundsätzlich akzeptiert wird (s. Weber, 1972: 124). Im Rahmen der legalen Autorität eines Unternehmens sind Vorgesetzte daher berechtigt, Anweisungen zu geben; hierarchisch Untergeordnete dagegen sind verpflichtet, diesen Anweisungen nachzukommen.

B nimmt somit innerhalb einer bestimmten Indifferenzzone (Barnard, 1970: 143 f.) die Anweisungen von Vorgesetzten an, wobei innerhalb dieser Zone gleichgültig ist, was die Anweisung konkret enthält. Während etwa bei einer Überzeugung B die Überlegenheit des A erst dann anerkennt, nachdem er den Inhalt der Kommunikation und die Glaubwürdigkeit des A beurteilt hat, verzichtet B bei der legalen Autorität im voraus auf derartige Beurteilungen. Er verpflichtet sich, Anweisungen zu gehorchen, noch bevor diese überhaupt ausgesprochen wurden (Grimes, 1978: 725)[69]. Die Zurückstellung der eigenen Beurteilung bringt daher auch eine Art der Folgeleistung mit sich, bei der es für B nicht notwendig ist, von der sachlichen Richtigkeit der Anweisungen des A überzeugt zu sein. Ins Extrem gerückt, bedeutet das, daß sich der Vorgesetzte durchsetzen kann, weil er das Recht dazu hat und nicht weil er notwendigerweise auch eine sachlich angemessene Lösung verfolgt[70].

Mit der Unterordnung unter die legale Autorität des Unternehmens transferiert B das Recht der Steuerung und Kontrolle seiner Handlungen auf das Unternehmen. Er gesteht diesem gleichzeitig auch das Recht zu, davon via Delegation innerhalb des hierarchischen Systems Gebrauch zu machen (Grün, 1987: 138; Coleman, 1981: 64). Legale Autorität im Unternehmen ist somit nicht an Personen, sondern an Positionen gebunden. Die Stellung in einem hierarchischen System gibt an, wer wem gegenüber anweisungsberechtigt bzw. wer wem gegenüber folgepflichtig ist. A als Inhaber einer hierarchisch höheren Position hat das anerkannte Recht, B Anweisungen zu geben, und B als Inhaber einer hierarchisch niedrigeren Position hat die Verpflichtung, den Anweisungen nachzukommen. Dem Anspruch auf Gehorsam steht die Verpflichtung zur Folgeleistung gegenüber (Weber 1972: 544). Der Sprachgebrauch drückt in der Regel den Anspruch auf Unterordnung aus (Bell, 1975: 37 ff.). Lehnt B dagegen eine Anweisung ab, dann bricht hier die formale Autorität des A zusammen. A ist nicht in der Lage, Macht auszuüben; aus potentieller Macht entsteht keine tatsächliche Macht. Solche Zusammenbrüche der Autorität werden von A meist mit offenen Drohungen, seltener mit Versprechen beantwortet (Tedeschi/Lindskold, 1976: 373 ff.).

Für Unternehmen bringt die legale Autorität, d.h. die Akzeptanz einer Unter- und Überordnungsstruktur durch die Mitarbeiter, Ordnung und Stabilität. Im Rahmen der legalen Autorität treffen Vorgesetzte Entscheidungen, die ihre Mitarbeiter binden. Durch die arbeitsteilige Zuweisung von Tätigkeiten ist es auch einer größeren Anzahl von Akteuren möglich, koordiniert zusammenzuarbeiten. Versuche der Machtausübung sind jedoch immer der Gefahr des Scheiterns ausgesetzt. Mit der Legitimität der Machtausübung erhalten sie aber den Anspruch auf Geltung und Rechtmäßigkeit. Damit ergibt sich die Möglichkeit, Macht ausüben zu können, ohne sie permanent rechtfertigen zu müssen. Wie kommt nun B dazu, die Machtausübung durch legale Autorität für legitim zu halten? Das Unternehmen erhebt den Anspruch auf die Legitimität seiner Machtausübung, d.h. es erhebt den Anspruch, berechtigterweise Macht ausüben zu können. Dem Legitimitätsanspruch des Unternehmens steht der „Legitimitätsglaube" (Weber, 1972:122) der Mitarbeiter gegenüber. Hier wird auf einen Rahmen gemeinsam geteilter Normen Bezug genommen, der sowohl den Anspruch auf Unterordnung als auch die Unterordnung selbst akzeptabel macht: Die (gesellschaftliche) Institution der Herrschaft. Damit besteht auch für Unternehmen ein Bezugsrahmen, in dem Unter- und Überordnung nicht nur akzeptiert, sondern auch erwartet wird. Vor dem Hintergrund der Dependenz des B und seiner a priori Akzeptanz von Über- und Unterordnungsstrukturen im Unternehmen reduziert sich die Legitimität der Machtausübung im Unternehmen auf das ordnungsgemäße Zustandekommen der Mitgliedschaft des B im Unternehmen, d.h. auf den Glauben an die Legalität paktierter Ordnungen (Weber, 1972: 19 f.). Mit seiner Unterschrift unter den Arbeitsvertrag anerkennt B die Legalität der formalen Über- und Unterordnungsstruktur im Unternehmen.

Im Rahmen der arbeitsteiligen funktionalen Interdependenzen in Unternehmen sind die Akteure bei ihrer Leistungserbringung auf Vorleistungen anderer Akteure angewiesen, sie sind funktional (inter-)dependent. Der Vorgesetzte A ist von der Mitarbeit oder Zuarbeit des ihm unterstellten B abhängig. Mit der legalen Autorität soll vermieden werden, daß die Abhängigkeit des A von B von letzterem ausgenutzt wird. Legale Autorität stellt damit einen Ordnungsfaktor dar; sie dient – negativ definiert – vor allem dazu, von unten nach oben gerichtete Machtausübungsversuche zu verhindern und Machtausübungsversuche auf horizontaler Ebene auf ihre leistungserstellungsbezogene funktionale Adäquanz zu beschränken.

Dort, wo dies nicht gelingt, kann auch nicht mehr von legaler Autorität gesprochen werden. Die von einem Vorgesetzten A gegenüber einem sich weigernden Mitarbeiter B ausgesprochene Drohung „wenn sie nicht machen, was man von ihnen erwartet, dann fliegen sie" zeigt genau dieses Dilemma auf: Legale Autorität beruht auf der freiwilligen Unterordnung des B; verweigert B diese, dann versucht A die zugrundeliegende Dependenz des B anzusprechen oder eine neue Dependenz ‚herzustellen'. D.h. A versucht, den partiellen Zusammenbruch der legalen Autorität mit den herkömmlichen kommunikativen Unterordnungsaufforderungen aufzufangen.

Legale Autorität stellt damit eine besondere Ausformung der Machtausübung auf Basis der von B akzeptierten Über- und Unterordnungsbedingungen dar. Sie führt zu potentieller Macht, die durch tatsächliche Unterordnung eingelöst werden muß. Offene und verdeckte Zusammenbrüche der legalen Autorität sind als Unterfangen des B zu sehen, die Machtbeziehung zwischen ihm und A zu redefinieren.

3.2.4 Die Ablehnung der Unterordnungsbedingungen

Die Ablehnung der Unterordnungsbedingungen durch B ist ebenfalls vor dem Hintergrund der subjektiven Situationsdefiniton des B zu sehen. Auch hier berücksichtigt B Erfahrungen und Ergebnisse früherer, ähnlicher Ereignisse. Offenkundig wird das z.B. dort, wo B weiß, daß A seine Bestrafungsandrohungen in ähnlichen Fällen bisher nie wahr gemacht hat, und wo A nach Einschätzung des B gar nicht über jene Ressourcen verfügt, die er benötigte, um die Bestrafungshandlung durchzuführen.

Die Ablehnung kann dabei drei Formen annehmen:

1) Weigerung: B kommt der Unterordnungsaufforderung nicht nach, weil er entweder mit den Bedingungen nicht einverstanden ist oder an der Glaubwürdigkeit des A zweifelt. B ist aber nach wie vor an der von A kontrollierten Ressource interessiert, d.h. seine Dependenz bleibt bestehen.
2) Abbruch: Für B hat sich die Situation entscheidend geändert, er ist nicht mehr an der Ressource a interessiert. Der Abbruch bedeutet zugleich auch die Beendigung des spezifischen Dependenzverhältnisses A-B bezüglich der Ressource a.
3) Rückzug: Rückzug ist eine Form der Ablehnung, bei der B in einem kognitiven Prozeß den Wert der Ressource a soweit vermindert, daß es ihm nicht mehr wichtig erscheint, diese Ressource von A zu erwerben (Michener/Suchner, 1972: 267 f; Emerson, 1962: 35; s. dazu auch Freud, 1964: 53 ff.).

Die Verweigerung einer Unterordnungsleistung bedeutet, daß B mit den Bedingungen der Über- und Unterordnungsbeziehung A-B für einen bestimmten Zusammenhang nicht (mehr) einverstanden ist. Ihr kommunikativer Sinn besteht in der Aufforderung an A, die Beziehung A-B zu redefinieren (z.B.: Die Sekretärin B findet, daß es endlich an der Zeit sei, daß A sich seinen Kaffee selber mache, und weigert sich, weiterhin Kaffee zu kochen und Servierfräulein für A zu spielen). Während Kaffeekochen oder Nicht-Kaffeekochen in den meisten Fällen kein allzugroßes Problem für die Beteiligten darstellen dürfte, können andere Fälle von Weigerungen einen grundsätzlicheren Signalcharakter annehmen. Die dabei u.U. in Gang gesetzte Konfliktspirale kann bis zur Beendigung des Dienstverhältnisses des B führen. Hier wird jedoch die (Gegen-)Dependenz des A von B relevant. Nicht nur, daß ein Mitarbeiteraustausch mit Kosten für das Unternehmen verbunden ist, so läuft A auch Gefahr, als jemand „der mit seinen Mitarbeitern nicht umgehen kann", abgestempelt zu werden. Das Dilemma des A besteht also darin, sich gegenüber B – immerhin ist er sein hierarchisch Vorgesetzter – durchzusetzen („ein Vorgesetzter, der sich bei seinen Mitarbeitern nicht durchsetzen kann, ist kein guter Vorgesetzter"); gleichzeitig muß er dabei aber vermeiden, daß B sich weigert (Behrens, 1984: 141). Nicht selten ‚löst' A solche Probleme antizipierend dadurch, daß er Situationen umgeht, in denen er auf diese Weise scheitern könnte. D.h. A setzt seine legale Autorität nur dort öffentlich ein, wo er sicher ist, daß er gegenüber B damit auch erfolgreich sein wird.

3.2.5 Die Veränderung der Unterordnungsbedingungen

Die – neben Akzeptanz und Ablehnung – dritte Alternative des B besteht in der Veränderung der Bedingungen von Unterordnungs- und Gegenleistung (s. Abb. 17).

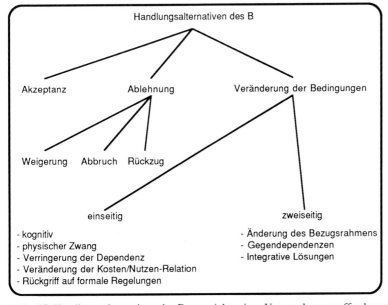

Abb. 17. Handlungsalternativen des B angesichts einer Unterordnungsaufforderung

B wägt die Kosten und Erträge möglicher Alternativen ab. Dabei sieht er sich in einer Situation, die von Unsicherheit und unvollständiger Information gekennzeichnet ist und in der er Vermutungen über Absichten und Handlungsalternativen anderer anstellt.

In seinem Versuch der Veränderung der Unterordnungsbedingungen kann B einseitig oder zweiseitig vorgehen. Der Bezugsrahmen, vor dem B versucht, eine Änderung der Bedingungen zu erreichen, kann sich sowohl auf die unmittelbare Dependenzbeziehung beschränken als auch die gesamte Interdependenz zwischen A und B umfassen und darüber hinaus auch noch die für A und B jeweils relevanten Umwelten (z.B. Koalitionen) miteinbeziehen[71].

3.2.5.1 Einseitige Versuche der Veränderung der Bedingungen

Hier geht es um Alternativen objektiver oder subjektiver Situationsveränderung, die eines handelnden A nicht bedürfen.

3.2.5.1.1 Die kognitive Veränderung der Bedingungen

In einem *ausschließlich kognitiven* Vorgang, der die materiellen Elemente der Dependenz- bzw. Machtbeziehung nicht berührt, erfahren entweder die Unterordnungsleistung des B oder die Ressource des A eine Veränderung ihrer Beurteilung. B kommt in diesem kognitiven Prozeß entweder zu einer Höher- oder Geringerschätzung[72] der ihm entstehenden Kosten; er kann auch den Wert der Ressource des A höher oder niedriger ansetzen. Theorien der Herstellung oder Auflösung von kognitiven Dissonanzen beschäftigen sich mit diesem Phänomen. In unserem Zusammenhang weist eine kognitive Abwertung der eigenen Kosten (z.B.: „so tragisch ist das auch wieder nicht") ebenso wie eine kognitive Aufwertung der Ressource des A in Richtung der Akzeptanz der Unterordnungsbedingungen durch B. Die kognitive Aufwertung der eigenen Kosten, ebenso die kognitive Abwertung der Ressource des A weisen dagegen in Richtung einer Ablehnung der Unterordnungsbedingungen durch B.

3.2.5.1.2 Physischer Zwang

Die unmittelbarste und zugleich radikalste Form der Veränderung besteht in der Anwendung von physischem Zwang. Im Gegensatz zur rein kognitiven Veränderung werden hier die materiellen Elemente der Situation verändert. Damit erhält der Anwender, wenn er erfolgreich ist, die von ihm gewünschte Ressource. Gleichzeitig ist aber anzunehmen, daß die Möglichkeiten des B, mit Zwangshandlungen erfolgreich zu sein, eher beschränkt sein dürften: Ansonsten befände er sich ja nicht in einer Situation, in der er von A dependent ist.

3.2.5.1.3 Verringerung der eigenen Dependenz

Bei der Verringerung der Dependenz des B geht es um Handlungen, mit denen B versucht, seine Dependenz entweder hinsichtlich einer bestimmten Ressource oder hinsichtlich des diese Ressource kontrollierenden A herunterzusetzen.

3.2.5.1.3.1 *Alternativen*

Ist B von A hinsichtlich einer Ressource dependent, und ist B mit den Bedingungen, unter denen A diese Ressource abzugeben bereit ist, nicht einverstanden, so kann B versuchen, diese Ressource anderswo zu erhalten. Gelingt es ihm, mehrere Anbieter dieser Ressource zu finden, so ist er nicht mehr ausschließlich auf A angewiesen. In dem Maße, in dem A an der Unterordnung bzw. Gegenleistung des B interessiert ist, erhält A damit Konkurrenz. A sieht sich in solchen Situationen nicht nur gezwungen, sein Interesse an der Unterordnung bzw. Gegenleistung des B zu re-evaluieren, sondern trägt auch das Risiko der Einschätzung der Glaubwürdigkeit des B hinsichtlich der tatsächlichen Existenz von Alternativen.

3.2.5.1.3.2 *Substitution*

Eine der Suche nach Alternativen sehr verwandte Möglichkeit des B besteht im Versuch der Substitution der ursprünglich gewünschten Ressourcen. Auch hier verbessert sich die Verhandlungssituation des B mit der Existenz von Substituten. Substitute bergen jedoch für B das Problem in sich, daß A sich nicht herunterhandeln läßt und B sich tatsächlich mit dem Substitut begnügen muß. Dieses weist – als Substitut – nicht die gleichen Qualitäten auf wie die ursprünglich gesuchte Ressource.

3.2.5.1.3.3 *Prävention*

In Situationen, in denen B auf eine langfristige Versorgung mit einer Ressource, die von A kontrolliert wird, angewiesen ist und bei der diese Zurverfügungstellung mitunter Probleme bereitet, kann B präventiv Vorräte anlegen, um damit Phasen, in denen A die Ressourcen nicht zur Verfügung stellen kann oder will, zu überwinden. Die grundlegende Abhängigkeit von A verändert sich damit aber nicht. Zur Prävention zählt aber auch, und das relativiert die Abhängigkeit des B von A, wenn B sich zeitgerecht nach möglichen Koalitionspartnern umsieht, die er gegebenenfalls in Anspruch nehmen kann, wenn er ihrer in einer möglichen Auseinandersetzung mit A bedarf.

3.2.5.1.3.4 *Diversifikation*

Mit einer Diversifikation seiner Dependenzen verbreitert B seine Abhängigkeiten, nimmt ihnen aber ihre Intensität. Ist B z.B. mit den Bedingungen des A_1 für die

Ressource a_1 nicht einverstanden und A_1 auch nicht bereit einzulenken, so geben B die Ressourcen a_2-a_n, die er von A_2-A_n erhält, genügend Spielraum, um mit seinen Aktivitäten fortfahren zu können und um für A_1 nicht erpreßbar zu werden.

3.2.5.1.3.5 *Isolierung*

Eine Handlungsalternative, die für Abteilungen eines Unternehmens schwieriger zu bewerkstelligen ist als für einzelne Akteure, stellt der Versuch dar, den eigenen Tätigkeitsbereich im organisatorischen Ablauf so zu positionieren, daß er möglichst keinen wichtigen Interdependenzen ausgesetzt ist oder zumindest nur auf solche Ressourcen angewiesen ist, deren Zurverfügungstellung im allgemeinen kein Problem darstellt. Eine Isolierung, die mit einer gleichzeitigen Erhöhung der Autonomie einhergeht, verringert den Grad der Koppelung (Weick, 1976) mit den anderen Akteuren.

3.2.5.1.3.6 *Übernahme*

Eine radikale Lösung der Beseitigung von Dependenzen bildet der Versuch der Übernahme des Leistungsbereiches des A durch B. So kann es z.B. im Rahmen einer organisatorischen Umstrukturierung gelingen, sich die Abteilung A und damit die Ressourcen und den Leistungsbereich, von denen B dependent war, einzugliedern. Dies verändert jedoch das Grundkriterium der Dependenz nicht: B ist nun eben im organisatorischen Ablauf von einem anderen A abhängig.

3.2.5.1.4 Veränderung der Kosten-Nutzen-Relation für A

Die folgenden Handlungsalternativen des B richten sich darauf, eine Situation herzustellen, in der eine Machtausübung des A über B auf Grund der damit verbundenen Kosten für A weniger erstrebenswert erscheint.

3.2.5.1.4.1 *Verteuerung der Gegenleistung*

Die Alternative, daß B von A eine höhere Gegenleistung verlangt, ist trivial.

3.2.5.1.4.2 *Herabsetzung der Eigenleistung*

Ebenso trivial ist der Versuch, bei gleichbleibender Gegenleistung eine geringere eigene Leistung zu erbringen.

3.2.5.1.4.3 Entwertung

Hier versucht B, den Wert des Verhandlungsobjektes durch die Androhung oder sogar die Durchführung einer Beschädigung herabzusetzen. Der Wert des Verhandlungsobjektes verringert sich im Falle der Einlösung der Androhung für A und für B. B kann dabei bis zu einem Punkt gehen, wo er das Verhandlungsobjekt für beide zerstört: „Wenn ich x nicht haben kann, sollst du es auch nicht haben". Da eine Beschädigung nicht nur mit Kosten für B verbunden ist, sondern auch den Wert des Verhandlungsobjektes für B selbst mindert, stellt sich hier ganz besonders die Frage nach der Glaubwürdigkeit des B. Schelling (1960: 24) ist der Meinung, daß ein sog. „irrevocable commitment", d.h. die öffentliche Erklärung, für den Fall des Eintretens einer bestimmten Situation in jedem Falle und unwiderruflich eine bestimmte Handlung zu setzen, die Glaubwürdigkeit des B stützen würde. Für A könnte (und sollte) sich damit der Eindruck vermitteln, daß er alles, was er ab nun zur Erreichung seines Zweckes unternähme, als reine Kosten zu betrachten habe, für die ihm kein Gegenwert erwächst.

3.2.5.1.5 Rückgriff auf formale Regelungen und soziale Normen

3.2.5.1.5.1 Delegation nach oben

Sieht sich B im Rahmen des betrieblichen Geschehens einem seiner Meinung nach nicht gerechtfertigten Unterordnungsanspruch des A ausgesetzt, so kann er sich an einen übergeordneten Vorgesetzten wenden und diesen ersuchen einzugreifen. Dabei steht weniger der Gedanke einer Interessenkoalition im Vordergrund als die Mobilisierung der formalen Autorität im Unternehmen. Dem hierarchisch Übergeordneten kommt damit die Rolle eines Schiedsrichters zu. Die Anrufung von Vorgesetzten beschränkt sich aber nicht nur auf die Feststellung, ob die Aufforderung zur Unterordnung zu Recht besteht, sondern kann, wenn sie von B vorerst als Drohung ausgesprochen wird, eine Abschreckung für A bedeuten. Der hierarchisch Übergeordnete könnte nämlich nicht nur gegen ihn (A) entscheiden, sondern auch den Eindruck erhalten, er (A) komme mit seinen Mitarbeitern nicht zu Rande, überschreite seine Kompetenzen, sei u.U. für die Stelle, die er besetzt, weniger geeignet, als ursprünglich angenommen worden war usf.

Eine zweite Variante der Delegation nach oben besteht darin, nicht Vorgesetzte als Schiedsrichter anzurufen, sondern auf schriftliche Regelungen und Vereinbarungen (z.B. Handbücher, Organisationspläne) zurückzugreifen[73].

3.2.5.1.5.2 Rückgriff auf soziale Normen

Normen drücken Handlungserwartungen, regelmäßig in bestimmter Weise zu handeln, aus. Sie verkörpern damit ‚Rechte und Pflichten' in einem bestimmten sozialen Zusammenhang. Darüberhinaus existieren in jedem Unternehmen eine Reihe mehr oder weniger deutlich festgelegter Regeln und Standards zur Aufrechterhaltung und Abwicklung des organisatorischen Geschehens. Sieht sich B in einer

Situation, in der A einen Unterordnungsanspruch erhebt, so kann er auf diese Normen, Regeln oder Standards rekurrieren, um die soziale Legitimität (in bezug auf die Normen) und die Übereinstimmung des Unterordnungsanspruches mit den Regeln und Standards zu bestreiten. Sein norm- oder rollenkonformes Handeln begrenzt zwar den Handlungsspielraum des Akteurs, hält ihm diesen aber auch offen (Biggart/Hamilton, 1984: 548). Mitunter weisen Normen, Regeln und Standards darüberhinaus genügend Ambiguität und damit Interpretationsspielraum auf, der es B ermöglicht, den Zusammenhang zwischen der Unterordnungsaufforderung des A und deren Inkompatibilität mit den Normen, Regeln und Standards so zu konstruieren, um daraus jene Berechtigung ableiten zu können, die er zur Zurückweisung bzw. Abänderung der Unterordnungsaufforderung des A benötigt. Vor allem drei soziale Normen können von B geltend gemacht werden (Deutsch/Shichman, 1986: 241; Bacharach/Lawler, 1981:174 ff.):

– Gleichheit: Hier argumentiert B, daß Kosten und Erträge auf alle Beteiligten gleich zu verteilen seien;
– Proportionalität: Eine Aufteilung der Kosten und Erträge sollte hier im Verhältnis zu einem bestimmten Kriterium (z.B. Zugehörigkeitsdauer zum Unternehmen, persönlicher Beitrag) erfolgen;
– Bedarf: Hier wird damit argumentiert, daß zu verteilende Erträge v.a. jenen zugute kommen sollten, die dafür den größten Bedarf haben; die Umkehrargumentation gilt für die Aufteilung der Kosten.

Alle drei Normen stellen dabei Variationen des Oberbegriffs ‚Gerechtigkeit' dar.

3.2.5.2 Zweiseitige Versuche der Veränderung der Bedingungen

Mit zweiseitigen taktischen Handlungen versucht B, dem A eine bestimmte (für B vorteilhafte) Situationsinterpretation nahe zu legen; über deren Erfolg entscheidet jedoch die Interpretation des A.

3.2.5.2.1 Änderung des Bezugsrahmens

Darunter werden alle Handlungen zusammengefaßt, mit denen versucht wird, eine Änderung des kognitiven Bezugsrahmens eines Akteurs herbeizuführen, ohne daß dabei die konkrete Verhandlungssituation verändert würde (Berg, 1985: 293; Brown, 1982: 64). So kann ein Akteur z.B. durch die Steuerung des Informationsflusses, durch Täuschung, durch sog. rationale Argumentation zu einer neuen Definition der Verhandlungssituation gelangen, ohne daß sich materiell an ihr etwas geändert hätte.

3 2.5.2.1.1 Überzeugung

Eine Überzeugung richtet sich, wie bereits in Kap. 3.2.2.4 dargelegt, auf die ‚Herstellung', Veränderung oder Stabilisierung eines kognitiven Bezugsrahmens.

Es besteht keine Absicht, den anderen in die Irre zu führen. Die Überzeugung beruht allein darauf, daß ihr Inhalt (die Argumente) in einer Situation freier Wahl vom anderen als ‚richtig' akzeptiert wird. Sie richtet sich damit auf die Situationsdefinition des anderen, bei der Gründe angeführt werden, die für oder wider die eigene oder fremde Position sprechen, und die Vorschläge, Angebote, Gegenangebote und Konzessionen begründen. Die Argumentation kann sich dabei im besonderen richten auf:

— die Glaubwürdigkeit oder auf die logische Konsistenz der Position, die vom anderen eingenommen wird (z.B. durch Aufzeigen von Widersprüchen auf der nächsthöheren Abstraktions- oder Zielebene);
— die Signifikanz des Interesses, das mit einer vertretenen Position verknüpft ist (z.B. Abwertung des Anspruches, Verschieben auf später);
— die Einführung neuer Bezugsgrößen, welche die Etablierung eines neuen Bezugsrahmens ermöglichen (Bazerman, 1983: 212 f.)[74]. Z.B.: Das Tragen von Schutzkleidung, wie z.B. Brillen, Helmen, wird oft als ‚unmännlich' (das vorgeschobene Argument lautet dann meist ‚unpraktisch') abgelehnt; ein neuer Bezugsrahmen könnte z.B. über die Herstellung besonders ‚maskuliner' Schutzhelme (wie dies z.B. in der Motorradzubehörindustrie der Fall war) erfolgen.

Vor allem die Entwicklung und die Benutzung von Bezugsgrößen zeigt deutlich das Element der Konstruktion sozialer Realität durch Überzeugung auf. Das allseits bekannte Beispiel vom halbvollen bzw. halbleeren Glas kann dies gut demonstrieren. Während beide Gläser die – objektiv – gleiche Menge Flüssigkeitsinhalt haben, ist die soziale Bedeutung von halbvoll und halbleer gänzlich unterschiedlich. Es kommt hier offensichtlich auf die Setzung des Bezugspunktes an, von dem aus ein Zustand seine Bedeutung erhält. Mit der Setzung von Bezugsgrößen werden nicht nur bestehende Zustände bewertet (z.B. Erfolg/Mißerfolg, richtig/falsch), sondern auch künftige Handlungen. Die materiell selbe Situation übt positiv formuliert und negativ formuliert (Neale/Bazerman, 1985: 45; Edelmann, 1977a: 136) nicht nur eine unterschiedliche Aufmerksamkeitslenkung, sondern auch einen unterschiedlichen Handlungsaufforderungscharakter aus.

Nahe verwandt mit der Wahl von Bezugsgrößen ist auch die Heranziehung von Experten (Gutachtern). Während Gutachten in der Regel den Eindruck von Unparteilichkeit und Objektivität vermitteln (sollen) und Experten (meist) auch nach bestem Wissen und Gewissen ihre Meinung kundtun, ist es auf Grund von vorgängigen Erfahrungen, der Zuordenbarkeit des Experten zu bestimmten theoretischen, politischen und/oder (ideo-)logischen Positionen oft schon im vorhinein klar, welche Art von Gutachten bzw. Expertenmeinung aller Wahrscheinlichkeit nach erwartet werden kann. Hier verlagert sich die Argumentation auf die vorhergehende Stufe: Gute Gründe sind zu finden, warum gerade dieser Experte herangezogen werden sollte.

3.2.5.2.1.2 Täuschung

Mit Täuschung sind hier alle jene manipulativen Handlungen (siehe dazu auch Kap. 3.2.2.3) gemeint, die nicht die materielle Verhandlungssituation berühren, sondern nur ihre Wahrnehmung und Interpretation. In vielen Fällen wird eine Täuschung im Zusammenhang mit einer Lüge erfolgen. Unter Lügen sind kommunikative Handlungen zu verstehen, deren Inhalt absichtlich nicht mit der subjektiven Wahrheit des Akteurs übereinstimmt (Lewicki, 1983: 68 ff.; Bok, 1978: 13). Während Täuschungen auf der Basis verbaler Kommunikation unmittelbar einsichtig sind, können Täuschungen auch auf der Setzung einer bestimmten Handlungsfolge beruhen, um damit den Eindruck zu erwecken, sie seien auf einen ganz bestimmten Zweck hin (nämlich den vorgetäuschten) ausgerichtet.

Täuschungen bezwecken damit die Herbeiführung opportuner Situationsdefinitionen. Etwa durch die absichtlich unvollständige oder verfälschte Übermittlung von Daten. Mit auf diese Weise zustande gekommenen Situationsdefinitionen verändert sich auch die Qualität von Entscheidungen. Neue Alternativen werden in den Kreis der Überlegungen einbezogen, andere (die sonst einbezogen worden wären) werden ausgeschieden; die Beurteilungskriterien für das Treffen der Entscheidungen verändern sich, und Zwecke, die der Akteur ursprünglich realisieren wollte, erscheinen in einem ganz anderen Licht oder erwecken überhaupt den Eindruck ihrer Nichtrealisierbarkeit. Im Zusammenhang mit Verhandlungsprozessen richten sich Täuschungen v.a. auf eigene und fremde Ressourcen sowie auf eigene und fremde Dependenzen, deren Existenz entweder behauptet oder bestritten wird.

Von den möglichen Formen, die Täuschungen annehmen können, dürften am verbreitetsten sein:

- Bluff: Bei einem sog. Bluff handelt es sich um die Vortäuschung von Handlungen oder Handlungsabsichten (z.B.: die Androhung einer Bestrafung, wobei von vornherein keine Absicht besteht, die Drohung einzulösen);
- Fehlinformation: Hier handelt es sich um die Übermittlung entweder falscher, nur teilweise richtiger oder selektiver Informationen (Pettigrew, 1972: 197 ff.);
- Irreführung: Hier wird durch (kommunikative) Handlungen der Eindruck erweckt, der Akteur verfolge bestimmte Zwecke, um seine tatsächlichen Interessen zu verdecken.

Das wesentlichste Problem von Täuschungen besteht (neben der normativen Dimension) in ihrer Funktion im Verhandlungsprozeß. Strategien und Taktiken von Verhandlern werden umso situationsadäquater sein, je mehr Informationen sie über die andere Seite besitzen. Ein Teil des gesamten Verhandlungsprozesses stellt daher auf die Gewinnung von Informationen ab. Gibt nun ein Verhandler dem anderen alle von diesem gewünschten Informationen preis, so wird er damit sehr verletzlich; seine Offenheit kann ausgenutzt werden. Gibt er keine Informationen preis oder verfälscht er sie alle, so bleibt auch die Verhandlung von ihrem eigentlichen Kern entfernt. Rubin/Brown meinen daher, der beste Weg in Verhandlungen sei ein Mittelweg zwischen völliger Offenheit und völliger Täuschung (Rubin/Brown, 1975: 15). Während eine solche Aussage einer kompetitiven Verhandlungslogik zuzurechnen ist, erscheint sie zugleich zu pessimistisch als auch zu allgemein. Zu allgemein insofern, als Täuschungen ihr Schwergewicht v.a. in der Informationsgewinnungsphase haben, wo beide Verhandlungspartner versuchen, Absichten, Ressourcen und mögliche Strategien des anderen zu eruieren. In solchen Situationen haben Täuschungen eher den Stellenwert eines Köders, um aus dem Umgang des anderen damit Schlüsse über dessen Absichten, Ressourcen und mögliche Strategien ziehen zu können (Bacharach/Lawler, 1981: 171 ff.). Zu pessimistisch erscheint die Aussage Rubin/Browns insofern, als nicht alle Verhandlungen notwendigerweise als eine Aufeinanderfolge von Täuschungen erfolgen *müssen*. Allerdings ist unter dem Aspekt der sog. Halbwahrheiten auch davon auszugehen, daß nicht alle Verhandler ihrem Gegenüber neben Informationen, die ihre Position stärken, auch jene Informationen geben, die ihre Position schwächen würden.

3.2.5.2.1.3 Impression Management

Impression Management[75] richtet sich ebenso wie Überzeugung und Täuschung auf den kognitiven Bezugsrahmen der Akteure. Impression Management dient in Verhandlungsprozessen sowohl der Selbstdarstellung des Akteurs (Goffman, 1981 und 1959) als auch der symbolischen Repräsentation seiner Ressourcen, Handlungsabsichten und Handlungsalternativen. Während Bacharach/Lawler Impression Management als eine Form der Täuschung betrachten (Bacharach/Lawler, 1981: 50 f.), tritt m.E. hier der Täuschungsaspekt in den Hintergrund, auch wenn er nicht gänzlich vernachlässigt werden kann. Im Vordergrund steht die Selbstdarstellung (einschließlich der Darstellung dessen, was man gerne wäre, hätte oder meint, darstellen zu müssen oder zu sollen) sowie die symbolische Repräsentation von Ressourcen, Handlungsabsichten und Alternativen. Impression Management richtet sich daher auf die Eröffnung eines größeren Handlungsspielraums und auf die Einsparung von Kosten. So muß ein Konflikt nicht bis zum bitteren Ende durchgekämpft werden, wenn die symbolische Darstellung der Ressourcen und Handlungsmöglichkeiten beider Akteure auch schon im vorhinein erkennen läßt, wie der Konflikt im wesentlichen gelöst werden wird. Zu Impression Management zählen auch meta-kommunikative Handlungen, wie z.B. eine bestimmte Abfolge an Konzessionen, die vom anderen als Signal einer bestimmten Handlungsabsicht zu verstehen wäre. Wie bei allen Taktiken der Reorganisation des kognitiven Bezugsrahmens hängt auch hier der Erfolg nicht von der tatsächlichen Existenz der behaupteten Gegebenheiten ab, sondern von der subjektiven Richtigkeit, die der andere ihnen zumißt.

In Verhandlungsprozessen kommt v.a. zwei Formen des Impression Management eine besondere Bedeutung zu (Tedeschi/Melburg, 1984: 37 ff.):

– Einschüchterung: Hier versucht der Akteur durch ein sog. ‚bestimmtes Auftreten' seine unmißverständliche Absicht, einen bestimmten Zweck realisieren zu wollen, auszudrücken. Auch eine demonstrative Unnachgiebigkeit soll den Eindruck erwecken, daß es hier nichts zu verhandeln gäbe. Daß in Machtprozessen tatsächlich auf eine Einschüchterungstaktik häufig zurückgegriffen wird, zeigen Allen et al. (1979: 79). Kipnis/Schmidt differenzieren allerdings in der

hierarchischen Richtung. Während von Managern in Machtprozessen gegenüber unterstellten Mitarbeitern Einschüchterung nach der sog. rationalen Vorgangsweise (z.B. Gründe angeben) als zweithäufigste Taktik genannt wird, wird sie gegenüber hierarchisch Übergeordneten eher selten angewendet (Kipnis/Schmidt, 1983: 309). Gleichzeitig läßt die Untersuchung von Kipnis/ Schmidt erkennen, daß Einschüchterung eher als eine Ersatzstrategie zu sehen ist, auf die erst dann zurückgegriffen wird, wenn mit der sog. rationalen Vorgangsweise nichts erreicht wird.
– Selbstdarstellung: Hier schmückt sich – im sprichwörtlichen Sinn – der Akteur mit eigenen und fremden Federn, d.h. er gibt an, welche Handlungen er bisher gesetzt hat, an welchen Handlungen er beteiligt war und über welche Ressourcen und Handlungsmöglichkeiten er verfügt. Daraus soll geschlossen werden, wozu er in der Lage wäre.

Impression Management ist in seinem Erfolg in besonderem Maße auf die Akzeptanz durch den anderen Akteur angewiesen. Für den zu beeindruckenden Akteur werden Beurteilungskriterien wie Glaubwürdigkeit (bisherige Geschichte des Akteurs in ähnlichen Situationen), Status (auf Grund sog. Statussymbole kann die hierarchische oder soziale Stellung des anderen Akteurs abgeleitet werden), Fachwissen (hat der Akteur überhaupt die Fähigkeiten, Kenntnisse und Ausbildung, die er zur erfolgreichen Durchführung der Handlung benötigt?), Prestige (was wird durch Mitgliedschaften zu bestimmten Vereinigungen, ein Büro im obersten Stockwerk etc. symbolisiert?) relevant (Tedeschi/Melburg, 1984:45 ff.)[76].

3.2.5.2.2 Gegendependenzen

Unter dem Gesichtspunkt der Interdependenz von Machtbeziehungen kann B die Situation des A problematisieren durch

– die Schaffung eines Bedarfes bei A an von B kontrollierten Ressourcen, d.h. durch ‚Herstellung' einer Dependenz des A von B.;
– die Intensivierung einer bereits bestehenden Gegenabhängigkeit des A.

3.2.5.2.2.1 Unterordnungsaufforderungen

Drohung, Bestrafung, Warnung, Versprechen, Belohnung, Empfehlung, Manipulation und Überzeugung richten sich, wie bereits dargestellt, auf die ‚Herstellung' von Dependenzen. Als Möglichkeiten der Veränderung der Unterordnungsbedingungen bieten sie sich daher auch für B zur ‚Herstellung' oder Intensivierung einer Gegendependenz an[77].

Die Handlungen des B können dabei die vorgängigen Handlungen des A spiegeln, d.h. B antwortet z.B. auf eine Drohung ebenfalls mit einer Drohung („wenn du wirklich a tust, werde ich mich mit b dafür revanchieren"). Während aber eine erfolgreiche Gegendrohung des B mit keiner Bestrafung eingelöst werden muß und daher keine Kosten verursacht, ist dies bei einer Drohung des A und einem darauf folgenden Versprechen des B anders. Ist B hier erfolgreich, so wendet er zwar damit die ursprüngliche Forderung des A bzw. die angekündigte Bestrafung ab, bietet aber mit dem Versprechen eine für ihn zwar kostengünstigere Lösung an, die ihm aber mit ihrer Einlösung dennoch Kosten verursacht. Während hier der defensive Charakter dieser Handlung hervortritt, ist es bei einem Versprechen des A, das mit einer Drohung des B beantwortet wird, anders. Die Drohung richtet sich hier auf eine Verbesserung der Bedingungen („wenn du nicht mindestens a anbietest, werde ich keinesfalls b tun") oder auf die Einlösung des Versprechens („wenn du dein Versprechen nicht hältst, werde ich b tun") und hat hier somit einen offensiven Charakter.

3.2.5.2.2.2 Instrumentalisierung der Interdependenz

Unternehmen sind darauf bedacht, Unsicherheiten in der Leistungserstellung zu vermeiden bzw. zu reduzieren. Unsicherheiten bergen das Risiko problematischer Zukunftsbewältigung in sich und bedrohen eine unproblematische Leistungserstellung. Hickson et al. (1971) und Hinings et al. (1974), aber auch Crozier/Friedberg (1979: 42 ff.) haben in ihren Untersuchungen die Bewältigung von Unsicherheit im Rahmen der organisatorischen Interdependenzen als wichtiges Kriterium der Macht herausgestellt. Darauf aufbauend wurde von Madison et al. (1980: 98), Bosetzky (1979: 63 ff.) und Pondy (1977: 62 f.) auf die bewußte, instrumentelle Schaffung von Unsicherheit zum Zwecke der Machtausübung hingewiesen.

a) *Die Schaffung von Unsicherheit*: In der einfachsten Form besteht der Grundgedanke darin, bisher geordnete Abläufe zu problematischen zu machen bzw. solche Abläufe, die bereits ein bestimmtes kalkulierbares Unsicherheitsrisiko in sich tragen, um zusätzliche Unsicherheitselemente zu bereichern. Dies kann erfolgen, indem entweder zuwenig oder widersprüchliche oder hochambivalente Informationen in eine Entscheidungssituation eingebracht werden oder auch die Gesamtsituation mit Daten oder Vorschlägen so überladen wird (Cohen/March, 1974: 208 ff.), daß es Schwierigkeiten bereitet, deren relevanten Kern herauszufiltern. Da es ja bei der ‚Herstellung' einer Gegendependenz nicht um die Schaffung von Unsicherheiten an sich geht, sondern um deren Bewältigung in einem instrumentellen Sinn, ist es natürlich nur sinnvoll, solche Unsicherheiten zu schaffen, die B auch anschließend zu bewältigen in der Lage ist. Erst mit der Bewältigung der Unsicherheiten durch B wird seine Bedeutung im Rahmen der betrieblichen funktionalen Interdependenz erkennbar. Erweiterungen dieses Grundgedankens stellen die übermäßig komplizierte Darstellung von Situationen dar, das Einbringen immer neuer Alternativen und zu berücksichtigender Faktoren in die Entscheidungssituation, die Schaffung überkomplexer Informationssysteme, weiters die Möglichkeit, A absichtlich Fehler begehen zu lassen, um danach als derjenige auftreten zu können, ohne den sich A entweder fürchterlich blamiert hätte oder dem Unternehmen ein Schaden entstanden wäre (Bosetzky, 1979:67), sowie die Verbreitung von Gerüchten hinsichtlich möglicher Gefahren.

b) *Verknappung von Alternativen und Substitutionsmöglichkeiten*: Hier versucht

B, die Möglichkeiten des A, gleiche oder ähnliche Ressourcen oder Leistungen, wie B sie anzubieten hat, anderswo zu erhalten, einzuengen oder zu verunmöglichen. Bsp.: B_1 möchte von A mit einer bestimmten anstehenden Aufgabe betraut werden und spricht mit seinen Kollegen B_2 und B_3 ab, daß diese beiden Kollegen – sollten sie von A dazu eingeladen werden – wegen „Arbeitsüberlastung" ablehnen werden.

c) *Prekarisierung interdependenter Leistungserstellung*: Der Akteur problematisiert durch kommunikatives oder anderes Handeln die funktionale Angewiesenheit der Leistungserstellung anderer ihm gegenüber (Crozier, 1964).

d) *Leistungsverweigerung*: Hier droht B damit, die Beziehung zu A abzubrechen. A ist zwar in der Lage, anderswo die gleichen Ressourcen zu erhalten, müßte dafür aber zusätzliche Kosten (Verzögerung, Suche, Einarbeitung) in Kauf nehmen. Leistungsverweigerungen bedürfen aber meist koalierender („solidarischer") Vorgangsweisen unter den Arbeitnehmern, um wirksam zu werden (z.B. Streik). ‚Krank melden' (ohne es tatsächlich zu sein) würde im vorliegenden Zusammenhang dagegen eine individuelle Form der Arbeitsverweigerung darstellen. Eine besondere Form stellt die Verweigerung der Gegenleistung dar, wenn A bereits seinen Teil geleistet hat.

e) *Leistungseinschränkung*: Wird bei einer Leistungsverweigerung die Zurverfügungstellung der Arbeitskraft zurückgezogen, so wird sie bei einer Leistungseinschränkung produktivitätsstörend erbracht. B problematisiert die Gegendependenz des A durch eine eingeschränkte Leistungserbringung wie z.B. ‚Dienst nach Vorschrift' oder verspätete Leistungserbringung. Die verminderte Leistungserbringung erfolgt dabei in der Regel mit einer plausiblen Begründung wie Arbeitsüberlastung oder notwendige Reparaturarbeiten. Subversive Formen der Leistungseinschränkung stellen die Beschädigung von Werkzeugen oder Maschinen dar, ebenso eine absichtlich herbeigeführte erhöhte Ausschußrate oder die Beschädigung der hergestellten Produkte[78]. Andere instrumentelle Formen der Leistungseinschränkung stellen die Zurückhaltung wichtiger Informationen (den Vorgesetzten „dumm sterben lassen") oder das absichtliche Mißverstehen der Anweisungen des Vorgesetzten dar.

f) *Abnahmeverweigerung*: In Situationen, wo B regelmäßig Leistungen oder Ressourcen von A erhält und wo A z.B. durch die Zurverfügungstellung seiner Leistungen und Ressourcen an eine größere Anzahl von B sein Einkommen erzielt und er damit von der Gesamtheit der B abhängig ist, kann A – zwar nicht durch den einzelnen B, aber durch eine signifikant große Anzahl koalierender B – durch einen Boykott seiner (des A) Leistungen und Ressourcen seiner Existenzgrundlage beraubt werden.

g) *Verhinderung der Leistungserbringung anderer*: Hier wird die Zusammenarbeit zwischen A und einem dritten Akteur gestört oder unmöglich gemacht (z.B. Blockade der Werkstore).

h) *Entwicklung einer Nische*: B schafft Unsicherheiten, in deren Folge es ihm möglich wird, für sich einen Aufgabenbereich zu finden, der seinem (eher schwer substituierbaren) Spezialwissen oder seinen Fähigkeiten entspricht oder der ihn aus einer organisatorischen Interdependenz mit hoher Zentralität herauslöst und ihn so auch dem unmittelbaren Zugriff anderer entzieht (Pondy, 1977: 63).

i) *Erhöhung der Nicht-Substituierbarkeit*: Auf der Hand liegen hier Möglichkeiten wie die Nicht-Weitergabe von Wissen, die Entwicklung spezieller Kenntnisse und Fähigkeiten, aber auch die Entwicklung eines Netzwerkes von Akteuren, auf die zur Versorgung mit wichtigen Informationen zurückgegriffen werden kann.

3.2.5.2.2.3 Hofieren

Diese Art der Bedarfsschaffung erfreut sich in der Alltagssprache einer Reihe prägnant-negativer Bezeichnungen. Gemeint sind damit Handlungen, mit denen der Akteur versucht, sich gegenüber A so vorteilhaft zu präsentieren, um daraus einen Nutzen für sich zu ziehen. B stellt sich dabei z.B. als verständnisvoll, liebenswürdig, höflich, gewinnend oder hilfsbereit dar, um die Aufmerksamkeit des A zu erregen. Der Sprachgebrauch läßt auch deutlich die negative Besetzung solcher Handlungen erkennen. Hofieren trägt nicht nur manipulative Elemente in sich, es ist darüberhinaus auf die Herbeiführung von für B vorteilhaften Situationen gerichtet, für die im allgemeinen keine ‚wirkliche' Gegenleistung besteht. Das sog. Aufbuttern eines Vorgesetzten oder sog. Lobhudeleien kosten den B nichts, außer u.U. eine Mißbilligung durch die Kollegen. Zu den verbreitetsten Varianten des Hofierens zählen ‚Schulden erzeugen', ‚Schmeicheln' und ‚Übereinstimmung' (Tedeschi/Melburg 1984; Tedeschi/Rosenfeld, 1980: 243 f.; Kipnis/Vanderveer, 1971).

a) *Schulden erzeugen*: Schulden erzeugen läßt sich theoretisch auf die von Gouldner (1973: 226 ff.) formulierte Norm der sozialen Reziprozität zurückführen. Die Erwartung, daß Leistungen und Gegenleistungen einander entsprechen, birgt auch die Erwartung in sich, daß für Leistungen eine Gegenleistung erbracht wird und damit die ‚Schuld' auch eingelöst wird. Der andere wird in eine soziale Verpflichtung hineingedrängt. Die Grundüberlegung besteht also darin, für jemanden eine Leistung zu erbringen, um anschließend daran die erhoffte Gegenleistung zu erhalten oder die Einlösung der ‚Schuld' auf einen späteren, geeigneter erscheinenden Zeitpunkt zu verschieben. Daß solche Vorgangsweisen nicht allzu selten sind, zeigen Geschenke von Eltern an Lehrer, Geschenke von Unternehmen an Journalisten, Politiker, Amtsinhaber mit oder ohne zumindest halbwegs begründbaren Anlaß (z.B. Firmenjubiläum) sowie innerorganisatorische Alltagspraktiken (Wender, 1983: 138). Zu unterscheiden von diesen eher Bestechungscharakter habenden Handlungen („sich einkaufen") sind solche, wo B dem A ohne instrumentellen Hintergedanken aus einer Notsituation (z.B. Termindruck) hilft. Hier wird die Reziprozität dann oft auch verbal deutlich: „Wenn ich einmal etwas für Sie tun kann, dann wenden Sie sich an mich".

b) *Schmeicheln*: Schmeicheln stellt ebenfalls eine verbreitete Form des Hofierens dar, wobei B seine Lobgesänge entweder auf seiner Meinung nach tatsächlich Lobenswertes gründet oder auch Übertreibungen produziert. Solange A die Lobgesänge des B ernst nimmt, ist es gleichgültig, auf welcher tatsächlichen oder erfundenen Grundlage A von B beweihräuchert wird. Es ist oft faszinierend mitanzusehen, auf welche plumpen Lobhudeleien Akteure (d.h. wir) mitunter ansprechen.

c) *Übereinstimmung*: B drückt hier Werte und Meinungen aus oder zeigt Einstellungen, die mit denen des A übereinstimmen. Seinen Handlungen liegt die Annahme zugrunde, daß der Akteur A jenen, die ihm gleich oder ähnlich sind, eher wohlgewogen sein wird als jenen, die meist anderer Meinung sind als er, die ihm regelmäßig widersprechen, die ständig Gegenvorschläge machen oder ihn kritisieren.

3.2.5.2.3 Integrative Lösungen

Die Nicht-Nullsummenlogik weist m.E. darauf hin, daß soziale Konflikte sinnvollerweise nie als Nullsummenkonflikte definiert werden können. Es läßt sich durch Konstruktion von Lebenswelt *immer* eine übergelagerte normative Ebene definieren, auf der Gemeinsamkeiten und Vorteile, die beide Akteure befriedigen können, angesiedelt sind (s. dazu auch Churchmans Diskussion der übergeordneten Systemebenen (Churchman, 1981)). Viele Konflikte enthalten von vornherein mehrere unterschiedliche Streitpunkte, die für die verhandelnden Akteure oft unterschiedlich bedeutsam sind. Damit bieten sich breite, die Akteure in unterschiedlichen Schwerpunktbereichen unterschiedlich zufriedenstellende Lösungen an. Dennoch tendieren Konflikthandhabungen dazu, Konflikte eher als entweder-oder-Situationen denn als sowohl-als-auch-Situationen anzusehen. Es scheint offensichtlich schwierig zu sein, Ambivalenzen oder Unsicherheiten zuzulassen. Geht man aber davon aus, daß Akteure in einem gegebenen Zeitabschnitt meist mehrere Interessen und Zwecke gleichzeitig verfolgen, dann ist es nicht mehr recht einzusehen, warum die überwiegende Anzahl der Konflikte von den Akteuren als Nullsumme, distributiv oder kompetitiv definiert wird. Dann geht es darum – was meist der Fall sein wird, wenn nicht alle unmittelbaren Interessen aller gleichzeitig befriedigt werden können –, die ‚Abschlagszahlungen' oder Tauschbedingungen so zu formulieren, daß damit andere Interessen der beteiligten Akteure befriedigt werden können, ohne gleichzeitig eine Blockade des Konfliktproblems herbeizuführen, die keinem der Beteiligten etwas bringt.

Die Aufgabe besteht somit darin, entweder-oder-Situationsdefinitionen zu vermeiden und die Verhandlungssituation so zu redefinieren, daß sie die Realisierung mehrerer Interessen und Zwecke zuläßt. Vor allem die präskriptive Verhandlungsliteratur bemüht sich – meist auf der Basis eines oberflächlichen Kooperationsverständnisses[79] –, aus allen an Verhandlungen Beteiligten „Sieger" zu machen (z.B. Fisher/Ury, 1981; Pruitt, 1981; Pruitt/Lewis, 1977)[80]. A wird v.a. dann sog. integrativen Lösungen nähertreten, wenn

– sie langfristig vorteilhafter für ihn sind,
– es ihm dadurch möglich ist, ein allzugroßes Risiko in einer alles-oder-nichts-Situation zu vermeiden,
– er sie als Chance ansieht, aus einer Verhandlungssituation gegenseitiger Blockade samt den damit verbundenen Kosten zu entkommen.

Wenn es darum geht, in solchen Verhandlungssituationen keine „Verlierer", sondern nur mehr „Sieger" vorzeigen zu können, dann muß jeder Beteiligte zumindest das Gefühl haben, er ziehe tatsächlich einen Vorteil aus der Lösung. Es geht daher um die Formulierung eines geeigneten Bezugsrahmens, um die Formulierung von Bezugspunkten, von denen aus etwas „gewonnen" werden kann (Bsp.: Anstatt eine Lohnerhöhung als einprozentigen Reallohnverlust negativ zu definieren, kann dieselbe Lohnerhöhung auch als 2% über dem Durchschnitt liegend formuliert werden) und um die Vermeidung sog. Gesichtsverluste. Damit lassen sich einige Formen integrativer Handlungsalternativen anführen, die es dem Akteur ermöglichen können, die Unterordnungsbedingungen zu verändern.

a) *Erweiterung des Bezugsrahmens*: Es wird dabei entweder versucht, Lösungen zu finden, die den ursprünglichen Forderungen beider Akteure gerecht werden, oder neue Lösungen zu finden, die zwar die ursprünglichen Forderungen nicht befriedigen, aber übergeordneten Zwecken und Interessen gerecht werden.

b) *Gegenseitige Zugeständnisse:* Die Akteure können einander v.a. dann Zugeständnisse einräumen, wenn sie in einer Interessenanalyse feststellen, daß ihre Prioritäten in unterschiedlichen Teilproblemen unterschiedlich ausgeprägt sind. B räumt dann A für die Teilprobleme I und II, die für A besonders wichtig sind, Zugeständnisse ein. A räumt seinerseits B in den diesem wichtigen Teilproblemen III, IV, V Zugeständnisse ein. Das Einräumen von Zugeständnissen läßt sich dahingehend erweitern, daß z.B. in einer anfänglichen Pattsituation, die jeder als entweder-oder-Situation definiert, beide darauf verzichten, für sich den ganzen Gewinn zu beanspruchen. Beide Akteure nehmen Abstriche von ihren Forderungen vor und begnügen sich mit geringeren, dafür aber tatsächlichen Gewinnen. Zugeständnisse, d.h. Kompromisse, bieten sich damit als triviale taktische Lösungen für Verhandlungen an: Beide Akteure retten zumindest einen Teil ihrer Ansprüche. Ob ein Akteur bei Zugeständnissen nun ‚ein halb volles Glas' oder ‚ein halb leeres Glas' erhält, obliegt seiner subjektiven Interpretation.

c) *Abschlagszahlungen*: Die Erweiterung des Bezugsrahmens und gegenseitige Zugeständnisse ermöglichen es beiden Akteuren, ihre Interessen zumindest zum Teil zu realisieren. Bei sog. Abschlagszahlungen erhält nur ein Akteur seine Forderungen erfüllt, während der andere dafür in Form von Ressourcen oder Leistungen kompensiert wird.

Diese unter heuristischen Gesichtspunkten erstellte Systematik zeigt, daß die Veränderung von Unterordnungsbedingungen vor allem in Verhandlungsprozessen erfolgt. Solche Prozesse werden daher im folgenden eingehend erörtert.

3.2.6 Verhandlungen

Verhandlungsprozesse müssen in einen theoretischen Kontext eingebunden werden, sonst bleiben sie sozialpsychologische Spiele(reien). Dieser Kontext kann sinnvollerweise nur einer der Herstellung sozialer Ordnungen sein, d.h. Verhandlungsprozesse haben ihren Platz im Rahmen einer Theorie der Macht.

3.2.6.1 Zur theoretischen und sozialen Relevanz von Verhandlungen

Aushandlungsprozesse zählen zu den fundamentalen Phänomenen des betrieblichen Alltags. Für Bacharach/Lawler sind sie ein „ubiquitous aspect of complex organizations" (Bacharach/Lawler, 1980: 108); Mintzberg nennt Verhandeln als eine der wichtigsten Tätigkeiten von Managern (Mintzberg, 1975: 59 f.); Abell erweitert das Verhandlungskriterium (und seine eigene Sichtweise der Macht) auf die gesamte Organisation: „... we view an organization ... as a *bargaining and influence system*" (Abell, 1975: 11; k.i.O.); Strauss schließlich generalisiert Aushandlungsprozesse zum konstitutiven Element sozialer Ordnungen schlechthin (Strauss, 1978: 43 f.). Es steht außer Zweifel, daß Aushandlungsprozesse – explizit oder implizit – sowohl eine grundlegende Voraussetzung als auch einen wesentlichen Bestandteil des Geschehens in Unternehmen darstellen. Da explizite Verhandlungen nur den geringeren Teil der Aushandlungsprozesse ausmachen, mag dies auf einen ersten, oberflächlichen Blick vielleicht nicht so scheinen.

In einem existentiellen Sinn dienen Aushandlungsprozesse der Definition sozialer Wirklichkeit; in einem distributiven Sinn dienen sie der Ver- bzw. Zuteilung von Vor- und Nachteilen. Mit ihnen werden nicht nur gegenwärtige, sondern auch künftige Aktivitäten, Prioritäten, Strategien und Handlungsräume festgelegt. Sie resultieren nicht nur in spezifischen Vereinbarungen, sondern bringen auch allgemeine Ausrichtungen unternehmerischen Handelns hervor. Daher sind sie als Vehikel für Veränderungsprozesse in Organisationen anzusehen (Pruitt, 1981: 6 f.). Dies wird vor allem im Zusammenhang mit Reorganisationsprozessen, wo es auch um die Redistribution von Vor- und Nachteilen der Akteure geht, deutlich. Unternehmen sind jedoch interdependente Gebilde, d.h. die in ihnen Tätigen müssen die Interessen der anderen Akteure berücksichtigen, wenn sie ihre eigenen Interessen realisieren wollen (Crozier/Friedberg, 1979:56 ff). Verhandlungsprozesse spiegeln diese Interdependenz der Realisierungsmöglichkeiten der Interessen der Akteure wider. In ihnen werden die Bedingungen, unter denen Interessen realisiert werden können, definiert.

3.2.6.2 Zum Status quo der Verhandlungsforschung

Die traditionelle Verhandlungsforschung (z.B. Bazerman/Lewicki, 1983; Susskind/Rubin, 1983; Raiffa, 1982; Pruitt, 1981) beschäftigt sich im besonderen mit drei Problembereichen: den Verteilungsmodi, der Manifestheit des Verhandlungsprozesses und der Zeitdimension.

1) Verteilungsmodi:

Die gegenwärtige Verhandlungstheorie betrachtet Verhandlungen nicht aus der Warte der Realitätsherstellung, sondern legt ihren Schwerpunkt auf die *Modi der Verteilung* gegebener Ressourcen. Hier haben sich v.a. drei theoretische Strömungen entwickelt, die jedoch in einem engen inhaltlichen Zusammenhang stehen.

a) Aus der Spieltheorie kommt die Unterscheidung in Nullsummen- und Nichtnullsummenspiele bzw. -situationen. *Nullsummensituationen* sind bekanntlich jene, wo der Gewinn des einen den Verlust des anderen bedeutet. Die Ergebnisse korrelieren negativ miteinander. Viele unserer Gesellschaftsspiele basieren auf der Logik der Nullsummenspiele. Ihre Übertragbarkeit auf organisatorische Situationen wird v.a im Zusammenhang mit endlichen Ressourcen, insbesondere bei Lohn- bzw. Gehaltsverhandlungen gesehen. *Nichtnullsummenspiele* sind dagegen etwas anders strukturiert: Zeigen die Beteiligten ein kooperatives Verhalten, so erzielen beide in der Regel (kleine) Gewinne; handeln beide kompetitiv, erzielen beide einen Verlust; handelt einer kooperativ und der andere kompetitiv, so erzielt der Kompetitive zu Lasten des Kooperativen einen Gewinn.

b) Walton/McKersie (1965) haben in ihrer inzwischen berühmten Arbeit diese spieltheoretischen Überlegungen auf die Theorie des „collective bargaining" übertragen und unterscheiden dort zwischen distributivem und integrativem Verhandeln (Walton/McKersie, 1965: 4 f.). *Distributives* Verhandeln bezieht sich auf Verhandlungen, in denen die Ziele der Akteure einander ausschließen. Viele unserer alltäglichen Konflikte werden – berechtigt oder unberechtigt – im Sinne distributiven Verhandelns zu lösen versucht. *Integratives* Verhandeln dagegen bezieht sich auf Verhandlungen, bei denen die Ziele der Akteure einander nicht grundsätzlich ausschließen. Hier gibt es Bereiche, an deren Lösung ein gemeinsames Interesse der Akteure besteht.

c) Die dritte theoretische Strömung betrifft die motivationale Orientierung der Akteure. Rubin/Brown (1975) beschreiben im Anschluß an Deutsch (1960) drei motivationale Orientierungen: kooperativ, kompetitiv und individualistisch (Rubin/Brown, 1975: 198 ff.; s. auch McClintock, 1977: 62 ff.). Bei einer *kooperativen* motivationalen Orientierung hat der Akteur neben dem Interesse an seinem eigenen Erfolg auch ein Interesse am Erfolg des anderen. Eine *kompetitive* motivationale Orientierung bezeichnet eine Haltung, bei welcher der Akteur erfolgreicher als der andere sein möchte und gleichzeitig auch in der Verhandlung so erfolgreich als möglich abschneiden möchte. Eine *individualistische* motivationale Orientierung meint schließlich, daß der Akteur nur an seinem eigenen Erfolg interessiert ist, gleichgültig wie der andere abschneidet.

2) Manifestheit des Verhandlungsprozesses

Mit Manifestheit des Verhandlungsprozesses ist ein Kriterium gemeint, das von Schelling (1960) in die Diskussion eingebracht wurde. Schelling unterscheidet in explizite und in unausgesprochene („tacit") Verhandlungen. *Explizite* Verhandlungen bezeichnen Verhandlungsprozesse, bei denen sich die Beteiligten ihrer Verhandlungssituation bewußt sind und auch daran interessiert sind, ein Verhandlungsergebnis z.B. durch Angebote, Gegenangebote, Konzessionen oder Kompromisse herbeizuführen. Für explizite Verhandlungen drängt sich somit die Metapher des „Zusammensetzen am Verhandlungstisch" auf. *Unausgesprochene* Verhandlungen dagegen tragen diesen Öffentlichkeitscharakter nicht; es ist nicht einmal notwendig, daß sich die Beteiligten ihrer Situation als einer Verhandlungssituation bewußt sind (s. dazu auch Bacharach/Lawler, 1980: 113).

Die Verhandlungstheorie hat sich bisher überwiegend auf explizite Verhandlungsprozesse konzentriert. Einerseits sind dafür historisch-pragmatische Gründe maßgeblich: Hier sind v.a aus dem Zusammenhang der sog. labor bzw. industrial relations die sog. collective bargaining theories v.a. in ihren sozialpsychologischen Ausformulierungen zu nennen (z.B. Walton/McKersie, 1965). Andererseits haben methodische Überlegungen (z.B. Abell, 1975: 16 f.) dazu geführt, theoretische Arbeiten v.a. auf explizite Verhandlungen zu beschränken. Denn in expliziten Verhandlungen sind bekannt bzw. methodisch unproblematisch: die Verhandlungspartner, der Verhandlungsgegenstand, der zeitliche Rahmen (Beginn, Ende), die Öffentlichkeit der Kommunikation. Verhandlungen werden daher im allgemeinen als abgegrenzte Situationen skizziert, in denen zwei oder mehrere Parteien, sich des Verhandlungscharakters ihrer Situation bewußt, versuchen, durch Angebot(e) und Gegenangebot(e) zu einer Vereinbarung zu kommen (z.B. Chertkoff/Esser, 1977: 464).

Die Konzentration auf explizite Verhandlungen bringt jedoch einige entscheidende Nachteile mit sich. Der Hauptnachteil besteht darin, daß damit ein längerer Prozeß auf ein einziges Ereignis, nämlich die öffentliche Verhandlung, und hier im besonderen auf Taktiken, reduziert wird. Gleichzeitig geht in diese öffentliche Verhandlung aus theoretischer Sicht praktisch kein Umfeld und auch keine Geschichte des gesamten vorhergehenden Prozesses ein. V.a. bei experimentellen Spielen zeigt sich dieses Problem deutlich: Collegestudent(inn)en, die als Subjekte des Experiments

– einander kaum kennen,
– keine gemeinsame Vergangenheit und auch keine gemeinsame Zukunft haben,
– freiwillig am Experiment teilnehmen,
– dafür u.U. sogar eine kleine finanzielle Entschädigung erhalten,
– für die das Experiment eine einmalige Episode mit keinerlei persönlich relevanten Auswirkungen abgibt,

stellen ein höchst problematisches Vergleichsobjekt für Verhandlungsprozesse zwischen dem Unternehmen und seinen Beschäftigten oder zwischen den Mitarbeitern eines Unternehmens dar, die im Gegensatz dazu

– oft schon jahrelang, mitunter sogar täglich, direkt zusammenarbeiten,
– deren Zukunft von den Verhandlungsergebnissen unmittelbar betroffen ist,
– ja wo die Verhandlung selbst als Ausdruck der Betroffenheit und des Interesses an einer Problemlösung zu sehen ist.

Die Konzentration auf explizite Verhandlungen stellt daher m.E. eine bedenkliche Einengung der Verhandlungsforschung dar. Um es unmißverständlich auszudrücken: Es werden damit genau jene Prozesse vernachlässigt, die für das Bestehen expliziter Verhandlungsprozesse konstitutiv sind.

Hier hingegen wird ein weiter Verhandlungsbegriff vertreten, der explizite Verhandlungen nur als öffentlichen Ausdruck oder Endpunkt, d.h. als nur eine Repräsentation unter mehreren, eines längeren Verhandlungsprozesses versteht. In den Verhandlungsprozeß geht damit auch das ganze Vorfeld nicht expliziter Verhandlungen ein.

3) Zeitdimension

Die Bedeutung der zeitlichen Dimension (kurz-, mittel- und langfristig) von Verhandlungen erscheint offensichtlich. Es macht einen beträchtlichen Unterschied aus, ob ein Akteur unmittelbar einen Zweck realisieren will oder ob er eine Folge von Handlungen nur als Mittel eines später zu realisierenden Zweckes ansieht. Auf einen kürzeren Zeithorizont bezogen, kann sich durchaus der Eindruck einstellen, vereinzelte Handlungen seien – isoliert betrachtet – als nicht zweckmäßig oder gar als ‚Mißerfolg' anzusehen. Eingebettet in den längeren Zeithorizont, stellen sie sich jedoch als wohlüberlegte ‚Opfer' des späteren Erfolges dar.

So offenkundig die Bedeutung der Zeitdimension scheint, so ist es doch notwendig, darauf hinzuweisen, daß *nicht* der Zeitablauf über die Beurteilung des Erfolgs oder Mißerfolgs von Handlungen entscheidet, sondern die Hierarchie von Zwecken. Zeit ist eine formale Kategorie, welche hilft, die Reihenfolge des Ablaufs von Ereignissen zu ordnen. Ihre Beurteilung erfahren Handlungen jedoch durch Gegenüberstellung mit den Zwecken, denen sie dienen sollten. Nicht Zeithorizonte, sondern Sinnhorizonte ermöglichen diese Beurteilung.

Nullsumme/Nichtnullsumme, distributiv/integrativ sowie kooperativ/kompetitiv/individualistisch reflektieren Situationsdefinitionen und daraus resultierende Handlungsmuster. Betrachtet man „kompetitiv" als Subvariante von „individualistisch"[81], dann tritt der duale Charakter dieser Dimensionen zu Tage. Akteure verhandeln dann nullsummenorientiert, distributiv, individualistisch oder eben nichtnullsummenorientiert, integrativ, kooperativ[82]. Diese Polarisierung hinterläßt jedoch – auch wenn sie weitverbreitet ist – einen eher unbefriedigenden Eindruck:

1) Sie setzt voraus, daß bereits etwas vorhanden ist, über dessen Verteilung verhandelt werden kann; dies rührt v.a. aus der Beschäftigung mit expliziten Verhandlungen, wo sich die Beteiligten ihrer Situation als ‚Verhandlungs'situation bewußt sind und auch über den Gegenstand der Verhandlung übereinstimmen. Versteht man jedoch Verhandlungen als Versuche der Definition der sozialen Wirklichkeit der Akteure und ihrer (Über- und Unterordnungs-)Beziehungen zueinander, so steht primär die Aushandlung der Situationsdefinition im Vordergrund. Der Verteilungsaspekt kann – muß aber nicht notwendigerweise – ein Element dieses Prozesses sein.

2) Kooperatives Handeln ist kein Gegensatz zu erfolgsorientiertem Handeln, wie die Polarität zu kompetitiv bzw. individualistisch dies auszudrücken scheint. Es ist viel eher anzunehmen, daß Kooperativität ein Mittel individueller Erfolgsorientierung darstellt: Dort wo Zusammenarbeit – kurz- oder langfristig – dem Akteur den größeren Erfolg verspricht als ein vereinzeltes Handeln, empfiehlt es sich, die Vorteile der Zusammenarbeit wahrzunehmen. Es liegt daher nahe, Kooperation eher als instrumentelle Kategorie individueller Erfolgsorientierung zu sehen denn als Gegensatz zu ihr[83]. Eine ähnliche Argumentation verbindet sich auch mit dem Kriterium „zufriedenstellender" Lösungen der betriebswirtschaftlichen Entscheidungstheorie. Der Akteur wird, solange dieses Kriterium erfüllt ist, alle Handlungsmöglichkeiten zulassen – der von ihm angestrebte Erfolg erscheint ihm ja gesichert.

3) Selbst dann, wenn man die Unterscheidung als Gegensatzpaar aufrechterhalten wollte, wäre noch hinsichtlich Problemlage und Sinnhorizont zu differenzieren:

Was kurzfristig besehen als kooperativ betrachtet werden könnte, kann langfristig durchaus Bestandteil einer individuellen Erfolgsorientierung sein. Weiters ist angesichts der Tatsache, daß für die Beteiligten in Verhandlungen in den meisten Fällen im Rahmen ihrer sozialen Eingebundenheit und Verflochtenheit auch weiterhin Interdependenzen bestehen, anzunehmen, daß z.B. eine ‚reine' Nullsummendefinition[84] oder Distributivität auch für den Alltagsgebrauch eher die Ausnahme als die Regel darstellen und somit eher unwahrscheinlich sind.

4) Dies weist bereits auf die Verflochtenheit von Verhandlungsproblemen hin. Die oben skizzierte Zweiteilung geht von der Annahme eines abgegrenzten, inhaltlich kohärenten Verhandlungsproblems aus. Diese Annahme ist m.E. ebenfalls nicht haltbar. Dies würde nämlich bedeuten, daß ein Verhandlungsproblem aus seinem sozialen Zusammenhang gerissen und isoliert werden könnte. Damit ginge aber sein Sinn verloren. Verhandlungsprobleme haben ein Umfeld im sozialen Sinn, aber auch ihre Einbettung in die Interessen der Akteure. Die mitunter von ‚geschickten' Verhandlern angewandte Taktik des sog. Fraktionierens[85] stellt damit nur einen Versuch der Manipulation der Situationsdefinition dar. Das „lassen wir einmal x und y beiseite und konzentrieren wir uns auf z" soll den Anschein erwecken, als sei es tatsächlich möglich, sich auf das ‚reine' Verhandlungsproblem zu konzentrieren. Andererseits zeigen gerade z.B. Drohungen, Versprechen, Koalitionsbildungen, Streiks etc. auf, daß damit das ursprüngliche ‚reine' Verhandlungsproblem in seinem Bezugsrahmen verbreitert wird und weitere Dependenzen und Gegendependenzen in die Situation eingebracht werden. Bsp.: Wenn die Gewerkschaft droht: „wenn bis morgen Mittag kein befriedigender Gehaltsvorschlag vorliegt, wird gestreikt", dann geht es nicht mehr um die ‚reine' Gehaltserhöhung, sondern auch um die beidseitigen Kosten eines Streiks, um das soziale Klima im Unternehmen, um die Motivation der Beschäftigten, um die präjudizielle und symbolische Bedeutung für künftige Verhandlungen etc. Gerade Drohungen zeigen dies deutlich auf: Ihr Sinn besteht ja im besonderen darin, außerhalb des ursprünglichen – ‚reinen' – Verhandlungsproblems eine Dependenz herzustellen, die den anderen beeinträchtigen soll.

Die Verteilungsmodi Nullsumme/Nichtnullsumme, distributiv/integrativ, individualistisch kompetitiv kooperativ, die Konzentration auf explizite Verhandlungen sowie die Verwechslung von Zeit- und Sinnhorizont erweisen sich damit für die Untersuchung von Verhandlungsproblemen als nicht angemessen:

– die Mehrzahl der Verhandlungen ist nicht „explizit"; der Verhandlungsgegenstand kann nicht als „gegeben" vorausgesetzt werden;
– die Konzepte kooperativ, integrativ, Nichtnullsumme lassen sich als Subkategorien erfolgsorientierten Handelns verstehen und stellen damit keinen theoretischen Gegensatz zu diesem dar;
– dasselbe (Ver-)Handeln kann für einen Sinnhorizont kooperativ etc. erscheinen, für eine erweiterte Problemlage und in einem veränderten Sinnhorizont kann es individualistisch sein;
– die Annahme „reiner", abgegrenzter Verhandlungssituationen läßt sich wegen deren Geschichtlichkeit und sozialer Interdependenz nicht aufrechterhalten.

Auf der Grundlage dieser drei zentralen Untersuchungsbereiche (Verteilungsmodi, Manifestheit des Verhandlungsprozesses, Zeithorizont) beschäftigt sich die Verhandlungsforschung mit Verhandlungsprozessen v.a. auf präskriptiver und auf experimenteller Ebene. Die *präskriptive* Literatur (z.B. Bisno, 1988; Lax/Sebenius, 1986; Fisher/Ury, 1985; Lewicki/Litterer, 1985; Wall, 1985) geht von einer Rezeptkausalität aus und gibt – auf teilweise recht unterschiedlichem Niveau – Hinweise, wie man sich zu verhalten habe, um in Verhandlungen erfolgreich zu sein (zur problematischen Umsetzung solcher Präskriptionen siehe z.B. Bazerman, 1983: 211 ff.). Der Zusammenhang zwischen Macht und Verhandlung wird dabei im allgemeinen in dem Sinn thematisiert, daß Macht als Fähigkeit der Akteure a priori vorausgesetzt wird. Es liegt damit auf der Hand, daß solche präskriptive Handlungsanweisungen für einen Zusammenhang, der auf den Übergang von Dependenz zu Macht abstellt, nicht allzuviel beitragen können.

Eine *experimentelle* Vorgangsweise (z.B. Popp, 1988; Murnighan/Vollrath 1984; Sauermann, 1978; Schlenker/Bonoma 1978; Chertkoff/Esser, 1977) dagegen versucht v.a. mit Hilfe experimenteller Spiele, Gesetzmäßigkeiten und objektive Determinanten in Verhandlungsprozessen zu identifizieren. Die bekanntesten dieser Spiele, die inzwischen in zahlreichen Varianten vorliegen, sind das Prisoner's Dilemma (Luce/Raiffa, 1957), das Trucking Game (Deutsch/Krauss, 1960) und das Bilateral Monopoly Game (Siegel/Fouraker, 1960). Die solchermaßen an artifiziellen Spielen erprobte Verhandlungsforschung stellt noch immer den Schwerpunkt der Forschungsaktivitäten dar. Ihr heuristischer Wert steht außer Zweifel. Es wird jedoch dabei – bezogen auf Verhandlungsprozesse in Unternehmen – von Voraussetzungen ausgegangen, die im wesentlichen nicht nur problematisch sind, sondern auch die Generalisierbarkeit ihrer Ergebnisse in Frage stellen. Im einzelnen läßt sich dagegen einwenden:

1) Die Verhandlungs*situation* ist von geringer Komplexität, der Gegenstand der Verhandlung ist von vornherein extern (d.h. vom Leiter des Experimentes) vorgegeben. Alternativen hinsichtlich anderer Beteiligter oder des Verhandlungsgegenstandes sind nicht vorgesehen. Damit stehen nur mehr die Ergebnisse zur Diskussion. Die Auszahlungsmatrix stellt dann auch meist das einzige normative Orientierungskriterium für die Akteure dar. Damit werden aber viele jener Phänomene, die eine Vereinbarung problematisch machen können, von vornherein ausgeklammert. Vernachlässigt wird auch die Geschichtlichkeit von Verhandlungssituationen: In experimentellen Spielen haben die Akteure keine spielrelevante Vergangenheit und keine spielrelevante Zukunft. Durch die in die Logik der Spiele nicht hereinholbare Zukunft geht z.B. der Aspekt verloren, daß die Akteure in einem Unternehmen nicht nur ein einziges Mal (und noch dazu mit für die wirkliche Existenz irrelevanten Ergebnissen) verhandeln, sondern auch noch morgen und weiterhin zusammenzuarbeiten haben (müssen). Durch den Ausschluß der Vergangenheit wird verdeckt, daß der explizite Verhandlungsprozeß nur einen, und mitunter sogar den weniger bedeutsamen Teil eines umfassenderen Gesamt-Verhandlungsprozesses darstellt.

2) Dies weist bereits auf den *Kontext*, in dem experimentelle Verhandlungen stattfinden, hin. Während bei Verhandlungen in Unternehmen die Akteure zumindest bestimmte Anteile an gemeinsamer Geschichte und Orientierungen

aufweisen, bestehen bei experimentellen Verhandlungen vor und nach dem Experiment kaum soziale Beziehungen zwischen den Akteuren, die sich in der Regel aus Student(inn)en rekrutieren.
3) Bei experimentellen Verhandlungen verfügen die Akteure meist über komplette Information, bzw. das Spiel ist so angelegt, daß die Akteure die für sie relevanten Daten erhalten können; mit wichtigen externen Ereignissen braucht nicht gerechnet zu werden. Das Spiel ist damit mehr oder weniger *geschlossen* angelegt.
4) Die *Auszahlungsmatrix* als entscheidende Orientierungsgrundlage gibt die Lösungsmöglichkeiten bereits vor. Mit diesen Vorgaben ist auch das Ergebnis im Prinzip festgelegt, es muß nur mehr ausgespielt werden. Nicht nur, daß diese Lösungsmöglichkeiten meist trivial sind, weisen sie darüberhinaus noch deutliche Abstufungen zwischen unterschiedlich günstigen Lösungen auf. Ambiguitäten sind nicht vorgesehen. Durch bereits vorgegebene Lösungsmöglichkeiten geht aber der qualitative Aspekt der Verhandlungssituation verloren[86]: Die Akteure einigen sich nicht mehr inhaltlich auf eine Lösungsmöglichkeit, sondern nur mehr auf die Menge auszutauschender Ressourcen. Die Auszahlungsmatrix reduziert somit komplexe soziale Verhältnisse auf einfache Mengendimensionen, wobei Ungleiches zu Gleichem oder vernachlässigt wird. Die meisten der sog. Ergebnisse experimenteller Verhandlungen stellen Beispiele dieser Trivialisierung dar: Ein abstraktes Zahlenverhältnis ist ungeeignet, die vielschichtigen Folgen von realen Verhandlungen, die ja in der Regel weit über die unmittelbar beteiligten Akteure hinausreichen, auch nur annähernd zu verdeutlichen.
5) *Macht* wird im Zusammenhang mit experimentellen Spielen kaum angesprochen. Dort, wo bei der Erreichung von Lösungen die Dependenz oder Interdependenz deutlich wird, wird entweder die Machtproblematik überhaupt vernachlässigt oder die Dependenz des jeweils anderen als Ausgangspunkt einer Einigung methodologisch so angelegt, daß in den Verhandlungen die Handlung des einen als Ursache einer kausalen Wirkung beim anderen anzusehen ist (z.B. Popp, 1988: 44). Damit stimmt der andere aber einer Lösungsmöglichkeit nicht mehr auf Basis seiner Einsicht in seine Dependenz und in seine Alternativen zu, sondern Zustimmungen sind als bewirkte Reaktionen anzusehen.

Damit stellt sich für eine handlungstheoretische Untersuchung von Verhandlungsprozessen der wissenschaftliche Wert der dominant experimentellen Verhandlungsforschung aus theoretischen, methodischen und methodologischen Gründen als ziemlich eingeschränkt dar.

3.2.6.3. Elemente einer Theorie der Verhandlung

Wir sind davon ausgegangen, daß eine Dependenz des B gegenüber A hinsichtlich der Ressource a besteht. Die Dependenz rührt entweder

a) von der Einsicht des B, daß er zur Realisierung seiner Zwecke der von A kontrollierten Ressource a bedarf, oder
b) A hat mittels einer (kommunikativen) Unterordnungsaufforderung eine solche Dependenz erfolgreich ‚hergestellt'.

Angesichts seiner Dependenz gegenüber A kann der Akteur, sofern ihm keine Zwangsmittel zur Verfügung stehen, die Unterordnungsbedingungen des A
- akzeptieren,
- ablehnen,
- durch Verhandeln zu verändern versuchen.

Diese drei grundsätzlichen Handlungsalternativen stehen einem Akteur aber nicht nur bei einer ‚neuen' Dependenz offen, sondern auch im Rahmen bereits bestehender Machtbeziehungen, wie das dem Alltag der Über- und Unterordnung in Unternehmen entspricht. Der Mitarbeiter kann auch hier einer Handlungsaufforderung nachkommen, diese verweigern oder versuchen, andere Bedingungen auszuhandeln. Der hier zur Diskussion stehende Verhandlungsbegriff ist somit in einer Theorie der Macht verankert, setzt Macht jedoch nicht a priori voraus, wie dies üblicherweise der Fall ist. Da davon auszugehen ist, daß Verhandlungen in Unternehmen in der Mehrzahl nicht in der oben kritisierten Weise „explizit" sind, setzen Verhandlungen dort an, wo der Akteur versucht,

a) die Interaktionsbeziehung mit einem anderen Akteur in einem konkreten Ordnungsmuster festzulegen, d.h. die Bedingungen einer möglichen Über- und Unterordnung diskutiert, oder
b) die Bedingungen einer bestehenden Machtbeziehung zu verändern.

Im Gegensatz zu den Prämissen der traditionellen – und hier im besonderen der experimentellen – Verhandlungsforschung wird hier angenommen, daß sich Verhandlungssituationen durch folgende Merkmale auszeichnen:

1) Der *Zweck* von Verhandlungen besteht in der Herstellung oder Veränderung verbindlicher Situationsdefinitionen; Verhandlungen sind daher nicht primär als Verteilungsprobleme (die sie auch sein können) zu betrachten. Sie stellen einen Versuch der Problemlösung, der Re- bzw. Neudefinition der Realität der beteiligten Akteure dar. Die Bedingungen, unter denen die Akteure ihre Zwecke realisieren können, werden definiert. Sie können, müssen aber nicht, zu einer einvernehmlichen Lösung kommen.

2) *Gegenstand* der Verhandlung und *Beteiligte* sind nicht a priori gegeben. Oft wissen die Akteure nur, daß es ein Problem gibt, aber nicht, worin es besteht. Viele Verhandlungen eignen sich als „garbage cans"; mitunter werden die Akteure bereits eine Lösung parat haben, warten aber noch auf die dafür geeignete Verhandlungssituation (Cohen/March/Olsen, 1972: 2). Manchmal werden sie eine genaue Vorstellung davon haben, was sie herbeiführen, verhindern oder bewahren wollen; manchmal werden ihre Vorstellungen unterdefiniert, d.h. nur im Groben umrissen sein. Im Prozeß der Konkretisierung des Problems divergieren die jeweiligen Problemdefinitionen entsprechend der unterschiedlichen Interessenlagen der Akteure. Mit zunehmender Konkretisierung des Problems können sich der Gegenstand der Verhandlung verlagern und auch die Beteiligten wechseln.

3) Die *Verhandlungsmodi* beruhen auf den Interessen der Akteure. Die Akteure (ver-)handeln erfolgsorientiert; je nach Sinnhorizont und Erfolgserwartungen

wählen sie dabei kooperative oder kompetitive Strategien und Taktiken. Da Unternehmen interdependente soziale Gebilde darstellen, sind die Interessenrealisierungsmöglichkeiten der anderen Akteure strategisch und taktisch zu berücksichtigen, um die eigenen Interessen realisieren zu können. Die an Verhandlungsprozessen beteiligten Akteure verfolgen z.T. konfligierende, z.T. gemeinsame Zwecke. In Unternehmen führt die Verfolgung der eigenen Interessen zu Situationen, in denen es sich empfiehlt, mit anderen Akteuren zu kooperieren. Damit werden Interessen realisierbar, die in vereinzelten Handlungen nicht zu realisieren wären. Im Anschluß an die Diskussion der Verteilungsmodi wird in der einschlägigen Literatur häufig vorgeschlagen, Verhandlungen als ein „mixed-motive game" (Schelling, 1960: 89) zu bezeichnen (s. dazu auch Kochan/Verma, 1983: 19; Bacharach/Lawler, 1980: 107). Man meint damit, daß sich Akteure auf Grund ihrer Bedürfnis- oder Interessenlagen in einer Verhandlungssituation oft konträren persönlichen Handlungsorientierungen (etwa: kompetitiv und kooperativ) gegenübersähen. Eine solche Charakterisierung ist jedoch m.E. nicht aufrechtzuerhalten. Sie vernachlässigt Zweckhierarchien und Sinnhorizonte und parallelisiert Strategien und Taktiken. Aus dem Verständnis von Verhandlungen als Versuche der Herstellung normativer Ordnungsbeziehungen handeln Akteure in Unternehmen erfolgsorientiert; Kooperation[87], Koalitionen, Kampf etc. sind strategische oder taktische Elemente der Erfolgsorientierung der Akteure.

4) Was die *Manifestheit* der Verhandlungen betrifft, so stellen die sog. unausgesprochenen Verhandlungen den Großteil aller Verhandlungen dar. Explizite Verhandlungen sind ohne vorangehende unausgesprochene Verhandlungen kaum denkbar; d.h. explizite Verhandlungen stellen nur ein besonderes Ereignis eines umfassenderen Gesamtverhandlungsprozesses dar.

5) Verhandlungen sind immer in einen *Kontext*, der ihnen ihren Sinn gibt, eingebunden. Sog. ‚reine', experimentelle Verhandlungsspiele sind sinn-los. Die in Unternehmen bestehenden langfristigen und strukturellen Interdependenzen können in den ad hoc Simulationen experimenteller Spiele nicht angemessen nachvollzogen werden. Verhandlungen in Unternehmen sind keine einmaligen, sondern regelmäßig auftretende Ereignisse. Sie finden in spezifischen sozialen Zusammenhängen statt, deren strukturelle Bedingungen in die Ergebnisse der Verhandlungen eingehen. Die Ergebnisse der Verhandlungen wiederum stabilisieren oder ändern die strukturellen Bedingungen.

6) *Macht* ist kein Verhandlungselement, das a priori in die Verhandlungssituation mit eingeht[88]. Aushandlungsprozesse etablieren an bestimmte Inhalte und Beziehungen gebundene Machtstrukturen. Sie legen für die Beteiligten Segmente ihrer sozialen Ordnung, d.h. ihrer Beziehung zueinander fest. Wäre Macht a priori für A gegeben – warum sollte er dann noch verhandeln?

Abgesehen von physischem Zwang können daher in einem kausalen Sinn weder A noch B etwas beim anderen „bewirken" oder als „Reaktion herbeiführen". Die Akteure können neue Elemente in die Situation einbringen (z.B. Informationen, Argumente, Vorschläge), für den anderen wird die Veränderung der Situation aber erst dann real, wenn sie von ihm so definiert wird. Und erst mit der neuen

Situationsdefinition kommt es zu einer Handlung. Der ‚Ort der Verursachung' einer Handlung liegt damit nicht mehr außerhalb des Akteurs, sondern in ihm selbst, d.h. in seiner eigenen Situationsdefinition, in Beziehung gesetzt zu seinen Zwecken und Interessen. Außerhalb des Akteurs liegen die Versuche der anderen, die Situation durch Hinzufügen oder Wegnahme von Elementen zu verändern. Aber erst mit seiner eigenen, neuen Situationsdefinition hat sich die Situation in einem subjektiven Sinn für den Akteur verändert. Der bestgemeinte ‚Beweis' bringt solange nichts, solange ihn der Akteur nicht als ‚Beweis' wahrnimmt und akzeptiert.

Nun verläuft das Zusammenleben der Menschen weder chaotisch noch zufällig, sondern folgt (mehr oder weniger deutlich erkennbaren) sozialen Ordnungsmustern. Soziale Ordnungen verkörpern sich in Normen, Institutionen und verfestigten Handlungs(erwartungs)strukturen. D.h. es existiert ein Bestand an Regelmäßigkeiten, der sich in bereits abgeschlossenen Handlungen sowie in Handlungserwartungen ausdrückt. Die hier angesprochenen sozialen Regelmäßigkeiten haben aber mit Gesetzmäßigkeiten im naturwissenschaftlichen Sinn wenig gemeinsam. Kommt es dort zu „immer dann, wenn …"-Aussagen, so ist zwar auch hier der Akteur derjenige, der handelnd solche Regelmäßigkeiten herstellt, der sie reflektierend aber auch wieder außer Kraft setzen kann, indem er anders handelt. So haben sich Institutionen ja deshalb gebildet, weil sie für die beteiligten Akteure von Nutzen waren (Berger/Luckmann, 1977: 49 ff.). Auf der Basis des eigenen Erfahrungsbestandes, des Wissens um soziale Regelmäßigkeiten, der Vermutungen über den anderen Akteur setzt nun B eine Handlung, von der er hofft, daß die Situationsinterpretation durch A diesen veranlassen wird, eine Handlung zu setzen, die den Erwartungen des B entspricht.

Diese Art von Regelmäßigkeiten und die ‚Verursachung' der Handlung auf Grund der eigenen Situationsinterpretation ist noch von einem zweiten Kausalitätsverständnis zu unterscheiden, nämlich der Attribution der Kausalität. Nehmen wir z.B. an, A droht B, und B handelt in der Folge tatsächlich so, wie es A erhofft und erwartet hatte. Dieser Erfolg kann bei A zu dem Eindruck führen, daß er (A) die ‚Ursache' der Handlung des B darstelle. D.h. A attribuiert in einem kausalen Sinn sich selbst als Verursacher und Auslöser der Handlung des B (Kipnis, 1984b: 130 f.)[89]. Die Unterordnung des B wird der Drohung des A zugeschrieben und nicht der Entscheidung des B. Nicht verwechselt werden sollte jedoch das Phänomen der Kausalattribution mit dem kausalistischen Paradigma der traditionellen Machtforschung, in dem Drohung, Versprechen, Überzeugung etc. als Formen der Macht oder zumindest als Ursache erfolgreicher Machtausübung betrachtet werden.

In der Definiton des Verhandlungsbegriffes kann daher Macht a priori nicht enthalten sein, wie dies z.B. bei Bacharach der Fall ist: „Actors can mobilize bargaining power to execute their will" (Bacharach, 1983: 362). Verfügten die Akteure tatsächlich über die Macht, ihre Interessen durchzusetzen, dann wären Verhandlungen nur mehr hinsichtlich ihres symbolischen Stellenwertes zu untersuchen.

7) Die *Auszahlungsmatrix* oder andere Verteilungsrelationen sind nicht a priorisch fixiert. Es ist zwar durchaus möglich, daß eine Verhandlung im Hinblick auf eine bestimmte Ressourcenverteilung durchgeführt wird. Das bedeutet aber nicht, daß die Akteure im Prinzip nicht auch andere Verteilungsmodi einführen könnten.

Ebenso kann auch der Kreis der zur Verhandlung stehenden Ressourcen erweitert oder eingeengt werden, gleichfalls der Kreis der an der Verhandlung beteiligten oder der von der Ressourcenverteilung betroffenen Akteure.

8) Die *subjektive Interpretation* dessen, was letztendlich Gewinne oder Verluste (d.h. Handlungschancen) sind, fällt zurück in den Bereich des jeweiligen Akteurs. Die objektiven Elemente der Verhandlungssituation werden von den Beteiligten subjektiv interpretiert, auf Zwecke und Interessen hin orientiert und in Strategien und Taktiken umgesetzt. Gewinne und Verluste, Erfolge und Mißerfolge bei Verhandlungen sind daher keine absoluten Größen, sondern aus der Warte der Zwecke und Interessen der Verhandelnden zu sehen. Das selbe Ergebnis kann für beide Verhandlungspartner sowohl einen Mißerfolg darstellen als auch von beiden als Erfolg betrachtet werden. Das Beurteilungskriterium hiefür gibt der Sinnhorizont ab, vor dem die Ergebnisse bewertet werden.

9) Es gibt a priori keine ‚richtigen' und keine ‚falschen' *Verhandlungsergebnisse*. Der Gegenstand der Verhandlung, die beteiligten Akteure, die von diesen verfolgten Interessen und auch die gewählten Strategien können sich im Verlauf der Verhandlungsprozesse verändern.

10) Verhandlungen können, müssen aber nicht, zu einvernehmlichen Lösungen kommen. Ihr Ergebnis kann auch in der Feststellung der Nicht-Einigung bestehen. Kommen sie zu einer einvernehmlichen Lösung, dann sind Verhandlungsergebnisse als soziale Vereinbarungen nicht ad infinitum festgeschrieben. Verhandlungsergebnisse stellen keine *endgültigen, sondern immer nur vorläufige Lösungen* dar. Nachfolgende Verhandlungsprozesse können die Ergebnisse erweitern, vertiefen, revidieren oder aufheben.

Verhandlungen werden hier somit in eine *Theorie der Macht* eingebunden. Sie dienen der Hervorbringung normativer Ordnungsbeziehungen. Damit erhalten sie ihren theoretischen und sozialen Kontext, den die traditionelle Verhandlungsforschung ausklammert. Der Ausgangspunkt von Verhandlungen liegt in den Interessen der Akteure, die sich in (Inter-)Dependenzen konkretisieren. In Verhandlungen versuchen die Akteure, die Situation zu ihren Gunsten zu verändern. Das zentrale Element von Verhandlungen sind taktische Handlungen[90]. Die Akteure setzen dabei Handlungen, um dem jeweils anderen Situationsinterpretationen und Handlungen nahezulegen, die ihren Erwartungen entsprechen (s. dazu auch Abb. 13). Taktische Handlungen sind der materielle Ausdruck einer Strategie. Strategien stellen Handlungspläne dar, die auf der Basis von Zwecken und Interessen der Akteure Mittel und Wege angeben, die aus der Warte der Akteure der Realisierung ihrer Interessen und Zwecke dienlich sind (zu einer positivistischen Strategiedefinition vgl. z.B. Murray, 1983: 250).

Auf der Grundlage der bisherigen Diskussion empfiehlt sich daher eine ‚weite' Definition des Verhandlungsbegriffes. Eine Verhandlung wird *definiert* als ein Prozeß, in dem zwei oder mehrere Akteure versuchen, die Bedingungen ihrer sozialen Beziehung für einen bestimmten Zusammenhang ohne Anwendung physischen Zwanges verbindlich festzulegen. Verhandlungen sind ‚akzeptanzpflichtig', d.h. sie bedürfen – um Verbindlichkeit zu erlangen – der Zustimmung. Für die

Entstehung von Macht bedeutet dies, daß die Akteure in Verhandlungen auf der Basis ihrer Dependenzen jene Bedingungen vereinbaren, unter denen sie gewillt sind, eine Über- und Unterordnungsbeziehung einzugehen. Diese Definition betont im Gegensatz zu den traditionellen, den Verteilungsaspekt betonenden Definitionen (z.B. Kochan/Verma, 1983: 11; Pruitt, 1981: XII) den Transaktionsaspekt zwischen persönlichen Interessen und sozialer Verbindlichkeit, d.h. den Transaktionsaspekt zwischen Dependenz und Macht.

3.2.6.4 Der Abschluß von Verhandlungen

In Verhandlungen versuchen die Akteure auf der Basis ihrer (Inter-)Dependenzen jene Bedingungen zu vereinbaren, unter denen sie bereit sind, eine Über- und Unterordnungsbeziehung einzugehen. Je nach Verlauf endet eine Verhandlung für B (s. Abb. 18) mit

- der Akzeptanz der Unterordnungsbedingungen,
- der Ablehnung der Unterordnungsbedingungen,
- der Aufnahme neuer Verhandlungen.

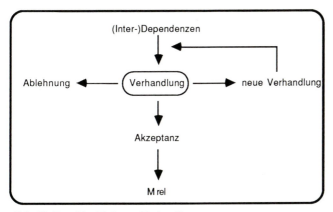

Abb. 18. Der Abschluß von Verhandlungen

3.3 Netzwerke und Koalitionen

Die bisherige Diskussion der Entstehung der Macht hat sich aus analytischen Gründen auf die Dyade beschränkt. Damit konnte für den Einzelfall gezeigt werden, 1) wie Macht entsteht, 2) wie sich bestehende Machtrelationen verändern und 3) wie institutionalisierte Macht in Unternehmen (Herrschaft) mit der Weigerung des Akteurs ihre Grundlage verliert und für den konkreten Zusammenhang zusammenbricht.

In einem nächsten Schritt der ‚horizontalen' Erweiterung[91] relationaler Macht werden nun Netzwerke und Koalitionen in die Diskussion der Entstehung und Veränderung von Machtbeziehungen integriert. Damit wird es möglich, Machtphänomene über die Dyade hinausgehend zu untersuchen und sie an die Interessen,

Dependenzen und Ressourcen einer größeren Anzahl von Akteuren anzubinden. Die Einbindung in Netzwerke und Koalitionen stellt damit gleichzeitig auch den ersten Schritt des Übergangs der Untersuchung einzelner Machtrelationen zur Untersuchung strukturierter Machtbeziehungen dar.

Den Ausgangspunkt der Überlegungen bilden wiederum Zwecke, Interessen und Ressourcen von Akteuren, die sich in Dependenzen manifestieren. Anstatt die unmittelbare Auseinandersetzung mit dem die Ressource kontrollierenden A zu suchen, rekurriert B nunmehr auf das Netzwerk, in das er eingebunden ist. Dort sucht er nach geeigneten und willigen Partnern, organisiert sich mit diesen in Koalitionen und stellt sich solchermaßen ‚gestärkt' der Verhandlung mit A.

3.3.1 Netzwerke

3.3.1.1 Netzwerke als Relationen von Interessen, Ressourcen und Dependenzen

Akteure sind mit anderen Akteuren des Unternehmens durch unterschiedlichste Arten von Beziehungen verbunden. Fombrun ist der Ansicht, daß diese Beziehungen der Akteure zueinander im wesentlichen durch vier Inhalte bestimmt sind: Informationen, Güter, Macht und Emotionalität (Fombrun, 1982: 281). Die vorgeschriebenen und selbstgewählten Beziehungen zu anderen Mitarbeitern des Unternehmens lassen sich als Netzwerke von Beziehungen darstellen. Ein soziales Netzwerk ist damit allgemein als ein Geflecht von Beziehungen zwischen Akteuren zu definieren (Schenk, 1983: 89; Cook/Emerson, 1978: 725).

Das Unternehmen kann in einer solchen Sicht daher als *Netzwerk interdependenter Akteure* gesehen werden. Unter Verlagerung des Betrachtungswinkels könnte das Unternehmen auch als Netzwerk von Interessen, als Netzwerk von Ressourcen bzw. als ein mit Netzwerken verschiedenster Inhalte durchzogenes soziales Gebilde betrachtet werden. Damit wird die Ebene der dyadischen Machtrelation verlassen und die Diskussion relationaler Macht auf einen Satz von Relationen, d.h. auf Netzwerke, erweitert. Durch ihre Eingebundenheit in Netzwerke sind die Akteure in der Lage, auf einen wesentlich größeren Bestand an Ressourcen zurückzugreifen und sich damit einen größeren Handlungsspielraum zu eröffnen.

3.3.1.2 Theoretische Grundlagen

Netzwerke bestehen aus (Cook/Emerson/Gillmore/Yamagishi/, 1983:277):

– Akteuren,
– knappen Ressourcen, die von den Akteuren kontrolliert werden,
– mindestens einer Möglichkeit jedes Akteurs, mit einem anderen in Verbindung zu treten,
– einem Satz von Beziehungen, der einzelne Beziehungen miteinander verknüpft (z.B. die Beziehung A-B und die Beziehung C-D durch die Beziehung B-C; das bedeutet jedoch nicht, daß damit eine Beziehung zwischen A-C, A-D und B-D bestünde),

– einem historisch entwickelten Erfahrungsschatz möglicher Austauschbeziehungen.

Damit können Netzwerke nach folgenden Merkmalen differenziert werden (Schenk, 1984: 40 ff.; Pearce/David, 1983: 437 f.; Lincoln, 1982: 4 ff.; Tichy, 1981: 227 ff.):

1) Inhalt: Welche Art von Beziehungen bildet das Netzwerk? (z.B. Interessen, Ressourcen, Güter und Dienstleistungen, Informationen);
2) Verknüpfung: Welche Merkmale weisen die Beziehungen zwischen den einzelnen Mitgliedern auf? (z.B. Reziprozität: ist die Beziehung symmetrisch oder asymmetrisch?; Normen: wie deutlich ist die Vorstellung in diesem Netzwerk darüber ausgeprägt, wie man in diesem ‚richtig' handelt?; Intensität: welche persönlichen Kosten nimmt ein Mitglied auf sich, um Verpflichtungen nachzukommen?);
3) strukturelle Merkmale (z.B. Größe: Wie groß ist das Netzwerk?; Erreichbarkeit: Wie viele Verknüpfungen braucht es im Durchschnitt, um zwei nicht-verbundene Netzwerkmitglieder zusammenzubringen?; Eintritt: Welche Mitgliedschaftskriterien bestehen?; Vertikalität: Welche hierarchischen Ebenen umfaßt das Netzwerk?; Verteilung der Beziehungen: Weist das Netzwerk Teile auf, die sich durch besonders intensive Beziehungen auszeichnen?).

3.3.1.3 Ressourcennetzwerke

Die gegenwärtige Netzwerkforschung geht im allgemeinen davon aus, daß auch Macht den Inhalt von Netzwerken darstellen könne (z.B. Cobb, 1986: 491; Marsden, 1983: 687 ff.; Fombrun, 1982: 281; Tichy, 1981: 229; Tichy/Tushman/Fombrun, 1979: 508; Cook/Emerson, 1978: 723). Macht wird jedoch dann als ein Gut verstanden, das von Mitgliedern des Netzwerkes besessen und weitergegeben werden kann. Dahinter steht nicht nur ein verkürzter, rezeptartiger Kausalitätsbegriff, sondern eine veraltete Sicht der Macht, die denjenigen, über den Macht ausgeübt werden soll, außer acht läßt.

Legt man dagegen als inhaltliches Bestimmungskriterium ausschließlich die formale Autorität in Unternehmen zugrunde, so könnte das Unternehmen wohl als Netzwerk potentieller Macht beschrieben werden. Aber auch hier empfiehlt es sich, die formale Autorität unter den abstrakten Begriff der Ressourcen zu subsumieren. Akteure versuchen in Unternehmen ihre Zwecke und Interessen zu realisieren; sie sind dabei von den Ressourcen (wie z.B. formale Autorität), die andere Akteure kontrollieren, dependent. Die Transaktionen des betreffenden Netzwerkes bestehen dann nicht aus „Macht" (was immer das sein sollte), sondern aus Verfügungsmöglichkeiten über Ressourcen, die von Mitgliedern des Netzwerkes kontrolliert werden. Bezogen auf die Verhandlungssituation, d.h. den Ort der Entstehung konkreter Machtbeziehungen, stellt sich dies wie in Abb. 19 dar.

Der Rückgriff des B auf die Ressourcen des Netzwerkes läßt sich an Hand eines Beispiels verdeutlichen. Nehmen wir an, der Mitarbeiter B_1 möchte an einer externen Weiterbildungsveranstaltung teilnehmen, sieht aber keine Möglichkeit,

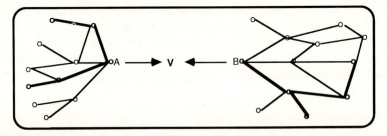

Abb. 19. Unterstützungsnetzwerke der Verhandlung A-B
(V = Verhandlung: o = Akteure der Unterstützungsnetzwerke; —— = Unterstützungsrelationen)

dafür die Zustimmung seines Vorgesetzten A_1 zu erhalten. Er spricht darüber mit seinem Freund B_2, der in einer anderen Abteilung arbeitet. B_2 ist regelmäßiger Tennispartner des Vorgesetzten A_3 und weiß außerdem, daß A_1 und A_3 recht gut zusammenarbeiten. B_2 spricht bei einer sog. ‚günstigen Gelegenheit' mit A_3. A_3 argumentiert in der Folge gegenüber seinem Kollegen A_1 so überzeugend, daß A_1 seinen Mitarbeiter B_1 an der externen Weiterbildungsveranstaltung auf Kosten des Unternehmens und während der Dienstzeit teilnehmen läßt.

Die Ansinnen von B_1 an B_2, von B_2 an A_3 und von A_3 an A_1 stellen Versuche der Machtausübung dar: B_2, A_3 und A_1 sollen zu Handlungen veranlaßt werden, die sie sonst nicht gesetzt hätten. Auf Grund ihrer Netzwerkverankerung werden solche Prozesse im allgemeinen nicht als Machtausübungsversuche erlebt, sondern als Gefälligkeiten. Der Zweck der Bemühungen besteht jedoch im Erwerb eines Vorteils für B_1. Die nachfolgenden Akteure stellen die Mittel für die Realisierung dieses Zweckes dar. Mit dem jeweils nächsten Schritt dokumentiert sich zugleich eine erfolgreiche Machtausübung des vorhergehenden Akteurs (z.B. wenn A_3 den A_1 überzeugen will, so erfolgt dies auf Grundlage einer erfolgreichen Machtausübung des B_2 über A_3). Stimmt A_1 auf Grund des Gespräches mit A_3 schließlich zu, B_1 teilnehmen zu lassen, so schließt sich die Kette: B_1 ist es (mit Hilfe des Netzwerkes) gelungen, Macht über A_1 auszuüben. Die Akteure B_2 und A_3 sind Instrumentalisierungen dieses Zweckes.

Für den Akteur stellt ein Netzwerk ein strukturiertes Ressourcenmuster dar, von dem er hofft, es im gegebenen Fall für seine Zwecke mobilisieren zu können. In den seltensten Fällen wird der Akteur jedoch zur Gänze über alle Ressourcen des

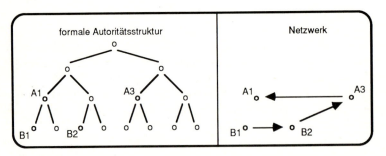

Abb. 20. Beispiel eines Netzwerkpfades

Netzwerkes, dem er angehört, informiert sein. Sein Wissen wird eher nur einen bestimmten Ausschnitt des Netzwerkes umfassen (Cook/Emerson, 1978: 737), nämlich v.a. jene Akteure, von denen er annimmt, daß er sie direkt oder indirekt erreichen könnte. Oft nehmen Austauschprozesse in Netzwerken auch dort ihren Ausgang, wo sich z.B. B_1 hoffnungsvoll an B_2 wendet: „Kennst du nicht jemanden, der ... könnte?". Unter dem Aspekt der Machtausübung ist damit für den Akteur nicht nur das Wissen um Ressourcen von Bedeutung, sondern auch die Möglichkeit, auf diese Ressourcen zurückgreifen zu können. Hier spielen insbesondere die auf der Reziprozitätsnorm beruhenden Unterstützungsnetzwerke (Brass, 1984: 524 f.; Burkolter-Trachsel, 1981: 201 ff.) eine nicht zu unterschätzende Rolle. Im Beispiel der externen Weiterbildungsveranstaltung für B_1 erwarten B_2, A_3 und A_1, daß sich B_1, B_2 und A_3 bei einer anderen Gelegenheit ebenfalls in ähnlicher Weise hilfreich zur Verfügung stellen werden. Genauso könnten aber die Handlungen von B_2, A_3 und A_1 bereits selbst ‚Rückzahlungen' früherer Vorleistungen anderer Akteure darstellen. Die Akteure in Unterstützungsnetzwerken leisten ihre Beiträge für ihnen möglicherweise gänzlich unbekannte Begünstigte. Sie lassen sich in der Erwartung instrumentalisieren, daß sie in Zukunft unter ähnlichen Bedingungen ebenfalls unterstützt werden.

Für Machtprozesse erhalten Netzwerke damit ihre Bedeutung aus dem Wissen um mobilisierbare Ressourcen. Wichtige Fragen für den Akteur sind daher:

- wer kontrolliert welche Ressourcen?,
- wer kann wen erreichen?,
- ist die Beziehung zu einem anderen ressourcenkontrollierenden Akteur eine starke oder eine schwache Beziehung?,
- was sind die Kosten der Mobilisierung der Ressourcen (Kosten der eigentlichen Zurverfügungstellung der Ressourcen, Kosten der Vermittlung)?,
- welchen Normen unterliegt die Mobilisierbarkeit der Ressourcen?

Mit dem Zugriff auf zusätzliche Ressourcen erweitern Netzwerke den Handlungsspielraum von Akteuren beträchtlich. Mit dem Wissen um mobilisierbare Netzwerkressourcen wird der Grundstein für die Ausbildung von Koalitionen gelegt.

3.3.2 Koalitionen

3.3.2.1 Koalitionen als organisierte Interessen und Ressourcen

Interessennetzwerke bilden die Grundlage für die Entstehung oder Veränderung von Machtbeziehungen durch Koalitionen. Als Teil des Netzwerkes weiß der Akteur um die Interessenlagen anderer Akteure und weiß damit auch um potentielle Koalitionspartner. Über Zwischenstationen (Marsden, 1983: 713) können weitere Akteure angesprochen werden, zu denen keine unmittelbaren Beziehungen bestehen. Die Verknüpfungen zwischen den Mitgliedern eines Netzwerkes sind von ungleicher Intensität; Gruppierungen von Akteuren mit intensiven Verknüpfungen auf der Basis gleicher Interessenlagen stellen daher einen maßgeblichen Ausgangspunkt für die Bildung von Koalitionen dar. Ein Akteur wird dann bereit sein, mit anderen Akteuren eine Koalition einzugehen oder sich einer bereits bestehenden Koalition anzuschließen, wenn er erwartet, damit seine Interessenrealisierungschancen zu fördern. Koalitionen sind daher als soziale Konstruktionen zu sehen, die zur Realisierung von Interessen der Koalitionsmitglieder die in die Koalition eingebrachten Ressourcen nutzen. Aus dieser allgemeinen Darstellung ergeben sich drei zentrale Fragen:

- warum bilden sich Koalitionen?,
- wie bilden sich Koalitionen?, und
- nach welchen Kriterien werden die Erträge verteilt?

3.3.2.2 Zum Status quo der Koalitionstheorie

Obwohl die ‚dominante Koalition' ein zentrales Konzept der betriebswirtschaftlichen Organisationstheorie darstellt, finden sich in der einschlägigen Literatur überraschenderweise kaum Untersuchungen, die sich mit Fragen der Entstehung oder der Verteilung von Erträgen von Koalitionen in Unternehmen analytisch oder empirisch auseinandersetzen (Stevenson/Pearce/Porter, 1985: 256; siehe z.B. auch Heinen, 1985: 95 ff.). Demgegenüber beschäftigen sich die Sozialpsychologie und die Politikwissenschaften – vorwiegend unter experimentellen Gesichtspunkten – mit koalitionstheoretischen Fragestellungen. Vor allem sechs Ansätze treten dabei hervor (einen Überblick geben Komorita/Hamilton, 1984; Murnighan/Vollrath, 1984; Bacharach/Lawler, 1980; Crott, 1980; Murnighan, 1978):

- die Theorie maximaler Kontrolle von Caplow (1956);
- das rationale Modell der Koalitionsbildung von Vinacke/Arkoff (1957);
- die Theorie der minimalen Ressourcen von Gamson (Gamson 1961a, Gamson, 1961b);
- die Verhandlungstheorie von Komorita/Chertkoff (1973);
- das Modell der gewichteten Wahrscheinlichkeiten von Komorita (1974); und
- das Modell der Gleichverteilung des Überschusses von Komorita (1979).

Diese Theorien und Modelle beschäftigen sich mit der Selektion der vorteilhaftesten Koalition, mit der Möglichkeit der Beteiligung an ‚siegreichen' Koalitionen und mit der Verteilung der Erträge v.a. unter experimentellen Gesichtspunkten. Alle (ausgenommen Komorita 1979) können als „simple resource games" (Komorita/Hamilton, 1984: 195) gelten. Bis auf Komorita/Chertkoff (1973) und Komorita (1979) wird der Verhandlungsaspekt gänzlich vernachlässigt, aber auch diese Autoren führen ihn nur formal ein und gehen auf Verhandlungsprozesse selbst nicht ein. Dies ist insofern bedauerlich, da gerade Verhandlungen als ein zentrales Element der Akzeptanz oder Ablehnung von Koalitionsbedingungen anzusehen sind. Die Ergebnisse dieser Ansätze lassen sich nur sehr bedingt auf die soziale Wirklichkeit von Koalitionssituationen übertragen. Die getroffenen Annahmen stellen bestenfalls einen modelltechnisch begründbaren Ausschnitt der sozialen Realität dar. Im einzelnen ist dagegen einzuwenden (zu Pkt. 1 – 4 siehe die inhaltlich identischen Einwände zur Verhandlungsforschung in Kap. 3.2.6.2):

1) Geringe Komplexität der *Situation*, Reduktionismus.
2) Ausschluß des *Kontextes*.
3) Komplette *Information*.
4) *Gewinnverteilungsmatrix* determiniert Ergebnis.
5) Die Ressourcen der Akteure sind unproblematisch miteinander *vergleichbar*, indem ihnen ein eindeutiger Wert zugemessen wird (z.B. Geldeinheiten, Wahlstimmen, Punkte).
6) Die *Nicht*-Bildung einer Koalition ist nicht vorgesehen.
7) Alleiniger Orientierungspunkt der Akteure ist die *Maximierung ihres Nutzens*; es wird keine Unterscheidung zwischen kurz- und langfristigen Kosten und Erträgen getroffen. Auch ideologische oder emotionale Nähe spielen keine Rolle. Darüberhinaus wird angenommen, daß die Akteure dasselbe Normensystem teilen, da sonst Ertragsverteilungsnormen wie Gleichheit oder Proportionalität irrelevant würden.
8) Es formen sich *Mehrheitskoalitionen*, und diese teilen sich den ganzen Ertrag auf (d.h. es wird entweder alles oder nichts gewonnen). Minderheitskoalitionen (z.B als Schutzkoalitionen) sind modelltheoretisch irrelevant und werden bei der Ertragsverteilung (ebenso wie die ‚Verlierer') nicht berücksichtigt – sie existieren nicht. In vielen Fällen (z.B. in allen Fällen der 3-Personenstudien, welche die Ressourcen mit A = 4, B = 3, C = 2 oder A = 5, B = 4 C = 3 etc. annehmen) stellt jede mögliche Koalition bereits a priori eine Mehrheitskoalition dar.
9) Die Koalitionen werden ohne den Wirt gemacht: Was ist, wenn sich das präsumtive Opfer der Koalition nicht beugt? Im Gegensatz zu den getroffenen Annahmen ist der mögliche Erfolg meist nicht nur nicht a priori gegeben, sondern erst über den Widerstand anderer Akteure zu erwerben. Diese *anderen Akteure sowie der Austragungsprozeß* fehlen.

Aus theoretischen, methodischen und methodologischen Gründen ist damit die Relevanz der bisherigen Koalitionsforschung für die Untersuchung der Entstehung, Stabilisierung oder Veränderung von Machtbeziehungen sehr gering.

3.3.2.3 Elemente einer Theorie der Koalitionsbildung

Im Gegensatz zu den Annahmen der traditionellen Koalitionstheorie wird von folgenden Voraussetzungen der Bildung von Koalitionen ausgegangen, wobei hier Koalitionen unter einem besonderen Aspekt diskutiert werden: Nämlich als Möglichkeit, Bedingungen von Über- und Unterordnung auszuhandeln.

1) Die Bildung von Koalitionen ist ein Mittel erfolgsorientierten Handelns. Sie dient der *Realisierung von Interessen*. Akteure werden sich dann für Koalitionen entscheiden, wenn sie annehmen, mit der Koalition ihre Interessen besser realisieren zu können als durch Austauschbeziehungen in Netzwerken oder als einzelne Akteure.

– Gewinnkoalitionen stellen damit auch die Mehrzahl der Koalitionen dar. Der Zweck sog. Probekoalitionen besteht darin, die Koalitionsmitglieder in einer Problemsituation geringerer Reichweite Erfahrungen sammeln zu lassen.

– In Schutz- oder Verhinderungskoalitionen schließen sich Akteure zusammen, um sich gegen die Ansprüche oder Handlungen anderer zu wehren. Gerade in Machtprozessen kommt Schutz- oder Verhinderungskoalitionen eine besondere Bedeutung zu, da damit die Überordnungsansprüche anderer Akteure abgeschwächt, blockiert, abgewiesen oder verändert werden können. Schutz- oder Verhinderungskoalitionen können auch einen ersten Schritt auf dem Weg zu einer Gewinnkoalition darstellen.
– Soziale Verpflichtungskoalitionen erinnern an Austauschketten in Netzwerken. Die Koalition hilft gemeinsam einem Koalitionsmitglied; die Beiträge in die Koalition werden auf Basis der Reziprozitätsnorm geleistet.

2) Der Zweck der Koalition besteht in der Ausführung bestimmter Handlungen. Die mit der Ausführung der Handlung verknüpften Interessen der Koalitionsmitglieder können *homogen* sein (alle wollen aus dem gleichen Grund dasselbe) oder *unterschiedlich* (die Handlung hat für die jeweiligen Koalitionsmitglieder eine unterschiedliche Instrumentalität). Eine Koalition der Mitarbeiter B_{1-7}, die ihren Vorgesetzten A_1 absägen will und der sich auch A_2 anschließt, könnte z.B. entstanden sein, weil: B_1 den A_1 persönlich einfach nicht ausstehen kann; B_2 und B_3 halten A_1 in seiner Position für fachlich inkompetent, sind aber von seiner Inkompetenz unterschiedlich betroffen; B_4 ist der Meinung, daß eine weitere Zusammenarbeit mit A_1 seiner (B_4) Karriere eher schädlich als förderlich wäre; B_5 möchte selbst gerne die Stelle von A_1 übernehmen; B_6 ist an sich A_1 gegenüber eher indifferent eingestellt, schließt sich aber seinen Kollegen an, weil er sich solidarisch mit ihnen fühlt; B_7 hat den Eindruck, A_1 sei ohnehin nicht mehr zu halten und verbündet sich daher mit denjenigen, von denen er annimmt, daß sie die ‚Sieger' sein würden; A_2 schließlich hofft, einen Teil der Kompetenzen des A_1 übernehmen zu können. Es ist daher *kein* Definitionskriterium, daß die Koalitionsmitglieder ein *gemeinsames* Ziel verfolgen. Notwendig ist nur die intentionale Setzung einer gemeinsamen Handlung, die im allgemeinen durch unterschiedliche Beitragsleistungen (z.B. auch Unterlassen) zustande kommt.

3) Ein Akteur, der eine Koalitionsbildung überlegt, trifft *Annahmen* über zu realisierende Interessen, Erfolgswahrscheinlichkeiten, einzubringende Ressourcen, Kosten, mögliche Koalitionäre, alternative Koalitionen und außerkoalitionäre Handlungsalternativen. Der Informationsstand der Akteure wird in der Regel inkomplett, fragmentarisch und approximativ sein.

4) Den Ausgangspunkt der Koalitionsbildung stellen die Interessen der Akteure dar. Ein Akteur, der eine Koalition plant, wird daher auf das *Interessennetzwerk* zurückgreifen, um dort koalitionswillige und -fähige Partner zu finden.

5) Der Prozeß der Koalitionsbildung beruht auf expliziten und impliziten Verhandlungen[92]. Der *Präzisierungsgrad* der gemeinsamen Handlung, der einzubringenden Ressourcen sowie der zu verteilenden Kosten und Erträge wird zu Beginn der Koalition eher nur grob umrissen als eindeutig ausformuliert sein. Erst im Verlauf des Prozesses kommt es durch Handlungsbedarf und Verhandlungsprozesse zu entsprechenden Konkretisierungen.

6) Die Akteure bringen Ressourcen in die Koalition ein. Die Handlung, auf die sich die Koalition richtet, wird insofern *gemeinsam* ausgeführt, als die Koalition die eingebrachten Ressourcen durch ein gemeinsames Handeln nutzt (z.B. arbeitsteilig).

7) Der Zweck, zu dem die Koalition gebildet wurde, kann sich im Verlauf des Prozesses verlagern, neue Mitglieder können zur Koalition hinzukommen, andere ausscheiden, die Beurteilung der Beiträge, Kosten und Erträge kann sich ändern.

8) *Die Verteilung der Erträge* hat nur in den seltensten Fällen mit den Annahmen der experimentellen Koalitionstheorie etwas gemeinsam. Wenn mit der gemeinsamen Handlung die Ausführung oder Verhinderung einer Handlung erfolgreich erreicht wurde und damit die Interessen der Koalitionäre realisiert sind, liegt ein verteilbarer Ertrag in diesem Sinn überhaupt nicht vor. Gibt es dagegen verteilbare Gewinne, so werden sie nur in den seltensten Fällen beliebig zerleg- und aufteilbar sein. D.h. die Verteilung der Erträge unterliegt Verhandlungsprozessen. Auch hier wird auf der Grundlage sozialer Normen (v.a. Gleichheit, Proportionalität, Bedarf) argumentiert werden, und Verhandlungstaktiken werden zum Einsatz kommen.

Koalitionen sind damit als Zusammenschlüsse zweier oder mehrerer Akteure, die durch Nutzung ihrer Ressourcen ihre Interessen zu realisieren beabsichtigen, zu definieren[93]. Für die Entstehung, Stabilisierung oder Veränderung von Machtbeziehungen bedeutet die Möglichkeit, Koalitionen zu bilden, eine beträchtliche Veränderung der Ausgangssituation zur Aushandlung der Über- und Unterordnungsbedingungen. Es verbreitet sich damit nicht nur die Ressourcenbasis der Akteure, auch die Möglichkeit, erfolgreich Gegendependenzen ‚herzustellen', vergrößert sich. Die Zusammenlegung von Ressourcen verschärft die Dependenzen der Akteure außerhalb der Koalition. Deren Handlungsspielraum wird eingeengt, der Zugang zu Alternativen wird erschwert oder überhaupt unmöglich. Damit tritt auch die politische Bedeutung von Koalitionen hervor: Ohne Einbindung in Koalitionen ist es in Unternehmen kaum möglich, substantielle Veränderungsprozesse durchzuführen.

Unternehmen können damit als Netzwerke interdependenter Akteure betrachtet werden, die sich in Koalitionen organisieren. Mit dem Konzept der Koalition wird die dyadische Erörterung von Machtphänomenen auf kollektive Akteure erweitert.

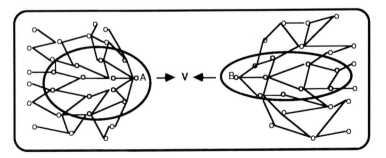

Abb. 21. Verhandlungen von Koalitionen (verankert in Netzwerken)

Bislang wurden Machtphänomene auf der Ebene vereinzelter Akteure diskutiert. Zwei interdependente Akteure versuchten, ihre Über- und Unterordnungsbeziehungen in Verhandlungsprozessen hinsichtlich unterschiedlicher Ressourcen in unterschiedlichen Relationen festzulegen. Mit der Erweiterung auf Koalitionen erhöht sich der Komplexitätsgrad: Nun ist auszugehen von Interdependenzen zwischen Koalitionen, zwischen Koalitionsmitgliedern, zwischen Koalitionsmitgliedern und Akteuren, zwischen Koalitionen und Akteuren etc. Gleichfalls ist anzunehmen, daß Akteure mehreren, möglicherweise inkompatiblen Koalitionen mit unterschiedlicher Intensität angehören und daß sich innerhalb von Koalitionen Subkoalitionen ausbilden.

3.4 Zusammenfassung

Macht ist akzeptanzpflichtig. Das ist die zentrale Aussage dieses Teiles der Untersuchung. Aufbauend auf der Kritik des status quo der gegenwärtigen betriebswirtschaftlichen Machtforschung wurde ein handlungstheoretischer Begriff der Macht entwickelt und in einem Organisationsverständnis, das Unternehmen als politische Gebilde begreift, verankert.

Wenn Macht akzeptanzpflichtig ist, dann sind die sog. Formen der Macht keine. Dann ist auf der Ebene der Dyade analytisch von Unterordnungsaufforderungen auszugehen, die von B interpretiert werden und zu einer Situationsdefinition führen, in der B die Unterordnungsaufforderung des A akzeptiert, diese ablehnt oder die Unterordnungsbedingungen zu verändern versucht. In letzterem Fall zeigte sich, daß B wesentlich mehr Handlungsalternativen zur Verfügung stehen, als die Akteure unter den von ihnen als ‚normal' erlebten alltäglichen Herrschaftsbeziehungen im allgemeinen annehmen.

Wenn Macht weder a priori gegeben ist noch die Fähigkeit eines Akteurs darstellt, sondern zumindest zweier handelnder Akteure bedarf, dann entsteht Macht, stabilisiert und verändert sich Macht in Verhandlungsprozessen. Verhandlungsprozesse bilden damit den dynamischen Kern von Machtprozessen. Sie lassen Verbindlichkeit entstehen. Betrifft diese Verbindlichkeit nicht eine unmittelbare Unterordnung, sondern nur eine Unterordnungszusage, dann handelt es sich um potentielle Macht, die durch tatsächliche Macht einzulösen ist. In einer horizontalen Erweiterung und Überwindung der dyadischen Machtbeziehung sind die Akteure zusätzlich in Netzwerken und Koalitionen verankert.

Mit der Einbindung in Netzwerke und Koalitionen tritt auch die Verwobenheit von Machtbeziehungen zutage, Machtbeziehungen sind nicht nur interdependente Beziehungen, dieselben individuellen oder kollektiven Akteure können im Rahmen ihrer Gesamtbeziehung zugleich Machtüberlegene und Machtunterlegene sein.

4 Strategien der Steuerung

4.1 Theoretische Grundlagen

4.1.1 Machtprozesse in strukturierten Handlungsfeldern

Die bisherige Machtdiskussion hat sich auf die interaktive Herstellung einer Über- und Unterordnungsrelation konzentriert. Unter analytischen Gesichtspunkten wurde dabei die Sequenz Unterordnungsaufforderung – Verhandlung – Akzeptanz als Grundmodell der Entstehung von Macht entwickelt. Die Machtausübung des A, so die zentrale Aussage, wird erst mit der Akzeptanz der Unterordnungsbedingungen durch B möglich. Stimmt B nicht zu, kommt es auch zu keiner Machtausübung des A. Im Gegensatz sowohl zu den überkommenen Machthaber-Ansätzen als auch zu den deterministischen Machttheorien als auch zum Alltagssprachgebrauch erhält B in diesem Machtmodell theoretisch, methodisch und methodologisch eine zentrale Stellung. Seine Handlungskompetenz, d.h. seine Zustimmung, etabliert die Macht des A. Mit diesem Machtmodell kommt es zu einer Abkehr von statischen Modellen der Macht und zum Übergang zu einem dynamischen Machtmodell.

So notwendig die Herausarbeitung der A-B-Relation auch ist, so wenig sind Machtphänomene in Unternehmen voraussetzungs- und kontextlos anzutreffen. Unternehmen und ihre Mitarbeiter haben ihre eigene Geschichte und sind in einen Interessenzusammenhang eingebettet: Unternehmen stellen *strukturierte Handlungsfelder* dar. Darüberhinaus erfolgen die Unterordnungsaufforderungen vielfach verdeckt und scheinbar losgelöst von A. Für B wird es zunehmend schwieriger, die an ihn gerichteten Unterordnungsaufforderungen *als solche* zu erkennen (weil ihre Akzeptanz eine für ihn alltägliche und nicht mehr weiter reflektierte Gewohnheit darstellt). Dies erleichtert A die Realisierung seiner Zwecke und Interessen.

Nun ist zwar die Unterordnung in organisatorischen Steuerungsprozessen grundsätzlich auf das Individualmodell der Macht rückführbar. Dennoch empfiehlt es sich, Steuerungsphänomene in Unternehmen nicht mehr aus der Sicht des *vereinzelten* Akteurs zu untersuchen. Bei Steuerungsprozessen in Unternehmen handelt es sich um strukturell *verfestigte* Handlungsmuster, um regelmäßig wiederkehrende Phänomene. Die Regelmäßigkeiten, um die es hier geht, sind aber nicht in einem naturwissenschaftlich-deterministischen Sinn zu erklären, sondern als *sozialwissenschaftliche Regelmäßigkeiten* zu verstehen. D.h. mit Handlungen eines A verknüpfte kollektive Unterordnungsleistungen sind nicht auf einen naturwissenschaftlichen Gesetzeskausalismus zurückzuführen, sondern auf die von den Mitarbeitern geteilten Erfahrungen, auf ihre Situationsdefinitionen und auf ihr Wissen um ihre Handlungsmöglichkeiten. Auf Grund derer entscheiden sie sich zur Unterordnung und nicht auf Grund eines von A ausgehenden Stimulus, der die Handlungskompetenz der ‚Reagierenden' von diesen weg auf den Stimulusgeber überträgt. Sowohl der einzelne Mitarbeiter als auch Gruppen von Mitarbeitern *könnten* die Unterordnung in *jedem* Handlungsfall aber auch verweigern – was eine naturwissenschaftlich-gesetzesmäßige Erklärung ausschließt. Methodologisch geht es also bei Steuerung im Unternehmen darum, daß den Mitarbeitern solche Situationsinterpretationen nahegelegt werden, deren Annahme zu den von A gewünschten Unterordnungsleistungen führt; wie normal, unproblematisch, alltäglich, eingespielt diese Interaktionsmuster B auch immer erscheinen mögen. A kann dabei z.B. den Situationskontext so anordnen, daß die von ihm erwünschten Unterordnungsleistungen auch aus der Warte der B für diese attraktiv sind. Das geschieht etwa im Rahmen von Arbeitsgestaltungsmodellen, die den Arbeitenden Autonomie, Verantwortung etc. übertragen und damit für die Arbeitenden erhöhte Arbeitszufriedenheit und für das Unternehmen eine erhöhte Arbeitsproduktivität erwarten lassen. Die Mitarbeiter lassen sich – methodologisch – auf solche Arbeitsstrukturierungsmodelle ein, weil sie sich auf Grund ihrer Situationsinterpretation dafür entscheiden, und nicht, weil ein Stimulus von A ausgehe. Während der methodologische Ort der Entstehung individueller und kollektiver Unterordnung damit geklärt ist, wird die Abkehr von deterministischen Machtmodellen aus der Warte eines *strategischen*, *erfolgsorientierten* Handelns komplizierter. Hier will ja ein strategisch agierender A die Unterordnung der B herbeiführen. Steuerung wird damit zu einem Prozeß, der *Unterordnungsbereitschaft* sowohl *herbeiführen* will als auch voraussetzt.

Aus Effizienzgründen beruht die betriebliche Leistungserstellung vor allem auf kollektiven Steuerungsprozessen und weniger auf vereinzelten Unterordnungsaufforderungen. Unternehmen sind, um Unsicherheiten zu minimieren und die Berechenbarkeit organisatorischer Handlungsabläufe zu ermöglichen, auf standardisierte Handlungsmuster angewiesen. Diese treten im Unternehmen vor allem als institutionalisierte Handlungsmuster auf, die – eingebunden in Steuerungsprozesse – die betriebliche Leistungserstellung dauerhaft ermöglichen. Dennoch bleibt auch für die Objektebene des Unternehmens die Ausgangsfrage die gleiche: Wie ist es einem A möglich, seinen Willen im Unternehmen gegenüber einem oder mehreren B durchzusetzen? Welcher direkten und indirekten Formen und Strategien der Unterordnungsaufforderung bedient er sich?, in welchen im Unternehmen institutionalisierten Formen und Strategien schlagen sich die Unterordnungsaufforderungen nieder?

4.1.2 Steuerung

Unternehmen sind als Gebilde zu sehen, in denen und mit denen die dort Tätigen ihre Interessen zu realisieren trachten. Ist B von den Ressourcen und Leistungen, d.h. von den Interessenrealisierungsmöglichkeiten, die das Unternehmen anbietet, dependent, so stellt B dem Unternehmen seine Arbeitskraft zur Verfügung. Mit seiner Unterschrift unter den Arbeitsvertrag legitimiert er die Machtbeziehung und ordnet sich in die Über- und Unterordnungsstruktur des Unternehmens ein. Er unterwirft sich global und a priori einem Bündel von Regeln. B stimmt dem Transfer der Verfügungsrechte über seine eigenen Handlungsmöglichkeiten zu: Er räumt das Recht ein, daß künftig in einem faktisch nicht präzise abgrenzbaren Rahmen über sein

Wissen, seine Kenntnisse, seine Fähigkeiten und Fertigkeiten sowie seine Arbeitskraft verfügt werden kann[94].

Es ist empirisch feststellbar, daß sich unter den institutionalisierten Bedingungen, unter denen Arbeitsverhältnisse zustande kommen und aufrecht erhalten werden, hinreichend stabile Ordnungsstrukturen ergeben, um ein geordnetes Unternehmensgeschehen zu ermöglichen. D.h. Untergebene kommen im allgemeinen den Anordnungen ihrer Vorgesetzten nach. Direkte mündliche und schriftliche Anordnungen an Mitarbeiter stellen dabei zwar ein wichtiges Steuerungsinstrument dar, erfordern aber einen hohen Kommunikationsaufwand. Mit zunehmender Komplexität sind Unternehmen daher auf *indirekte* Regulierungsleistungen angewiesen, welche zu jenen Regelmäßigkeiten führen, die auf Grund ihrer Vorsehbarkeit die Grundlage längerfristiger Zielerreichungsaktivitäten darstellen. Vom Standpunkt der langfristigen Realisierung von Interessen bedeutet dies, daß A weniger versuchen wird, Macht direkt im Rahmen seiner legalen Autorität auszuüben, sondern trachten wird, die Tätigkeiten anderer mittels differenzierter und auf mehreren Ebenen angelegter Steuerungsprozesse zu lenken.

Die Prozesse bzw. das ‚Instrumentarium' dieser Lenkung werden hier im Begriff der *Steuerung* zusammengefaßt. Der Begriff der Steuerung erhält dabei den Vorzug gegenüber dem Begriff der (sozialen) Kontrolle. Dies deshalb, weil einerseits der Begriff der (sozialen) Kontrolle bisher sehr uneinheitlich verwendet wird (s. die Übersicht bei Meier, 1982) und andererseits die weite Begriffsfassung (z.B. Türk, 1981: 44 f.) den hier ins Auge gefaßten Phänomenbereich nur partiell trifft. Denn soziale Kontrolle ist in ihrem Kern als konformitätssichernder Regelungsprozeß zu verstehen und bezieht sich damit auf die Folgeleistung gegenüber bzw. die Verhinderung der Abweichung von sozialen Normen. Demgegenüber steht hier auf der Handlungsebene die Realisierung von Interessen im Vordergrund, bei der neben anderem auch soziale Normen einen instrumentellen Stellenwert haben können. Weiters umfaßt der Begriff der sozialen Kontrolle v.a. auf der institutionellen Ebene Regelungsprozesse, die sowohl über die hier zur Diskussion stehenden Phänomene weit hinausgehen (z.B. vororganisatorische Sozialisation) als auch mit einem handlungstheoretischen Zugang nicht oder nur mehr partiell erfaßbar sind.

Unter Steuerung werden daher hier alle Handlungen verstanden, die zum Zwecke der Realisierung der Interessen des A auf eine Unterwerfung v.a. kollektiver B unter die Unterordnungsaufforderungen des A gerichtet sind[95]. Mit dem hier zugrunde liegenden Machtmodell kann es sich dabei nicht um einwegkausalistische Aktivitäten handeln, die von A ausgelöst werden und auf die B reagiert. Im Gegenteil, es handelt sich dabei um Versuche, Situationen so zu gestalten, daß sie für B Situationsinterpretationen nahelegen, die zu im Interesse des A liegenden Handlungen des B führen; auch wenn – wie später noch zu zeigen sein wird – B dabei den Eindruck hoher subjektiver Vorteilhaftigkeit haben kann. Steuerungsprozesse können sich daher zwar mit der durch den Arbeitsvertrag etablierten Legalität der Machtausübung decken, gehen aber definitorisch und empirisch darüber hinaus. So können etwa mit der formalen Hierarchie Phänomene vertikaler Macht erklärt werden, jedoch kaum Phänomene horizontaler Macht. Jede erfolgreiche dauerhafte Ausübung von Macht im Unternehmen, ob horizontal oder vertikal, ob legal oder illegal oder einem der Interpretation offenstehenden Zwischenbereich zugehörig, beruht auf Steuerungsprozessen. Das *Grundmodell* der Macht (Unterordnungsaufforderung – Verhandlung – Akzeptanz) *geht* somit auf der Objektebene des *Unternehmens* in das Konzept der *Steuerung über*, wobei auch weiterhin auf der Grundlage eines handlungstheoretischen Bezugsrahmens unter analytischen Gesichtspunkten die Unterordnungsaufforderung in die Handlungskompetenz des A und die Akzeptanz bzw. Ablehnung grundsätzlich in die Handlungskompetenz des B fällt sowie der Prozeß der Verhandlung in der Handlungskompetenz beider liegt. Auf der Ebene des Unternehmens und der damit existierenden strukturellen Gegebenheiten wird unter erfolgsorientierten Gesichtspunkten jedoch A tunlichst versuchen, Situationen so zu strukturieren, daß die Handlungskompetenz des B (Verhandlung, Akzeptanz/Ablehnung) diesem als nicht gegeben erscheint und B so den Unterordnungsaufforderungen unproblematisch nachkommt, z.B. im Rahmen formaler Regeln. A wird dann z.B. sein Steuerungsvorhaben so anlegen, daß die Unterordnungsaufforderung für B entpersonalisiert in Form einer administrativen Regel, als ‚Sachzwang', auftritt. Auf Grund seiner Situationsinterpretation unterwirft sich B dann diesem ‚Sachzwang' und nicht mehr einem konkreten A.

Während die *direkte* und persönliche Steuerung nur den auch nach außen hin problemlos erkennbaren Teil des Steuerungsinstrumentariums ausmacht, ist die *Effizienz* der *indirekten* Steuerungsformen höher anzusetzen, worauf bereits Blau/Schoenherr hinweisen: „Slave drivers have gone out of fashion not because they were so cruel but because they were so inefficient" (Blau/Schoenherr, 1971: 352). Nicht ethische Forderungen, sondern die Logik der technisch-ökonomischen Rationalität verändert die Steuerungsformen in Unternehmen. Technologische, bürokratische, psychologische und kulturelle Steuerungsformen haben die persönliche und direkte Steuerung weitgehend ersetzt.

Persönliche Steuerung in der Form eines direkten Eingreifens bezieht sich auf einen *kurz*fristigen Steuerungshorizont. Formale Organisationsstrukturen richten sich auf einen *mittel*fristigen Steuerungshorizont: Damit wird ab einem bestimmten Grad organisatorischer Komplexität nicht nur das Überleben des Unternehmens ermöglicht, sondern es stellen sich auch Effizienzvorteile auf Grund von Arbeitsteilung, Spezialisierung, Koordinationsrichtlinien, Verfahrensregeln etc. ein. Auf einen *lang*fristigen Steuerungshorizont hingegen beziehen sich die Entwicklung von Normen, von gemeinsam geteilten Interpretationsmustern und Wertvorstellungen. Je langfristiger der Horizont der Steuerung, desto mehr tritt ein steuernder Akteur in den Hintergrund. Zusammenfassend wird damit die Organisationsstruktur zu einem komplexen Steuerungsmechanismus, der darauf ausgerichtet ist, bei den Mitgliedern des Unternehmens entsprechende Unterordnungsleistungen herbeizuführen.

Je indirekter die Steuerungsformen auftreten, je weiter der Prozeß der Verfestigung der Macht fortschreitet, desto deutlicher werden auch die Grenzen einer handlungstheoretischen Vorgangsweise. Auf der Handlungsebene haben wir mit der Tatsache zu tun, daß ein Akteur die Variablen seines Umfeldes eben nur begrenzt ‚kontrollieren' kann und daß seine Interdependenz auch ihn selbst zum Objekt der Machtausübung anderer werden läßt. Auf der Systemebene zeichnen ihm strukturierte Handlungsfelder seinen Handlungsspielraum vor und lassen ihn ‚mitspielen' (Crozier/Friedberg, 1979). D.h. um Handeln in Organisationen zu verstehen, ist der Akteur in das System einzubinden, ist die Handlungstheorie mit der Systemtheorie zu verknüpfen. Z.B. Türk (1981) und Crozier/Friedberg (1979) haben nachdrücklich darauf hingewiesen. Hier geht es jedoch nicht um die Verknüpfung von Handlungs- und Systemtheorie, sondern darum, die Ausübung von Macht, ausgehend von der isolierten Dyade bis hin zu immer fortgeschritteneren und indirekten Formen der Steuerung, als strategisches, erfolgsorientiertes Handeln zu untersuchen. Daß diese Rückbindung an den handelnden Akteur zwar im Einzelfall analytisch problemlos ist, mit der zunehmenden Verfestigung der Steuerung in der systemischen Qualität sozialer Regelmäßigkeiten aber zugleich zunehmend problematisch wird, ist als theoretische Fragestellung sowohl trivial als auch kein Gegenstand dieser Untersuchung. Hier geht es darum, zu zeigen, wie weit strategisches Handeln im Sinn von Steuerung in strukturierten Handlungsfeldern, d.h. in Unternehmen, gehen *könnte*. Gerade die Steuerungsphantasien, die mit dem in den letzten Jahren modisch gewordenen ‚Management der Organisationskultur' einhergehen, unterstreichen die Notwendigkeit einer solchen Zielsetzung.

4.1.3 Leistungserstellung, Interessenrealisierung und Wahrung der Handlungschancen

4.1.3.1 Leistungserstellung als Zweck der Steuerung

Worauf richten sich nun organisatorische Steuerungsprozesse? Die ältere Betriebswirtschaftslehre läßt keinen Zweifel daran, daß es sich dabei um die Erreichung des Betriebszweckes, d.h. um die betriebliche Leistungserstellung handelt. Unter weitgehender Vernachlässigung der politischen Dimension der Zielbildungsprozesse werden Mittel und Methoden entwickelt und auch eingesetzt, um vorgegebene und nicht weiter reflektierte Ziele zu erreichen (kritisch dazu z.B. H. Ulrich, 1981: 297 ff.). Dabei wird im Prozeß der Kombination der Produktionsfaktoren eine dem Rationalprinzip entsprechende Relation zwischen den eingesetzten Mitteln und dem Betriebsergebnis angestrebt. Während aus betriebswirtschaftlicher Sicht die Beherrschung der technischen Produktionsmittel kein grundsätzliches Problem darstellte, ergaben sich mit dem Elementarfaktor der menschlichen Arbeitsleistungen (Gutenberg, 1968) die hinlänglich bekannten Probleme. Die betriebswirtschaftliche Theorie und die betriebliche Praxis haben daher im Laufe der Zeit neue Wege entwickelt oder rezipiert, um Verbesserungen in diesem Bereich der Leistungserbringung herbeizuführen. An der faktorqualitativen Objektsicht des Produktionsfaktors Arbeit hat sich dabei trotz z.B. der noch vor einigen Jahren intensiv geführten Diskussion um die „Humanisierung der Arbeit" nicht allzuviel geändert (Sandner, 1982c: 154 ff.). In dieser traditionellen Betrachtungsweise wird die betriebliche Leistungserstellung als ein wertneutraler und aus dem sonstigen sozialen Geschehen ausgegrenzter Prozeß verstanden, bei dem innerhalb dieser Ausgrenzung versucht wird, unter instrumentellen Gesichtspunkten vorgegebene Ziele optimal bzw. zufriedenstellend zu erreichen.

Daß diese neutralistische Ausgrenzung der betrieblichen Leistungserstellung gleichermaßen sowohl immer wieder versucht wird als auch Schwierigkeiten bereitet, ist bekannt (z.B. Geist/Köhler, 1981: Kap. 1). Auch die produktive Umkehrung der vormals als störend empfundenen menschlichen Komponente in ihre Nutzung im Leistungsprozeß (etwa als Selbständigkeit im Rahmen des MbO) bringt keine grundsätzlich anderen Gesichtspunkte in die Diskussion ein und verändert die technisch-instrumentelle Betrachtungsweise der Produktionsfaktorenkombination nicht. Im Gegenteil, sie weist nach wie vor in die Richtung jener Eindimensionalität, die in einer Erzählung von K. Vonnegut sarkastisch-desperat zum Ausdruck kommt: „‚If only it weren't for the people, the goddamned people,‘ said Finnerty, ‚always getting tangled up in the machinery. If it weren't for them, earth would be an engineer's paradise'" (Vonnegut, 1969: 279).

4.1.3.2 Interessenrealisierung und Wahrung von Handlungschancen als Zweck der Steuerung

Steuerungsprozesse im Unternehmen richten sich auf die Herbeiführung von Unterordnung. Sie können jedoch mit einer Beschränkung auf die betriebliche Leistungserstellung nur *unzureichend* erklärt werden. Steuerungsprozesse finden zwar einen – wenn auch nicht unwesentlichen – Ausdruck in den Prozessen der Leistungserstellung, dennoch wird damit nur ein Teil der organisatorischen Steuerungsprozesse angesprochen. Hier wird die Ansicht vertreten, daß sich Steuerungsprozesse in Unternehmen auf zwei Bereiche richten:

– auf die v.a. längerfristige Realisierung von Interessen (darunter fällt auch die betriebliche Leistungserstellung)[96] und
– auf die grundsätzliche Wahrung von Handlungschancen.

Der Begriff der Interessenrealisierung braucht hier nicht mehr weiter erläutert zu werden. Was ist aber unter den zwar weniger leicht nach außen hin erkennbaren, dafür aber von einer (unternehmens-)politischen Warte ebenso bedeutsamen Steuerungsprozessen zur Wahrung der Handlungschancen zu verstehen? Wenn in einem Unternehmen, auch vor dem Hintergrund der betrieblichen Leistungserbringung, die den Akteuren zur Verfügung stehenden Ressourcen und Handlungsmöglichkeiten ungleich verteilt sind, dann ist davon auszugehen, daß jede auf die Leistungserbringung des Unternehmens gerichtete Tätigkeit auch das Über- und Unterordnungssystem des Unternehmens berührt und damit Auswirkungen auf die den Akteuren zur Verfügung stehenden Ressourcen und Handlungsmöglichkeiten hat. Jede Handlung im Rahmen einer sog. Sachaufgabe findet ihre Entsprechung in der Schaffung, Stabilisierung oder Veränderung von Handlungschancen. So bringt z.B. die Errichtung einer neuen Abteilung und die Beförderung des A zu ihrem Leiter nicht nur eine neue Sachaufgabe für A, sondern auch einen Zuwachs an verfügbaren Ressourcen und eine Erweiterung seiner Handlungsmöglichkeiten. Sein Kollege, der ebenfalls Abteilungsleiter werden wollte, aber es nicht wurde und daher weiterhin die Aufgaben erfüllt, die er auch schon bisher erfüllte, beschreibt mit dieser seiner Tätigkeit auch seinen status quo im Über- und Unterordnungssystem des Unternehmens. Gleichfalls bedeutet z.B. eine neue formale administrative Regelung nicht nur eine bestimmte Erledigung der Sachaufgabe, sondern auch, daß Unterordnung erwartet, geleistet und überwacht wird. Im Rahmen von Sachaufgaben vollzogene Handlungen sind nicht nur das Ergebnis der Steuerungsstruktur des Unternehmens, sie tragen auch zur Verfestigung (bzw. Veränderung) dieser Struktur bei. D.h. auf Sachaufgaben bezogene betriebliche Leistungen haben ihre Entsprechung im Herrschaftssystem und damit in den grundsätzlichen Handlungsmöglichkeiten der Akteure im Unternehmen.

Nehmen wir diese allgemeine Aussage zum Ausgangspunkt, so konkretisiert sich das Verständnis der Wahrung von Handlungschancen, wenn wir auf den in dieser Untersuchung vertretenen interessenpluralistischen Ansatz zurückgreifen. Demnach trachten die Akteure, in und mit dem Unternehmen ihre Interessen zu realisieren, d.h. ihre Handlungen im Unternehmen sind als mittelbarer oder unmittelbarer Ausdruck dieses Strebens anzusehen. Bei ungleich verteilten Ressourcen und Handlungschancen, wie dies in Unternehmen der Fall ist, werden die Mitglieder der dominanten Koalition bzw. ihre Vertreter bestrebt sein, die zu ihrem Vorteil ungleich verteilten Ressourcen und Handlungschancen zu sichern. Andere, in der Ressourcenverteilung weniger begünstigte Mitglieder des Unternehmens werden gleichfalls versuchen, Erworbenes zu verteidigen und zusätzliche Ressourcen und Handlungschancen zu erlangen, seien dies nun neue Kompetenzen, Mitspracherechte, materielle Vorteile, statusorientierte Privilegien oder die Befriedigung sonstiger Zwecke. Akteure wollen aber ihre Zwecke und Interessen nicht nur jetzt, sondern auch in Zukunft realisieren; ja mitunter verzichten sie sogar auf eine gegenwärtig mögliche Interessenrealisierung zu Gunsten einer künftigen. Sie werden daher trachten, Bedingungen zu schaffen, die sowohl die Realisierung konkreter künftiger Zwecke und Interessen erlauben als auch allgemeine künftige Handlungschancen offenlassen. Dies kann z.B. durch den Aufbau eines Unterstützungsnetzwerkes erfolgen, das außerdem durch eine vorteilhafte Positionierung der Netzwerkmitglieder in der formalen Autoritätsstruktur des Unternehmens zusätzlich abgesichert ist. ‚Wahrung von Handlungschancen' meint damit

- für die dominante Koalition: Herrschaftssicherung,
- für hierarchisch darunter liegende Ebenen: Die Erhaltung ihrer sog. Privat-Fürstentümer, d.h. die Erhaltung ihrer Handlungsräume,
- für alle Akteure in einem generellen Sinn: Die Sicherung der Teilnahme am künftigen Unternehmensgeschehen.

Für die jeweils dominante Koalition bedeutet die Wahrung künftiger Handlungschancen vor allem Herrschaftssicherung. Aus der Warte einer langfristigen Wahrung von Handlungschancen und Offenhaltung von Interessenrealisierungsmöglichkeiten ist das Unternehmen als spezifische Ausprägung der Realisierung konkreter Interessen anzusehen, mit dem gleichzeitigen Bestreben, die grundlegende Verfügung über das Unternehmen nicht aufzugeben. D.h. aus der Warte der dominierenden Koalition ist der Sachbereich von Unternehmen nur von mittelbarer Bedeutung; er könnte z.B. geändert werden, oder das Unternehmen könnte sonstige Transformationen durch‚leben'. Solange dabei die Zwecke und Interessen der dominierenden Koalition realisiert werden können und deren Herrschaft gesichert ist, d.h. die Handlungschancen erhalten bleiben, ist der konkrete sachliche Betriebszweck von sekundärer Bedeutung. Damit wird die Leistungserstellung als Betriebszweck zu einer *spezifischen* Erscheinungsform des kurz- und langfristigen Strebens nach Interessenrealisierung sowie der Wahrung von Handlungschancen und ist diesen logisch untergeordnet. Aus dieser Warte sind Steuerungsprozesse in Unternehmen als politische Prozesse zu verstehen.

4.1.4 Steuerung als politischer Prozeß

4.1.4.1 Grundlagen eines herrschaftsorientierten Politikverständnisses

Die Voraussetzungen zum Verständnis politischer Prozesse in Unternehmen wurden bereits an anderer Stelle entwickelt (s. Kap. 3.1.2). Politisches Handeln wurde als „interessegeleitetes Handeln, das sich auf die Herstellung, Bewahrung oder Veränderung der Ordnungsvorstellungen eines sozialen Systems richtet", definiert. Wie ersichtlich, liegt dieser Definition ein interesseorientiertes Politikverständnis zugrunde. Im folgenden wird dieses interesseorientierte Politikverständnis um ein herrschaftsorientiertes Politikverständnis erweitert. Steuerungsprozesse in Unternehmen werden damit als politische Phänomene erfaßt und begriffen. Die beiden Vorstellungen von Politik stehen sowohl in einem konflikthaften Gegensatz zueinander als auch in einem notwendigen wechselseitigen Bedingungsverhältnis.

Sozialwissenschaftlich-historisch läßt sich das herrschaftsorientierte Politikverständnis auf das zu Ende gehende europäische Mittelalter und auf erste Ansätze der Errichtung neuzeitlicher bürgerlicher Gesellschaften zurückführen (Lenk/Franke, 1987: 40). In den italienischen Stadtstaaten der Hochrenaissance versuchen die Fürsten, sowohl ihre Untertanen als auch einander zu kontrollieren. Vor diesem Hintergrund verfaßt Machiavelli seine berühmt gewordenen Schriften über Macht, Herrschaft und Tyrannei. In einer m.E. weitverbreiteten Fehlinterpretation wird in der Organisationstheorie Machiavelli als Theoretiker der Macht angesehen (z.B. bei Mintzberg, 1983; Pfeffer, 1981a). Zweifellos war Macht wichtig für Machiavelli – aber sie war für ihn theoretisch und praktisch nur eine Zwischenstation: Worauf Machiavelli tatsächlich abzielte, war Herrschaft. Aus dieser Warte ist auch sein Politikverständnis zu sehen. Politik wird begriffen als Kampf um die Herrschaft: als Kampf um die Erlangung und als Kampf um die Bewahrung der Herrschaft.

Max Weber greift einige Jahrhunderte später das herrschaftsorientierte Politikverständnis im Rahmen seiner Abhandlung über Politik, Macht und Herrschaft in einer wesentlich schärferen Fassung wieder auf. Für Weber ist Politik das „Streben nach Machtanteil oder nach Beeinflussung der Machtverteilung" (Weber, 1972: 822). Da Weber den Begriff der Macht für „soziologisch amorph" (Weber, 1972: 28) hält, rückt er im weiteren von der Diskussion der Macht ab und stellt Herrschaft in den Mittelpunkt seiner Ausführungen. Es geht ihm also nicht mehr um Einzelfälle von Machtausübung bzw. Zweck- und Interessenrealisierung, sondern um eine weitflächigere Machterhaltung und Machtverteilung, um Herrschaft. Sein herrschaftsorientiertes Politikverständnis findet schließlich in der Typologie legitimer Herrschaft seinen Ausdruck (Weber, 1972: 124). Für die betriebswirtschaftliche Organisationstheorie steht dabei v.a. die legale Herrschaft im Vordergrund. Mit Weber können strukturelle Unter- und Überordnungsbeziehungen in Unternehmen daher als Herrschaftsbeziehungen verstanden werden.

4.1.4.2 Herrschaft als politisches Phänomen

Soweit sich bisher in der Betriebswirtschaftslehre – wenn überhaupt – Vorstellungen des Unternehmens als Herrschaftssystem entwickelt haben (ansatzweise z.B.

Kieser/Kubicek, 1983: 16 f.), so beziehen sich diese Vorstellungen auf die Ausübung von Herrschaft, auf das organisatorische Herrschaftssystem. Gemeint ist damit das Steuerungsinstrumentarium, das die Leistungserbringung ermöglicht und sichert. Definiert man Herrschaft mit Weber als „die Chance, für einen Befehl bestimmten Inhalts bei angebbaren Personen Gehorsam zu finden" (Weber, 1972: 28), so setzt Herrschaft im Unternehmen allgemein die gesellschaftliche Akzeptanz der Institution Herrschaft voraus und im besonderen den Arbeitsvertrag, mit dem der Arbeitnehmer zustimmt, einem künftigen und nicht genau abgrenzbaren Satz von Unterordnungsaufforderungen nachzukommen. Strukturelle Über- und Unterordnung wird damit als Regel-, ja als Normalfall der Beziehungen im Unternehmen etabliert und in der Folge von den Beteiligten im allgemeinen auch so erlebt. Stellt das Verständnis von politischem Handeln als *interesse*orientiertes Handeln die *Dynamik* politischer Prozesse in den Vordergrund, so betont das *herrschafts*orientierte Politikverständnis deren *Stabilität*.

Bei der Diskussion um die Machtausübung und auch bei der Diskussion um Interessen wurde explizit und implizit davon ausgegangen, daß Machtausübung bzw. Interessenrealisierung in der Regel nicht auf den Einzelfall beschränkt, sondern auf Dauerhaftigkeit gerichtet sind. Dies entspricht der Logik erfolgsorientierten Handelns. Die Ausbildung eines Instrumentariums, das Unterordnung sichert und damit Komplexität auf jenes Maß reduziert, das zu einer effizienten Leistungserbringung notwendig erscheint, stellt die essentielle Voraussetzung für das Überleben des sozialen Systems Unternehmen dar. Unternehmen verfügen daher über solche Instrumentarien.

Das institutionalisierte Steuerungsinstrumentarium des Unternehmens schafft die Voraussetzungen für eine fortgesetzte Ausübung von Macht. Es abstrahiert von der Zweckrealisierung des Einzelfalls und ermöglicht die tendenziell generelle Realisierung von Interessen, auch wenn üblicherweise mit schriftlich festgelegten Rechten und Pflichten der Herrschaftsraum abgegrenzt erscheint. Tendenziell generell deshalb, weil neben (Politik als) *Herrschaftsausübung* noch (Politik als) *Herrschaftssicherung* tritt. Unter Herrschaftssicherung sind v.a. langfristig ausgerichtete Bemühungen um die Aufrechterhaltung jener Handlungsspielräume zu verstehen, die in der Folge in ihrer Konkretisierung das jeweils manifeste Herrschaftssystem ermöglichen. D.h. die Herrschaftssicherung richtet sich auf die Zukunft und will primär das Herrschaftssystem und erst an zweiter Stelle den jeweils konkreten Betriebszweck in die Zukunft transportieren. Die generelle Möglichkeit, Herrschaft auszuüben, findet im jeweiligen Betriebszweck seine Konkretisierung. Die jeweiligen offiziellen Leistungsziele des Unternehmens sind daher als interessenbezogene Verfestigungen der generellen Möglichkeit, Interessen zu realisieren sowie Handlungsspielräume offen zu halten, zu verstehen. Oder anders ausgedrückt, der konkrete offizielle Unternehmenszweck ist aus der Warte eines herrschaftsorientierten Politikbegriffes insoweit beliebig, als er den Anspruch eines Mindestmaßes an Interessenrealisierung und Herrschaftssicherung erfüllt. Während es für die Herrschaftsausübung zahlreiche Beispiele aus der alltäglichen Unternehmenspraxis gibt, tritt die Herrschaftssicherung in der Regel weit weniger explizit zu Tage. Sie wird dort offenkundig, wo etwa im Rahmen einer von teilautonomen Gruppen geprägten Organisationsstruktur der Versuch der Mitarbeiter, ihre Vorgesetzten selbst bestimmen zu wollen, von der Unternehmensleitung nicht aus Gründen gefährdeter Effizienz oder gefährdeter Effektivität abgelehnt wird, sondern wegen der Gefährdung des Herrschaftssystems (Walton, 1981: 410 ff.). Aus dieser Warte und vor dem Hintergrund der symbolischen Bedeutung von Handlungen sind auch jene Prozesse zu verstehen, deren Inhalt sich nicht auf Effizienz oder Effektivität richtet, sondern – oft gegensätzlich zur betriebswirtschaftlichen Mittel-Zweck-Rationalität – auf die prinzipielle Einholung von Unterordnungsleistungen. Dies z.B. dann, wenn der Vorgesetzte A als Vorgesetzter auf einer bestimmten Entscheidung besteht, auch wenn die vom Mitarbeiter B vorgeschlagene Alternative – betriebswirtschaftlich – vorteilhafter gewesen wäre. Auch jene ‚Übungen', mit denen der Vorgesetzte seinen Mitarbeitern „wieder einmal zeigt, wer hier das Sagen hat", stellen üblicherweise keine leeren Redewendungen dar, sondern bezwecken die Sicherung der Herrschaft. Die allgemeine systemtheoretische Argumentation vom Überlebensstreben des sozialen Systems verschiebt sich damit: Aus der Warte der Herrschaftssicherung gibt es für die dominante Koalition nur wenig Sinn, wenn zwar das System Unternehmen überlebt, dabei aber das bestehende Herrschaftssystem überwunden und aufgelöst würde. Die Reminiszenz an das Überleben des Systems Unternehmen wäre für eine ehemalige dominante Koalition bestenfalls schmerzlich, wenn das System auf dem Weg zum Überleben sich ihrer entledigt und sie auf die Straße gesetzt hätte. Mit Überleben ist damit auch hier die Wahrung der künftigen Handlungschancen gemeint, d.h. ein *Überleben unter bestimmten Bedingungen*. Beispiele dafür liefern die Abwehrkämpfe von Unternehmensleitungen, wenn Gefahr besteht, daß das Unternehmen von einem anderen Unternehmen ‚geschluckt' werden könnte. Gleiches gilt auch für die Nichteinigung an sich zusammenschlußwilliger Unternehmen, wenn keine befriedigende Lösung über die Aufteilung der künftigen, relativ weniger werdenden Leitungspositionen zustande kommt. Politik als Herrschaftssicherung richtet sich in diesem Sinn auf die langfristige und grundsätzliche Bewahrung des Herrschaftssystems.

Die bisherige Diskussion des Politikbegriffes läßt sich damit folgendermaßen zusammenfassen: Interessenrealisierung strebt nach Dauerhaftigkeit, nach Institutionalisierung. Die Ausübung von Herrschaft wird von Maßnahmen zur langfristigen Sicherung der Herrschaftsausübung begleitet.

Der Zusammenhang zwischen Politik als Interessenrealisierung und Politik als Herrschaftsausübung bzw. -sicherung ist damit konflikthaft, komplementär und notwendig zugleich (s. Abb. 22):

- (Politik als) Herrschaftsausübung bzw. -sicherung *erwächst* aus (Politik als) Interessenrealisierung: Auf das Streben nach Dauerhaftigkeit und Institutionalisierung wurde schon mehrfach hingewiesen.
- (Politik als) Herrschaftsausübung bzw. -sicherung *begrenzt* (Politik als) Interessenrealisierung: Herrschaft setzt Folgeleistung voraus; d.h. das Herrschaftssystem ist bestrebt, die Varianz der Handlungsmöglichkeiten betrieblicher Akteure einzuengen, die Interessenrealisierungsmöglichkeiten der abhängigen Akteure von vornherein zu begrenzen sowie Handlungskomplexität zu vernichten. Gelingt dies nicht, zerfällt das Herrschaftssystem. Umgekehrt aber *begrenzt* auch die Interessenrealisierung nichtherrschender Akteure die Herrschaftsausübung der herrschenden Akteure.

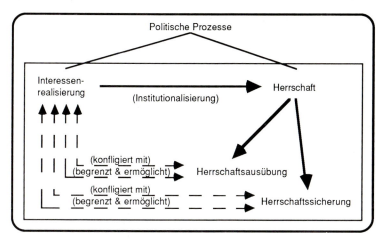

Abb. 22. Politische Prozesse in Unternehmen

- (Politik als) Herrschaftsausübung bzw. -sicherung *ermöglicht* aber auch (Politik als) Interessenrealisierung: Damit es zu Folgeleistungen kommt, muß es den Akteuren im Unternehmen möglich sein, ihre Interessen im und mit dem Unternehmen soweit zu realisieren, daß sie die Akzeptanz des Herrschaftssystems und die damit verbundenen Folgeleistungen anderen Alternativen vorziehen. Umgekehrt wiederum setzt Interessenrealisierung die Existenz des Unternehmens und damit ein Herrschaftssystem voraus.
- (Politik als) Interessenrealisierung *konfligiert* mit (Politik als) Herrschaftsausübung bzw. – sicherung: In der Dynamik wechselnder Interessen und Koalitionen im Unternehmen versuchen nicht-dominante Koalitionen sich gegenüber der dominanten Koalition durchzusetzen und die Realisierung der eigenen Interessen anstatt der Interessen der (noch) dominierenden Koalition dauerhaft einzurichten. Nicht-dominante Koalitionen trachten in diesem Sinn, sich des Herrschaftssystems zu bemächtigen.

Auf der Grundlage dieses Begriffsverständnisses bestimmen politische Kalküle den Rahmen organisatorischer Handlungen. Da Steuerungsvorhaben im Unternehmen auf ihre politische Grundlage, d.h. die Dimension der Interessenrealisierung bzw. -wahrung, zurückgeführt werden können, sind Steuerungsprozesse im Unternehmen in diesem Sinn als politische Prozesse zu verstehen. Gleichgültig, ob sie nun scheinbar ‚nur' der Sachaufgabe dienen oder, wie es in einem zu kurz greifenden Politikverständnis mitunter genannt wird, ‚mikropolitischen' Absichten oder der Herrschaftssicherung. Die empirisch feststellbare Tatsache, daß eine solche politische Betrachtungsweise von den Unternehmen bzw. den dort Beschäftigten im allgemeinen häufig nicht so gesehen wird, widerspricht dem nicht. Im Gegenteil, sie weist auf den Immunisierungserfolg des politischen Prozesses hin. Somit empfiehlt es sich auch, die Frage nach der politischen Dimension im Unternehmen *nicht* in der gewohnten Weise zu stellen: Denn zu untersuchen sind dann v.a. jene Bereiche, die als ‚unpolitische' ausgegrenzt werden.

Der politische Prozeß ist in seiner kurzfristigen Dimension als multidirektionaler Prozeß eher auf die Realisierung spezifischer Zwecke und Interessen ausgerichtet. Dabei werden Vorteile erworben, Nischen ausgenutzt und v.a. durch formale Regelungen neue Ordnungsbeziehungen legalisiert. In seiner langfristigen Dimension ist der politische Prozeß v.a. auf die Wahrung der Herrschaftsverhältnisse angelegt. Hier kommt es z.B. zur Legitimierung von Ordnungsmustern durch soziale Normen, dem Zurverfügungstellen von Interpretationsmustern und zu auf Systemstabilisierung gerichteten symbolischen Handlungen.

Wenn damit der politische Hintergrund organisatorischer Steuerungsprozesse deutlich wird, so tritt empirisch der Sachprozeß in den Vordergrund. Dies rührt daher, weil einerseits ein in seinem sozioökonomischen Kontext erfolgreiches Überleben des Unternehmens die Voraussetzung künftiger Interessenrealisierungsmöglichkeiten darstellt (Herrschaftssicherung ermöglicht künftige Herrschaftsausübung), aber andererseits Herrschaftsverhältnisse als soziale Tatsache oft faktisch weitgehend hingenommen und nicht weiter problematisiert werden. Dieser Zustand der scheinbar in den Hintergrund tretenden Herrschaftslogik wird weiters dadurch gestützt, daß in der Rolle des Vorgesetzten die Sachlogik und die Herrschaftslogik empirisch zusammenfallen (Türk, 1981: 63), obwohl ihnen unterschiedliche Rationalitäten zugrunde liegen. Manchmal kann diese Verknüpfung problemlos erkannt werden, z.B. dann, wenn offensichtliche Herrschaftsinteressen mit sog. Sachzwängen vordergründig gerechtfertigt werden. Bereits Witte sieht die in der Verknüpfung von Sach- und Herrschaftslogik liegende Problematik und läßt in seinem Macht- und Fachpromotorenkonzept ihre Differenzierung erkennen: Die Durchsetzung der Sachaufgabe bedarf der Unterstützung und Absicherung durch das Herrschaftssystem (Witte, 1973: 14 ff.). Dennoch lassen sich auch Beispiele anführen, bei denen das Herrschaftssystem gegenüber dem Sachprozeß im Vordergrund steht. Etwa dort, wo Hierarchie als Instrument der Koordination des Sachprozesses zwar unbedingt notwendig ist, die formale Hierarchie von den Mitarbeitern des Unternehmens aber primär als Unter- und Überordnungsstruktur erlebt wird und nicht als Koordinationsinstrumentarium, d.h. der Herrschaftscharakter im Vordergrund steht. Organisationspläne drücken diesen Sachverhalt dann auch visuell aus: Sie stellen häufig eher eine Aufteilung legalisierter Herrschaftsbereiche dar, als daß sie ein realistisches Abbild des tatsächlichen Leistungserstellungsprozesses geben.

Interessenrealisierung, Wahrung von Handlungschancen und die diesen vorgelagerte Leistungserstellung beruhen als miteinander verknüpfte Prozesse auf politischen Kalkülen. Organisatorische Steuerung ist demnach ein *strategischer politischer Prozeß*.

4.1.5 Die Strukturierung der Steuerung

Steuerungsprozesse in Organisationen werden in unterschiedlichen Formen manifest. Mit einer z.B. auschließlich direkten und persönlichen Steuerung wären wohl die damit verbundenen Steuerungsgrenzen rasch erreicht. Es liegt in der Logik von Interessenrealisierung bzw. Wahrung von Handlungschancen, die Vorhersehbarkeit und Berechenbarkeit von Handlungsmustern zu entwickeln (Popitz, 1986: 49). Vorhersehbare und wiederkehrende Handlungsmuster verringern nicht nur organisatorische Unsicherheit, sondern erlauben Kontinuität und erhöhte Handlungseffizienz. Direkte und persönliche Steuerung, aber auch legale Autorität, decken dagegen nur einen eher eingeschränkten Steuerungshorizont ab. Wir finden daher, da ja in Unternehmen im allgemeinen eine längerfristige Interessenrealisierung bzw. Wahrung von Handlungschancen angestrebt wird, verschiedene Formen der Steuerung. In ihrer jeweils konkreten Gesamtheit stellen sie die *Steuerungsstruktur* des Unternehmens dar.

Der Begriff Struktur wird in den Sozialwissenschaften uneinheitlich verwendet. Vor allem zwei Strukturbegriffe treten in den Vordergrund. Zum einen finden wir im Anschluß an Max Weber einen Strukturbegriff, der traditionellerweise in der Betriebswirtschaftslehre seinen Platz hat und dort v.a. im Zentrum der Forschungsinteressen des situativen Ansatzes steht (z.B. Kieser/Kubicek, 1983; Pugh/Payne, 1977; Pugh/Hickson, 1976; Pugh/Hinings, 1976). Struktur bezeichnet dabei als sog. formale Organisationsstruktur die „Gesamtheit aller formalen Regelungen zur Arbeitsteilung und Koordination" (Kieser/Kubicek, 1983: 16), die in mehrere (Struktur-)Dimensionen, wie Spezialisierung, Koordination, Konfiguration, Entscheidungsdelegation und Formalisierung (Kieser/Kubicek, 1983: 79 ff.) aufgegliedert wird. Diesem auf formale Strukturen eingeschränkten Strukturbegriff steht ein interaktionstheoretischer Strukturbegriff gegenüber, der davon ausgeht, daß Organisationsstrukturen nur auf Grund der Interaktionsmuster der Organisationsmitglieder adäquat verstanden werden können (Schülein, 1983: 173 ff.). Dabei gibt die Struktur sowohl den Rahmen für konkrete Interaktionen vor, als sie zugleich auch durch diese Interaktionen immer wieder geschaffen wird.

Beide Strukturbegriffe beziehen sich auf wichtige Aspekte der hier zur Diskussion stehenden Steuerungsüberlegungen. Die formale Struktur von Unternehmen hat einen nicht zu unterschätzenden Anteil an den organisatorischen Steuerungsleistungen. Dennoch kann nicht übersehen werden, daß darüberhinaus in Unternehmen auch überdauernde Handlungsmuster existieren, die über formale Regelungen hinausgehen. Es besteht kein Zweifel, daß auch sie unter die organisatorischen Steuerungsleistungen einzuordnen sind, wie z.B. die normative Steuerung. Dem Begriff der Steuerungsstruktur wird hier daher ein weiter Strukturbegriff zugrunde gelegt: Es wird darunter ein wiederkehrendes Muster von miteinander in Beziehung stehenden Handlungen, welche sich auf die Unterordnung von Akteuren richten, verstanden. Die Steuerungsstruktur stellt sich somit als eine Aufforderungsstruktur dar, die Unterordnungserwartungen enthält.

Unternehmen sind zur Erreichung ihrer Ziele auf Stabilität angewiesen, und Steuerungsstrukturen bezwecken die Vorhersehbarkeit von Handlungsabläufen. Steuerungsstrukturen führen dabei sowohl zu eingegrenzten Handlungsspielräumen, d.h. die Handlungsmöglichkeiten der Akteure werden eingeengt (z.B. durch Standardisierung), sie richten sich aber auch auf die Herbeiführung von spezifischen Handlungen (z.B. im Rahmen von Programmen).

Bei einer innerhalb der Steuerungsstruktur zunehmenden Entpersonalisierung und Generalisierung von Handlungserwartungen tritt ein steuernder A zunehmend in den Hintergrund. Je nachdem welche Organisationsmetapher (Morgan, 1986) im Unternehmen und hier v.a. in der dominanten Koalition vorherrscht, werden sich dieser Metapher entsprechende Steuerungsstrukturen ausbilden. So wird etwa die Vorstellung des Unternehmens als große Maschine andere Steuerungsstrukturen zur

Folge haben als die Vorstellung der Organisation als lebender Organismus. Trotz der unterschiedlichen dabei zugrunde liegenden Denkmuster lassen sich dennoch auch bei unterschiedlichen dominanten Metaphern Parallelen feststellen, wie z.B ein Zurücktreten der Steuerung mittels legaler Autorität und Ersatz durch indirekte und sog. „innere" Methoden der Steuerung (Türk, 1981: 134; Blau/Schoenherr, 1971: 351 f.).

Die Entwicklung der Steuerungsstruktur steht damit im Zentrum jeder längerfristigen Absicht der Realisierung von Interessen und Wahrung von Handlungschancen.

4.1.6 Die Institutionalisierung der Macht

Auf Grund der Bedeutung von Steuerungsstrukturen stellt sich die Frage nach ihrer Entstehung. Im folgenden wird daher auf die prozessuale Ausbildung der einzelnen Steuerungsformen zur Steuerungsstruktur eingegangen.

Den Ausgangspunkt der Entwicklung von Steuerungsstrukturen bildet das Machtmodell Unterordnungsaufforderung – Verhandlung – Akzeptanz. B benötigt zur Realisierung seiner Zwecke und Interessen die von A zur Verfügung gestellten Ressourcen und ist bereit, die Unterordnungsbedingungen (nach längerer oder kürzerer Verhandlung) zu akzeptieren. Es kommt damit zu einer vereinzelten Machtausübung von A über B. Damit kann jede direkte und persönliche Machtausübung im Unternehmen erklärt werden. Es ist dabei belanglos, ob diese Machtausübung mit dem Betriebszweck übereinstimmt, ihn nicht tangiert oder ihm entgegensteht und ob sie außerhalb oder innerhalb der Legalität liegt. Die Dependenz des B und seine Akzeptanz der Unterordnungsbedingungen begründen die Machtausübung des A. Die Grundform der Steuerung, als vereinzelter (i.S. von nicht dauerhaft) Akt der Machtausübung, besteht somit darin, daß A die Dependenzen des B anspricht und dabei zu Unterordnungsbedingungen kommt, die B akzeptiert.

Befriedigt die Machtausübung einen speziellen, vorübergehenden Zweck, so wird mit der Beendigung dieser Interaktion die anlaßfallspezifische Unter- und Überordnungsrelation wieder aufgehoben. Wird aber im Aushandlungsprozeß ein Interaktionsmuster geschaffen, dessen Unter- und Überordnungsbedingungen die Akteure auch im Wiederholungsfall übernehmen, so etabliert sich ein anhaltendes Handlungsmuster. Wenn das Interaktionsmuster zur Lösung wiederkehrender Probleme beiträgt, dann sind beide Akteure bestrebt, es zu bewahren. Da die Bedingungen bereits früher ausgehandelt wurden, verkürzt und verdichtet sich die Sequenz des Grundmodells: Beide Akteure wissen für sich, wie sie selbst in dieser Situation unter der Erwartung des Eintritts der dazugehörigen Handlungen des jeweils anderen handeln werden, ohne daß die Situation als solche jedesmal problematisiert werden müßte. Beide Akteure sind somit bestrebt, ein solches Interaktionsmuster aufrechtzuerhalten. Schließlich kann eine langanhaltende Gewohnheitsbildung dazu führen, daß im Laufe der Zeit beide Akteure die sich wiederholende Über- und Unterordnung und deren situative Gegebenheiten als ‚normalen' Bestandteil ihres (beruflichen) Alltags akzeptieren und definieren.

Solche hier vorerst auf zwei Akteure bezogene Regelungen erhalten mit dem Hinzutreten eines Dritten nicht nur den Charakter der Öffentlichkeit, sie erscheinen dem hinzukommenden Dritten auch als gegeben (Berger/Luckmann, 1977: 62 f.). Akzeptiert der dritte (und jeder weitere) Akteur das vorgefundene Handlungsmuster auch für sich als problemlösend, so kommt es zur Ausbildung von allgemeinen informellen Regelungen. Die Akzeptanz der Handlungsmuster kann sich sowohl darauf beziehen, daß dabei ein spezifischer Zweck realisiert wird, als auch darauf, daß der hinzukommende Akteur mit seinem Beitrag zur betrieblichen Leistungserstellung mittelbar zur Ermöglichung der Realisierung seiner eigenen Zwecke und Interessen beiträgt. Mit dem Hinzutreten weiterer Akteure zur Dyade wird eine verbindliche Beziehungsform hergestellt und verfestigt. Informelle Regelungen entstehen somit aus dem Interesse der Beteiligten und aus der gewohnheitsmäßigen Wiederholung der Interaktionsmuster.

Haben nun einige Mitglieder des Unternehmens ein Interesse daran, diesen Regelungen ein besonderes Maß an Öffentlichkeit und Verbindlichkeit zu verleihen, so werden sie trachten, die bisher informellen Regelungen durch Legalisierung zu einem Bestandteil der formalen Organisationsstruktur zu machen[97]. Die höhere Verbindlichkeit wird deshalb erwartet, weil die Arbeitnehmer mit ihrer Unterschrift auf dem Arbeitsvertrag einer vorläufigen generellen Akzeptanz der legalen Autorität im Unternehmen zugestimmt haben und die begründete Annahme besteht, daß sie ihre generelle Unterordnungsbereitschaft auch gegenüber einzelnen künftig hinzutretenden Regeln aufrechterhalten werden.

Gewiß kommen formale Regelungen in Unternehmen auch ohne vorhergehende informelle Regelungen, ja manchmal sogar im Gegensatz zu diesen, zustande, etwa im Zusammenhang mit Reorganisationsmaßnahmen. Sie beruhen dann auf der legalen Autorität des Unternehmens und sind gleichfalls an der politischen Rationalität der betrieblichen Leistungserstellung, Interessenrealisierung und Wahrung der Handlungschancen orientiert. Informelle Regelungen stellen zwar ebenfalls diese politische Rationalität in Rechnung, verschieben jedoch den Schwerpunkt in Richtung der Realisierung der Interessen der einzelnen Akteure, auch wenn diese vor dem Hintergrund der betrieblichen Leistungserstellung erfolgt.

Mit zunehmender Wiederholung und Gewöhnung verfestigen sich informelle, aber auch formelle Regelungen. Die eigentliche Ausgangssituation der Interessenrealisierung bzw. Problemlösung für die Akteure tritt immer mehr in den Hintergrund und die Regelungen nehmen den Status von Normen an. Ohne daß nun ein konkreter A dazu notwendig wäre, wird den Akteuren vorgeschrieben, wie diese in bestimmten Situationen zu handeln haben. Ebenso wissen die Akteure, daß Abweichungen von den vorgeschriebenen Handlungsmustern Sanktionen nach sich ziehen können. Die Normen bilden damit einen Teil einer übergreifenden Ordnung, die den Akteuren als gegebene und normale Definition ihrer Realität erscheint. Die informellen und formellen Regelungen werden als verselbständigte Steuerungsmechanismen zu einem Teil der interpretativen Schemata: Als Bestandteil seines Wissens über die Welt ermöglichen sie dem Akteur das Erkennen der ‚richtigen' Situationszusammenhänge und weisen ihn darauf hin, wie er mit dieser Situation umgehen sollte (Zucker, 1983: 5 f.). Die Steuerungsmechanismen sind nun institutionalisiert, die Akteure anerkennen die Unterordnungsaufforderungen als gegebenen und selbstverständlichen Teil ihrer normalen Realitätsdefinition, die Herrschaftsordnung ist legitimiert. Besonders jenen Handlungsvollzügen, die üblicherweise in einem technisch-ökonomischen Sinn als ‚rational' bezeichnet werden, somit als sog.

Sachzwänge der technisch-ökonomischen Rationalität entsprechen, dürften im Prozeß der Institutionalisierung Vorteile zukommen. Sie sollten ohne größere Probleme als ‚selbstverständlich' und ‚normal' Geltung erlangen.

Mit dem Übergang von legitimer Herrschaft zu Herrschaft als Institution wird das konkrete Herrschaftssystem des Unternehmens außer Diskussion gestellt. Damit wird im Rahmen der legalen Autorität des Unternehmens sowohl die vereinzelte Ausübung von Macht als auch die Ausübung von Macht mittels Regelungen als allgemeine Kategorie unproblematisch. Die Machtausübung im Rahmen institutioneller Herrschaft ist dann selbst wiederum geeignet, künftige Interessenrealisierungen und die Wahrung von Handlungschancen zu stabilisieren (s. zum Prozeß der Institutionalisierung der Macht Abb. 23).

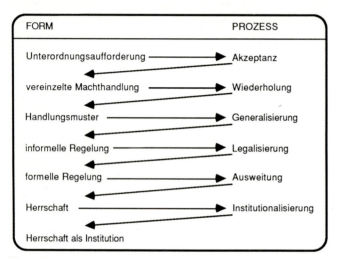

Abb.23. Die Institutionalisierung der Macht
(dargestellt am Beispiel in/formeller Regelungen)

4.1.7 Formen der Steuerung

Im folgenden werden die grundlegenden Formen der Steuerung in Unternehmen dargestellt. Als Systematisierungskriterium dient dabei der Grad des Zurücktretens eines steuernden A. Somit werden zu Beginn direkte Formen der Steuerung diskutiert, bei denen ein handelnder A Unterordnungsaufforderungen gegenüber B zum Ausdruck bringt. Daran schließen sich indirekte Formen der Steuerung an. So lassen z.B. Fertigungstechnik, administrative Regeln sowie psychologische Steuerungsformen einen steuernden A nur mehr verdeckt erkennen, etwa als Regelsetzer oder -überwacher. Den Abschluß bilden kulturelle Steuerungsformen.[98]

Mit zunehmender Institutionalisierung der verschiedenen Formen der Steuerung können diese zwar von A instrumentell genutzt werden, sie gehen aber in ihrer Entstehung und Wirkung weit über die Handlungsmöglichkeiten eines handelnden Akteurs hinaus. Als Teil von übergeordneten und kollektiven Steuerungsformen tritt der steuernde Akteur in den Hintergrund, z.B. im Rahmen genereller bürokratischer Regelungen. Das bedeutet jedoch nicht, daß damit eine instrumentelle Verknüpfung zwischen z.B. Regelbefolgung und Realisierung seiner Interessen nicht möglich wäre.

Popitz hat im Zusammenhang mit der Institutionalisierung der Macht darauf hingewiesen, daß diese durch eine „zunehmende *Entpersonalisierung* des Machtverhältnisses" und eine „zunehmende *Integrierung* des Machtverhältnisses in eine übergreifende Ordnung" (Popitz, 1986: 38 f.; k.i.O.) gekennzeichnet sei. Seinem dritten Kriterium, der „zunehmende(n) *Formalisierung"* (Popitz, 1986: 38; k.i.O.) kann jedoch nur bedingt zugestimmt werden: Zwar trifft dies für den Bereich der formalen Steuerungsformen zu, nicht mehr jedoch für kulturelle Steuerungsformen. Diese zeichnen sich ja gerade dadurch aus, daß die Akteure die Handlungsaufforderungen internalisiert haben, also wissen, was ‚man' in einer bestimmten Situation tut bzw. zu tun hat. Ähnliches gilt für die psychologische Steuerung. Auch hier liegt der Schwerpunkt darauf, daß die Akteure ‚von sich aus' handeln (sollen). Darüberhinaus ist noch auf die Veränderungen im Wirkungsbereich hinzuweisen. Nicht nur daß hier ein Kontinuum von vereinzelter und spezifischer hin zu genereller und übergreifender Steuerung erkennbar wird, so wird es dabei den Adressaten auch zunehmend schwieriger, die Steuerung als solche zu erkennen und gegebenenfalls dagegen Widerstand zu entwickeln. Zusätzlich ist feststellbar, daß mit zunehmender Institutionalisierung und Verfestigung der Steuerung nicht nur B zu Unterordnungsleistungen aufgefordert wird, sondern daß dieselben Normen, die diese Leistungen von B erwartbar machen, umgekehrt auch A verpflichten: A kann damit zwar zum Nutznießer dieser Regelungen und Normen werden, aber nur insoweit, als er sich selbst daran hält, d.h. er ist damit auch selbst gebunden (Biggart/Hamilton, 1984: 548). Gleichzeitig kommt es mit zunehmender Verfestigung und Institutionalisierung der Steuerung auch zu einer zunehmenden Wirksamkeit der Steuerung: Es wird immer schwieriger bis unmöglich, sich ihr zu entziehen.

Auch wenn in der Betriebswirtschaftslehre traditionellerweise im Zusammenhang mit der Leistungserstellung von einer als unproblematisch angenommenen und daher unproblematisierten legalen Autorität ausgegangen wird und dies eine Gliederung in legale und illegale Steuerungsformen nahelegen würde, so kommt dieser Zweiteilung im folgenden nur relative Bedeutung zu: Beide sind nämlich Konsequenzen der – und lassen sich unmittelbar auf diese Grundlage zurückführen – Dependenz des B von den Ressourcen des A und der Akzeptanz der Unterordnungsaufforderungen durch B. Die Diskussion der Steuerungsformen knüpft daher bei der direkten Steuerung an und stellt im Anschluß daran vier indirekte Steuerungsformen dar: die technologische, die bürokratische, die psychologische und die kulturelle Steuerung. Bei der Diskussion der Steuerungsformen ist es weder möglich noch sinnvoll, in einer erschöpfenden Aufzählung alle denkbaren Erscheinungsformen umfassend darzustellen. Gleichzeitig ist es empirisch offenkundig, daß sich diese Steuerungsformen in der Unternehmenspraxis oft überlappen, wie z.B. bei Anreizsystemen. Deshalb geht es im folgenden darum, den theoretischen, den methodischen und den methodologischen *Kern* der grundlegenden Formen der Steuerung im Unternehmen herauszuarbeiten.

4.2 Direkte Steuerung

Unter direkter Steuerung werden Handlungen verstanden, bei denen sich A ohne Heranziehung technischer, bürokratischer, psychologischer oder kultureller Steuerungsformen an einen oder mehrere B wendet, um dessen/deren Unterordnung herbeizuführen. A fordert B etwa vor dem Hintergrund der legalen Autorität zu einer Leistung auf, droht ihm oder verspricht ihm eine Belohnung.

4.2.1 Der Steuerungsspielraum

Auf welchen Handlungsbereich erstreckt sich nun die direkte Steuerung, und wo liegen ihre Grenzen? Unter Steuerungsspielraum wird im Anschluß an die Definition von Steuerung jener organisatorische Handlungsbereich verstanden, der den Steuerungsabsichten eines A offensteht.

Kommen wir wieder auf das Grundmodell der Machtausübung (Unterordnungsaufforderung – Verhandlung – Akzeptanz) zurück, so ist festzustellen, daß für den *Einzelfall* der Machtausübung die direkte Steuerung – auch wenn das Unternehmen ein vorstrukturiertes Handlungsfeld ist – im Prinzip durch *keine* strukturellen Grenzen eingeschränkt wird. Solange B die Unterordnungsbedingungen des A akzeptiert, gleichgültig ob diese für ihn nun legal, illegal, kriminell etc. sind, kommt es zu einer erfolgreichen Machtausübung des A. Ist beispielsweise B auf die Erzielung regelmäßiger Einkünfte angewiesen und werden alternative Arbeitsplätze in der näheren Umgebung seines Wohnortes kaum angeboten, dann wird B auf Drängen des A wahrscheinlich auch zu ‚freiwilligen', über die kollektivvertraglichen Vereinbarungen hinausgehenden Arbeitsleistungen bereit sein.

Wenn somit analytisch jede Art direkter Machtausübung prinzipiell möglich ist, so ist demgegenüber empirisch feststellbar, daß sich im Unternehmen die direkte Steuerung vor allem auf drei Bereiche konzentriert:

- auf Handlungen, die der technisch-ökonomischen Rationalität folgen (i.S. einer Konkretisierung der allgemeinen Absicht der Realisierung von Interessen),
- auf Herrschaftssicherung und
- auf Handlungen zur Realisierung spezifischer Zwecke und Interessen.

In Unternehmen finden sich auf der Basis der bestehenden Wirtschaftsordnung ziemlich klare Vorstellungen darüber, was als Kosten und Erträge, Gewinne und Verluste zu bezeichnen ist und welche Handlungen im Rahmen dieses Rationalitätsverständnisses sinnvoll sind und demzufolge erwartet werden und welche unsinnig erscheinen und daher nicht erwartet werden. Unter dieser Prämisse stellt sich – vorläufig – die Frage nach dem Steuerungsspielraum der einer technisch-ökonomischen Rationalität dienenden Steuerungshandlungen. Hier ist dann zu fragen, ob und in welchem Ausmaß innerhalb der technisch-ökonomischen Rationalität Steuerungsspielräume gegeben sind.

Unter systematischer Vernachlässigung der Herrschaftsdimension hat sich der situative Ansatz mit dem Zusammenhang von situativen Variablen und formaler Organisationsstruktur beschäftigt. Während die These eines technologischen Determinismus nicht aufrechtzuerhalten war (z.B. Schreyögg, 1978), hat sich die Diskussion in der Folge hin zur Frage eines ökonomischen Determinismus verlagert (z.B. Sandner, 1984: 180). Aber auch hier herrscht mittlerweile Einigkeit darüber, daß zwar Kriterien ökonomischer Rationalität über einen längeren Zeitraum hinweg nicht folgenlos verletzt werden können, daß aber auch im Rahmen der ökonomischen Rationalität „Organisationsspielräume wirksam werden" (Sydow, 1985b: 414). Die ökonomische Rationalität und ihre ‚Sachzwänge' geben damit zwar einen Rahmen vor, lassen aber einen Steuerungsspielraum offen. Jedoch auch diese Grenzen – und das ist festzuhalten – sind keine natürlichen, sondern ökonomische, d.h. in Interessen begründet: Innerhalb dieser können z.B. unterschiedliche Arbeitsstrukturierungsmodelle praktiziert werden, vorausgesetzt, sie erweisen sich unter ökonomischen Gesichtspunkten als zufriedenstellend (und gefährden gleichzeitig auch nicht das Herrschaftssystem).

Die Existenz von Steuerungsspielräumen wird faktisch unterstützt durch den Tatbestand, daß die Organisationsmitglieder zugleich Subjekte und Objekte der Steuerung (Führer/Geführte) sind und somit im Zusammenhang mit der Realisierung ihrer eigenen Interessen danach streben, Steuerungsspielräume herzustellen oder offenzuhalten (Neuberger, 1984: 126). Mit ihrem faktischen Handeln schaffen sie die Steuerungsspielräume.

Wenn damit sogar unter der einseitigen Prämisse der ökonomischen Rationalität 1) von *gegebenen* Steuerungsspielräumen ausgegangen werden kann, so sind diese 2) von den *faktischen* Steuerungsspielräumen zu unterscheiden. In Anlehnung an Türks Ausführungen zu Handlungsspielräumen (Türk, 1980) tritt zur strukturellen Chance mehrerer möglicher Handlungsalternativen und zum Kriterium ihrer sozialen Durchsetzbarkeit noch die personale Handlungskompetenz des Akteurs[99]. Dieses dritte Kriterium führt zu einer weiteren Differenzierung. Gegebene und faktische Steuerungsspielräume sind somit 3) noch von den *wahrgenommenen* Steuerungsspielräumen zu unterscheiden. Der Begriff der Wahrnehmung beinhaltet dabei nicht nur eine semantische, sondern auch eine qualitative Differenzierung. Sydow spricht im Zusammenhang mit Büroautomation von „wahrgenommene(n) Organisationsspielräume(n)" und meint damit die kognitive Komponente (Sydow, 1985b: 298). Unter dem Aspekt der Steuerung geht es aber weniger um eine Wahrnehmung im kognitiven Sinn als um eine handelnde Wahrnehmung – im Sinne von Nutzung – der als steuerbar erkannten Spielräume. Und gerade weil es sich hier um keinen Determinismus, sondern um Spielräume handelt, sind diese nicht indifferent von den Interessen der Organisationsmitglieder: Die Spielräume sind Gegenstand von Aus- und Verhandlungsprozessen, und die jeweilige Machtausübung stellt das Ergebnis dieser Prozesse dar.

Im Unternehmen sind damit der direkten Steuerung zwar im Prinzip keine Grenzen gesetzt. Dennoch kommt es unter den Prämissen der ökonomischen Rationalität und der langfristigen Wahrung von Handlungschancen zu einem eingegrenzten Satz an Steuerungsmöglichkeiten. Da die direkte Steuerung von den Betroffenen im Verhältnis zu anderen verdeckteren Formen noch am ehesten als Versuch der Machtausübung erkannt und damit am ehesten der Gefahr der Zurückweisung ausgesetzt ist, sind die Steuerungsspielräume der direkten Steuerung in einem doppelten Sinn wahrzunehmen: Sie müssen erkannt und genutzt, d.h. konkretisiert werden.

4.2.2 Zum theoretischen Stellenwert des Steuerungsspielraums der direkten Steuerung

Kann somit für die direkte Steuerung von existierenden Steuerungsspielräumen ausgegangen werden, so stellt sich die Frage nach ihrem theoretischen Stellenwert. Türk argumentiert für eine „lückentheoretische Betrachtungsweise" (Türk, 1981: 126), bei der Personalführung zum „Residualfaktor" einer übergreifenden sozialen Kontrolle wird und „der Bedarf an Personalführung von dem Ausmaß der Kontrolllücke" abhängt (Türk, 1981: 65). Mit dem Konzept der sozialen Kontrolle wird Konformität zu jenem Ziel, das es dabei zu sichern, zu erreichen oder wieder herzustellen gilt (Türk, 1981: 45). Mechanismen der sozialen Kontrolle sind z.B. Bildung und Sozialisation, die Selektion und Allokation von Personal, die Kontrolle durch Peers, verinnerlichte Normen, technische und administrative ‚Sachzwänge'. „Personalführung hat einen Restbedarf von sozialer Kontrolle zu befriedigen", und dieser entsteht „in dem Maße, in dem die Wirkungen anderer Mechanismen sozialer Kontrolle Konformitätslücken erwarten lassen"(Türk, 1981: 126).

Türk definiert Personalführung somit als negative Ausgrenzung. Aus der Warte der Steuerungs*ökonomik* ist dagegen nichts einzuwenden. Auch ein anklingender Kulturpessimismus angesichts der als ‚übermächtig' gesehenen sozialen Kontrolle erscheint diskussionswert. Was bei Türk aber etwas ins Hintertreffen gerät, ist der dynamische Aspekt sozialer Kontrollmechanismen. Wie bereits ausgeführt, sind Kontrollmechanismen nicht deterministisch. Sie lassen nicht nur Handlungsspielräume zu, sondern auch *Veränderung*. So sind sogar Normen, wie Neuberger feststellt, nicht allumfassend (Neuberger, 1984: 126), sondern gleichfalls widersprüchlich und eröffnen Handlungsspielräume. M.E. ist daher aus der Warte einer auf Erfolg gerichteten Handlungsorientierung die Argumentation – im Gegensatz zu Türk – *umzukehren*: Die Verfolgung von Zielen, die Realisierung von Zwecken und Interessen, die Veränderung bestehender Interaktionsmuster beginnt bei der direkten Steuerung und geht erst in der Folge in strukturelle Steuerungsformen über. Erst dann tritt die direkte Steuerung als – empirisch bedeutsamer – Residualfaktor wieder hinzu (s. zum Prozeß auch Abb. 23). Damit kann direkte Steuerung theoretisch nicht als negativ ausgegrenzter Residualfaktor konzipiert werden. Im Gegenteil, direkte Steuerung stellt einen prozeßdynamischen *Ausgangspunkt* dar. Mit ihr ist ein theoretischer Ort, ein Bezugspunkt gegeben, wo Neues entstehen kann und nicht nur Konformität gesichert werden muß. Direkte Steuerung bildet aus strategischer Sicht die Grundlage jener Handlungsmuster, informeller Regelungen, formeller Regelungen und Institutionalisierungen, welche zusammen die Steuerungsstruktur des Unternehmens ausmachen.

Gäbe es im Unternehmen tatsächlich nur die Sachaufgabe zu bewältigen, so wäre diese Argumentation in ihren praktischen Auswirkungen nur von geringer Bedeutung. Ob Ausgangspunkt oder Residualfaktor, die Sachaufgabe würde erledigt, so oder so. Die Vorstellung einer Sachzwang-Eindimensionalität (d.h. die Annahme ausschließlich technisch-ökonomischer Rationalität) im Unternehmen ist aber nicht aufrechtzuerhalten. Denn die Bewältigung der Sachaufgabe stellt nur die konkrete Erscheinungsform der Realisierung von Interessen dar, die vom Aspekt der Wahrung der Handlungschancen überlagert wird. Wohl entspricht es auch aus dieser Warte der Steuerungsökonomik, möglichst wenig direkt zu steuern und die Steuerungsleistungen indirekten Mechanismen, wie administrativen Regelungen oder Normen, zu überlassen. Aber der dynamische Kern, dort wo Veränderungen ihren (handlungstheoretischen) Ausgang nehmen, liegt in der direkten Steuerung. Mitarbeiter eines Unternehmens sind nicht nur Normen- und Vorschriftenerfüller, sie haben auch eigene Interessen. Während Türk die Herrschaftsfunktion mit seinem Konzept der sozialen Kontrolle mitberücksichtigt, unterschätzt er den dynamischen Aspekt der Realisierung der eigenen Interessen. Die Mitarbeiter erfüllen nicht nur die Sachaufgabe und kontrollieren ihre Kollegen, sie wollen – alle – die Sachaufgabe überlagernd, primär für sich etwas: Und dieses ‚etwas für sich wollen', die Realisierung eigener Interessen, hat ihre Genese in der direkten Steuerung: Im andauernden und immer wieder neu entstehenden Versuch, die materiellen Gegebenheiten des Unternehmens und die dort tätigen Organisationsmitglieder direkt oder indirekt für eigene Zwecke zu instrumentalisieren.

Die Diskussion um den Steuerungsspielraum ist aus der Warte der Akteure somit dreifach zu sehen. Zum einen sind die Organisationsmitglieder 1) bestrebt, für sich diesen Spielraum zu erweitern oder zumindest zu erhalten, zum anderen trachten sie 2) gleichzeitig, die Spielräume der anderen Akteure einzuschränken bzw. zu determinieren, wie z.B. mittels eines strategischen Umgangs mit Sachzwängen und der dahinter stehenden Rationalität. Und schließlich sind sie 3) genötigt, durch eigene Beiträge das System des Unternehmens zu erhalten, weil sein Bestehen die Voraussetzungen zur Realisierung der eigenen Interessen schafft. Wollte man daher direkte Steuerung als reinen Sachprozeß sehen, so käme dies einer sozialen Fiktion, ja sogar einer Ideologie gleich. Sie ist in dieser Form – soweit sie Menschen betrifft – empirisch nicht möglich. Erstens stellt die Beschränkung bzw. die Einengung auf den sog. Sachprozeß selbst nur den Versuch der neutralistischen Ausgrenzung konkreter Interessen dar. Zweitens ist jeder Steuerungsprozeß, da er von auf Interessenrealisierung ausgerichteten Akteuren erbracht wird und sich auch auf solche richtet, unausweichlich mit der Ebene der Interessenrealisierung verwoben, ebenso mit der Herrschaftssicherung. Drittens ist die isolierte Betrachtung einzelner Führungshandlungen als ‚reine Sachprozesse' methodologisch unmöglich: Aus ihrem sozioökonomischen Zusammenhang herausgerissen, verlieren sie ihren Sinn, sie werden sinn-los.

Direkte Steuerung wird hier daher als theoretischer Ausgangspunkt erfolgsorientierten Handelns, das sich auf die Unterordnung anderer Akteure richtet, verstanden. Die faktische Qualität struktureller Steuerungsformen wird dabei nicht unterschätzt. Strukturelle Steuerung als verselbständigtes System zu betrachten, würde aber bedeuten, Steuerung als deterministisches System zu verstehen. Obwohl strukturelle Steuerung als ein relativ verfestigtes System zu betrachten ist, ist jedoch von der Existenz von Steuerungsspielräumen auszugehen. Diese Spielräume bilden die Voraussetzung für die Herbeiführung von Veränderungen. Verfestigen sich diese Veränderungen in der Folge selbst zu dauerhaften Regelungen, so lassen sie dennoch wiederum Steuerungsspielräume offen, die dann neuerliche Veränderungen ermöglichen.

4.2.3 Die Voraussetzungen direkter Steuerung

Nach der theoretischen Begründung des Steuerungsspielraumes ist nun auf die soziale Begründung des Steuerungsspielraumes einzugehen. Das in dieser Untersuchung entwickelte Grundmodell der Macht dient wiederum als Ausgangspunkt. Obwohl auch die legale Autorität auf Dependenz und Akzeptanz zurückzuführen ist, so wird im folgenden bei der Diskussion der Formen direkter Steuerung doch zwischen Steuerungshandlungen, die auf die legale Autorität zurückzuführen sind, und Steuerungshandlungen, die außerhalb der legalen Autorität liegen, unterschieden.

Diese Unterscheidung erweist sich insofern als sinnvoll, als B mit seinem Eintritt in das Unternehmen vor dem Hintergrund der legalen Autorität sich a priori zu einem mehr oder weniger deutlich vereinbarten Satz an künftigen Unterordnungsleistungen bereit erklärt. Bei außerhalb der legalen Autorität liegenden Steuerungshandlungen (z.B. ein Mitarbeiter überredet den Portier B, während der Dienstzeit den Wagen des ersteren zu waschen) fehlt diese a priorische Qualität. Die Dependenz des B wird hier daher strategisch häufiger angesprochen werden. Im Rahmen der legalen Autorität wird dagegen eine sich wiederholende Thematisierung der Dependenz des B nicht der Regelfall sein. Im Rahmen der legalen Autorität kann die Zustimmung des B im Sinne einer sozialen Regelmäßigkeit für einen mehr oder weniger deutlich abgrenzbaren breiten Satz künftiger Handlungen vorausgesetzt werden. Bei außerhalb der legalen Autorität liegenden Steuerungshandlungen bezieht sich die Akzeptanz des B entweder auf eine einzige, zumindest aber auf einen abgegrenzten Satz von Unterordnungsleistungen. Worauf beruht nun direkte Steuerung im Unternehmen? Drei Ausprägungen direkter Steuerung sind festzustellen:

1) Die Grundvariante, daß B eine Unterordnungsaufforderung im Rahmen der legalen Autorität des A befolgt, ist trivial. Dennoch ist es aber möglich, daß ein Versuch der direkten Steuerung auf Basis der legalen Autorität im Unternehmen von den angesprochenen Organisationsmitgliedern individuell oder kollektiv verweigert wird. D.h., obwohl sein Steuerungsversuch legal war, kann es zu keiner Machtausübung des A kommen.

2) Den zweiten Bereich stellen jene Fälle dar, bei denen A vor dem Hintergrund seiner legalen Autorität Unterordnungsleistungen von B verlangt, die *außerhalb* dessen Arbeitsvertrages liegen. Die Unterordnungsaufforderung des A erfolgt zwar außerhalb der legalen Autorität des A, wird aber durch die Verankerung des A in der legalen Autoritätsstruktur des Unternehmens abgesichert. Z.B.: Der Vorgesetzte A verlangt von seinem Mitarbeiter B eine Leistung, die außerhalb des Stellenbereiches des B liegt (z.B. Kaffeekochen, ‚freiwillige' Hilfeleistungen im Garten des A oder sogar strafrechtlich verfolgbare Handlungen). B ordnet sich trotzdem unter, weil er fürchtet, im Falle seiner Nichtunterordnung mittels der Ressourcen, die dem A im Rahmen dessen legaler Autorität zur Verfügung stehen, direkt oder indirekt doch sanktioniert zu werden.

3) Schließlich sind noch jene Fälle direkter Steuerung im Unternehmen zu nennen, bei denen A außerhalb, aber unabhängig von der legalen Autorität einen oder

mehrere B zu Handlungen veranlaßt (z.B. A überredet B, Ressourcen des Unternehmens für private Zwecke abzuzweigen).

Nimmt man das Grundmodell der Macht mit Dependenz und Akzeptanz als Ausgangsbasis, so sind damit drei *Voraussetzungen* direkter Steuerung im Unternehmen festzustellen:

- legale Autorität (als transformierte Dependenz und Akzeptanz);
- Dependenz und Akzeptanz, die zwar außerhalb der legalen Autorität des A liegen, aber von dieser gestützt werden;
- Dependenz und Akzeptanz, die außerhalb der legalen Autorität liegen und unabhängig von ihr sind.

4.2.4 Der Zielbereich direkter Steuerung

Wenn im Unternehmen von gegebenen Steuerungsspielräumen auszugehen ist – wann kommt es nun zu direkter Steuerung? Zu berücksichtigen sind der sog. Sachprozeß, die Realisierung von Zwecken und Interessen sowie die Wahrung von Handlungschancen. Damit sind es fünf Bereiche, die den primären Bereich direkter Steuerung darstellen:

1) *Innovationen*: Neuerungen, ob nun als Antwort auf externe Faktoren oder als innerorganisatorische Veränderungen, haben ihren handlungstheoretischen Ausgangspunkt in Maßnahmen der direkten Steuerung. So stehen am Beginn z.B. eines Reorganisationsprozesses in der Regel keine strukturellen Veränderungen, zu diesen kommt es erst in der Folge von direkten Steuerungsmaßnahmen.
2) *Leistungsintensivierung*: Geht es darum, einzelne Mitglieder des Unternehmens zu Leistungen, die über das ‚normale' Niveau hinausgehen, zu bewegen, dann kann mit direkter Steuerung auf die spezifischen Gegebenheiten sowohl der Situation als auch des B in einem besonderen Maße eingegangen werden.
3) *Kurzfristige Realisierung von Interessen*: Während die langfristige Realisierung von Interessen im allgemeinen über indirekte Steuerungsformen abgesichert ist, rekurriert die kurzfristige Interessenrealisierung auf direkte Steuerung. Entsprechende Situationen ergeben sich entweder aus dem prozessualen Geschehen oder werden von A intentional hergestellt.
4) *Vorbeugung, Aufrechterhaltung und Korrektur*: Direkte Steuerung stellt sich im Zusammenhang mit Vorbeugung, Aufrechterhaltung und Korrektur als situative Intervention in den betrieblichen Prozeß dar, die Fehlentwicklungen verhindern oder korrigieren soll. A greift direkt in das betriebliche Geschehen ein, um eine prozessuale Entwicklung in einer von ihm gewünschten Richtung sicherzustellen. Direkte Steuerung als Vorbeugung, Aufrechterhaltung oder Korrektur bezieht sich sowohl auf den Sachprozeß als auch auf das Herrschaftssystem. In letzteren Bereich fallen auch jene, vor dem jeweiligen sachlichen Hintergrund oft wenig rational erscheinenden Handlungen, denen im Rahmen der Herrschaftssicherung vor allem symbolische Bedeutung zukommt. So etwa,

wenn ein Vorgesetzter – für Außenstehende scheinbar justament – auf die Durchsetzung einer sachlich verfehlten Vorstellung unbedingt besteht. Er besteht auf die Durchsetzung, weil er sich durchsetzen will: Durchsetzungs‚rechte' (und Unterordnungseinforderungen), d.h. ‚wer hier das Sagen hat', werden damit öffentlich dokumentiert.

5) *Substitution als negative Abgrenzung*: Unter steuerungsökonomischen und systemstabilisierenden Aspekten – indirekte Steuerungsformen werden von den Unterworfenen in der Regel schwerer erkannt als direkte und erschweren damit auch Widerstände dagegen – empfiehlt es sich, direkte Steuerung durch Formen indirekter Steuerung zu substituieren. Deren Grenzen liegen dort, wo das Organisationssystem gefährdet ist. Es sind somit ökonomische Grenzen (z.B. kontraproduktive Erscheinungen übermäßiger Technisierung oder Bürokratisierung) und Grenzen, die sich aus dem Bemühen um die Aufrechterhaltung des Herrschaftssystems ergeben, die eine Substitution direkter durch indirekte Steuerungsformen nicht opportun erscheinen lassen. Direkte Steuerung wird auch dort zum Einsatz kommen, wo entweder die Betriebsgröße indirekte Steuerungsformen (d.h. vor allem Technologisierung) als ökonomisch unvorteilhaft erscheinen läßt oder wo der Betriebsgegenstand indirekte Steuerungsformen nur partiell zuläßt (z.B. wenn Produkte nur in Einzelfertigung und nur manuell hergestellt werden können).

Zusammenfassend liegt der Zielbereich der direkten Steuerung somit vor allem in einem systemschützenden-korrigierenden Eingreifen sowie in der Herbeiführung von Veränderungen innerhalb der Rationalität des Systems.

4.2.5 Formen direkter Steuerung

Unter dem Ordnungskriterium der zunehmenden Verfestigung ergeben sich zwei Grundformen direkter Steuerung: vereinzelte Steuerungshandlungen und Handlungsmuster. Vereinzelte Steuerungshandlungen sind z.B. situationsspezifische Interventionen in den laufenden Prozeß. Als Beispiel eines Handlungsmusters kann folgendes gelten: Immer dann, wenn der Vorgesetzte A mißlaunig von seinem Vorgesetzten AA zurückkommt, ‚weiß' seine Sekretärin, daß es sich empfiehlt, in der nächsten Zeit den Anordnungen des A rasch und kommentarlos zu folgen – gleichgültig ob ihr seine Anordnungen mehr oder weniger sinnvoll erscheinen.

Verknüpft man die beiden Grundformen direkter Steuerung mit den vorhin dargestellten Voraussetzungen, so ergibt sich damit ein zweidimensionaler Steuerungsraum. Eine Achse des Steuerungsraumes wird von den drei Voraussetzungen gebildet, die andere Achse von den Grundformen. Damit ergeben sich sechs Varianten direkter Steuerung. Eine legale und vereinzelte direkte Steuerung wäre z.B. das Ersuchen, über den Kunden Z die Information z einzuholen. Gelingt es A, sich den Mitarbeiter B als persönlichen ‚Jausenholer' dienstbar zu machen, so wäre dies ein Beispiel für ein außerhalb der legalen Autorität liegendes, aber durch diese gestütztes Handlungsmuster.

Zusammenfassend ist damit festzuhalten, daß direkte Steuerung im Unternehmen sowohl innerhalb als auch außerhalb der legalen Autorität aus dem Grundmodell der Macht (Dependenz – Verhandlung – Akzeptanz) entsteht, wobei bei legaler Autorität bereits potentielle Macht vorliegt. Parallel zur Existenz von Steuerungsspielräumen kann Steuerung bzw. Unterordnung auf Grundlage der legalen Autorität jedoch nicht restlos aus dieser erklärt werden: Sonst müßte B allen A gegenüber gleich gehorsam sein – was offensichtlich nicht der Fall ist.

4.3 Indirekte Steuerung

4.3.1 Zur Effektivität und Effizienz indirekter Steuerung

Die direkte Steuerung stellt – wegen ihres meist expliziten Aufforderungscharakters – den ohne größere Schwierigkeiten leicht erkennbaren Teil der Steuerungsstruktur des Unternehmens dar. Bei der *indirekten* Steuerung dagegen tritt der Steuernde in den Hintergrund. Die Unterordnungsaufforderung richtet sich verdeckter und unauffälliger an B, sie wird für B nicht so offensichtlich. Indirekte Formen der Steuerung sind nicht nur als quantitativer, sondern auch als qualitativer Normalfall der organisatorischen Steuerungsprozesse anzusehen. In ihrer Gesamtheit ergeben sie jene (vor-)strukturierende Lenkung, welche die fraglose und damit unproblematische Bewältigung des betrieblichen Alltags erlaubt. Indirekte Steuerung wird hier als Unterordnungsaufforderung, die sich nicht unmittelbar an einzelne oder kollektive B wendet, sondern deren Unterordnung über dazwischengeschaltete technologische (z.B. Maschinen), bürokratische (z.B. Regeln), psychologische (z.B. Motive) oder kulturelle (z.B. Normen) Instanzen herbeizuführen trachtet, definiert.

Ein Unternehmen, das z.B. nicht auf einen festen Satz administrativer Regeln oder sich wiederholender maschineller und automatisierter Abläufe vertrauen kann, gelangt rasch an die Grenzen seiner Handlungsfähigkeit: Komplexe arbeitsteilige Prozesse bedürfen zu ihrer Abstimmung nicht nur einer hohen Kommunikationsdichte, sondern diese müßte dann *jedesmal* wiederum zur Gänze neu erbracht werden. Um dies zu vermeiden, wird nun nicht mehr die konkrete Einzelentscheidung zum Kristallisationspunkt der Machtausübung, sondern die *Zurverfügungstellung von Rahmenbedingungen* (z.B. Interpretationsmuster, Denkmodelle, Entscheidungsprämissen, technologisch bedingte Arbeitssequenzen), die den Arbeitsprozeß kanalisieren und die prozessualen Entscheidungen mit den anzuwendenden Entscheidungskalkülen überlagern. Diese Rahmenbedingungen werden von den ihnen Unterworfenen als *gegeben* (d.h. als Normaldefinition ihrer Situation) angenommen und als solche außer Diskussion gestellt. Mit der Verdrängung bzw. Substitution direkter Steuerung durch vorgegebene Entscheidungskriterien, durch einen in vorgeplanten Schritten aufgegliederten Sachbearbeitungsprozeß, durch vorweg geregelte Kompetenzen kommt es – obwohl von Menschen geplant, organisiert und durchgeführt – zur Vermutung bzw. Zuschreibung von damit einhergehender ‚Objektivität', ‚Rationalität' und ‚Sach(zwang)logik'. Die Mitarbeiter ordnen sich nun nicht mehr einem anweisenden Vorgesetzten, sondern der ‚Logik' der Arbeitsgestaltung bzw. den Vorgaben des prozessualen Arbeitsfortschrittes unter. Mit der Vorgabe von Rahmenbedingungen wird der Steuerungsprozeß nicht nur scheinbar versachlicht, objektiv oder rational, sondern in seinen Ergebnissen auch vorhersehbarer und kalkulierbarer.

Indirekte Steuerung richtet sich damit auf eine effizientere betriebliche Leistungserbringung *und* auf eine effektivere Unterordnung. Wie aber Scott und v.a. Türk zeigen, sind jedoch der Effizienzsteigerung Grenzen gesetzt: Ab einem gewissen Punkt kippen die bisherigen Vorteile technologischer und bürokratischer Steuerung in sog. Organisationspathologien um (Scott, 1986: 389 ff.; Türk, 1976: 108 ff.). Aber auch die psychologische Steuerung gerät in Randbereiche der Effizienz und Effektivität, wobei weniger die Effizienz als primär das Herrschaftssystem bedroht ist: Dann nämlich, wenn die Mitarbeiter die für diese Steuerungsformen notwendigen Freiräume für sich nutzen und die Dependenz des Unternehmens von ihnen instrumentalisieren. Allerdings tendiert aber auch hier das traditionelle organisatorische Dilemma von Kontrolle und/oder Freiräume eher zu ‚so viel Kontrolle wie möglich und so wenig Freiräume wie notwendig' als umgekehrt[100].

Auch hier kann es nicht darum gehen, die jeweiligen Steuerungsformen bis ins einzelne darzustellen. Das liegt nicht in der Absicht dieser Untersuchung; außerdem gibt es dazu – auch wenn üblicherweise andere Überschriften dafür verwendet werden – genügend Literatur (z.B. Potthoff, 1978)[101]. Worum es hier geht, ist die Herausarbeitung der Grundlagen und Logiken von vier Bereichen der indirekten Steuerung: der technologischen, der bürokratischen, der psychologischen und der kulturellen Steuerung. Diese werden in der Reihenfolge ihrer historischen Entwicklung diskutiert.

4.3.2 Technologische Steuerung

4.3.2.1 Die Entwicklung der Fertigungs- und der Informationstechnologie

In Adam Smiths berühmt gewordenem Stecknadelbeispiel, das die Vorteile arbeitsteiliger Produktionsprozesse demonstriert, kündigt sich bereits die künftige Technisierung des Produktionsprozesses an. Mit der Entwicklung von Wissenschaft und Technik kommt es etwa ab der Mitte des vorigen Jahrhunderts zu einer zunehmenden Technisierung. Damit können nicht nur bestehende Produktionsverfahren verbessert werden, sondern es eröffnen sich auch neue Produktionsverfahren. Geht es anfangs um neue Werkzeuge und Maschinen, derer sich die Arbeitnehmer zum Zweck der Produktivitätssteigerung bedienen, so kommt es im Anschluß an die „principles" des sog. „scientific management" (Taylor, 1903 und 1911; Gilbreth, 1953) v.a. auf Grund von Standardisierung und Normierung zu arbeitsteiligen Produktionsverfahren, die ihren ersten Höhepunkt in der Massenproduktion von Automobilen, im sog. „Fordismus" (s. dazu z.B. Dohse/Jürgens/Malsch, 1985: 50 ff.) finden. Neue technologische Möglichkeiten und neue Organisationsprinzipien führen hier vor dem Hintergrund der betriebswirtschaftlichen Logik der Optimierung bzw. Rationalisierung zu effektiveren und effizienteren Produktionsverfahren.

Um kontraproduktive Nebenerscheinungen des Technikgebrauches zu vermeiden bzw. abzuschwächen, werden in der Folge soziale Aspekte berücksichtigt (Human Relations). Die nächste Entwicklungsstufe zeigt die Verknüpfung von Bedürfnissen und Motiven mit den Anforderungen des Produktionsprozesses (motivationstheoretische Ansätze), die in der Propagierung der produktiven Koexistenz technischer und sozialer Systeme mündet (soziotechnischer Ansatz). Mit den neuen Möglichkeiten automatisierter und elektronischer Datenverarbeitung kommt es schließlich zur jüngsten Phase des Technologieeinsatzes[102], bei der die Tendenz zunehmender Arbeitszerlegung bei zunehmender Technisierung für manche Arbeitsbereiche aufgehoben wird. Vormals zerlegte Arbeitsaufgaben werden nun wieder zusammengefaßt, die berufliche Tätigkeit wird vertikal bereichert.

Stellen in der ersten Studie von Kern/Schumann (1977; orig. 1970) die (damals) fortgeschritteneren Technologien noch eher eine Vorbereitung und Ansammlung von Handlungswissen dar, so folgte auf die „Inkubationszeit" der 70er Jahre ein „neuer technologischer Schub". Auf Grund dessen könnten die 80er Jahre als „eine Phase einer ‚zweiten industriellen Revolution'" (Kern/Schumann, 1984: 15) bezeichnet werden. Mit den neuen Informations- und Fertigungstechnologien (und damit gewonnener Flexibilität und Ganzheitlichkeit) kommt es auch außerhalb der Massenfabrikation zu einer effizienteren Fertigung. Verschiedene Unternehmensbereiche – v.a. Konstruktion, Planung und Fertigung – lassen sich nun effektiver miteinander verknüpfen. Unter dem Obertitel C(omputer) I(ntegrated) M(anufacturing) bilden vor allem C(omputer) A(ided) E(ngineering), C(omputer) A(ided) D(esign), C(omputer) A(ided) P(lanning) und C(omputer) A(ided) M(anufacturing) jene einschlägigen Termini, die den technischen Fortschritt[103] der Fertigung der 80er Jahre sprachlich dokumentieren. Parallel zur Automatisation im Produktionsbereich kommt es auch zur Automatisation des Verwaltungsbereiches (z.B. Sydow, 1985b). Nach der Relativierung der Steuerungsphantasien der beginnenden 70er Jahre (Kirsch/Klein, 1977) setzt sich die elektronische Datenverarbeitung auch in der Büroarbeit (v.a. computergestützte Sachbearbeitung und Textverarbeitung) und in der Personalverwaltung durch.

Mit dem Gebrauch neuer Technologien im Produktions- und Verwaltungsbereich wird nicht nur der Arbeitsprozeß (re-)organisiert, es werden auch die Unterordnungsleistungen der Mitarbeiter strukturiert. Aus der Warte der strategischen Steuerung interessiert hier v.a. die Instrumentalität der Steuerungspotentiale technisierter Arbeitsprozesse[104]. Darin enthalten ist auch das Konzept der „technocracy" (Burris, 1989), d.h. die Steuerung durch Expertenwissen als nicht (mehr) in Frage gestellte Akzeptanz einer bestimmten technischen (und/oder ökonomischen) Rationalität.

4.3.2.2 Technologischer und ökonomischer Determinismus[105]

Eine erste grundsätzliche Frage, die es hier zu stellen gilt, ist die Frage nach dem Vorhandensein von Steuerungsspielräumen. Folgt man dem technologischen Determinismus oder dem ökonomischen Determinismus, so gäbe es sie nicht. Die Arbeitsstrukturen des Unternehmens ergäben sich zwingend als Konsequenz technischer oder ökonomischer Rationalität.

Lange Zeit hatte ‚Technik' bzw. der Gebrauch der ‚Technik' im Rahmen betriebswirtschaftlicher Überlegungen einen noch ausgegrenzteren Stellenwert als es die quantitativ orientierte Betriebswirtschaftslehre in ihrer Ausgrenzung aus den Sozialwissenschaften als Kunstlehre ohnehin bereits hat(te). ‚Technik' bzw. ihr Gebrauch wurde als etwas Neutrales, das sich aus dem Fortschreiten der Wissenschaft entwickelt und innerhalb des vorherrschenden Rationalitätsverständnisses zur Verfügung steht, angesehen. Aus diesem neutralen, eigenständigen, unabhängigen Fortschreiten heraus wurde die *technologische Determiniertheit* des Produktionsprozesses behauptet. Vor allem Woodward (1958, 1965), die Betriebe hinsichtlich ihrer technischen Komplexität untersuchte und zu drei Grundtypen der Produktion gelangte, sowie Perrow (1967) und Thompson (1967) können als Vertreter des technologischen Determinismus angesehen werden. Dabei wird von der Annahme ausgegangen, daß die Fertigungstechnologie die entscheidende Determinante der Organisationsstruktur darstelle, daß also eine bestimmte Technologie sachlich zwingend eine bestimmte Organisationsstruktur verlange bzw. nach sich ziehe. Der technologische Determinismus gilt mittlerweile als überholt (z.B. Sydow, 1985b: 414 ff.; Kieser/Kubicek, 1983: 228 ff). Nicht nur daß beträchtliche konzeptionelle (s. die Variablenübersicht bei Scott, 1975: 5 f.) und methodische (zu den Analyseeinheiten siehe Hickson/Pugh/Pheysey, 1969: 395) Probleme hinsichtlich der Vergleichbarkeit der einzelnen Studien bestehen, so erwies sich, daß die Technologien sowohl innerhalb der als auch zwischen den Betrieben (Scott, 1975:7) differieren. Es ist davon auszugehen, daß sich mit unterschiedlichen Technologien gleiche technische Zwecke realisieren lassen. Mit Schreyögg ist festzuhalten, „daß die Technologie im Prinzip einen Dispositionsspielraum bei der Strukturgestaltung läßt, daß also ein rein technischer Sachzwang ... nicht besteht" (Schreyögg, 1978: 240).

Die Argumentation der technologischen Determiniertheit wurde in der Folge von der Argumentation der *ökonomischen Determiniertheit* des Produktionsprozesses ersetzt. Optimierung und Rationalisierung und damit auch Effektivität und Effizienz sind wesentliche Kriterien betriebswirtschaftlicher Zielerreichung. Auf der Grundlage dieser Kriterien kommt es zur Technisierung, wenn:

– betriebliche Leistungen kostengünstiger erbracht werden können;
– technische Einrichtungen Arbeitsverrichtungen erlauben, die von Menschen entweder überhaupt nicht oder nicht in der gleichen Qualität und/oder Quantität erbracht werden können;
– eine Berechenbarkeit und Kalkulierbarkeit der betrieblichen Leistungsprozesse ermöglicht wird, die sowohl den in Effektivität und Effizienz begründeten Ansprüchen als auch dem Ordnungsaspekt entgegenkommt.

Die ökonomische Rationalität würde dann den Gebrauchswert und die Auswahl der Technologie bestimmen. Dies könnte z.B. so aussehen, daß man unter dem Aspekt der Kostenminimierung jene Technologien, die kein ‚zufriedenstellendes' ökonomisches Ergebnis erwarten lassen, von vornherein ausscheidet. Unter den verbleibenden Varianten würde die kostengünstigste ausgewählt (die dann auf die Arbeitsstrukturen durchschlägt). Wenn ökonomische Überlegungen die Entwicklung und die Anwendung der Technologie determinieren, dann ist Technisierung die Konsequenz ökonomischer Rationalität. Die Einführung technischer Neuerungen und Veränderungen in der Arbeitsorganisation wird mit dem Argument erhöhter Effektivität oder Effizienz legitimiert. Mit der Argumentation der ökonomischen Determiniertheit des Arbeitsprozesses bestimmt nicht mehr ein neutralistischer Fortschritt der technischen Wissenschaften, sondern die ökonomische Rationalität den Technologieeinsatz im Unternehmen.

Nun sind aber die Kriterien der ökonomischen Rationalität weniger eindeutig, als man annehmen könnte. Wohl stellt die Unterscheidung in Gewinne und Verluste kein Problem dar. Aber damit ist es ja nicht getan, die Gewinne müssen beurteilt werden (z.B. ‚zufriedenstellend'). Damit kommt auch hier die gleiche Argumentation wie beim technologischen Determinismus zum Tragen: Im allgemeinen wird es mehrere technologische Alternativen geben (und nicht nur eine einzige und sonst keine), die in der Lage sind, ein ‚zufriedenstellendes' Ergebnis herbeizuführen. Anders ausgedrückt: Als Teilnehmer im kapitalistischen Wirtschaftssystem muß ich mich zwar an bestimmte Bedingungen halten, aber jenseits dieser Grenzen bleibt mir ein Gestaltungsspielraum offen. Diese Abschwächung des ökonomischen Determinismus wird dadurch unterstrichen, daß jedem noch so ‚rein betriebswirtschaftlichen' Beurteilungskriterium letztendlich doch eine *normative* Kategorie zugrunde liegt[106]. Eine ‚rein technische' oder ‚rein betriebswirtschaftliche'[107] Beurteilung wäre – abgekoppelt von ihrem sozialen Umfeld – aus sozialwissenschaftlicher Sicht sinnlos. Normative Kategorien sind aber im Hinblick auf richtig/falsch, Objektivität etc. wissenschaftlich nicht entscheidbar, noch sind sie a priori gegeben. Sie eröffnen damit einen Interpretations- und Beurteilungsspielraum, d.h. sie begründen Verhandlungsprozesse. Das bedeutet, daß 1) verschiedene Technologien den gleichen ökonomischen Zweck erfüllen können, daß 2) Beurteilungskriterien ökonomischen Erfolges (Zweckes) nicht a priori eindeutig sind, sondern auf ihre normativen Grundlagen bezogen werden müssen und daß 3) die Beurteilungskriterien auf Grund ihrer Normativität einen Interpretationsspielraum offenlassen. Überträgt man das nun auf die technologische Steuerungsstruktur, so heißt das, daß diese damit durch das Rigiditätsmaß der Auslegung (der Ideologie) des ökonomischen Determinismus bestimmt wird. Hinsichtlich der Vorbestimmtheit der technologischen Steuerungsstruktur und damit der Unausweichlichkeit ihres Steuerungspotentials ist somit von einem (zumindest) *abgeschwächten* ökonomischen Determinismus auszugehen: Es bestehen Steuerungsspielräume.

4.3.2.3 Zum Steuerungspotential technisierter Arbeitsprozesse

Durch Arbeitsteilung und Technisierung wurde der Arbeitsprozeß systematisch in Einzelschritte zerlegt; es kam zu Vereinfachung, Routinisierung und Standardisierung. Die Arbeitsaufgaben wurden in leitend-überwachende und ausführende getrennt, wobei vorerst auf der Ausführungsebene, später dann auch auf der Kontrollebene versucht wurde, den Menschen als Quelle möglicher Störungen auszuschalten. Das Steuerungspotential der technologischen Steuerung liegt hier in der Verengung des Handlungsspielraums und in der Ausrichtung auf einen abgegrenzten Satz vorgegebener Tätigkeiten. Die Organisation der Arbeitsprozesse beruhte lange Zeit auf der Vorstellung des Unternehmens als Maschine (Morgan, 1986: 19 ff.). Diese wurde später v.a. durch (maschinen-)kybernetische Regelungsvorstellungen verfeinert. „Funktionieren", „reparieren", „überwachen", „beseitigen von Störanfälligkeiten", „regeln", „rückkoppeln", usf. sind als Ausdruck dessen keine Sprach-, sondern maschinenbezogene *Denk*bilder. Zweifellos liegen die Leistungen F. W. Taylors und seiner Nachfolger in der Einführung der sog. wissenschaftlichen Methoden. Deren substantielle organisatorische Bedeutung geht aber weit darüber hinaus: Diese Methoden sind erfolgreich, weil – zur Sicherstellung des Erfolges – auch das innerbetriebliche *Umfeld* darauf abgestimmt und durchorganisiert werden muß. D.h. die Technisierung des Betriebes bleibt nicht dort stehen, daß nun bestimmte Arbeitsaufgaben durch oder mit Hilfe von Maschinen erledigt werden, sondern es greifen Normierung, Standardisierung und Verkoppelung notwendigerweise auf andere Bereiche über und durch. Konsequente Technisierung führt daher in ihren *Voraussetzungen*, in ihrem *Bestehen* und in ihren *Folgen* letztendlich zu veränderten Selektions-, Anlern-, Motivations-, Überwachungs-, Organisations- und Administrationsprozessen.

Unter diesem umfassenden Aspekt, nämlich der *Durchorganisation*, ist daher das Steuerungspotential der technologischen Steuerung zu betrachten[108]. Mit der Technostruktur wird ein Handlungsrahmen definiert, der vorgibt, welche Handlungen zulässig und welche nicht zulässig sind, welche Handlungen wann, wo, wie und in welcher Intensität erwartet werden und welche nicht[109]. Aus der Warte der Steuerung ist eine Maschine „a complex bundle of rules that are built into the machine itself" (Perrow, 1986: 20). Die Interaktionen der Mitarbeiter sind in ihren Zwecken und Abläufen ebenfalls vorgegeben. Die Handlungen der Arbeitnehmer werden durch die Zweckfunktionalität vorgeschrieben, die technologischen Abläufe bestimmen ihren Einsatz, die Arbeitnehmer funktionieren als Teil des technologisch festgelegten Prozesses. Mit der Technostruktur wird damit zugleich ein *dazugehöriges Sinnsystem* geschaffen: Es legt fest, welche Handlungen innerhalb dieses Bezugsrahmens sinnvoll und welche sinnlos sind, welche rational und welche irrational sind. Der Arbeitsprozeß tritt den Arbeitenden als Sachzwang gegenüber, der gemäß seiner scheinbar eigenen Logik von sinnvoll und sinnlos solche Lösungen verlangt, die innerhalb dieses Bezugsrahmens sinnvoll sind. Davon abweichende Handlungen der Mitarbeiter sind unerwünscht und daher zu vermeiden.

Die Benutzung technischer Arbeitseinrichtungen unterliegt im allgemeinen nicht der freien Disposition der Arbeitenden. Da auch der Technologiegebrauch als solcher institutionalisiert ist, fällt es dem vereinzelten Arbeitnehmer schwer, bzw. ist es ihm mehr oder weniger unmöglich, seine Unterordnungssituation zu reflektieren. Die Technostruktur des Betriebes ist Teil seiner betrieblichen Normalität und wird von ihm als gegeben angenommen, ja sie ergibt sich für ihn als „unproblematisch" (Berger/Luckmann, 1977: 27). Erlebt der Arbeitnehmer bei der direkten Steuerung noch einen für ihn erkennbaren A, so ist bei der technologischen Steuerung die Handlungsaufforderung und die Überwachung in den Arbeitsfluß *eingebaut*. Wohl wird damit auch eine willkürliche Machtausübung durch A zurückgedrängt, aber gleichzeitig geht dem B ein erkennbarer und für ihn greifbarer A verloren. Gegen wen soll er nun Widerstand entwickeln, wem gegenüber soll er sich verweigern? Der technologisch bestimmte Arbeitsprozeß tritt ihm als *gegeben* und durch ihn als einzelnen *nicht veränderbar* gegenüber. Seine Stärke in der direkten Auseinandersetzung mit einem konkreten A, daß nämlich dessen Möglichkeit der Machtausübung durch die Akzeptanz des B entsteht, ist hier *nur mehr im Prinzip* gegeben: Alltagsdefinition von Realität, Sachzwanglogik, funktionale Einbindung in den vorgegebenen Prozeß und jederzeitige Ersetzbarkeit verengen seinen subjektiven Handlungsspielraum. Darin liegt der auf die Mitarbeiter ausgerichtete strategische Zweck der technologischen Steuerung. Dem Management wird es unter Steuerungsaspekten möglich, die Berechenbarkeit und Kalkulierbarkeit der betrieblichen Leistungsprozesse zu erreichen, Zonen möglicher Unsicherheit zu minimieren und die Unterordnungsbereitschaft zu sichern.

4.3.2.4 Polarisierungsthese und technologische Steuerung

Mit den durch die Mikroelektronik bedingten Veränderungen der Arbeitsprozesse im Fertigungsbereich (z.B. Dörr, 1985; Benz-Overhage/Brandt/Papadimitriou, 1982) und im Verwaltungsbereich (z.B. Staehle/Sydow, 1986; Sydow, 1985b; Baethge, 1983) stellt sich die Frage nach den Auswirkungen mikroelektronisch gesteuerter Arbeitsprozesse auf die Arbeitenden. In ihrer ersten Untersuchung der Fertigungsarbeit kamen Kern/Schumann (1977) bei teilautomatisierten Maschinensystemen zur These der Polarisierung der Arbeitstätigkeit in eher qualifizierte Anlagenkontrollarbeit und in unqualifizierte Lückenbüßertätigkeit. Ihre arbeits- und gesellschaftspolitischen Folgerungen mündeten in der Annahme, daß die Automatisierung auf der Ausführungsebene den Großteil der dort Arbeitenden in der Situation tayloristischer Funktionszuweisungen verbleiben lassen würde, während einem kleineren Teil der Arbeitenden nicht nur erweiterte, sondern auch angereicherte Arbeitsbereiche mit einem vergrößerten Handlungsspielraum zuteil würden. Der Minder- bzw. Dequalifikation des überwiegenden Teils der Arbeitnehmer stünde also eine Höherqualifikation des geringeren Teils gegenüber. In ihrer Folgestudie (Kern/Schumann, 1984) relativieren die Autoren diese These. In den von ihnen untersuchten Industriebereichen (Automobilindustrie, Werkzeugmaschinenbau, chemische Industrie) sind sie auf ein wesentlich günstigeres Verhältnis von „Automationsgewinnern" zu „Automationsverlierern" gestoßen (Kern/Schumann, 1984: 18 f.). Zurückgeführt wird dies darauf, daß aus *ökonomischen* Gründen die Rationalisierungsmöglichkeiten genutzt, d.h. repetitive und standardisierte Tätigkeiten weitgehend automatisiert wurden. Arbeitsplätze änder(te)n sich von vereinzelten zu Arbeitsbereichen, bei denen die Arbeitnehmer auf das System und seine Peripherie bezogen eingesetzt werden. Damit ändert sich die Arbeit in der industriellen Produktion nicht nur von der Handarbeit zur Kopfarbeit – „Automationsarbeit ist Kopfarbeit" (Haug, 1985:815) – sie erfordert auch vermehrte Kooperation bei den Arbeitenden.

Läßt sich nun daraus auch eine Veränderung der Steuerungspotentiale zugunsten der Arbeitenden ableiten? Folgt man Kern/Schumann, so kommt es mit der Automation in der industriellen Produktion zur Reintegration zerlegter Arbeit und so auch zur Übernahme qualitativ höherwertiger Tätigkeiten („Automationsgewinner"), d.h. die Ausführung wird ergänzt bzw. abgelöst durch Kontroll- und Planungstätigkeiten. Ausgehend von dieser Annahme, mußten sich mit den zurückgewonnenen Anteilen an der Verfügung über den eigenen Arbeitsprozeß und den dazugewonnenen Handlungsspielräumen (s. für die Büroautomatisation Sydow, 1985b: 433 ff.) die Unsicherheitszonen für die Unternehmensleitung vergrößern. Die strukturelle Position der Arbeitenden gegenüber dem Management sollte sich verbessern: Auf Grund der funktionalen Interdependenz würden nun die Arbeitenden prozessual wichtige Ressourcen kontrollieren, die Dependenz des Managements hätte sich nicht nur erhöht, sondern wäre für die Arbeitenden auch wiederum deutlicher erkennbar geworden.

Eine solche Schlußfolgerung, die implizit aus der Kern/Schumann-Untersuchung abgeleitet werden könnte, ist m.E. problematisch. Auch wenn sich mit der Automatisierung die Arbeitstätigkeiten in Richtung Höherqualifikation verändern und die Arbeitenden Zugewinne an Handlungskompetenz erreichen, so sind diese

Zugewinne dennoch auf den Bereich reiner zweckgerichteter Funktionalität beschränkt. Auf der Sinnebene, nämlich sich den Produktionsprozeß als Ganzes vorstellen und darauf Bezug nehmen zu können, stellt sich im Gegensatz dazu u.U. ein zusätzlicher Abstraktions- bzw. Verfremdungseffekt ein. Die Arbeitenden übernehmen zwar bestimmte funktionale Anteile an der prozessualen Steuerung des Arbeitsablaufes, der Gesamtproduktionsprozeß in seiner technisch-funktionalen Logik tritt ihnen jedoch jetzt ebenso unverändert gegeben wie früher gegenüber. Die Automaten überlassen ihnen lediglich einen – von den qualitativen Anforderungen her zwar hochwertigen – aber begrenzten Satz an ‚sinnvollen' Reaktionen. Das bereits oben erwähnte Argument der Durchorganisation im Rahmen der Technisierung kommt mit den neuen Informationstechnologien auf Grund der dadurch erreichbaren Integrationsstufe noch stärker zum Tragen: Nun wird nicht nur zwischen relevanten und irrelevanten Handlungen unterschieden, sondern bereits in der *Vorstufe* zwischen relevanten und irrelevanten Daten, die dann im Arbeitsfluß auf der Ausführungsebene auch nicht mehr zur Interpretation, sondern als Reaktionsgrundlage dienen. Der Einsatz von Computern führt – um eben den Einsatz ökonomisch und technisch sinnvoll zu machen – zu verstärkter Formalisierung, Standardisierung und Programmierung (Kieser/Kubicek, 1983: 308 f.) und zu einer umfassenderen Prozeßbeobachtung (Seltz/Hildebrandt, 1985: 98).

Stellte vormals die Technik einen Bezugsrahmen dar, mit dem die Vorbedingungen der konkreten Entscheidungssituation fixiert waren, so haben wir es jetzt auf Grund der Verkoppelung, Umfassendheit und Integration mit einem Bezugsrahmen zu tun, der Entscheidungen zu einem Satz möglicher – weil vom System her vorgegebener und beschränkter – *Reaktionen* (die noch dazu erst unter Einhaltung bestimmter technologischer Benutzungsregeln ausführbar sind) beschneidet. Die neuen Informationstechnologien bringen hier nicht nur höhere Effizienz, sondern auch eine stärkere Transparenz und bessere Überwachungsmöglichkeiten des Arbeitsflusses und der Arbeitsleistungen, also einen höheren *Grad an Gesamtsteuerung*, der Nichtkonformität mit den vorgegebenen Regelungen rascher ausweist und damit schwieriger macht.

Der zweite Grund, warum sich bei zunehmender Automatisierung eine erhöhte Verfügung über den Arbeitsprozeß nicht mit einer erhöhten Dependenz des Managements gleichsetzen läßt, besteht darin, daß die vergrößerten Handlungsspielräume der Arbeitnehmer meist in ein psychologisches Steuerungssystem (s. Kap. 4.3.4) eingebettet sind und durch das der technischen Rationalität korrespondierende Wertsystem der Arbeitnehmer (v.a. hinsichtlich Leistungserbringung, Qualitätsstandards und Loyalität) aufgefangen werden können. Wenn z.B. die berufliche Professionalität im technischen Bereich u.a. darin liegt, die Möglichkeiten technischer Funktionalität zu perfektionieren, dann besteht für die Unternehmensleitung kaum eine Gefahr, daß die im Zuge der Rationalisierung abgegebenen Freiräume ‚mißbraucht' würden.

4.3.2.5 Die technologische Steuerungsstruktur des Unternehmens

Wenn nun im Gegensatz zu den Annahmen des technologischen und des ökonomischen Determinismus' Gestaltungsspielräume existieren – wie kommt es zu den konkreten Strukturen eines Unternehmens? Bei der Diskussion um technische und ökonomische Sachzwänge fällt auf, daß diese Diskussion merkwürdig frei von normativen Stellungnahmen ist. Wenn eine Organisation aber ein Gebilde darstellt, in dem und mit dem die dort Tätigen ihre Interessen zu realisieren versuchen, dann schlägt sich die Verfolgung der Interessen auch in den Organisationsstrukturen nieder. Aus dieser Warte spiegeln die Organisationsstrukturen auch die jeweils unterschiedlichen Interessenrealisierungsmöglichkeiten der Organisationsmitglieder. Gehen wir daher davon aus, daß bei einem abgeschwächten ökonomischen Determinismus die Organisationsspielräume einem Aushandlungsprozeß unterliegen, dann werden die daran Beteiligten trachten, solche Arbeitsstrukturen durchzusetzen, die ihren Interessen am ehesten entgegenkommen[110].

Wenn Organisationsspielräume existieren, ja wenn es möglich ist, mit unterschiedlichen Arbeitsstrukturen ökonomisch gleichwertige Ergebnisse zu erzielen, dann steht besonders eine Strukturvariable im Zentrum der Verhandlungen: Der Zugang zu Entscheidungsmöglichkeiten (und damit erweiterten Interessenrealisierungsmöglichkeiten). Mit der Verlagerung der Entscheidungsspielräume verändert sich die Steuerungsstruktur des Unternehmens. Je mehr daher den Mitarbeitern bei real möglichen Dispositionsspielräumen die technologische Struktur der Arbeitsprozesse im Sinne von nicht zur Verhandlung stehenden Konstanten als technologische oder ökonomische Sachzwänge erscheinen, desto wirksamer ist die technologische Steuerung: Sie dient der Absicherung der langfristigen Interessenwahrung der dominanten Koalition. Denn eigene Interessen lassen sich dann leichter durchsetzen, wenn sie hinter Sachzwängen versteckt oder mit Sachzwängen begründet werden, d.h. mit Sachzwängen legitimiert werden. Das bedeutet auch, daß die dominante Koalition unter erfolgsorientierten Aspekten zur langfristigen Wahrung der eigenen Interessen jene Arbeitsstrukturen durchzusetzen versuchen wird, welche ihr nicht herrschaftsgefährdend erscheinen; sie wird versuchen, den Gedanken der Hinterfragbarkeit technologischer und ökonomischer Sachzwänge gar nicht aufkommen zu lassen. Die *Grenzen* technologischer Steuerung liegen damit einerseits in der Rigidität des Umgangs mit den ökonomischen Rationalitätskriterien und andererseits in den in Aushandlungsprozessen zum Tragen kommenden Interdependenzen der Unternehmensmitglieder.

4.3.3 Bürokratische Steuerung

4.3.3.1 Zum Stellenwert bürokratischer Steuerung

Unternehmen sind, um überleben zu können, auf formelle und informelle Regeln angewiesen. Aus Gründen der *Vorhersehbarkeit* und der *Berechenbarkeit*, d.h. der Abstimmung des Handelns der Unternehmensmitglieder aufeinander, ist es für die Mitarbeiter eines Unternehmens unverzichtbar, mit Regelmäßigkeiten im Handeln ihrer Kollegen rechnen zu können. In komplexen Organisationen, und damit auch in Unternehmen, richten die Mitglieder ihr Handeln darauf aus, daß andere erwartungsgemäß handeln. Regeln sichern diese Erwartungen.

Mit der Arbeitsteilung kommt es zur Zerlegung des Arbeitsprozesses in Subprozesse – Regeln *strukturieren* die aufgegliederten Aktivitäten, sie schreiben die betrieblichen Tätigkeiten *inhaltlich* vor. Regeln übernehmen aber auch die Funktion der Koordination, sie legen die Beziehung der aufgegliederten Aktivitäten zueinander fest – Regeln schaffen Aufgaben-, Stellen- und Personen*hierarchien*. Die Strukturierung von Aktivitäten und das formale Autoritätssystem stellen damit die zwei zentralen Strategien der bürokratischen Steuerung dar.

Die bürokratische[111] Steuerung dient der Herrschaftsausübung und ihrer Sicherung im allgemeinen sowie der Leistungssicherung im besonderen (Kieser/Kubicek, 1983: 16). Die Betriebswirtschaftslehre konzentriert sich traditionell auf die Leistungssicherung, berücksichtigt aber die Herrschaftssicherung implizit mit. Nun enthält der herkömmliche Bürokratiebegriff[112] nur formale Regeln, in diesem Sinn wird er hier beibehalten. Da formale Regeln jedoch nur einen Teil des gesamten Regelsystems von Unternehmen ausmachen, wird hier auch die Funktion informeller Regeln diskutiert. Informelle Regeln dienen ebenfalls der Leistungs- und Herrschaftssicherung, berücksichtigen aber darüberhinaus die besonderen Interessen organisatorischer Subsysteme.

4.3.3.2 Regelsysteme

Regeln definieren die Beziehungen zwischen den Akteuren. Sie geben das Wer, Was, Wann, Wozu, Mit wem, Wie von Handlungen in Unternehmen an; sie enthalten Berechtigungen und Verpflichtungen zu Handlungen. Drei Arten von Regeln sind zu unterscheiden (Burns/Flam, 1987: 16):

1) klassifikatorische und deskriptive Regeln ermöglichen Differenzierungen in verschiedene Arten von Situationen, Akteure, Interaktionen etc.,
2) evaluative Regeln bezeichnen anzustrebende Ziele, und
3) präskriptive Regeln geben an, wie die Akteure zu handeln haben, sie ‚sagen‘ dem Unternehmensmitglied, was es tun und was es nicht tun soll.

Regeln treten weder vereinzelt noch unabhängig von ihrem Kontext auf, sie sind stets Teil eines Regelsystems.

Das formale Regelsystem eines Unternehmens stellt damit ein wichtiges Steuerungsinstrument dar: Nicht nur wird der Rahmen zur legalen Ausübung von Macht festgelegt, es wird auch die Grundlage zur Verfolgung der offiziellen Zwecke des Unternehmens geschaffen. Bezeichnet man als formale Organisationsstruktur die „Gesamtheit aller formalen Regelungen zur Arbeitsteilung und zur Koordination" (Kieser/Kubicek, 1983: 16), so werden im Rahmen der Arbeitsteilung vereinzelte Tätigkeiten zu Stellen zusammengefaßt und diese dann den Mitarbeitern bzw. den jeweiligen Abteilungen zugewiesen. Eine zunehmende Arbeitsteilung und Spezialisierung erschwert aber gleichzeitig die Koordination. Unternehmen entwickeln daher eigene Regeln und Verfahren, um die Koordination zu sichern (z.B. Berichte, vertikale Informationsverteilung, Koordinationsbesprechungen auf horizontaler Ebene). Hinsichtlich der betrieblichen Leistungserstellung kann der Zweck der bürokratischen Steuerung damit so zusammengefaßt werden: Sich regelmäßig wiederholende Arbeitsaufgaben lassen sich dann effektiv bewältigen, wenn sie von spezialisierten Mitarbeitern auf Grund einer festgesetzten Verteilung der Arbeitsaufgaben bei klarer vertikaler und horizontaler Zuständigkeitsabgrenzung nach einem erlernbaren Satz von Regeln durchgeführt werden. „Die rein bürokratische ... Verwaltung ist nach allen Erfahrungen die ... rein technisch zum Höchstmaß der Leistung vervollkommenbare, ... formal rationalste Form der Herrschaftsausübung" (Weber, 1972: 128). Sieht also Weber bei vorgegebenen Zielen die Bürokratie nicht normativ, sondern technisch überlegen, so betont Perrow auch die Effizienz bürokratischer Strukturen: „when the tasks people perform are well understood, predictable, routine, and repetitive, a bureaucratic structure is the most efficient" (Perrow, 1986: 142). Unternehmen bedienen sich daher der „Berechenbarkeit' des Erfolges" (Weber, 1972: 563) bürokratischer Strukturen, da mit der „administrative reduction of variance in behavior" (Child, 1973a: 2) Unsicherheiten im Leistungs- und im Herrschaftsbereich beseitigt werden.

Nun ist aber empirisch feststellbar, daß die formalen Regeln eines Unternehmens mitunter nur teilweise mit jenen Verfahren und Regelungen übereinstimmen, nach denen bei der betrieblichen Leistungserstellung tatsächlich vorgegangen wird; das gleiche gilt für die Einhaltung der die Herrschaft sichernden Regeln. Auch wenn im Zusammenhang mit der sog. kulturellen Steuerung verstärkt Bemühungen erkennbar werden, Sinn- und Regelsysteme in Unternehmen zu harmonisieren und damit ‚in den Griff zu bekommen', so stellt sowohl die Identität von formaler Organisationsstruktur und Unternehmensrealität als auch die Vorstellung eines einzigen, einheitlichen Regelsystems für ein Unternehmen nicht nur eine Utopie, sondern auch eine *Unmöglichkeit* dar:

1) Das formale Regelsystem kann nicht alle der Herrschaftsausübung (v.a. Leistungserstellung) und der Herrschaftssicherung dienenden Handlungsmöglichkeiten zur Gänze einschließen, da es sich auf wiederholbare Standardsituationen richtet und damit für neue Entwicklungen und Situationen Interpretations- und Handlungsräume offenlassen muß.
2) Die formale Organisationsstruktur stellt ein historisches Datum dar. Es dokumentiert, daß es – zu einem inzwischen zurückliegenden Zeitpunkt – gelungen ist, bestimmte Ordnungsvorstellungen offiziell durchzusetzen[113]. Die seither erfolgten laufenden Veränderungen und Anpassungen in der Organisationsrealität sind im formalen Regelsystem (noch) nicht enthalten.
3) Unternehmen agieren in einer pluralistischen Umwelt und beziehen sich auf diese. Die Mitglieder des Unternehmens tragen ihre Interessen in das Unternehmen hinein und versuchen, sie einzeln oder in Koalitionen zu realisieren. Mit der Vielfältigkeit von Zielen im Unternehmen bilden sich immer auch mehrere Systeme an Handlungserwartungen aus.

Es ist somit davon auszugehen, daß in Unternehmen *mehrere Regelsysteme* – zum Teil offen konfligierend – *nebeneinander bestehen* und ihre – mitunter widersprüchlichen – Erwartungen an die Mitglieder des Unternehmens richten (s. auch Burns/Flam, 1987: 213 ff.). Formale Regeln stellen daher nur einen Teil des organisatorischen Regelsystems dar. Damit wird auch die Unterscheidung ‚hier die formale Organisation, dort die informelle Organisation' als scheinbar eindeutige Differenzierung problematisch: ‚Die' informelle Organisation existiert nicht als einheitliches Ganzes, sondern nur als *Sammelbegriff* für alle nicht-formalen Regelsysteme des Unternehmens. Wenn in Unternehmen daher mehrere und zum Teil konfligierende Regelsysteme existieren – eines davon eben als formales -, dann verwundert dies auch nicht weiter: Sie verkörpern den Interessenpluralismus in (als politische soziale Gebilde verstandenen) Unternehmen. Die selbst auf Interessen beruhende Sachlogik trifft auf die Ansprüche der informellen Organisation.

Dennoch besteht kein Zweifel, daß das formale Regelsystem einen zentralen Steuerungsmodus darstellt. Da es jedoch nicht sämtliche Handlungssituationen abdeckt und in betriebliche Situationen nicht nur Leistungs- und Herrschaftssicherungszwecke eingehen, sondern auch die darüberhinaus bestehenden Interessen der in die Situation involvierten Akteure, entsteht das aktuelle Regelsystem des Unternehmens in Aushandlungsprozessen. Nun bedeutet dies nicht, daß in Unternehmen ununterbrochen und immer wieder die gesamte formelle und informelle Ordnung verhandelt würde. Unterstrichen wird damit lediglich, daß die formellen und informellen Regeln in Unternehmen fortwährenden *Veränderungsprozessen* unterliegen (s. auch Abb. 23). Auf Grund des Stellenwertes des formalen Regelsystems werden – von revolutionären Prozessen abgesehen – sowohl die neu ausgehandelte formale Organisationsstruktur als auch die faktische Handlungsstruktur im allgemeinen keine zu großen Unterschiede zu ihren jeweiligen Vorgängern aufweisen. Auf dieses zugleich dynamische und stabile Element von sozialen Strukturen weist auch Giddens mit der „duality of structure" hin: „... social structures are both constituted by human agency, and yet at the same time are the very *medium* of this constitution" (Giddens, 1976: 121; k.i.O.).

Auf Grund des Legitimitätsstatus der formalen Organisationsstruktur wird dort, wo eine längerfristige Leistungs- und Herrschaftssicherung sowie die Sicherung der eigenen Interessen geboten erscheint, versucht werden, ein solches formales Regelsystem zu etablieren. Auch wenn damit nicht sämtliche Handlungsmöglichkeiten abdeckbar sind, so existiert damit doch ein struktureller Steuerungsmodus, der „because its characteristics of *precision, continuity, discipline, strictness, and reliability* ... technically the most satisfactory form of organization for those who sought to exercise organizational control" darstellt (Burns/Flam, 1987: 221; k.i.O.). Mit der in der bürokratischen Steuerung gegebenen Strukturierung von Handlungen und dem damit verknüpften hierarchischen Aufgaben-, Stellen- und Personensystem besteht ein Bereich legitimer Machtausübung, bei dem Steuerung als logisch notwendige Erledigung sachlich gerechtfertigter Problemlagen auftritt.

4.3.3.3 Zum Steuerungspotential bürokratischer Steuerung

Bürokratische Steuerung ist in einem doppelten Sinn *alltäglich*: Einerseits richtet sie sich auf regelmäßig wiederkehrende – alltägliche – Problem- und Entscheidungssituationen, andererseits erscheint sie den Betroffenen als normaler, unproblematischer und unabdingbarer Teil des beruflichen (und außerberuflichen) Alltags. Es besteht kein Zweifel daran, daß die bürokratische Steuerung einen notwendigen und nützlichen Beitrag zur Komplexitätsreduktion leistet[114]. Dabei ergibt sich das Phänomen, daß dies offenbar so reibungslos und zwingend erfolgt und auch akzeptiert wird, daß zwar regelmäßig Dysfunktionalitäten bei der Leistungserstellung konstatiert werden (z.B. Bosetzky/Heinrich, 1985: 40 f.; Edwards, 1981:

166 ff.; Crozier, 1968: 283 f.; March/Simon, 1958: 36 ff.), daß jedoch das Faktum der Machtausübung hinter der gewohnten, alltäglichen Erledigung von Sachzwängen verschwindet.

Formale Regelungen in Unternehmen (z.B. Organisationspläne, Handbücher, Stellenbeschreibungen) stellen Handlungserwartungen dar, die Teil eines gesamtorganisatorischen Regel-(und Sinn-)systems sind und durch den Legalitätsglauben, d.h. den „Glauben an die Legalität gesatzter Ordnungen und des Anweisungsrechts" (Weber, 1972: 124), der sich auf die bloße Rechtmäßigkeit des Zustandekommens der Regeln bezieht, abgesichert sind. Im Rahmen der bürokratischen Steuerung wird den Mitarbeitern vorgeschrieben, wie sie sich Situationen anzunähern und sie zu interpretieren, d.h. nach welchen *Kriterien* sie *Realität* zu *konstruieren* haben. Der Erwerb solchen Wissens ist zentrales Element jeder berufs- bzw. unternehmensspezifischen Ausbildung. Mit der Vorgabe des Interpretationsrahmens werden Teile der Gesamtsituation als irrelevant, als illegitim, als nicht dazugehörig, als nicht notwendig oder als unerwünscht ausgegrenzt. Es kommt zu einer a priori-Begrenzung möglicher Realitätsdefinitionen, mit der eine Problemlage nach erlernten Regeln ‚korrekt' interpretierbar und exekutierbar wird. Regeln machen einige der Handlungsalternativen zu unmöglichen, zu per definitionem nicht existenten. Es werden aber nicht nur *Problemlagen zu Geschäftsfällen* geformt, es sind auch die Beurteilungskriterien, die Vorgangsweise, die Kommunikationswege und -arten, die Konfliktlösungsmechanismen und auch die möglichen Konfliktlösungen vorgegeben. D.h. *von der Problemwahrnehmung bis zur Problemlösung* ist die Vorgangsweise in Form von Handlungserwartungen eingegrenzt.

Durch die Bindung der Steuerung an Regeln tritt sie dem Steuerungsunterworfenen als von konkreten Personen losgelöst gegenüber. Mitarbeiter halten unpersönliche organisatorische Regeln für die Erfüllung von Arbeitsaufgaben für wesentlich wichtiger als persönliche Anweisungen von Vorgesetzten (Zündorf/Grunt, 1980: 303). Trotz des faktischen Interessenzusammenhanges – „Sachliche Erledigung dient letztlich nur bestimmten Interessen" (Kieser/Kubicek, 1978a: 102) – ergibt sich der Eindruck der Sachlichkeit und Objektivität: Die sog. Sachzwänge lassen scheinbar keine anderen Alternativen zu. Die bürokratische Steuerung liefert dabei die Orientierungshilfen, die Handlungen und Interaktionen werden vorstrukturiert. Die formale Organisationsstruktur wird damit zu einem Instrument der Legitimierung und ‚Versachlichung' interessengeleiteten Handelns: Mit der Akzeptanz der Regeln werden die Handlungen der Mitarbeiter systematisch organisiert und die Leistungs- und Herrschaftssicherung auf legale Weise dauerhaft ermöglicht.

Hier enthält die bürokratische Steuerung auch ihre strukturelle Verzerrung: Sie begünstigt diejenigen, die in der Lage sind, die Prämissen der Entscheidungsprozesse festzulegen (z.B. im Rahmen von Planungsprozessen). Bürokratische Steuerung ermöglicht somit sowohl die *Lenkung* der Handlungen von Mitarbeitern als auch die legale Etablierung der die Regelproduzenten begünstigenden Entscheidungsprämissen, d.h. die Selbstherstellung von *Legitimität*. In der Kategorie der Legalität fallen die Machtausübungsansprüche, deren Begründung und Rechtfertigung sowie deren Durchsetzung und auch die Sicherung der Durchsetzung zusammen. Oder um es pointiert auszudrücken: Die Machtausübenden halten sich an jene Regeln, die sie sich vorher selbst gesetzt haben.

Nach der Strukturierung von Aktivitäten stellt die (Zentralisierung von) Hierarchie den zweiten Bereich der bürokratischen Steuerung dar. Versteht man allgemein unter Hierarchie ein System von Über- und Unterordnungsrelationen, so steht im Rahmen der bürokratischen Steuerung die Hierarchie von Stellen im Mittelpunkt. Dabei handelt es sich um die stufenweise Zusammenfassung von Aufgaben und Kompetenzen, die sich als Stellengefüge ausbilden (Krüger, 1985: 293 f.; Grün, 1969: 679 f.). Auf der Ebene der Akteure dominieren im Zusammenhang mit hierarchischen Positionsgefügen die damit verbundenen positiven und negativen Sanktionsmöglichkeiten. Aus der Warte der organisatorischen Funktionalität wird die Hierarchie mit der Koordinationsfunktion begründet (z.B. Breisig/Kubicek, 1987: 1064).

Arbeitsteilige Prozesse bedürfen der Koordination. Geht man von der Leistungssicherung aus, so werden die Koordinationsaufgaben neben persönlichen Weisungen von Vorgesetzten auch noch durch Selbstabstimmung, Programme und Pläne geleistet (Krüger, 1985: 295 f.). Verknüpft man dies mit dem Subsidiaritätskonzept von Türk (Türk, 1981: 90 ff.), dann sollte die Koordination primär durch formale Regelungen gewährleistet sein, wobei für nicht regelkonforme Situationen der Vorgesetzte sozusagen als „Lückenbüßer" einspringt.

Weder die Begründung mit der noch die Beschränkung auf die Koordinationsfunktion wird aber dem Steuerungspotential der Stellenhierarchie gerecht. Verallgemeinert man die Tendenzaussage von Kern/Schumann (1984) einer Höherqualifikation eines Teils der Arbeitenden auf der Ausführungsebene dahingehend, daß damit bei zunehmender organisatorischer Komplexität und Kompliziertheit aufgabenrelevantes Wissen dezentralisiert wird, dann wäre aus der Warte der Erledigung der Sachaufgaben die Koordinationsfunktion zum Großteil und ohne weiteres durch Selbstabstimmung zu leisten. Während angenommen werden kann, daß de facto eine beträchtliche Zahl der Koordinationsaufgaben tatsächlich auch so gelöst werden[115], sieht das formale Regelsystem eines Unternehmens dies meist nur für einen engen abgegrenzten Bereich vor (s. auch Luhmann, 1972: 197 f.). Zur Erfüllung der Koordinationsfunktion deckt die formale Organisationsstruktur damit die faktische Handlungsstruktur nur bedingt ab bzw. stimmt mit ihr nur bedingt überein, was, solange die Leistungserbringung gewahrt ist, kein größeres Problem darstellt. Aus der Warte der *Herrschaftssicherung* dagegen bleibt die Bedeutung von hierarchischen Positionen, aber auch von Programmen und Plänen bestehen. Pläne und Programme stellen das Ergebnis von Aushandlungsprozessen dar, sie stellen somit auch das Ergebnis direkter oder indirekter Interessenkonflikte dar. Aber erst mit der Position im hierarchischen Stellengefüge wird der unmittelbare Zugang zu Ressourcen und Handlungsmöglichkeiten kanalisiert, und damit auch die Beteiligung an der Erstellung von Programmen und Plänen. Wie bereits dargestellt, gehen die Handlungsmöglichkeiten der Akteure durch Instrumentalisierung der Position, durch Netzwerke und Koalitionsbildungen weit über den Bereich der unmittelbaren Stelle hinaus. Und darin liegt die wesentliche Bedeutung des hierarchischen Positionsgefüges. Aus der Warte der Herrschaftssicherung und der Aufrechterhaltung der Möglichkeiten zur Realisierung eigener Interessen kann es *keinen Verzicht* auf die Stellen-(= Positions-)hierarchie geben, auch wenn es von der Leistungssicherung via Selbstabstimmung, formale und informelle Regeln weitgehend möglich wäre. Der Alltagseindruck, der das hierarchische Positionsgefüge als

Machtstruktur hervortreten läßt, täuscht daher nicht: Herrschaftssicherung und Interessenwahrung dominieren hier die Leistungssicherung. Grün ist somit – über den ursprünglichen Inhalt seiner Aussage hinausgehend – beizupflichten: Hierarchie stellt ein „Ordnungsinstrument von zeitloser Bedeutung" dar (Grün, 1969: 682).

Das formale Regelsystem des Unternehmens ist als Ergebnis vorgelagerter Entscheidungen anzusehen. Die bürokratische Steuerung richtet sich zwar vorwiegend auf die Ausführungsebene, die ausschlaggebenden Beschlüsse erfolgen aber auf den *vorgelagerten* Stufen. Die bürokratische Steuerung hat daher im Sinne ihrer Instrumentalisierung zur Voraussetzung, daß es gelingt, bei der Entwicklung der *Steuerungsprämissen* gestaltend mitzuwirken. Im Sinne des berühmten Diktums von Schattschneider „some issues are organized into politics, while others are organized out" (Schattschneider, 1960: 71) stellen alle in dieser Arbeit diskutierten Formen der indirekten Steuerung das Instrumentarium des „mobilization of bias" (Schattschneider, 1960: 71) dar, mit dem nur bestimmte Realitätsausschnitte als problemrelevant selektiert werden.

Innerhalb des Unternehmens erfolgt die Entwicklung der Steuerungsprämissen im Rahmen des strategischen Prozesses der Umsetzung der obersten Unternehmensziele. In die Strategiediskussion, in die Ausformulierung der Strategien, in die Ausarbeitung der funktionalen Politiken, in die Gestaltung der formalen Organisationsstruktur, d.h. in den gesamten strategischen Planungs- und Entscheidungsprozeß (z.B. Hinterhuber, 1984: 31) gehen die Interessen der Beteiligten ein. Als Ergebnis kommt es zu Orientierungsdaten in Form von Plänen, Zielvorgaben, Grundsätzen, Richtlinien oder Budgets, die Handlungserwartungen in Form von Sollgrößen ausdrücken. Diese schreiben nicht wie Regeln oder Programme einzelne Handlungen oder Handlungsabläufe vor, sondern stecken den Rahmen ab, der dann durch Regeln konkretisiert wird. Der Zugang zu den entscheidungsrelevanten Foren und damit zur Herstellung der Steuerungsprämissen erfolgt auf Grund:

– der jeweiligen hierarchischen Position,
– der mit der Position verbundenen Ressourcen,
– der funktionalen Interdependenz der Stelle,
– der sonstigen Dependenzverflechtungen,
– der Einmengung in den Prozeß.

Einmengung drückt nicht nur das funktionale oder außerfunktionale Engagement für eine Aufgabenstellung (einschließlich deren Thematisierung) aus, das dem Betreiber im Prozeß der Behandlung seiner Vorschläge Handlungsmöglichkeiten eröffnet (Astley/Zajac, 1986: 33), sondern auch die gesamte dynamische Qualität von Aushandlungsprozessen, die sich über Interessen, Dependenzen, Interdependenzen, Interessennetzwerke und Koalitionen vermittelt.

Mit der Etablierung von Steuerungsprämissen kommt es zur *systematischen Einengung von Entscheidungsspielräumen.* Sozusagen am expliziten ‚Ende' der Soll-Vorgaben liegen die präskriptiven Regeln. Diesen sind die Orientierungsdaten der funktionalen Politiken und die Gestaltung der formalen Organisationsstruktur vorgelagert, diesen wiederum Politikformulierung und Strategieentwicklung. Die einzelnen Stufen der Prämissenherstellung sind nicht unabhängig voneinander, was in der Doppelfunktion von Strukturen begründet ist: Sie strukturieren Handlungsmöglichkeiten und sind damit sowohl Ergebnis als auch Medium des Strukturbildungsprozesses (Giddens, 1976: 121).

4.3.3.4 Die Grenzen bürokratischer Steuerung

Im Zusammenhang mit den Grenzen bürokratischer Steuerung ist auf den Stellenwert mancher sog. Dysfunktionalitäten einzugehen. So kann etwa der bürokratische Umgang mit organisatorischen Regelungen in formalen Organisationen unter systemstabilisierenden Aspekten gesehen werden.

Ein Beispiel dafür liefert die rigide Handhabung des Dienstweges. Neben seiner Funktionalität (Arbeitsteilung, Spezialisierung, Zuständigkeitsverteilung, Information etc.) ist der Dienstweg auch Ausdruck des internen Ordnungssystems, in dessen Rahmen von den Beteiligten Rechte und Pflichten geltend gemacht werden können. Vor allem die rigide Handhabung des Dienstweges versichert unter dem Blickwinkel einer symbolischen Perspektive dem jeweiligen Stelleninhaber, daß seine Position innerhalb des Machtgefüges aufrecht ist. Solange er nicht übergangen wird, wird seine Position innerhalb des Machtgefüges anerkannt: Weder wird ‚durchregiert' noch werden ihm Kompetenzen streitig gemacht oder entzogen. Unter diesem strukturellen Aspekt kommt der systemstabilisierenden Funktion des Dienstweges ein zweifacher Stellenwert zu: Sie verpflichtet den Stelleninhaber nicht nur zur Einhaltung, d.h. zu seiner Unterordnung, sondern sie trägt gerade durch ihre Einhaltung dazu bei, daß seine Position gefestigt und ungefährdet bleibt. Durch die Einhaltung des Dienstweges wird die eigene Position abgesichert und der status quo des Systems zementiert. Die rigide Einhaltung des Dienstweges symbolisiert damit die fraglose Geltung der internen Ordnung, sie trägt zur Stabilisierung und Verfestigung des Systemzustandes bei. Sie versichert dem betroffenen Stelleninhaber, daß ihn diese Ordnung bindet, aber auch schützt. Bürokratisches Handeln, das unter Effizienzkriterien als ‚ineffizient' oder gar als ‚irrational' zu beurteilen wäre, wird so unter dem Aspekt der Stabilisierung von Ordnung durchaus sinnvoll und rational. Was am Beispiel der Einhaltung des Dienstweges gezeigt wurde, kann in formalen Organisationen für alle institutionalisierten Regeln und Prozeduren (Meyer/Rowan, 1977: 343 ff.) verallgemeinert werden. Als Mittel sozialer Kontrolle binden sie den Mitarbeiter. Der unterwirft sich mit seiner Befolgung der Regeln und Prozeduren der bestehenden Ordnung und stützt diese. Unter diesem Aspekt sind sie daher als *Rituale der Konformitätsproduktion* zu sehen. Regeln und Prozeduren steuern den bürokratischen Alltag, sie reduzieren Unsicherheit und definieren „richtige" Vorgangsweisen (Pfeffer, 1981a: 194 ff.). Sie lenken die Aufmerksamkeit auf bestimmte Faktoren und schließen andere Faktoren aus den Überlegungen aus bzw. kategorisieren sie als nebensächlich oder nicht relevant; sie definieren und begrenzen Handlungsspielräume. Institutionalisierte Regeln und Prozeduren schützen daher auch den Mitarbeiter: Entscheidungen, die durch Befolgung der Regeln und Prozeduren zustande kommen, gelten als legitim (s. dazu auch Feldman/March, 1981: 178 f.). D.h. der die Regeln und Prozeduren befolgende Mitarbeiter kann für sich geltend machen, zum Wohle des Unternehmens gewissenhaft und zweckrational vorzugehen; was besonders dann von Vorteil ist, wenn gleichzeitig eigene Interessen mitverfolgt werden. Die sog. Dysfunktionalitäten der Bürokratie sind damit immer im Zusammenhang mit der Frage: dys-funktional wofür und für wen? zu untersuchen.

Die Grenzen bürokratischer Steuerung liegen in der Schwierigkeit sozialer *Grenzziehungsprozesse* und in der Eigenheit der *Konstruktion sozialer Realität*. Was die erste Grenze bürokratischer Steuerung betrifft, so versuchen formale Regeln Sinnzusammenhänge zu strukturieren, Dazugehöriges von Nichtdazugehörigem zu trennen. Es erscheint aber völlig *unmöglich*, den Handlungsraum in Unternehmen mit einem einzigen eindimensionalen Regelsystem (bzw. zweidimensionalen, wenn man die herrschaftsorientierten Regeln dazurechnet) abdecken zu können; den formalen Regeln kann keine Exklusivität zugesprochen werden. Mitglieder eines Unternehmens haben auch außerhalb des Unternehmens liegende Interessen, die sie in das Unternehmen hineintragen. Sie haben innerhalb des Unternehmens liegende Interessen, die mit den Interessen anderer Unternehmensmitglieder zum Teil übereinstimmen, zum Teil damit konfligieren und in diesem Maße in eigenen Regelsystemen verankert sind. In Aushandlungsprozessen wird ein Regelsystem als dominantes festgeschrieben, das aber bereits im Moment seiner Festschreibung selbst wieder der Veränderungsdynamik ausgesetzt ist. Je rascher sich das faktische Handlungssystem und der Unternehmenskontext ändern, desto obsoleter wird das formale Regelsystem des Unternehmens.

Zusätzlich werden der bürokratischen Steuerung durch die subjektive Konstruktion der Realität durch die Mitglieder des Unternehmens Grenzen gesetzt. So obliegt allein schon die kognitive Umsetzung objektiver Gegebenheiten einem Prozeß der „Redefinition" (Hackman, 1969: 437). Aber Mitglieder eines Unternehmens übernehmen nicht nur nicht einfach passiv die Regelvorgaben, „they reinterpret, creatively reformulate, and replace or ignore organizational rules and procedures" (Burns/Flam, 1987: 237). Die Mitarbeiter machen dies zum Teil, weil sie glauben, damit die betriebliche Leistungserstellung zu verbessern, zum Teil, weil sie damit ihren eigenen Interessen besser entsprechen, zum Teil, weil sie die Regeln nicht genau verstanden haben oder an ihnen nur als grobe Richtlinie interessiert sind. March/Olsen schließlich verallgemeinern den Reinterpretationsprozeß über die Regelebene hinaus auch auf die Herstellung der Steuerungsprämissen: „most of what we believe we know about events within organizational choice situations as well as the events themselves, reflects an interpretation of events by organizational actors and observers" (March/Olsen, 1976: 19). Regeln (und auch ihre Voraussetzungen) unterliegen damit der subjektiven Interpretation der ihnen unterworfenen Akteure. Und erst auf Grund dieser Interpretation und der nachfolgenden Situationsdefinition kommt es zu einer – eventuellen – Unterordnung der Akteure.

4.3.4 Psychologische Steuerung

4.3.4.1 Zum Stellenwert psychologischer Steuerung

Die bürokratische Steuerung bezieht sich als Handlungserwartung auf die Berechenbarkeit und damit auf die Verläßlichkeit und die Voraussehbarkeit wiederkehrender Abfolgen einzelner Handlungsschritte sowie auf die erwartungsgemäße Erledigung betrieblicher Aufgabenstellungen. Die psychologische Steuerung bezweckt zwar ebenfalls die Herbeiführung von Unterordnung – sie richtet sich darüber hinaus aber auch auf qualitative Aspekte der Unterordnungsleistungen, wie z.B. den Verausgabungsgrad bei der Leistungserbringung, Loyalität oder Arbeitszufriedenheit. Unter psychologischer Steuerung – als Sammelbegriff – werden daher Steuerungsbestrebungen verstanden, die über den ‚Umweg' der Motive, Bedürfnisse, Triebe, (An-)Reize, Wünsche, Emotionen etc. also psych(olog)ische Faktoren der Mitarbeiter deren Unterordnung herbeizuführen trachten und dabei in der Regel neben der Leistungsbereitschaft auch auf die Intensität der Leistungserbringung abstellen. Der Oberbegriff ‚psychologische' Steuerung wird aus Gründen des wissenschaftshistorischen Entstehungszusammenhanges dieses Steuerungszuganges und aus Gründen seines primären Anwendungszusammenhanges gewählt[116].

Technizistisch ausgerichtete Vorstellungen von Unternehmen (und den dort arbeitenden Menschen) enthalten die Idee des ‚one best way' und konzipieren die Mitarbeiter als mit Fehlern behaftete maschinenähnliche Elemente. Solche eindimensionale Steuerungsstrategien führ(t)en zu den mittlerweile hinlänglich bekannten Schwierigkeiten wie Leistungszurückhaltung, Qualitätsprobleme, Fluktuation und Absenzen. In diesem Sinn kann die psychologische Steuerung, wie z.B. in der Theorie Y von McGregor (1960), als *Antwort* auf bzw. als *begleitende Strategie* zur technischen und bürokratischen Steuerung gesehen werden.

4.3.4.2 Psychologische Faktoren als instrumentelle Medien

Worum geht es also bei der psychologischen Steuerung? Ebenso wie bei den bisher diskutierten Steuerungsformen richtet sich auch die psychologische Steuerung auf die betriebliche Leistungserbringung. Der Aspekt der Herrschaftssicherung wird hier zwar ebenfalls mitberücksichtigt, das Hauptgewicht liegt aber auf den qualitativen Aspekten der Leistungserbringung. Unter dem Gesichtspunkt eines strategisch-erfolgsorientierten Handelns werden dabei die Wünsche, Neigungen, Ziele, Bedürfnisse, Motive etc. von Unternehmensmitgliedern befriedigt oder deren Befriedigung in Aussicht gestellt. Aus der Warte der Steuerung ist eine solche Befriedigung Mittel zum Zweck. Dieser Zugang ist daher ein *instrumenteller*. Das gleiche gilt auch für jene sog. kooperativen oder partizipativen Unterfangen, bei denen die Kooperation oder Partizipation ebenfalls eine solche Instrumentalität enthält. Bezweckt wird die Unterordnung bzw. die Erbringung von Leistungen, die dem Interesse des steuernden Akteurs entsprechen. Die Einbindung oder Berücksichtigung der Motive etc. anderer ist Mittel zum Zweck. Gerade weil in der Theorie und in der Praxis im Zusammenhang mit der psychologischen Steuerung die Bezeichnungen „humanistisch" oder „Humanisierung" häufig auftauchen, ist hier auf die Gefahr der Ideologiefunktion von Menschenbildern hinzuweisen.

Bei der psychologischen Steuerung wird die Befriedigung der Wünsche, Bedürfnisse, Motive etc. der Mitarbeiter mit deren (Unterordnungs-)Leistungen *verknüpft*. Bereits Blau/Schoenherr (1971: 345 ff.) weisen auf die Effektivität indirekter psychologischer Steuerungsformen hin. Je verdeckter die Unterordnungsaufforderung an die Mitarbeiter herantritt, desto schwieriger wird es für diese, sich ihr zu entziehen. V.a. bei den fortgeschritteneren Formen der psychologischen Steuerung ist die Erledigung der betrieblichen Arbeitsaufgaben strukturell mit der

Zielerreichung der Mitarbeiter verwoben. Die Mitarbeiter können ihre Ziele nicht realisieren, ohne dabei die ihnen gestellten Aufgaben zu erfüllen. Die psychologische Steuerung ist in der ganzen Bandbreite zwischen dem Gefühl eines in emotionalem Wohlbefinden verankerten moralisch-verpflichtet-Fühlens und dem bewußten Erkennen der Unternehmensmitglieder, daß für sie – als Objekte psychologischer Steuerung – die Möglichkeit der (partiellen) Realisierung eigener Zielvorstellungen einhergeht, angesiedelt. Aus der Warte der Steuernden wird daher bekanntlich argumentiert, daß solche Arbeitsgestaltungsmodelle für die Mitarbeiter im Humanbereich Vorteile mit sich bringen. Für die Steuernden selbst kommt es zu einer Entlastung der direkten Steuerung, da ein beträchtlicher Anteil der Unterordnungsleistungen von den Mitarbeitern – ohne daß diese dazu im besonderen aufgefordert werden müßten – unproblematisch erbracht wird. Methodisch zeichnet sich die psychologische Steuerung durch folgende Merkmale aus:

– in ihrem Entstehungszusammenhang und in ihrem instrumentellen Kern handelt es sich um eine soziale Technik, welche die Logik der wissenschaftlichen Betriebsführung fortführt; im Gegensatz zu vorher stellen jetzt psych(olog)ische Faktoren der Mitarbeiter das Medium der Steuerung dar;
– sie richtet sich überwiegend an den einzelnen Mitarbeiter; dort, wo sie sich an Gruppen von Mitarbeitern wendet, bleibt sie weitgehend auf der Ebene der Aufgabenerfüllung;
– bezweckt wird v.a. die leistungsfördernde Mobilisierung von ansonsten zurückgehaltenen Ressourcen der Mitarbeiter;
– das erwünschte Verhalten bzw. Handeln wird positiv sanktioniert;
– die positiven Anreize sind sowohl institutionalisiert als auch situativ administrierbar;
– die Bedeutung des Menschen für die betriebliche Leistungserstellung wird hervorgehoben; auf symbolischer Ebene kommt es zum ‚Mensch-im-Mittelpunkt-Mythos'.

Selbstverständlich finden sich auch hier – wie bei allen systematischen Steuerungsmaßnahmen – die der eigentlichen Steuerung vorausgehenden Stufen: Diese reichen von der gezielten Selektion bei der Rekrutierung der Mitarbeiter über innerorganisatorische Sozialisation bis hin zur selektiven Beförderung von Mitarbeitern. Bei der psychologischen Steuerung selbst sind drei dominante Strategien zu unterscheiden:

1) die ‚Pflege der sozialen Beziehungen',
2) die Motivation der Mitarbeiter und
3) die sog. (partielle) Selbststeuerung der Mitarbeiter.

4.3.4.3 Zum Steuerungspotential der psychologischen Steuerung

4.3.4.3.1 Die ‚Pflege der sozialen Beziehungen'

Die Hawthorne-Untersuchungen, die als wissenschaftlicher Ausgangspunkt des Human Relations Ansatzes anzusehen sind, wurden bekanntlich in der Tradition der Untersuchungen des Scientific Management begonnen (Roethlisberger/Dickson,

1939). Die Gründe für den Erfolg des Human Relations Ansatzes liegen aber nicht nur in seiner Instrumentalität, sondern auch in seiner sozialen Attraktivität als Antwort auf die durch das Scientific Management entstandenen Probleme. Die mechanistische ‚Verwissenschaftlichung' des Produktionsprozesses hatte zu zunehmenden innerbetrieblichen Konflikten und zu wachsender öffentlicher, v.a. gewerkschaftlicher Kritik geführt. Das Entstehen des Human Relations Ansatzes im allgemeinen (als Grobbezeichnung einer mittlerweile schon mehrere Jahrzehnte andauernden Steuerungsstrategie) und die hier zur Diskussion stehende ‚Pflege der sozialen Beziehungen' im besonderen ist daher aus der Warte der ökonomisch und politisch ‚günstigen' Bedingungen zu sehen: Praktische Instrumentalität und (gesellschafts-)politische Strömungen bildeten die Voraussetzungen für die Entstehung und die Verbreitung dieses Steuerungsansatzes.

Die Entdeckung der bis dahin nicht beachteten zwischenmenschlichen Beziehungen führte zu einer Verbreiterung des damaligen Repertoires an Steuerungsstrategien: „our administrative methods are all pointed at the materially effective; none, at the maintenance of cooperation" (Mayo, 1975: 9). Die technische und bürokratische Steuerung wird erweitert durch die instrumentelle Einbindung des Humanfaktors. Der zentrale Motivator des Scientific Management – finanzielle Anreize – wird als nur beschränkt wirksam erkannt. An seine Stelle tritt die Berücksichtigung der sozialen und emotionalen Bedürfnisse der Mitarbeiter. Wenn Mitarbeiter – im Sinne dieses ersten Schrittes des Human Relations Ansatzes - eigene Normen, z.B. hinsichtlich des ‚richtigen' Arbeitsverhaltens, des ‚richtigen' Umgangs mit Vorgesetzten oder ‚angemessener' Tagesleistungen, entwickeln, wenn Mitarbeiter ihre berufliche Identität vor allem in ihren Beziehungen zu ihren Arbeitskollegen herstellen, wenn also die ‚Zufriedenheit' der Mitarbeiter ein wesentliches Element im Prozeß der betrieblichen Leistungserstellung darstellt, dann müssen Steuerungsmaßnahmen gesetzt werden, um eine solche ‚Zufriedenheit' herzustellen. Das diesem Gedankengang zugrunde liegende Steuerungsmodell folgt in seiner mechanistischen Logik der Denkweise des Scientific Management. Im Unterschied zur Physis der Mitarbeiter gilt es nun, deren Psyche (Emotionen, Bedürfnisse, Motive etc.) zu beeinflussen (s. Abb. 24).

Abb. 24. Das Steuerungsmodell der ‚Pflege der sozialen Beziehungen'

Welche Steuerungsmaßnahmen dienen nun der ‚Pflege der sozialen Beziehungen'?:

a) Die Pflege des Arbeitsfeldes

Hier geht es darum, Rahmenbedingungen zu schaffen, um die eigentliche berufliche Tätigkeit von äußeren Beeinträchtigungen möglichst frei zu halten und das Arbeitsumfeld attraktiv zu gestalten. Zur Verfügung gestellt, angeboten, vermittelt oder gefördert werden:

- Wohnraum (direkt in Form von Werkswohnungen; indirekt durch Vermittlung günstiger Kredite, verbilligte Baumaterialen, Zuschüsse zum Erwerb von Baugründen oder Wohnungen),
- Freizeitmöglichkeiten (Werkssportvereine, Sportwettkämpfe, Geselligkeitsveranstaltungen, unternehmenseigene Freizeitzentren und Erholungsheime),
- materielle Situation der Mitarbeiter (Sparpläne, Erfolgsbeteiligungen, Beteiligung am Unternehmenskapital, Zusatzaltersversorgung),
- Gesundheitsversorgung (Vorsorge für Krankheiten und Unfälle, medizinische Betreuung),
- Bildung (berufsbezogene und nicht berufsbezogene Aus-, Fort- und Weiterbildung),
- Transportmittel (Werksbusse, Fahrtkostenzuschüsse), Verpflegung (Werksküche, Kantinen, Essenbons).

b) Die Pflege der Aufrechterhaltung der Zusammenarbeit

Hier stehen die internen Rahmenbedingungen der betrieblichen Tätigkeit im Mittelpunkt. Deren Vollzug ist in einem harmonischen und möglichst konfliktfreien Miteinander einzurichten. In einem ersten Schritt geht es dabei zunächst um die

- Gewährleistung erfolgversprechender Kommunikationswege: Schulung der Mitarbeiter zur Vermeidung oder Aufhebung von Kommunikationsstörungen in Sensitivity-, Kommunikations- und Konfliktlösungstrainings (s. dazu z.B. Bisno, 1988; Cohn, 1980; Rogers, 1974; Bradford/Gibb/Benne, 1972; Berne, 1967); Empathie (s. dazu Gruen, 1986; Krappmann, 1973: 142 ff.) als reife Grundeinstellung von Kommunikationspartnern; Angebot außerhierarchischer Kommunikationsmöglichkeiten; die immer offene Tür des Vorgesetzten als Symbol für ‚zu mir kann jeder jederzeit kommen und über alles reden'; positive, ermunternde, häufig lobende Haltung gegenüber den Mitarbeitern. In einem der bekanntesten Bücher zu diesem Themenkreis, Dale Carnegies „How to Win Friends and Influence People" (orig. 1938), werden u.a. „sechs verschiedene Möglichkeiten, sich beliebt zu machen" empfohlen: Interesse für den anderen aufbringen; lächeln; Mitarbeiter mit ihrem Namen ansprechen; selbst zuhören und andere ermuntern, von sich selbst zu sprechen; von Dingen sprechen, die den anderen interessieren; den anderen loben (Carnegie, 1986: 77 ff.). Das patriarchalisch-joviale (Schein-)Interesse für außerbetriebliche Angelegenheiten der Mitarbeiter (z.B. „wie war das Wochenende?", „was machen die Kinder?") als einleitende oder abschließende Umrahmung (Verpackung) betrieblicher Leistungsaufforderungen ist ebenfalls Ausdruck eines solchen ‚pflegenden' Umgangs mit den Mitarbeitern.

Diese sozialtechnologische Verbesserung der Kommunikationswege ist neben ihrem eigenständigen Stellenwert auch Vorstufe zur

- Herstellung und Aufrechterhaltung kooperativer Beziehungen: Hier wird z.B. die Wichtigkeit von beidseitigem Vertrauen betont (Laufer, 1988; Bierhoff, 1987; Zand, 1972); in Team-, Kooperations- etc. -trainings wird die Aufgabe individueller Ressourcen zugunsten des ‚gemeinsamen Ganzen' eingeübt (z.B.

Antons, 1973: 113 ff.; Brocher, 1967: 160 ff.); es wird getrachtet, Verantwortung, Loyalität und Commitment dem Unternehmen gegenüber zu erzeugen (Mottaz, 1988; Kieser, 1987a; Reichers, 1985). Wenn erfolgreich, mündet das Bemühen um solche kooperative Beziehungen in einem Zusammengehörigkeits*gefühl*, wo Mitarbeiter in – scheinbar – authentischen Beziehungen trachten (sollten), ihre Individualinteressen zugunsten der ‚gemeinsamen' Interessen aufzugeben oder hintanzuhalten. Dieses harmonistische ‚Wir'gefühl drückt sich dann u.a. aus in der Ideologie des „wir sitzen alle im selben Boot", in der sprachlichen Betonung des „wir" an Stelle des individualistischen „ich" und in der Hervorkehrung gemeinsamer Erfolge. Von hier, d.h. der bewußten Herstellung gemeinsamer Geschichte, ist es nicht mehr allzuweit zum Versuch der Schaffung verbindlicher Werte und Normen; eine Idee, die in jüngster Zeit von der kulturellen Steuerung wieder nachdrücklich aufgegriffen wird.

Die Umsetzung der Steuerungsvorstellungen der ‚Pflege der sozialen Beziehungen' erfolgt in zweifacher Hinsicht:

— auf der Prozeßebene werden v.a. Vorgesetzte mittlerer und unterer hierarchischer Ebenen im Erwerb und Gebrauch der „social skills" (Mayo, 1975: 12) geschult;
— auf institutioneller Ebene werden positive Anreize und kooperationsfördernde Belohnungen in der bürokratischen Struktur des Unternehmens verankert.

Die ‚Pflege der sozialen Beziehungen' berührt damit nur die *Rahmenbedingungen* der beruflichen Tätigkeit der Mitarbeiter, die eigentliche Arbeitsaufgabe ist davon nicht betroffen. Der Arbeitsbereich und sein Umfeld erscheinen unter ‚humaneren', menschenfreundlicheren, gefälligeren, attraktiveren Bedingungen als zuvor. Dennoch enthält diese Charakterisierung bereits das Kennzeichen der Äußerlichkeit, der Fassadenkosmetik. Der Eindruck, die ‚Pflege der sozialen Beziehungen' diene in ihrem strategischen Kern der Verminderung der durch die technische und die bürokratische Steuerung verursachten Reibungsverluste, läßt sich nicht abweisen.

4.3.4.3.2 Motivationale Steuerung

Die – wenn auch sozialtechnologische – Berücksichtigung des Humanfaktors führte in der Folge zu einer intensiven Beschäftigung mit bzw. Suche nach den das Verhalten von Menschen leitenden Faktoren, d.h. vor allem nach Motiven und Bedürfnissen. Mitarbeiter können nicht wie Maschinen behandelt werden – das war eine der wesentlichsten Erkenntnisse des frühen Human Relations Ansatzes. Es stellte sich aber bald heraus, daß die Annahme der kausalistischen Beziehung: Zufriedenheit → Leistung in dieser Form *nicht* aufrechtzuerhalten war (s. dazu z.B. Eckardstein/Schnellinger, 1978: 95 ff.). Es fanden sich unzufriedene Mitarbeiter mit hervorragenden betrieblichen Leistungen, ebenso fanden sich zufriedene Mitarbeiter mit unzulänglichen betrieblichen Leistungen. Aus betrieblicher Sicht wird es daher notwendig, die grundlegenden Voraussetzungen der Verhaltenssteuerung von Menschen zu erforschen. Gleichfalls müssen Wege gesucht werden, wie auf

Basis dieser neu gewonnenen Einsichten die Mitarbeiter besser als zuvor in den betrieblichen Leistungsprozeß nutzbringend eingebunden werden können. Die ‚motivationale Steuerung' ist damit als *Übergangsphase* zwischen der ‚Pflege der sozialen Beziehungen' und den der ‚motivationalen Steuerung' nachfolgenden komplexeren Arbeitsgestaltungsmodellen der Strategie der ‚Selbststeuerung' anzusehen.

Bei der motivationalen Steuerung wird die Befriedigung der Motive, Bedürfnisse etc. mit der Erbringung jener betrieblichen Leistungen verknüpft, die sich das Unternehmen von seinen Mitarbeitern erwartet oder erhofft. Auch hier handelt es sich überwiegend um positive Anreize, die zum Teil institutionalisiert sind, zum Teil von Vorgesetzten direkt administriert werden. Die Anreize sind so gestaltet, daß die Mitarbeiter sie erst dann für sich konsumieren können, wenn sie das für die Leistungserbringung erwünschte Verhalten zeigen (s. Abb. 25).

Es ist hier weder notwendig noch möglich, auf einzelne Motivationstheorien genauer einzugehen (Übersichten z.B. bei Rosenstiel, 1987; Neuberger, 1974). Ein typisches Beispiel einer innerbetrieblichen Anwendung der motivationalen Steuerung findet sich im Management by Objectives (Schmidt, 1987; Humble, 1972; Odiorne, 1971). Obwohl hier drei Varianten (Zielvorgabe = autoritäre Variante; Zielvereinbarung = sog. kooperative Variante; Zielorientierung = sog. neutrale Variante) zu unterscheiden sind, folgen alle drei dem oben dargestellten Steuerungsprinzip. In der (scheinbar) selbständigen und engagierten Verfolgung und Erreichung der vorgegebenen, vereinbarten oder festgelegten Ziele erbringen die so Motivierten einerseits die betrieblich erwünschten Leistungen. Andererseits kommt es – wenn wir hier etwa auf die Theorie der Leistungsmotivation von McClelland zurückgreifen – zur Befriedigung des Leistungsmotivs bei den Mitarbeitern.

Gegenüber den verbreiteten Motivationstheorien, wie z.B. von Maslow, Herzberg, Vroom oder McClelland, sind die psychoanalytisch orientierten Ansätze (z.B. Freud, Adler) für die betriebliche Steuerungspraxis bisher kaum umgesetzt worden (als Ausnahmen siehe z.B. Hofmann, 1987; Kehrer, 1982; Kets de Vries, 1980; Zaleznik, 1966). In ihrem theoretischen Anspruch richten sich diese Ansätze bisher vor allem auf die Erklärung typischer Verhaltensabläufe (z.B. sog. Lebenszyklen) sowie auf die Erklärung widersprüchlicher, irrationaler, paradoxer oder pathologischer Prozesse (z.B. Abwehrmechanismen). Ihre praktische Anwendung in Betrieben erfolgt bisher im wesentlichen im Rahmen von Kleingruppentrainings (z.B. Sensitivity Trainings, Balint Gruppen), wo der Schwerpunkt auf einer emotionalen Stabilisierung und Ausrichtung der Teilnehmer auf einen – in der Regel nicht zur

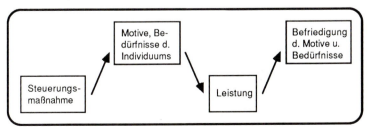

Abb. 25. Das Steuerungsmodell der motivationalen Steuerung

Diskussion gestellten – ‚Normalzustand' liegt. Der therapeutische Einschlag tritt dabei meist deutlich hervor (z.B. in der Kategorie der ‚psychischen Gesundheit'); dies gilt auch für die Diagnose und Lösung solcher betrieblicher Konflikte, deren Ursachen auf (intra-)personale Probleme zurückgeführt werden.

Die im Rahmen der motivationalen Steuerung administrierten Anreize sind primär individuell ausgerichtet. Dies wird etwa im job enrichment, einer sehr verbreiteten Methode im Rahmen dieses Steuerungsansatzes, deutlich. Dabei werden strukturell und qualitativ verschiedene Arbeitselemente zusammengelegt, z.B. Fertigungs- und Kontrollaufgaben. Greifen wir auf die von Herzberg selbst vorgeschlagenen Gestaltungsprinzipien zurück (Herzberg, 1975)[117] und beziehen sie auf seine Motivationstheorie (Herzberg/Mausner/Synderman, 1959), so kommt es auf der Ebene der Motivatoren (Nicht-Zufriedenheit → Zufriedenheit) zur Befriedigung der Bedürfnisse nach Entfaltung, Verantwortung, zufriedenstellenden Arbeitsinhalten, Anerkennung und Leistung. Die Attraktivität des job enrichment steht stellvertretend für die Vorteile, welche die motivationale Steuerung verspricht. Den zu steuernden Mitarbeitern vermittelt sich der Eindruck, mit einem solchen Handlungsangebot könnten sie durch eigenes Wollen und Handeln ihre Bedürfnisse befriedigen; sie meinen, sie selbst bestimmten ihr Geschick, ihre Erfolge oder Mißerfolge, ihr materielles und psychisches Befinden. Die eigentlich dahinter liegende Steuerungsabsicht tritt zurück und wird kaum mehr wahrgenommen.

4.3.4.3.3 Selbststeuerung

Mit dem Konzept des job enrichment kündigt sich aber bereits die nächste Stufe psychologischer Steuerung an, die sog. Selbststeuerung. Bei dieser werden komplexe Bündel von Motiven, Bedürfnissen bei einzelnen Individuen und im Rahmen von Arbeitsgruppen angesprochen. Dazu werden Teile der Arbeitsorganisation auf die Mitarbeiter übertragen. Können die bisherigen Steuerungsansätze als ‚Anpassung des Menschen an die Arbeit' betrachtet werden, so wird – im Verständnis der Selbststeuerungsansätze – der umgekehrte Weg gegangen: Die ‚Anpassung der Arbeit an die Menschen'. Mit einer solchen Methode der Einbindung steuern sich (bzw. sollen sich steuern) die Mitarbeiter – untergeordnet unter die Ziele des Unternehmens – partiell selbst. Sie erbringen damit auch die erforderlichen Unterordnungsleistungen gleichsam von sich aus.

Hinsichtlich der Zielformulierung wird zumindest nach außen hin auch in jüngster Zeit im allgemeinen (noch immer) die Annahme vertreten, daß dabei Organisationsstrukturen entwickelt würden, „sowohl um die Input-Output-Produktivität als auch die Qualität der Arbeits-/Lebensverhältnisse von Einzelpersonen innerhalb der Gruppe zu steigern" (Manz/Sims, 1987: 1805). Dieses scheinbar gleichberechtigte Nebeneinander von Interessenrealisierungsmöglichkeiten ist auf den – v.a. nordeuropäischen – Entstehungszusammenhang dieser Steuerungsstrategien zurückzuführen. Auf der einen Seite stand dort die Vermutung bzw. Überlegung, daß im Produktionsbereich mit den herkömmlichen, d.h. den auf Arbeitszerlegung ausgerichteten Methoden die Grenzen der Effizienzsteigerung erreicht seien. Und nicht nur das: Die verwendeten Methoden stünden aller Wahrscheinlichkeit nach in einem nicht übersehbaren Zusammenhang mit überdurchschnittlich hoher Fluktuation, Absenzen und Qualitätsmängeln. Auf der anderen Seite standen, gestützt durch starke Gewerkschaften, die Forderung nach ‚humaneren'[118] Arbeitsbedingungen und die demokratiepolitische Forderung nach verstärkter Einbindung der Arbeitnehmer (als Betroffene) in betriebliche Entscheidungen (Dachler/Wilpert, 1980: 81 ff.). Hinzu tritt in jüngerer Zeit die Überlegung, daß es mit zunehmendem technischen Fortschritt aus ökonomisch-technischen Gründen opportun sein könnte, bestimmte Arten von Arbeitsplätzen mit einem größeren Handlungsspielraum für die dort Beschäftigten auszustatten.

Aus der Warte des Unternehmens handelt es sich bei der Selbststeuerung um die *strategische, begrenzte Öffnung von Handlungsspielräumen*. Dabei werden Motive, Bedürfnisse etc. der Mitarbeiter angesprochen, um primär die Ziele des Unternehmens zu realisieren. Es kommt zum Übergang von der Fremdsteuerung zur – scheinbaren – Selbststeuerung. Die sog. Selbststeuerung stellt damit eine Strategie zur Lösung betrieblicher Probleme dar. Je nach instrumentellem Zielbereich sind Individualmodelle und Gruppenmodelle zu unterscheiden.

a) Selbststeuerung auf der Ebene von Individuen

Hier beschäftigen sich v.a. die organisationspsychologische (z.B. Lawler, 1987) und die betriebswirtschaftliche Einbindungsforschung (z.B. Conrad, 1988) mit Strategien der Selbststeuerung, wobei im besonderen deren Eignung „als Instrumentarium zur Erreichung organisationaler Ziele" hervorgehoben wird (Conrad, 1988: 349). Im Vordergrund stehen die Leistungsbereitschaft, die Leistungsintensität, die Arbeitseffektivität sowie „Loyalität und Commitment" (Kieser, 1987a). Eines der ausgefeiltesten Selbststeuerungsmodelle auf der Ebene von Individuen stammt von Hackman/Oldham (1980). Diese beiden Autoren richten mit einem organisationspsychologischen Vorverständnis ihr Augenmerk auf die Verbesserung individueller Tätigkeitsbereiche: „... how (can) organizations be designed, staffed, and managed so that employees are simultaneously utilized and satisfied to the fulliest extent possible, with neither the goals of the organization nor the personal needs of the employees dominating the other" (Hackman/Oldham, 1980: 85). In ihrem Modell führen fünf Aufgabenmerkmale (als Soll-Qualitäten betrieblicher Aufgabenstellungen) via Erlebnismerkmale (als hervorrufende psychologische Zustände) zu den Ergebnissen, die – im Modell – dem Unternehmen und den Mitarbeitern gleichermaßen zugute kommen. Damit liegt diesem Ansatz das in Abb. 26 dargestellte Steuerungsmodell zugrunde[119].

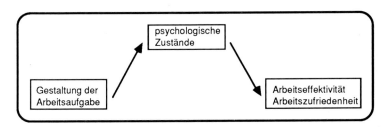

Abb. 26. Das Steuerungsmodell des organisationspsychologischen Selbststeuerungsansatzes für Individuen

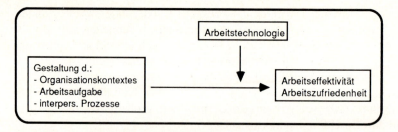

Abb. 27. Das – theoretische – Steuerungsmodell des organisationspsychologischen Selbststeuerungsansatzes für Arbeitsgruppen

b) Selbststeuerungsstrategien auf der Ebene von Gruppen

Aus der strategischen Warte der Herbeiführung von Unterordnung steht hier naturgemäß weniger die Diskussion humanitärer Ziele im Vordergrund, sondern – wie es mitunter in schöner Deutlichkeit ausgedrückt wird – das „high involvement management", also die Frage nach den Möglichkeiten und Bedingungen des „effectively utilize participative management" (Lawler, 1987: 4). Auch auf der Ebene von Gruppen haben Hackman/Oldham (1980) ein Modell ausgearbeitet, das die Qualitäten eines organisationspsychologischen Zuganges zu Selbststeuerungsstrategien typisch repräsentiert. Die Designfaktoren fallen – da sich dieses Modell an Arbeitsgruppen richtet – etwas umfangreicher aus (s. Abb. 27)[120].

Während im Modell der teilautonomen Arbeitsgruppen von Hackman/Oldham die Gestaltungsmöglichkeiten von der Arbeitstechnologie begrenzt werden, geht der *soziotechnische Ansatz* (zumindest in seinem theoretischen Selbstverständnis) von der „joint optimization" des sozialen und des technischen Systems aus (Davis, 1977: 265; Cherns, 1976: 784) (s. Abb. 28).

Mittlerweile haben jedoch Untersuchungen die kapitalorientierte Instrumentalität dieses Ansatzes in der Unternehmenspraxis hinsichtlich Arbeitsintensivierung, der Flexibilisierung von Personalstrukturen und der Anpassung des sozialen Systems an das technische System gezeigt (s. dazu die Übersicht bei Sydow, 1985a: 75 ff.). Für unseren Zusammenhang der Herbeiführung von Unterordnung ist festzuhalten, daß hier offensichtlich die Gestaltung des sozialen Systems (siehe z.B. die

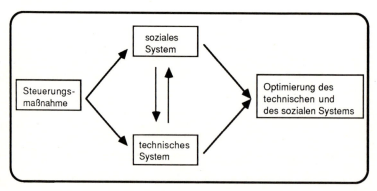

Abb. 28. Das – theoretische – Steuerungsmodell des soziotechnischen Ansatzes

Prinzipien bei Cherns (1976: 785 ff.) für eine Selbststeuerung *innerhalb vorgegebener Grenzen* in der Form teilautonomer Arbeitsgruppen erfolgreich war.

Das tatsächliche Steuerungsmodell (im Gegensatz zum theoretischen Anspruch) sieht aber, und das gilt auch für den organisationspsychologischen Ansatz, jedoch etwas anders aus (s. Abb. 29).

Im Sinne eines weichen ökonomischen Determinismus ist hier von nur begrenzten Gestaltungsmöglichkeiten für das technische System auszugehen. Das soziale System, das eine begrenzte Autonomie für die Arbeitsgruppe zuläßt, wird zur abhängigen Variablen, die mit dem ihr zur Verfügung gestellten begrenzten Handlungsspielraum versucht, das Bestmögliche daraus zu machen. Damit wird eine strukturelle Ähnlichkeit mit der ‚Pflege der sozialen Beziehungen' deutlich, auch wenn der Umgang mit den psych(olog)ischen und sozialen Faktoren hier auf einem theoretisch höheren und praktisch weiterreichenden Niveau erfolgt. Beziehen wir die Selbststeuerung auf die hier zur Diskussion stehenden Unterordnungsleistungen, d.h. auf die Freigabe von Handlungsspielräumen bei gleichzeitiger Außer-Diskussion-Stellung der wesentlichen Steuerungsparameter durch die Steuernden, so kann der gewährte Autonomiegrad in drei Entscheidungsbereiche unterschieden werden (Alioth, 1987: 1827 f.):

– Selbstregulation (z.B. Koordination der Kooperation, Allokation von Arbeitskräften und Betriebsmittel),
– Selbstbestimmung (erlaubt die Gestaltung des Arbeitsprozesses z.B. hinsichtlich Termine, Produktionsreihenfolge),
– Selbstverwaltung (selektierte materielle und hierarchische Interessen der Mitglieder von Arbeitsgruppen können von diesen entschieden werden, wie z.B. Wahl von Vorgesetzten, Auswahl neuer Gruppenmitglieder).

Für die Unternehmenspraxis liegt der Anwendungsbereich der Selbststeuerungsstrategien damit vor allem in vier Bereichen:

– in der allgemeinen Nutzung der Ressourcen der Mitarbeiter (z.B. Leistungsintensität),

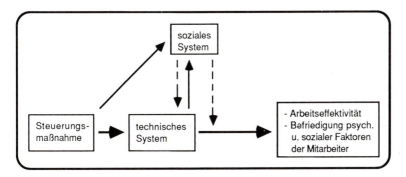

Abb. 29. Das – tatsächliche – Steuerungsmodell des soziotechnischen Ansatzes (gilt implizit auch für den organisationspsychologischen Steuerungsansatz für Arbeitsgruppen)

- in der Nutzung spezieller Mitarbeiterressourcen, etwa im Rahmen von Qualitätszirkel (z.B. Beriger, 1986),
- in der Nutzung im Rahmen allgemeiner Organisationsentwicklungsprozesse (s. dazu Sandner, 1990; Zauner, 1985),
- in der Nutzung im Rahmen der Errichtung neuer Produktionsbetriebe (z.B. Rieckmann, 1982).

4.3.4.4 Die Grenzen psychologischer Steuerung

Die Ziel- und die Intensitätskomponente der psychologischen Steuerung richten sich auf die Erhöhung der Leistungsbereitschaft und die Steigerung der Leistungsintensität der Mitglieder von Unternehmen. Mit zunehmender Koppelung betrieblicher Aufgabenstellungen und der Befriedigung von Bedürfnissen, Motiven etc. wird die direkte Steuerung entlastet, bis schließlich bei der sog. Selbststeuerung für den Steuernden nur mehr die Regulierung der wichtigsten Parameter des Steuerungsfeldes wichtig wird. Mit der Einbindung in den psychologischen (technologischen, bürokratischen, kulturellen) Steuerungsrahmen verliert die Einzelentscheidung an Gewicht als maßgebliche Form der Machtausübung. Nicht mehr das Treffen von Entscheidungen als solches wird dann wichtig, sondern die Etablierung eines psychologischen (technologischen etc.) Bezugsrahmens, d.h. die Entwicklung von Relevanzregeln, womit der Einzelentscheidung erst Sinn und Gewicht verliehen wird. Metaphorisch ausgedrückt ‚wurzelt' die Machtausübung in diesem Bezugsrahmen bzw. der damit verbundenen Erwartungs- und Handlungsstruktur.

Nun führt aber die aktive Nutzung des Leistungspotentials der Mitarbeiter v.a. im Rahmen der fortgeschritteneren Formen der psychologischen Steuerung nicht nur zu einer Überantwortung größerer Handlungsspielräume, sondern auch zu einer stärkeren Dependenz des Unternehmens von seinen Mitarbeitern. Der Prozeßablauf wird nicht mehr fern vom Arbeitsplatz in Kontoren bis ins einzelne genau vorgegeben, sondern die Mitarbeiter bestimmen diesen (im Rahmen ihres Handlungsspielraumes) selbst; Mitarbeiter sind wegen ihrer sachlichen Kompetenz auch nicht mehr beliebig austausch- und ersetzbar. Eine solche Situation wäre – im Prinzip – geeignet, das sog. Machtgefälle zugunsten der Mitarbeiter zu verschieben. Solche Möglichkeiten der Machtverschiebung würden auch begünstigt durch den technischen Fortschritt, wo neue Steuerungstechnologien Arbeitsplatzveränderungen in Richtung erweiterter Handlungsspielräume mit sich gebracht haben. Die kulturelle Steuerung zeigt jedoch, daß in einer Antizipation solcher möglicher Dependenzverschiebungen versucht werden kann, durch gemeinsame Werte und Normen, aber auch durch z.B. die Idee der ‚mission' u.ä. solche Dependenzverschiebungen nicht nur aufzufangen oder zu kompensieren, sondern dem betrieblichen Steuerungssystem mit einem Soll-Werte- und Normen-System einen noch tiefergehenden handlungsleitenden Orientierungsrahmen zugrunde zu legen.

Die Problematik der Verschiebung des Dependenzgefüges weist bereits darauf hin, daß bei der psychologischen Steuerung eine ‚rein (organisations-)psychologische' Betrachtungsweise nicht möglich ist. Die Heranziehung ausschließlich psychologischer Kriterien für den Erfolg oder Mißerfolg von Maßnahmen der psychologischen Steuerung reicht zu deren Bewertung im Betrieb nicht aus. Psychologische Steuerungsmodelle geben ohne ihren ökonomischen Kontext keinen Sinn. Denn die relevanten Beurteilungskriterien sind hier keine psychologischen, sondern ökonomische. D.h. der *ökonomische* Bezugsrahmen gibt Auskunft über Erfolg oder Mißerfolg *psychologischer* Steuerungsmaßnahmen.

Bezogen auf die politische Dimension im Unternehmen wird der ökonomische Beurteilungsrahmen vom Herrschaftsaspekt überlagert. Das bedeutet, daß nicht notwendigerweise unter verschiedenen Alternativen die jeweils ökonomisch günstigste ausgewählt werden wird, sondern daß bei solchen Entscheidungen über Gestaltungsalternativen auch die möglichen Konsequenzen für das Herrschaftssystem berücksichtigt werden. Diese legen dann in der Folge nicht unbedingt die ökonomisch beste Alternative nahe, sondern nur mehr eine zufriedenstellende, die aber aus der Warte der Herrschaftssicherung vorteilhafter erscheint.

4.3.5 Kulturelle Steuerung

4.3.5.1 Zum Stellenwert der kulturellen Steuerung

Mit dem Konzept Organisationskultur[121] verknüpfen sich erhebliche Erwartungen hinsichtlich des Umgangs mit organisatorischer Komplexität. In ihrer normativen Wendung richten sich diese Erwartungen auf ein Konzept, das die bisher umfassendste und weitestreichende Steuerung organisatorischen Geschehens möglich machen könnte. Sowohl Entstehungs- als auch Anwendungszusammenhang lassen an den Steuerungsabsichten keinen Zweifel. Die technologische, die bürokratische und die psychologische Steuerung richten sich auf physische Vorgaben, auf Regelsysteme, auf die Pflege der sozialen Beziehungen, auf psych(olog)ische Faktoren sowie auf Mikrokonzepte der Sinnpflege und Selbststeuerung. Nun scheint sich zum ersten Mal ein umfassender Steuerungsansatz anzubieten, die *Steuerung des Sinnsystems*. Um erfolgreich zu sein, bräuchte ein Unternehmen die ‚richtige' Organisationskultur. „Starken" (Bleicher, 1984: 495), „reichen" (Kieser, 1987b: 2) oder „gesunden, blühenden" (P. Ulrich, 1984: 313) Organisationskulturen werden – theoretisch spekulativ – folgende direkte Funktionen zugeschrieben: Wirklichkeitsdefinition, Wirklichkeitserklärung, Orientierung, Bindung, Handlungslegitimation, Motivation, Konsens, Stabilität, Koordination, Integration. Als indirekte Funktionen seien dann erhöhte Effektivität und Effizienz zu erwarten (z.B. Deal/Kennedy, 1987: 81; Dill/Hügler, 1987: 146 ff.; Meffert/Hafner, 1987: 9 ff.; Kuehn/Schnyder, 1986: 22 ff.; Ulrich, 1984: 312 f.). Ziel jeder erfolgsorientierten Steuerung müßte es daher sein, die Organisationskultur ‚in den Griff zu bekommen'. Gelänge es, in einem Unternehmen einen „normativen Bezugsrahmen höherer Ordnung" (Dietel, 1987: 232) zu etablieren, so wäre damit ein umfassendes indirektes Steuerungsinstrumentarium eingerichtet.

Im Gegensatz dazu erstrecken sich die Sinnsteuerungsansätze der fortgeschritteneren psychologischen Steuerung nur auf den mikro- und mesosozialen Bereich. Die organisationskulturelle Sinnsteuerung dagegen umfaßt den Bereich des Gesamtunternehmens. Sie unterscheidet sich damit von der psychosozialen Sinnsteuerung sowohl hinsichtlich des Steuerungsumfanges als auch hinsichtlich der Verankerung der Steuerungsmechanismen. Dabei sollte man sich von den allenthalben angebrachten kritischen Bedenken hinsichtlich der Steuerbarkeit bzw. Machbarkeit von Organisationskultur nicht verwirren lassen: Auf die kritischen Bedenken folgen regelmäßig Gestaltungsempfehlungen (z.B. Ochsenbauer/Klofat, 1987: 96 f.). Es mag schwierig, problematisch, ja von bestimmten theoretischen Positionen aus unmöglich sein, Organisationskultur zu ‚machen' bzw. zu steuern. Dennoch wird eine anwendungsorientierte Wissenschaft wie die Betriebswirtschaftslehre allein schon aus legitimatorischen Gründen trachten, allgemeingültige Gestaltungsempfehlungen zu entwickeln.

4.3.5.2 Organisationskultur und Steuerung

In der gegenwärtigen betriebswirtschaftlichen Organisationskulturforschung lassen sich zwei dominante Theoriestränge unterscheiden: die sog. funktionalistische Forschungsrichtung und die sog. interpretative Forschungsrichtung (Calas/Smircich, 1987; Allaire/Firsirotu, 1984)[122]. Die mitunter vertretene Argumentation, in einem dritten Forschungsstrang Organisationskultur als ein „dynamisches Konstrukt" (z.B. Sackmann, 1989: 169 ff.) zu betrachten, wird hier nicht aufgegriffen. Bei diesen Überlegungen scheint es sich weniger um einen eigenen Forschungsstrang, als um eine Kombination der beiden erstgenannten Forschungsrichtungen (mit einer anwendungsorientierten Tendenz zugunsten des funktionalistischen Ansatzes) zu handeln.

Da es hier nicht um die Ausarbeitung einer allgemeinen Theorie der Organisationskultur geht, sondern um Strategien der Herbeiführung von Unterordnung, wird hier auf eine Erörterung der theoretischen Grundlagen der Organisationskultur verzichtet (siehe dazu z.B. Kasper, 1987; Ebers, 1985). Damit rücken der funktionalistische organisationskulturelle Steuerungsansatz und der interpretative organisationskulturelle Steuerungsansatz in den Mittelpunkt des Interesses. An dieser Stelle ist aber bereits unmißverständlich darauf hinzuweisen, daß es zum derzeitigen Forschungsstand nicht möglich ist, die Organisationskultur zu steuern; organisationskulturelle Steuerungsversuche richten sich bislang nur auf Teilbereiche.

a) Begreift man Organisationskultur als soziokulturelles System, d.h. man folgt dem *funktionalistischen* Forschungsansatz, so stellt Kultur *eine unter mehreren* für den Unternehmenserfolg wichtigen Variablen dar. Eingebettet in den kontingenztheoretischen Ansatz stellt sich das Steuerungsmodell wie in Abb. 30 abgebildet dar.

Für die Umsetzung in die Unternehmenspraxis bedeutet dies, daß sich Kultur ‚machen' läßt. Im Sinne der „Forderung nach einer konsequenten Zielorientierung

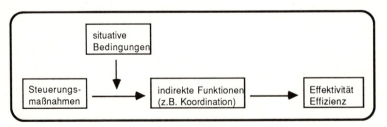

Abb. 30. Das Steuerungsmodell des funktionalistischen Organisationskulturansatzes

der Unternehmenskultur" (Meffert/Hafner, 1987: 30; ähnlich auch Hinterhuber/ Holleis, 1988: 6; Scheuplein, 1987: 301) gilt es, die zur jeweiligen Unternehmensstrategie passende Soll-Kultur festzulegen. Die Ist-Kultur wird durch Dokumentenanalysen, Firmenrundgänge, schriftliche Befragungen, Sitzungsbeobachtungen und Einzelgespräche erhoben (z.B. Kobi/Wüthrich, 1986: 75 ff.) und anschließend an die Soll-Kultur angepaßt. Die kulturellen Steuerungsmaßnahmen erfolgen im Hinblick auf die Ausbildung und Stabilisierung erwünschter Werte und Normen durch die Entwicklung von Unternehmensgrundsätzen und Unternehmensleitbildern, durch Personalselektion, durch organisationsinterne Sozialisation, durch Aus- und Weiterbildungsmaßnahmen sowie durch Organisationsentwicklungsprozesse. Symbolischen Handlungen, v.a. in der Figur des „Helden" (Deal/Kennedy, 1987: 97 – „Der Held ist der große Motivator, der Zauberer"), interaktionellen Symbolen (v.a. Rituale, Zeremonien) sowie Artefakten wird als Trägern von Bedeutungen ein besonderer Stellenwert zugemessen.

Aus der Warte der Theoriebildung stellt damit die organisationskulturelle Steuerung auf der Grundlage der funktionalistischen Organisationskulturforschung keinen grundsätzlich neuen Ansatz dar. Im Steuerungsmodell und inhaltlich wird – abgesehen von den Symbolen – weitgehend auf Bekanntes (v.a. aus dem Bereich der psychologischen Steuerung) zurückgegriffen[123]. Der zentrale (und aus theoretischer Sicht einzig interessante) Prozeß, nämlich die Kombination und Umsetzung der einzelnen Steuerungsmaßnahmen zu Organisationskultur als nicht bloß aggregierter, sondern eigenständiger Kategorie, fällt der black box anheim und bleibt somit ungeklärt. Ob mit einem funktionalistischen Variablenansatz das theoretische und praktische Potential, welches das Konzept Organisationskultur anzubieten scheint, ausgeschöpft werden kann, ist in einem hohen Maße fraglich (s. dazu Sandner, 1988b: 664 ff.). Wegen des eher einfachen Steuerungsmodells und der in die ‚richtige' Organisationskultur gesetzten Erwartungen wird dies aber v.a. Praktiker kaum hindern, sich des funktionalistischen Organisationskulturansatzes auf unterschiedlichstem Seriositätsniveau zu bemächtigen.

b) Während somit bei der funktionalistischen Organisationskulturforschung der Entstehungs- und Anwendungszusammenhang den Stellenwert der Organisationskultur im Rahmen eines Steuerungsmodells unterstreichen, stellt sich die Situation bei der *interpretativen* Organisationskulturforschung etwas anders dar.

Der interpretativen Organisationskulturforschung geht es darum, Kultur als ideelles System zu verstehen. Im Mittelpunkt stehen vor allem die Entstehung und Vermittlung von Bedeutungen, d.h. die Produktion von Sinn durch die Kultursubjekte. Im funktionalistischen Ansatz hat das Unternehmen eine Kultur, im interpretativen Ansatz dagegen ist das Unternehmen eine Kultur (Smircich, 1983a). Die interpretative Organisationskulturforschung beschäftigt sich bislang auf Grund ihres forschungsprogrammatischen Selbstverständnisses kaum mit Steuerungsüberlegungen, sondern mit der konzeptionellen (Weiter-)Entwicklung des Konstruktes Organisationskultur.

Für unseren Zusammenhang, nämlich die Herbeiführung von Unterordnung, stellt sich daher die Frage nach dem Steuerungsmodell der interpretativen Organisationsforschung: Wie würde ein Akteur im Rahmen eines solchen subjektiven Ansatzes vorgehen, wenn er seine Zwecke und Interessen realisieren möchte? Nun,

Bedeutungen vermitteln sich über Symbole. Das Wort ‚Geld' hat nicht a priori etwas ‚Geldhaftes' an sich, es ist eine sprachliche Reduktion eines Bedeutungsinhaltes; ebenso drückt der protzige Chefsessel nicht a priori den Status seines Benutzers aus, sondern wird nur in einem bestimmten Zusammenhang als Machtsymbol verständlich. Wenn sich Bedeutungen über Symbole vermitteln (das heißt v.a.: wie entstehen Bedeutungen?, wie werden sie intersubjektiv?), dann stehen Symbole im Zentrum eines sog. interpretativen organisationskulturellen Steuerungsansatzes. *Symbole* bilden als Verständigungsmedien so auch den Kern des Steuerungsmodells. Symbolen kommt aber hier nicht wie im funktionalistischen Ursache-Wirkungszusammenhang ein – methodologisch – objektiver Status zu, sondern Gegenstände, Aktivitäten und Ereignisse werden von den Interaktionspartnern mit Bedeutungen versehen, sie werden zu *Symbolen für etwas*. In der Folge dieses Interpretationsprozesses kommt es zur Situationsdefinition und zu Handlungen. Nimmt im funktionalistischen organisationskulturellen Steuerungsansatz der Steuernde methodologisch eine außerhalb des Steuerungsbereiches stehende Position ein, so steht er im interpretativen organisationskulturellen Steuerungsansatz methodologisch innerhalb, er ist Teil des Prozesses. Agiert der Steuernde im funktionalistischen Ansatz (methodologisch) mit Ursache-Wirkungs-Verknüpfungen, so liefert er im interpretativen organisationskulturellen Steuerungsansatz Deutungsangebote und hofft, daß diese von den Adressaten in seinem Sinn verstanden und angenommen werden. Eine eventuelle Unterordnung erfolgt aber im Rahmen der Handlungskompetenz des anderen. D.h. der Steuernde versucht, Gegenstände, Aktivitäten und Ereignisse

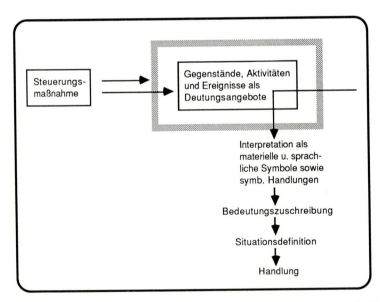

= Interpretationsrahmen, den A der Interpretation, Bedeutungszuschreibung und Situationsdefinition des B zugrunde legen möchte

Abb. 31. Das Steuerungsmodell des interpretativen Organisationskulturansatzes

in einen solchen Zusammenhang zu bringen, daß sie für die Adressaten zu Symbolen im von A gewünschten Sinn werden. Symbole werden damit für die Adressaten nur in einem bestimmten, dazugehörigen Interpretationsrahmen (Sinnsystem) zu solchen und im angestrebten Sinn verständlich.

Das sog. interpretative organisationskulturelle Steuerungsmodell (s. Abb. 31) stellt damit Symbole als Träger subjektiver Bedeutungsgebung in den Mittelpunkt. Während der funktionalistische Kultursteuerungsansatz dem traditionellen betriebswirtschaftlichen Theorieverständnis entspricht und damit entsprechend rezipiert wird (z.B. Dill/Hügler, 1987; Ochsenbauer/Klofat, 1987; Meffert/Hafner, 1987; Kobi/Wüthrich, 1986), wurde eine Umsetzung der interpretativen Kulturforschung in ein interpretatives Organisationskultursteuerungsmodell bisher vernachlässigt. Wegen dieses Fehlens werden in der Folge auf der Grundlage des eben dargestellten Steuerungsmodells die theoretischen Grundlagen, die damit verbundenen Prozesse und die Funktionen von materiellen Symbolen, von sprachlichen Symbolen und von symbolischen Handlungen[124] im Rahmen des interpretativen Organisationskultursteuerungsansatzes dargestellt.

4.3.5.3 Das Steuerungspotential der interpretativen kulturellen Steuerung

4.3.5.3.1 Zur Relevanz von Symbolen in Unternehmen

Stellen wir uns vor, wir beträten ein Unternehmen, das sich aller materieller Symbole entledigt hätte: So gäbe es etwa kein weithin sichtbares Firmenemblem, keine bevorzugten Parkplätze, sämtliche Mitarbeiter wären mit gleichen blauen Drillichanzügen bekleidet, die Arbeitsräume wären ohne Bilder und Blumen, die Büroausstattung ließe keine Hinweise auf die hierarchische Position des Büroinhabers zu, usf. Die Vorstellung einer solchermaßen auf reine Zweckrationalität reduzierten eindimensionalen Input/Outputmaschine geht Hand in Hand mit der Annahme, sich als Mitarbeiter eines solchen Unternehmens beträchtlichen Orientierungsschwierigkeiten ausgesetzt zu sehen. Zusätzlich würde man wahrscheinlich sogleich Vermutungen über die Bedeutung dieser Darstellungsform anstellen. Man würde nach der Symbolik eines solchen ‚symbolfreien' Unternehmens fragen.

Ziemlich drastisch wird an der Vorstellung eines ‚symbolfreien' (besser: eines ‚symbolarmen') Unternehmens ersichtlich, daß der berufliche und private Alltag voll mit Symbolen aller Art ist. Manche davon werden bewußt wahrgenommen (z.B. der separate Lift für die Mitglieder der Unternehmensleitung), viele werden unbewußt verarbeitet (z.B. Begrüßungsrituale). In Unternehmen befassen sich einige Mitarbeitergruppen mit Symbolen sogar berufsmäßig (z.B. Marketing- oder Public Relations Abteilungen). Dennoch ist die Alltäglichkeit und Präsenz von Symbolen in Unternehmen wesentlich breiter anzusetzen: Mitarbeiter orientieren sich an symbolischen Handlungen und setzen solche; Mitarbeiter orientieren sich an materiellen Symbolen und schaffen solche; unser Denken und Sprechen ist voll mit bildhafter Symbolik, nämlich Metaphern. So zeigt etwa der Sprachgebrauch in Unternehmen, daß die Werbe„schlacht geschlagen", der „Kampf" um Marktanteile „gewonnen" und der Konkurrent „besiegt" wird oder daß „ein Rädchen ins andere greift", daß es „wie geschmiert läuft" und daß man manchmal auch „Druck machen" muß. Solche, vornehmlich dem Kriegs-, Wettkampf- und Maschinenvokabular entnommene bildhafte sprachliche Darstellungen sind in Unternehmen in der Tat häufig anzutreffen. Auch die Organisationstheorie verwendet Metaphern wie „Mülleimer" (Cohen/March/Olsen, 1972), „organisierte Anarchie" (Cohen/March, 1974), „Zelt" und „Palast" (Hedberg/Nystrom/Starbuck, 1976). Symbole sind ein integraler Bestandteil menschlichen Denkens und Handelns. Vielfach sind sie den Akteuren so vertraut, daß der Umgang mit ihnen nicht mehr bewußt wahrgenommen wird.

Damit kann festgehalten werden, daß Menschen nicht nur in einer natürlichen Umwelt, sondern auch in einer symbolischen Umwelt leben. Soziale Phänomene haben einerseits ihren physischen Gehalt (z.B. Körperbewegungen, Geräusche, Veränderung von Gegenständen). Andererseits erfolgt jedoch die Zuschreibung der *Bedeutung* dieser Ereignisse in einem kontextabhängigen Interpretationsprozeß. Mit der Interpretation von Phänomenen kommt es zur subjektiven Definition von Realität. Symbole stellen damit ein regelmäßiges und auch wesentliches Element der Deutung von Situationen dar. Weiters ist anzunehmen, daß die Symbolik von Phänomenen gewissen (sozialen) Regelmäßigkeiten unterliegt. Unter der Voraussetzung sozialer Regelmäßigkeiten liegt es im Interesse erfolgsorientierten Handelns, Gegenstände, Aktivitäten und Ereignisse im Sinne von Symbolen so zu arrangieren, daß dadurch anderen Akteuren jene Situationsinterpretationen samt nachfolgenden Handlungen nahegelegt werden, die den Vorstellungen des Symbolarrangeurs entsprechen. Marketingstrategien und betriebliche Anreizsysteme (z.B. „Verkäufer des Monats") geben dafür genügend Beispiele. Führt man diese Überlegung weiter, so läßt sich schließlich argumentieren, daß eine der zentralen Aufgaben von Managern im Angebot von Situationsinterpretationen und Handlungsorientierungen besteht: „... symbols are the very stuff of management behavior. Executives, after all, do not synthesize chemicals or operate lift trucks; they deal in symbols" (Peters, 1978: 10; ähnlich auch Gagliardi, 1986: 132; Louis, 1986: 112 ff.; Smircich/Morgan, 1982: 258 ff.; Pfeffer, 1981b: 4; Pettigrew, 1979: 572; Weick, 1979: 42; Pondy, 1978: 94 f.).

Hebt Peters die instrumentelle Sicht des Umgangs mit Symbolen besonders hervor, so ist aus den bisherigen Ausführungen auch deutlich geworden, daß die Mitglieder von Unternehmen symbolische Handlungen, materielle Symbole sowie Metaphern, Mythen, Rituale und Zeremonien, ja sogar unternehmensspezifische Sprachausprägungen (Evered, 1983: 125 ff.) sowohl regelmäßig hervorbringen als auch selbst zur Zuschreibung von Bedeutungen und damit als Grundlage ihrer eigenen Handlungsorientierungen heranziehen. Vermittels der Symbole wissen sie, welche Handlungserwartungen an sie gestellt werden.

4.3.5.3.2 Symbole und die subjektive Konstruktion organisatorischer Wirklichkeit

In Anlehnung an Schütz/Luckmann (1984: 195 f.), Morgan/Frost/Pondy (1983: 4 f.) und Berger/Luckmann (1977: 42) können Symbole als Verweisungen auf Sinngehalte, die über die unmittelbare Bedeutung eines Gegenstandes hinausgehen, definiert werden. So dient z.B. ein Hut (üblicherweise) der Bedeckung des Kopfes; ein Sessel dient (üblicherweise) als Sitzgelegenheit. Bei Gesslers Hut in Schillers

„Wilhelm Tell" handelt es sich zweifellos um eine Kopfbedeckung, die an einem länglichen Stück Holz befestigt wurde. Der Hut symbolisiert aber auch die Herrschaftsansprüche des Landvogtes. Das beeindruckende Sitzmöbel als Kombination von Leder, Metall, Holz und Kunststoff, versehen mit Kopfstütze, Armlehnen, Wirbelsäulestütze, Kippvorrichtung und Rollen bleibt selbstverständlich eine Sitzgelegenheit; bezogen auf die interne Struktur des Unternehmens symbolisiert es aber auch die hierarchische Position des zur Sesselbenutzung Befugten. Jeder Gegenstand, jede Aktivität und jedes Ereignis kann als Symbol dienen. Sie sind Vehikel zur Vorstellung dessen, wofür sie stehen. Die Gegenstände, Aktivitäten und Ereignisse sind nicht selbst das Symbol, sondern sie sind Symbol für etwas; sie sind Träger von Vorstellungen, Bedeutungen oder Sinngehalten. Die Gegenstände (Aktivitäten, Ereignisse) sind daher nicht mit den Vorstellungen (Bedeutungen, Sinngehalten), die sie ausdrücken, zu verwechseln. Symbole sind *Verweisungen*, die über die unmittelbare Qualität eines Gegenstandes, einer Aktivität oder eines Ereignisses hinausgehen. So stellt die Ehrung eines verdienten Mitarbeiters eine Anerkennung für erbrachte Leistungen dar[125]. Erst als Verweisung auf die zusätzliche Bedeutung symbolisiert sie der übrigen Belegschaft das Interesse der Unternehmensleitung an einem ihren Vorstellungen entsprechenden Wohlverhalten. Erst dann, wenn ein Gegenstand (eine Aktivität, ein Ereignis) mit weiteren Assoziationen, Vorstellungen, Bedeutungen oder Sinngehalten sozusagen aufgeladen wird, wird er zu einem Symbol[126]. Es sind somit zwei Ebenen zu unterscheiden: eine manifest-materielle und eine symbolische. Die Entscheidung, Budgetmittel zugunsten eines bestimmten Projektes umzuschichten, bedeutet einerseits, daß für dieses Projekt nun mehr Mittel zur Verfügung stehen als vorher. Auf der zweiten Ebene symbolisiert die Budgetentscheidung die Verfolgung bestimmter strategischer Überlegungen zu ungunsten anderer und unterstreicht damit strategische Gewichtungen.

Ein Sessel ist ein Sessel – wie wissen wir aber, daß er auch die Position seines Benützers im Rahmen einer hierarchischen Ordnung symbolisieren kann? Oder umgekehrt: Wie wissen wir, daß er nur eine Sitzgelegenheit ist und sonst nichts? Menschen handeln Gegenständen, Aktivitäten und Ereignissen gegenüber auf der Grundlage der Bedeutungen, die diese Gegenstände (Aktivitäten, Ereignisse) für sie besitzen (Blumer, 1980: 81). Bedeutungen entstehen im Rahmen sozialer Interaktionen. In sozialen Interaktionen entwickeln Menschen für Gegenstände (Aktivitäten, Ereignisse) gemeinsame Bedeutungen. Jede Art von sozialer Ordnung beruht auf einem solchen System gemeinsam geteilter Bedeutungen; ja soziale Interaktionen sind *nur* unter der *Voraussetzung* der Annahme sinnvoll, daß ein Mindestbestand gemeinsam geteilten Wissens und gemeinsam geteilter Bedeutungen existiert. Dieser gemeinsam geteilte Bestand an Wissen und Bedeutungen ermöglicht dann auch die Bewältigung unproblematischer[127] Alltagssituationen (Berger/Luckmann, 1977: 24 ff.). So haben z.B. Mitarbeiter eines Unternehmens, wie alle Menschen, im Laufe ihrer Sozialisationsgeschichte gelernt, daß die Durchsetzungsmöglichkeiten von Interessen in strukturierten Handlungsfeldern ungleich verteilt sind. Sie haben Routine entwickelt, solche Mitarbeiter zu erkennen, denen die Interessendurchsetzung leichter gelingt als anderen: Solche Mitarbeiter kommen u.U. nicht mit der Straßenbahn zur Arbeit, sondern ein Chauffeur bringt sie; sie tragen eher selten blaue Latzhosen, sondern Kostüme oder dreiteilige Anzüge; auch ihr Arbeitsplatz unterscheidet sich beträchtlich von den meisten der anderen Arbeitsplätze im Unternehmen, usf. Ein solcher gemeinsam geteilter Bestand an Wissen und Bedeutungen, daß nämlich ein Dienstauto kein normales Transportmittel, sondern eines von besonderer Art ist, daß ein dreiteiliger Anzug in der Regel die Arbeitskleidung für eine bestimmte Art von Tätigkeiten darstellt, daß Arbeitsplätze für ihre Benutzer sehr unterschiedlich ausgestattet sein können und daß damit qualitative Unterschiede in den Handlungsmöglichkeiten gegeben sind – solche Bestände an Wissen und Bedeutungen ermöglichen die Bewältigung des unproblematischen beruflichen Alltags.

Für Symbole der Macht gilt das gleiche. Ein gemeinsam geteiltes System von Machtsymbolen demonstriert den Mitgliedern des Unternehmens beispielhaft bisherige Durchsetzungserfolge und stellt Handlungserwartungen an sie. Wie aber den bisherigen Ausführungen unschwer zu entnehmen ist, haben Gegenstände (Aktivitäten, Ereignisse) nicht schon a priori ihre symbolische Bedeutung. Die Bedeutung ist Ergebnis eines Interpretationsprozesses und ergibt sich aus dem Kontext, in dem die Gegenstände (Aktivitäten, Ereignisse) ihren Sinn haben. Der Gessler'sche Hut drückt erst unter den bei Schiller geschilderten Bedingungen die Herrschaftsansprüche des Landvogtes aus; hätte ihn der Vogt aus guter Laune an die Stange gesteckt oder etwa mit der Absicht, dem gewöhnlichen Volk die gängige Hutmode der örtlichen Adeligen vorzuführen, dann ergäbe sich durch den Kontext auch eine völlig andere Symbolik des Hutes an der Stange: Er stünde etwa für das sonnige Gemüt oder für die eitle Großzügigkeit des Landvogtes. Die selben Gegenstände (Aktivitäten, Ereignisse) können somit in verschiedenen Kontexten Unterschiedliches bedeuten. So betrachtet, ist auch eine Büroausstattung nicht a priori ein Machtsymbol. Sie kann z.B. auch den protzigen Geschmack des Büroinhabers demonstrieren. Erst im Zusammenhang mit Unter- und Überordnung kann sie als Machtsymbol sinnvoll verstanden werden: etwa als Hinweis auf die hierarchische Position des Büroinhabers, als Hinweis auf Beispiele bisheriger Durchsetzungserfolge, als Hinweis zur Antizipation möglicher künftiger Durchsetzungserfolge oder als Handlungsaufforderung bzw. -erwartung hinsichtlich der Unter- und Überordnungsansprüche des Büroinhabers. In dem Maße, in dem die Symbole für Macht von den Mitarbeitern des Unternehmens gemeinsam geteilt werden, sind sie Grundlage der unproblematischen (d.h. die Adressaten wissen, was von ihnen erwartet wird und fügen sich) Ausübung von Macht.

Wenn Symbole Orientierungen ermöglichen, dann erfolgt dies auf der Basis von Ordnungssystemen. Die Stabilität einer sozialen Ordnung, und damit auch die interne Stabilität eines Unternehmens, hängt u.a. davon ab, daß sich die Definitionen sozialer Wirklichkeit durch die Mitarbeiter in wichtigen Bereichen zumindest überlappen (Smircich 1983b: 55 f.). Voraussetzung ist daher auch, daß Symbole in einem gewissen Umfang und mit einer gewissen Regelmäßigkeit von den Mitarbeitern gleich interpretiert werden (Meyer/Rowan, 1977: 343 ff.). Symbolen kommt damit eine handlungsleitende Funktion zu. Sie geben Hinweise auf ein „das sollte getan werden" oder ein „so wird's hier gemacht" und drücken Erwartungen, die an Akteure gestellt werden, aus. Unter dem Aspekt der Steuerung bedeutet dies, daß damit neue Unter- und Überordnungsverhältnisse hergestellt oder bestehende Unter- und Überordnungsverhältnisse stabilisiert werden sollen. Vor allem auf die strukturstabilisierende Qualität von Machtsymbolen ist hier besonders hinzuweisen. Mit der Institutionalisierung von Handlungsabfolgen erhalten die darin verwobenen Symbole den Stellenwert von *Wegweisern*: sie orientieren, sie filtern Alternativen und sie übernehmen handlungsleitende Funktionen.

4.3.5.3.3 Die Funktion von Machtsymbolen

Symbole sind Verweisungen auf Sinngehalte, die über die unmittelbare Bedeutung eines Gegenstandes hinausgehen. Machtsymbole – als Ergebnisse bedeutungsgebender Prozesse – sind daher als Verweisungen auf Unter- und Überordnungen, als Verweisungen auf soziale Ordnungssysteme sowie als Verweisungen auf Beziehungen von Elementen innerhalb dieser Ordnungssysteme zu verstehen. Bezogen auf strategische Steuerungsmaßnahmen sind somit in Unternehmen drei zentrale Funktionen festzustellen: Orientierung, die Herstellung von sozialer Ordnung und die Aufrechterhaltung von sozialer Ordnung. Diese drei Funktionen werden nun an Hand einiger typischer Beispiele verdeutlicht.

4.3.5.3.3.1 Orientierung

Durch ihren Verweisungsgehalt tragen Machtsymbole zur Definition der subjektiven Wirklichkeit der Mitarbeiter in Unternehmen bei. Mit ihrer Hilfe können Mitarbeiter Orientierungspunkte festmachen (z.B. durch ihren Bezug auf frühere Situationen bzw. Handlungsverläufe), um festzustellen, was von ihnen erwartet wird. Symbole sind instrumentelle Hilfsmittel im Sinne vorstrukturiert-empfohlener Realitätsinterpretationen (Smircich/Morgan, 1982: 262); sie reduzieren Komplexität. Machtsymbole lenken die Aufmerksamkeit der Akteure und vermitteln Sinn, indem sie Realitätsinterpretationen und -erklärungen ermöglichen, selektieren oder nahelegen (Dyllick, 1983: 3 ff.). Sie lassen Positionen in der Unterordnungs- und Überordnungsstruktur des Unternehmens erkennen und liefern Zugehörigkeitsabgrenzungen. Die Orientierungsfunktion von Machtsymbolen enthält eine kognitive und eine normative Dimension. Der kognitive Anteil stellt eine komprimierte Information dar, der normative Anteil bezieht sich auf Normen, Werte und Leistungsstandards. Auf der Grundlage impliziter Alltagstheorien (Lasser, 1987: 1930 ff.) stellen die Akteure (mehr oder weniger sinnvolle) Situationsinterpretationen und Handlungszusammenhänge her.

Der symbolische Gehalt von Gegenständen existiert nicht a priori, sondern ergibt sich aus dem Kontext; die Wertigkeit des symbolischen Gehalts läßt sich nur aus dem Verhältnis zu anderen symbolischen Verweisungen feststellen. D.h. erst in einem bestimmten sozialen Kontext kann z.B. eine Büroeinrichtung ein Symbol für Macht sein (so etwa dann nicht, wenn sie in der Auslage eines Einrichtungshauses steht). Die Wertigkeit ergibt sich nicht aus einer abstrakten Kostspieligkeit (wenn man Kostspieligkeit als ein mögliches Kriterium annimmt), sondern aus der Kostspieligkeit der Büroeinrichtung im Verhältnis zur Kostspieligkeit anderer Büroeinrichtungen. Der Betrachter wird dadurch hingewiesen auf:

- die Position des Besitzers (oder des dazu legitimierten Benutzers) in einem Unter- oder Überordnungssystem und auf die sich für diesen daraus ergebenden Handlungsmöglichkeiten,

– bisherige Machtausübungen im Sinne einer Referenzquelle. Der Betrachter soll mit Hilfe und bezogen auf sichtbare Ergebnisse vergangener Erfolge Hinweise auf zukünftige Möglichkeiten der Machtausübung des Besitzers bzw. Benutzers erhalten.

Solche materielle Machtsymbole sind als Orientierungshilfen, die *Verhandlungsprozesse* über Unter- und Überordnung *vereinfachen* (d.h. abkürzen) sollen, zu verstehen. Im beruflichen Alltag erwecken sie den Anschein fest gewordener Unterordnungsansprüche. Die Akteure ziehen aus den Machtsymbolen Schlüsse über die Ressourcen, die dem jeweiligen anderen zur Verfügung stehen (könnten) und setzen sie in Beziehung zu den eigenen Dependenzen und Ressourcen. Ihre Situationsdefinition führt dann (im Idealfall) dazu, daß sie sich ohne weitere Verhandlungen den Machtausübungsansprüchen des anderen unterordnen. Und darin liegt auch die *situationenverbindende* Funktion der materiellen Machtsymbole: Sie wurzeln zwar in der Vergangenheit (mit ihrem Bestehen demonstrieren sie vergangene Machtausübung), sie richten sich aber auf die Zukunft (d.h. auf künftige Machtausübung). Gegenstände dagegen, die vom Besitzer (Benutzer) zwar in instrumenteller Absicht als Machtsymbole gedacht waren, den Adressaten aber auf keinen solchen Sinngehalt verweisen, bleiben für den Adressaten bloße Gegenstände: Sie ergeben für ihn keinen zusätzlichen Sinn.

Theoretisch können alle Gegenstände (Aktivitäten, Ereignisse) als Machtsymbole dienen, methodisch kann aber kein Gegenstand (keine Aktivität, kein Ereignis) a priori ein Machtsymbol sein. Unter empirischen Gesichtspunkten dienen neben der erwähnten Büroausstattung v.a. die Größe und Lage des Büros, die Ausstattung mit oder ohne eigenem Sekretariat, der reservierte Parkplatz, das Dienstauto, die Kleidung (drückt dann die Zugehörigkeit zu einer bestimmten Stufe oder Kategorie von Mitarbeitern aus) als alltägliche Machtsymbole in Unternehmen. Es ist anzunehmen, daß sich in allen Unternehmen die Unter- und Überordnungsstrukturen in derartigen Symbolsystemen widerspiegeln. Fehlten solche gemeinsam geteilten Symbolsysteme, so wäre ein ‚symbolarmes' Unternehmen auf enorme interne Kommunikationsleistungen angewiesen, welche die Funktionsfähigkeit des Unternehmens beeinträchtigen und mit zunehmender Mitarbeiterzahl auch unmöglich machen würden. Das im Laufe der beruflichen Sozialisation erworbene Wissen der Unternehmensmitglieder über derartige Symbolsysteme erlaubt den Mitgliedern, da sie dadurch „wissen, woran sie sind", die Bewältigung des beruflichen Alltags.

4.3.5.3.3.2 Die Herstellung von Ordnung

Was vorhin bei der Orientierungsfunktion angeführt wurde, gilt sinngemäß auch für die Herstellung von Ordnung: Symbole ermöglichen die Herstellung von Sinnzusammenhängen und die Vermittlung von Handlungserwartungen (Unterordnungsaufforderungen). Dazu kommt aber als zusätzliche Funktion noch die Absicherung der Unterordnungsaufforderungen. Im Rahmen der Ausbildung von Ordnungsmustern, d.h. der Herstellung von Unter- und Überordnungsbeziehungen, werden Unterordnungsaufforderungen sowohl durch Symbole ausgedrückt als auch durch Symbole verstärkt. Durch Verweise auf Ressourcen werden Dependenzen und

Interdependenzen konkretisiert. Im folgenden werden die Herstellung neuer Ordnungsbeziehungen an Hand von Metaphern, die Absicherung von Unterordnungsaufforderungen an Hand symbolischer Ressourcenverweise verdeutlicht.

Metaphern beschreiben Phänomene in bildhafter Weise und fassen komplexe Zusammenhänge in bekannte Kategorien. Sie werden verwendet, um derzeit noch schwer Faßbares, Fernes, Unvertrautes in Begriffen von Naheliegendem, bereits Verständlichem auszudrücken. Der Erwerb und die Entwicklung von neuem Wissen basiert in hohem Maße auf der Verwendung von Metaphern; die Rolle von Metaphern als heuristisches Instrument ist unbestritten. Die Organisationstheorie selbst hat sich ihrer in vielfacher Weise bedient, etwa in der Vorstellung des Unternehmens als „Maschine" (Morgan, 1986). Eine Metapher läßt sich als sprachliches Gebilde definieren, das zum Zweck der Analogie ein Objekt in einer Formulierung beschreibt, die einem anderen Objekt zukommt (Smircich, 1983a: 340; Pondy, 1983: 157 f.; Weick, 1979: 47). So dient z.B. der der Biologie entlehnte Begriff des „Organismus" zur Beschreibung von Unternehmen (z.B. McKelvey, 1982). Durch die Verwendung von Metaphern können Zusammenhänge in einem anderen Licht gesehen werden. Metaphern ermöglichen es, komplexe Gegebenheiten reduzierend in bereits bekannten und vertrauten Vorstellungen zusammenzufassen, ohne daß alle Zusammenhänge und Details im einzelnen erläutert werden müßten. Manche Situationselemente werden dadurch stärker hervorgehoben und verdeutlicht, andere in den Hintergrund gedrängt; d.h. Metaphern bilden in ihren Objektbeschreibungen Schwerpunkte aus. Wenn Neues in Kategorien von Altem (d.h. Bekanntem) erfaßt wird, wenn dadurch wichtige und typisch erscheinende Elemente in den Vordergrund gestellt werden, dann wird der Zusammenhang von Metaphern und Steuerung klar: Metaphern ermöglichen den Übergang zu Neuem. Sie ermöglichen Veränderung, ohne die zugrunde liegende Rationalität zu gefährden. Sie nehmen nämlich die bislang relevanten Denkkategorien als Grundlagen in die vorhin noch fremden und wenig vertrauten Bereiche mit hinüber. Sie ermöglichen *Veränderung bei Wahrung der Stabilität*. Metaphern stellen daher die wesentlichsten Instrumente des Umgangs mit Veränderungen und der Etablierung neuer Interpretationsmuster unter Wahrung traditioneller Grundstrukturen und Orientierungen dar.

Nehmen wir z.B. an, das für die Unternehmensleitung eines Produktionsunternehmens dominierende Denkbild sei tatsächlich das der Maschine (Objektcharakter, Beherrschbarkeit, reparieren oder ersetzen, ineinandergreifende Rädchen, reibungsloses Funktionieren, usf.). Auf Grund einer innerhalb und außerhalb des Unternehmens geführten Diskussion sähe sich die Unternehmensleitung mit der Problematik von mehr Autonomie am Arbeitsplatz und Mitbestimmungsrechten der Arbeitnehmer konfrontiert. Mit dem dominanten Denkbild der Maschine im Kopf wird sich die Unternehmensleitung dieser Problematik wahrscheinlich in Maschinenkategorien nähern. Entsprechende organisatorische Maßnahmen werden dann von dieser Warte aus „in Gang gesetzt" und „zum Laufen gebracht", und die Mitarbeiter werden dementsprechend instruiert. Die Unternehmensleitung wird das Problem als technisches definieren, das unter dem Aspekt des Funktionierens zu bewältigen ist, und ihre Optimalitätskriterien dementsprechend ausrichten. Sie wird überlegen, welche Störungen zu erwarten sein werden, und wird versuchen, diese zu minimieren. Sie wird alternative Betrachtungsweisen, wie etwa politische oder psychologische Erwägungen, in den Hintergrund drängen.

Dieses Beispiel zeigt bereits die Gefahr, die durch den unkritischen Gebrauch von Metaphern und Analogien erwächst. Metaphern sind nichts anderes als Bilder, die einen Gegenstand in Begriffen eines anderen beschreiben: Sie tragen die Qualität des partiellen Nicht-Richtig-Seins mit sich (s. dazu auch Morgan, 1983: 601 ff.; Sandner, 1982b: 117f.). Sie heben bestimmte Aspekte hervor und vernachlässigen andere. Wird das Unternehmen als Maschine gesehen, dann stehen mechanische Konzepte im Vordergrund; wird es als Organismus gesehen, dann sind es systemische und evolutionäre; wird es als kybernetisches Rückkoppelungssystem gesehen, dann sind es Informationen und Gleichgewichtszustände. Die unkritische Übernahme führt zur Reifikation: Aus dem heuristischen Instrument wird Realitätsdefinition. Soziale Probleme werden dann als technische, biologische oder informationsverarbeitende Probleme definiert[128]. Damit wird auch eine besondere Qualität von Metaphern deutlich: Sie ermöglichen Ideologietransport. Neues, Fremdes, noch Fernes wird nicht nur in begrifflichen, sondern auch in inhaltlichen Kategorien von bereits Bekanntem rezipiert; der Gegenstand erfährt seine Gebrauchsfähigkeitsbehandlung, Realität wird (re-)produziert.

Bei der symbolischen *Absicherung* von Unterordnungsaufforderungen ist nur ein gradueller Unterschied zwischen legitimen und außerhalb der formalen Legitimität stehenden Unterordnungsaufforderungen festzustellen. Auch wenn A annimmt, daß B die Legitimität der Aufforderung anerkennen wird, so sind im Unternehmen seine Anweisungen und Ersuchen dennoch in der Regel von Symbolen der Macht begleitet. Dies kann dezidiert durch einen Hinweis auf die Position erfolgen (z.B. „in meiner Funktion als Bereichsleiter …"); es kann durch die Wortwahl (z.B. „ich erwarte von Ihnen …"), sprachliche Muster oder die Art, wie die Aufforderung vorgetragen wird (z.B. formal/höflich/bestimmt), erfolgen. Alle diese Beispiele haben eines gemeinsam: Die Unterordnungsaufforderungen sind von Verweisungen auf die – scheinbare oder tatsächliche – Legitimität der Aufforderung begleitet. Es ist irrelevant, ob die Verweisungen auf die Legitimität tatsächlich zu Recht erfolgen oder nicht. Funktion der Machtsymbole ist es hier, die Berechtigung der Aufforderung (bzw. den Anschein der Berechtigung) auszudrücken.

In Situationen, bei denen sich die Legitimität von Ansprüchen nicht ins Treffen führen läßt (weil z.B. die Situation nicht eindeutig genug ist oder B die Legitimität nicht anerkennt), bringen in einem Konflikt die Akteure weitere Ressourcen ins Spiel. Dies erfolgt z.B. durch Drohungen. Auch die weiteren Ressourcen werden vorerst nur symbolisch angesprochen und noch nicht wirklich aktiviert: Es geht darum, dem Konfliktgegner glaubhaft zu vermitteln, die Ressourcen im Ernstfall tatsächlich einsetzen zu wollen. Der Räuber, der mit vorgehaltener Pistole die Herausgabe der Brieftasche verlangt, muß das Opfer nicht erschießen: Die Demonstration seiner Ressourcen wird im Normalfall genügen. Bei unternehmensinternen Auseinandersetzungen kann so der Hinweis des A auf frühere, erfolgreiche Koalitionsbildungen („AA steht hinter mir") genügen, um B von der weiteren Verfolgung seiner Partikularinteressen abzuhalten. Drohungen zeichnen sich ja gerade dadurch aus, daß die Ressourcen (noch) nicht tatsächlich eingesetzt werden, sondern nur – um eine Metapher aus der Militärsprache zu verwenden – „mit dem Säbel gerasselt wird".

4.3.5.3.3.3 Systemerhaltung

Die dritte wesentliche Funktion von Symbolen im Zusammenhang mit Steuerung besteht in ihrem Beitrag zum längerfristigen Überleben des sozialen Systems. Hier stehen vor allem solche symbolische Formen im Vordergrund, die sich für Verweisungen auf die Kontinuität von Ordnungsbeziehungen besonders eignen. Daher ist es auch nicht verwunderlich, wenn sich v.a. rituelle Handlungen und Zeremonien als Beispiele aufdrängen. Besonders durch Rituale und Zeremonien werden Werte und Normen angesprochen, Bestehendes tradiert und Ordnungsmuster perpetuiert. So etwa besteht aus symbolisch-instrumentaler Sicht der Zweck von Initiations- und Übergangsriten (Gennep, 1986) in der Bindung an das Unternehmen und damit der ‚Schaffung' von Identität und Integration.

Rituale lassen sich als durch Tradition übermittelte, standardisierte, aus mehreren einzelnen bestehende und vom übrigen Geschehen abgehobene Aktivitäten verstehen (Trice, 1985: 227; Smircich, 1983b: 59; Edelmann, 1976: 14). Rituale sind in unterschiedlichem Maß stilistisch ausgeformt; sie erhalten ihren Sinn erst im Kontext und als Abfolge der einzelnen Aktivitäten. Sie betonen die gemeinsame Verbundenheit der Beteiligten und richten sich auf die Stabilisierung von Interessen und von Handlungszusammenhängen. Mit ihrer Wiederkehr versichern sie den Beteiligten Beständigkeit bzw. drücken zumindest den Wunsch nach Bewahrung aus. – *Transitionsrituale* beziehen sich auf laufbahnmäßig zentrale Ereignisse im Berufsleben der Mitarbeiter. Sie verweisen über die unmittelbare berufliche Tätigkeit hinaus v.a. auf Zugehörigkeitsabgrenzungen, auf Stabilität und Wandel sowie auf für das Unternehmen wichtige Normen. Neben den Aufnahmeritualen zählen dazu noch Beförderungs- und Degradierungsrituale sowie Verabschiedungsrituale. Transitionsrituale stellen auf der Systemebene wichtige Schritte zur Aufrechterhaltung des Unternehmensgeschehens dar: Alte Mitarbeiter werden ausgeschieden, neue werden aufgenommen; jene, die wichtige Beiträge zum Überleben des Unternehmens geleistet haben und von denen auch weiterhin wichtige Beiträge erwartet werden, werden v.a. in Hinblick auf ihre künftigen Beiträge befördert. Es kommt zum für das Überleben des Systems notwendigen Wandel, wobei sich Wandel und Stabilität miteinander verknüpfen. Besonders Beförderungs- und Verabschiedungsrituale sprechen auf der emotionalen Ebene (nicht auf der politischen[129] Ebene!) die Tatsache der Abhängigkeit des Unternehmens von seinen Mitarbeitern an. Wohl wird der zu Ehrende exemplarisch hervorgehoben. Aber am Beispiel des zu Ehrenden wird der Beitrag jedes einzelnen Mitarbeiters zum Unternehmenserfolg als wichtig und mehr oder weniger unverzichtbar dargestellt und damit die Bedeutung jedes Einzelnen betont – zum Zwecke der Erhöhung bzw. Stabilisierung der Leistungsbereitschaft. Gleichzeitig ergibt sich damit auch eine Gelegenheit, die Erwartungen des Unternehmens an seine Mitarbeiter öffentlich zu dokumentieren. – *Bestrafungsrituale* zielen in ihrem symbolischen Gehalt auf die Aufrechterhaltung der Ordnung, d.h. auf Systemstabilisierung. Auch sie bedürfen der Öffentlichkeit. Auf der materiellen Ebene wird zwar jemand für Handlungen, die er nicht hätte setzen sollen, sanktioniert. Auf der symbolischen Ebene werden an ihm, herausgehoben und für alle erkennbar (daher auch die Öffentlichkeit), Aspekte der bestehenden Ordnung deutlich gemacht. Richtiges wird von falschem Handeln getrennt. Am einzelnen, dem ‚Opfer', werden, symbolisch und zur Erinnerung[130] für alle anderen, die derzeit im Unternehmen (für einen bestimmten inhaltlichen Zusammenhang) gültigen Grenzen zwischen richtig und falsch deutlich gemacht.

Neben Ritualen und Zeremonien, durch die Normen, Werte und quantitative Sollvorstellungen betont werden, können auch andere symbolische Handlungen zur Systemerhaltung beitragen. Wie schon mehrfach erwähnt, können alle Gegenstände, Aktivitäten und Ereignisse als Verweisungen dienen. Geht man von der Annahme der subjektiven Konstruktion von Lebenswelt durch die Akteure aus, so kann jeder Handlung, die Realität sozusagen ‚doppelnd‘, symbolische Qualität zugeschrieben werden. Im folgenden wird dies im Zusammmenhang mit dem längerfristigen Überleben des Systems am Beispiel der Figur des sog. ‚Sündenbockes‘ verdeutlicht.

Unter dem Gesichtspunkt zweckrationalen Handelns liegt es nahe, den Gründen nicht erwartungskonformer Handlungsergebnisse nachzugehen. Geht es dabei auf der funktionalen Ebene um Problemverständnis und Korrektur, so geht es auf der personalen Ebene um Verantwortungszuschreibung. Da für Mitarbeiter in Unternehmen damit zumeist auch negative Konsequenzen verbunden sind (etwa eine öffentliche Unzulänglichkeitsfeststellung, Degradierung, Entzug von Kompetenzen, Beeinträchtigung der Karriere), liegt es nahe, derartige Verantwortungs- und Schuldzuschreibungen möglichst zu vermeiden. Gleichzeitig erfordert aber die Logik der Mittel-Zweck-Rationalität, nach den Ursachen von Scheitern oder Suboptimalität zu suchen. Engen wir unsere Überlegungen im folgenden auf leitende Mitarbeiter ein, so sehen diese sich in derartigen Situationen mehreren Möglichkeiten gegenüber, mit der Problematik ‚Finden der Ursachen des Scheiterns bzw. der Suboptimalität und gleichzeitiges Vermeiden einer Schuldzuschreibung an sich selbst' umzugehen: 1) Es gelingt, die Ursachen nicht vorhersehbaren Umständen zuzuschreiben. 2) Es wird eine Untersuchungskommission eingesetzt, die nichts Wesentliches findet oder zu keinem einheitlichen Ergebnis kommt. Solche, v.a. aus dem Parlamentarismus bekannte Aktivitäten spiegeln dann die interne Macht- und Selbstschutzstruktur wider, die verhindert, daß Substantielles gefunden wird. Auf der materiellen Ebene wird vertuscht, auf der symbolischen Ebene (das Verfahren legitimiert das Ergebnis) wird untersucht, um damit den externen Erwartungen gerecht zu werden. 3) Sind die Öffentlichkeitserwartungen so drängend, daß tatsächlich ein ‚Schuldiger' gefunden werden sollte, dann kann diese Schuldzuweisung hierarchisch nach ‚oben' hin erfolgen, oder sie wird nach ‚unten' hin abgeschoben[131]. Nicht selten kommt es dabei zu ‚Sündenböcken' und ‚Opfern'. Bleiben wir vorläufig bei Schuldverschiebungen nach ‚unten', so geht es hier darum, sowohl die bestehenden Strukturen im wesentlichen unverändert zu lassen als auch ein Opfer zu finden, dem ‚Schuld' – ohne dabei die Struktur zu gefährden – nach außen hin gerade noch glaubwürdig zugeschrieben werden kann. Ohne hier auf den Prozeß der „Sündenbockproduktion" näher einzugehen[132], läßt sich unter dem Gesichtspunkt von Steuerung und Symbolismus folgendes feststellen: Um bestehende Ordnungsstrukturen nicht zu gefährden, wird auf hierarchisch unterer Ebene ein ‚Opfer' produziert. Der somit ‚Schuldige' dient als Symbol dafür, daß – den sozialen Erwartungen entsprechend – Versäumnissen und Fehlern nachgegangen wird und diese auch sanktioniert werden. In der Figur des Sündenbockes/Opfers erfolgt dies auf symbolischer Ebene; der sozialen Erwartung wird entsprochen. Gleichzeitig wird aber die bestehende Struktur erhalten und gestützt, werden Schwächen verdeckt und substantielle Veränderungen vermieden. 4) Genauso selten wie in komplexen, ambivalenten sozialen Situationen durch Schuldzuweisung nach ‚unten' auf funktionaler Ebene tatsächliche Zurechenbarkeit an einzelnen Personen festgemacht werden kann, genauso selten ist dies der Fall, wenn die Schuldzuweisung nach ‚oben' hin erfolgt. Nur wird dann eben ‚oben' jemand gefunden, mit dem symbolisch nach außen hin der sozialen Erwartung, Fehler und Versäumnisse nicht zu tolerieren, nachgekommen wird. Die symbolische Dimension solcher Opfer wird noch deutlicher, wenn man sich die Überlegung vor Augen führt, es wäre tatsächlich der Generaldirektor des internationalen Unternehmens mit mehreren zehntausend Mitarbeitern, der allein am nicht erwartungsgemäßen Geschäftsergebnis ‚schuld' wäre[133]. Der Abberufung von Spitzenmanagern, wie z.B. der eines Generaldirektors, kommt daher ein hoher symbolischer Gehalt zu[134]. In seiner Rolle als Generaldirektor wird er in mehrfacher Hinsicht zum Symbol für das Unternehmen, dem er vorsteht. Da das Schicksal vieler Menschen mit dem Unternehmen verbunden ist, kommt seinem Handeln öffentlicher Charakter zu (s. dazu auch Edelmann, 1976: 56 ff.). Die im Alltag häufig anzutreffende und populärwissenschaftliche Überhöhung von Führungspersönlichkeiten (‚Führer') läßt sich so als projektive Integration und Reduktion sozialer Komplexität verstehen. Als Symbolfigur trägt er die Erwartungen und Hoffnungen, die an das Unternehmen gerichtet werden, an diesem aber wegen der realen vielfachen Interdependenzen weder konkret noch umfassend festgemacht werden können. Als Symbolfigur steht er für das Unternehmen, und als solche wird er auch zum ‚Sündenbock'. Abberufung und Neubestellung von Topmanagern symbolisieren daher in den eben beschriebenen Zusammenhängen der unternehmensinternen und unternehmensexternen Öffentlichkeit auf der Systemebene einen Beitrag zur Sicherstellung der Überlebensfähigkeit des Systems. Auf der Handlungsebene symbolisieren sie, daß nicht zufriedenstellende Ergebnisse auch nicht toleriert werden.

Die an mehreren Beispielen demonstrierte Funktionalität von materiellen und sprachlichen Symbolen sowie symbolischen Handlungen zeigt sich vor allem im Unternehmensalltag. Ab einem gewissen Komplexitätsgrad kann in Unternehmen nicht das gesamte vorhandene Wissen jedesmal, bevor es zur Anwendung kommt, kritisch auf seine Tauglichkeit reflektiert und überprüft werden. Unternehmen können nur dann ihren Aufgaben nachkommen, wenn sie größere Anteile dieses Wissens außer Diskussion stellen. Dies schließt auch die üblichen Symbole, wie etwa Mythen, mit ein: „myths ... are ... beyond the discretion of any individual participant or organization. They must, therefore, be taken for granted as legitimate, apart from evaluations of their impact on work outcomes" (Meyer/Rowan, 1977: 343 f.). Wenn damit die Funktionalität von Symbolen unterstrichen wird, so heißt das gleichzeitig, daß eben diese Funktionalität nicht losgelöst von politischen Kalkülen zu betrachten ist, d.h. es ist nach ihrer Bedeutung im Zusammenhang von Interessenrealisierung und/oder Herrschaftssicherung zu fragen. Und hier liegen auch die Grenzen der kulturellen Steuerung.

4.3.5.4 Die Grenzen kultureller Steuerung

Symbole als Medien kultureller Steuerung sind sowohl alltäglich als auch notwendig. Mit zunehmender Komplexität ist jede soziale Ordnung (und damit auch ein

Unternehmen) unausweichlich auf den Gebrauch von Symbolen angewiesen. Komplexe soziale Ordnungen beruhen auf einem Bestand von gemeinsam geteilten Normen, Wissen und Symbolen. Ohne die Zuhilfenahme von Symbolen würde das Interaktionssystem des Unternehmens zusammenbrechen. In Unternehmen als zweckgerichtete soziale Systeme haben sich daher neben der formalen Unter- und Überordnungsstruktur Symbolsysteme ausgebildet, die auf vergangene Machtausübung hinweisen und künftige Machtausübung ermöglichen sollen.

Für den funktionalistischen Forschungsstrang der Organisationskulturforschung sind die Grenzen kultureller Steuerung zweifellos mit dem Entwicklungsstand des Konzepts Organisationskultur eng verknüpft. Derzeit scheint diese Diskussion noch nicht allzuweit vorangekommen zu sein (s. auch Sandner, 1988b). Dabei ergeben sich vor allem Bedenken, ob ein objektives Forschungsprogramm, das letztlich doch auf Gesetzmäßigkeiten im naturwissenschaftlichen Sinn rekurriert, methodologisch überhaupt in der Lage ist, der intersubjektiven Produktion von Bedeutungen, d.h. von Wirklichkeiten, gerecht zu werden. Der hier etwa von Klofat/Ochsenbauer vorgeschlagene (Aus-)Weg der „reflektierten Interdisziplinarität" (Ochsenbauer/Klofat, 1987: 96 ff.) mündet bisher in einem methodologischen Pluralismus.

Nicht nur an die Grenze kultureller Steuerung im besonderen, sondern auch an die methodologischen Grenzen des Konzeptes Steuerung, verstanden als strategisches Unterfangen, gerät man mit dem Versuch der Einbeziehung handlungsleitender Normen. Zweifellos ist Leistungsnormen wie etwa Professionalismus z.B. in technischen Berufen eine unübersehbare Steuerungsqualität zuzusprechen. Gleichzeitig erscheint es aber ziemlich problematisch, die Entwicklung solcher Normen konzeptionell an die Intention eines erfolgsorientierten steuernden Akteurs zu binden. Daß solches zwar in der Unternehmenspraxis regelmäßig versucht wird (etwa im Rahmen der Kultur-Beratung), rüttelt nicht an der Tatsache, daß damit soziale Komplexität verniedlicht wird. Konzeptionell unproblematisch und auch empirisch außer Zweifel dagegen ist die Instrumentalisierung z.B. ‚professioneller' Leistungsnormen, etwa wenn ein Techniker gezielt auf sein Berufsethos angesprochen wird, um zusätzliche Leistungspotentiale freizusetzen.

Die Grenzen der interpretativen organisationskulturellen Steuerung sind ebenfalls im methodologischen Hintergrund dieses Konzepts vorgezeichnet: Die Interpretation von Situationen, deren Definition und auch eine eventuelle Unterordnung fällt nicht in die Handlungskompetenz des Steuernden, sondern in den Handlungsbereich derjenigen, von denen Unterordnung erwartet wird. Symbole für Macht (-ansprüche) stellen sowohl funktionale Zusammenhänge zwischen Vergangenem und Gegenwärtigem bzw. Zukünftigem her, als auch normative. Wenn Symbole zur Ausübung von Macht und damit zur Realisierung von Interessen beitragen können, dann hat eine Analyse von Symbolen oder Symbolsystemen auch den damit transportierten normativen Gehalt mit einzubeziehen.

Berücksichtigt man somit bei der Analyse des organisatorischen Geschehens neben der sachlichen Funktionalität auch die symbolische Ebene, so erweisen sich viele der sog. ‚suboptimalen' Entscheidungen oder Aktivitäten unter dem Aspekt der Herstellung oder Stabilisierung von Unter- und Überordnungsbeziehungen als *durchaus* sinnvoll und angemessen. Aber auf diese symbolisch vermittelte Ordnungsqualität hat Barnard schon vor einem halben Jahrhundert hingewiesen:

„Deshalb sind die meisten Gesetze, Befehle, Entscheidungen und so weiter faktisch formelle Mitteilungen, die besagen, alles sei in Ordnung – die Autorität wird nicht in Frage gestellt" (Barnard, 1970: 189).

4.4 Zusammenfassung

Die vorgängige Diskussion der Steuerungsstrategien basiert auf dem Grundmodell der Macht: Unterordnungsaufforderung – Verhandlung – Akzeptanz. Sie überträgt dieses Machtmodell jedoch in strukturierte Handlungsfelder. Dort geht es weniger um die vereinzelte Machtausübung, sondern um wiederholte, andauernde und längerfristige Unterordnungsleistungen eines breiteren Adressatenkreises. Das Machtmodell geht über in ein Steuerungsmodell. Unter Steuerung wird die intentionale Herbeiführung von Unterordnung verstanden.

Ist bei der direkten Steuerung der Steuernde für die Steuerungsobjekte noch unmittelbar gegeben, so tritt er bei der indirekten Steuerung in den Hintergrund: Die Unterordnungsaufforderungen vermitteln sich über technologische, bürokratische, psychologische oder symbolisch-kulturelle Zwischeninstanzen. Diese zunehmende Loslösung, Distanzierung ist auch innerhalb der indirekten Steuerung festzustellen. Technologische Konfigurationen und formale Regelsysteme sind für die Steuerungsobjekte materiell vorhanden. Psychologische und kulturelle Steuerung beruhen dagegen auf immateriellen, für die Steuerungsobjekte schwer greifbaren Faktoren, wie Motive oder Sinnzusammenhänge. Gleiches gilt für die Ansatzpunkte der Steuerung und für die Steuerungsbereiche. Die technologische und die bürokratische Steuerung konkretisieren die Handlungserwartungen in einem hohen Maße. Die psychologische Steuerung und die kulturelle Steuerung dagegen stellen eher auf einen breiteren Handlungsbereich ab; Teilbereiche der Steuerung gehen sogar auf die Steuerungsobjekte über und werden von diesen selbst getragen.

URSPR. METHODOLOGISCHER ORT DER STEUERUNG	
EXTERN	INTERN
technologische Steuerung	
bürokratische Steuerung	informelle Regelsysteme
Pflege d. sozialen Beziehungen motivationale Steuerung Selbststeuerung	(Selbststeuerung)
funktionalistische Organisationskultursteuerung	interpretative Organisationskultursteuerung

Abb. 32. Ort der Steuerung, bezogen auf das ursprüngliche methodologische Selbstverständnis des jeweiligen Steuerungsansatzes (( ) = ansatzweise feststellbar)

Während hier auf handlungstheoretischer Basis die Strategien der Steuerung analytisch als Situationsinterpretationsangebote verstanden werden, liegt der ursprüngliche methodologische Ort der Steuerung – bezogen auf das theoretische und methodologische Selbstverständnis – der jeweiligen Steuerungsansätze durchwegs außerhalb des zu steuernden Bereiches (s. Abb. 32). Allein bei der interpretativen Organisationskultursteuerung und den als Erweiterung bzw. Kontrastierung der formalen Regelsysteme dargestellten multiplen informellen Regelsystemen wird der Steuernde auch als Teil des Steuerungsbereiches verstanden.

Im derzeit umfassendsten Steuerungsansatz, der Steuerung der Organisationskultur, vereinigen sich sowohl weitreichende Steuerungsphantasien als auch die Grenzen jeder Steuerung. Gelänge es, die Steuerungsparameter der kulturellen Steuerung ‚in den Griff zu bekommen', so läge damit ein tendenziell totalitärer Steuerungsansatz vor. Die Steuerungsobjekte würden von sich aus die von ihnen erwarteten Unterordnungsleistungen erbringen. Demgegenüber weist aber gerade die organisationskulturelle Steuerung darauf hin, daß die Interpretation von Situationen, Bedeutungszuschreibungen und Situationsdefinitionen, also die subjektive Konstruktion von Wirklichkeit, und in deren Folge ev. Unterordnungsleistungen in die Handlungskompetenz der Steuerungsobjekte fallen.

5   Zusammenfassung

Kieser/Kubicek sehen in der *„Machtstruktur der Organisation ... den letztlich entscheidenden Bestimmungsfaktor der Organisationsstruktur"* (1983: 386; k.i.O). Relevanzfeststellungen wie diese weisen auf den Stellenwert von Macht(-phänomenen) für die betriebswirtschaftliche Organisationstheorie hin. Die Betriebswirtschaftslehre als angewandte Sozialwissenschaft baut ihr Aussagensystem notwendigerweise auf der Annahme der Durchsetzbarkeit von Zielvorstellungen auf. Gleichzeitig zeichnet sich ihr Theoriengebäude jedoch durch eine konsequente Vernachlässigung machttheoretischer Fragestellungen aus. Die Feststellung, daß sich die Betriebswirtschaftslehre mit Macht(-phänomenen) bislang, wenn überhaupt, auf einem theoretisch eher bescheidenen Niveau auseinandergesetzt hat, bildete den Ausgangspunkt dieser Untersuchung.

Von dieser Situation ausgehend, war es Aufgabe dieser Arbeit, die Entstehung, die Stabilisierung und die Veränderung der Macht von Akteuren in Unternehmen zu untersuchen. Das Schwergewicht lag dabei auf der Entstehung von Machtrelationen: Im Gegensatz zu Machtansätzen, die mit Machtmotiven, Machtquellen, sog. wahren Interessen, Machtströmen oder auch generalisierten Kommunikationsmedien argumentieren, erschien es hier vordringlich, auch Unterordnungsleistungen auf der Basis von Steuerungsmaßnahmen in strukturierten Handlungsfeldern (d.h. in Unternehmen) theoretisch auf die Entstehung der jeweiligen Über- und Unterordnungsrelationen zurückführen zu können. Denn ein Theoretisieren über Macht bleibt so lange eine rein begriffliche Übung, als nicht das Warum bzw. das Wie der Entstehung von Macht(-relationen) erklärt werden kann.

Methodisch wurde einer grundlagentheoretischen Ausarbeitung der Prozesse der Macht in Unternehmen gegenüber einer empirischen Untersuchung der Vorzug gegeben. Der Grund dafür lag im wenig fortgeschrittenen Zustand der betriebswirtschaftlich-organisationstheoretischen Machtforschung.

Theoretisch setzt das hier entwickelte Verhandlungsmodell der Macht bei den strategischen, erfolgsorientierten Handlungen von Akteuren an. Im Rahmen eines interesseorientierten Politikbegriffes wurde Handeln in Unternehmen als politisches Handeln verstanden. Darauf aufbauend, wurde ein Begriff der Macht entwickelt. In einem dynamischen Verhandlungsmodell der Macht wurde die Entstehung der Macht vorerst an Hand dyadischer Machtrelationen ausgearbeitet. Die zentralen theoretischen Konzepte bildeten dabei einerseits Ressourcen, Relationalität und Dependenz sowie andererseits Unterordnungsaufforderung, Verhandlung und Akzeptanz. Mit der Einbeziehung von Netzwerken und Koalitionen in das Verhandlungsmodell der Macht war es schließlich möglich, den Untersuchungsbereich in einem ‚horizontalen' Sinn zu erweitern. Da sich Machtrelationen aber nur selten voraussetzungslos entwickeln, wurde für strukturierte Handlungsfelder (d.h. für

Unternehmen) der Ausübung von Macht das Konzept der Steuerung, d.h. die intentionale ‚Herbeiführung' von Unterordnung bei individuellen oder kollektiven Akteuren, vorangestellt. Damit trat zum dynamischen interesseorientierten Politikbegriff ein statischer, herrschaftsorientierter Politikbegriff hinzu. An Hand des Konzeptes Institutionalisierung wurde schließlich die ‚Verfestigung' der Macht- als Voraussetzung von Steuerung in strukturierten Handlungsfeldern- gezeigt. Die Steuerungsstrategien selbst wurden in Form der direkten und der indirekten Steuerung, letztere als technologische, bürokratische, psychologische und kulturelle Steuerung, exemplifizierend ausgearbeitet.

Aus grundsätzlichen forschungspolitischen Erwägungen wurden in dieser Untersuchung traditionelle anwendungsorientierte betriebswirtschaftliche Fragestellungen im Sinne unmittelbar-praktischer Handlungsanweisungen nur bedingt in den Vordergrund gestellt. Gleiches gilt für die legale Autorität, auf die in der traditionellen Betriebswirtschaftslehre zumindest implizit wesentlich stärker zurückgegriffen wird, als es in dieser Untersuchung aus analytischen Gründen notwendig war. Der Herausarbeitung der grundlegenden Prozesse, v.a. der Entstehung der Macht, war demgegenüber der Vorzug zu geben.

Methodologisch beruht das in dieser Untersuchung entwickelte Verhandlungsmodell der Macht auf einem subjektiven Forschungsprogramm. Der Grund der Bevorzugung eines subjektiven gegenüber einem objektiven Forschungsprogramm liegt in den methodologischen Problemen, die eine objektive Vorgangsweise mit sich bringt und die in der Diskussion des state of the field eingehend erörtert wurden. Jeder Begriff der Macht ist durch den jeweils zugrunde gelegten methodologischen Zugang bedingt. Hier wurde von gesetzesmäßigen Ursache – Wirkung – Beziehungen Abstand genommen; beide Akteure, auch der sog. Machtunterlegene, wurden als selbständige, handlungsfähige Akteure verstanden. Damit geht Macht nicht mehr von einem ressourcenkontrollierenden Machthaber aus, sondern entsteht aus der Akzeptanz des späteren Machtunterlegenen. Mit der Akzeptanz der Unterordnungsbedingungen entsteht aber nur potentielle Macht, die durch eine tatsächliche Machtausübung einzulösen ist. Damit wird auch offenkundig, warum die scheinbar naheliegende Ausarbeitung von (a priorischen) Quellen der Macht, Machtbasen, Grundlagen der Macht oder ähnlichem unterblieb. In einer strikt handlungstheoretischen Vorgangsweise unter bewußtem Ausschluß systemischer Überlegungen wurde schließlich versucht, die Ausübung von Macht im Rahmen von Steuerungsvorhaben bis in die theoretischen und methodologischen Randbereiche einer solchen Vorgangsweise auszuarbeiten. V.a. die kulturelle Steuerung hat dabei gezeigt, daß es theoretisch zunehmend schwieriger wurde, komplexe Veränderungsprozesse als Steuerungsprozesse an einem strategischen, erfolgsorientierten Handeln von Akteuren festzumachen.

Anhang

Angelsächsische Machtbasentypologien

Die Typologien werden in der Reihenfolge ihres Entstehens dargestellt.

1 Angelsächsische Machtbasentypologien

1.1 Simon (1957)

Simon nennt bereits 1957 vier Grundlagen, die es A ermöglichen, B zu beeinflussen (Simon, 1957: 104): Belohnungen und Bestrafungen, Legitimation, das Vertrauen des B in das Sachverständnis des A und soziale Anerkennung (letztere „may properly be regarded as sanctions" (1957: 105)). Auch wenn Simon seine Typologie später nicht weiter ausgearbeitet hat, so fällt ihre frappante Ähnlichkeit mit der French/Raven-Typologie doch ins Auge.

1.2 Kelman (1961, 1974)

Kelman entwirft etwa zur gleichen Zeit, aber unabhängig von French/Raven, ein Rahmenmodell des sozialen Einflusses, in dem er Voraussetzungen und Konsequenzen derartiger Prozesse beschreibt. Er unterscheidet drei Prozesse: Unterordnung, Identifikation und Internalisierung. Diesen drei Prozessen entsprechen als Machtgrundlagen: Mittelkontrolle, Attraktivität und Glaubwürdigkeit (Kelman, 1961:67). Mittelkontrolle bezieht sich auf die Fähigkeit des A, Ressourcen, die B benötigt, zur Verfügung stellen zu können; unter Attraktivität subsumiert Kelman alle Eigenschaften, Fähigkeiten und Qualitäten des A, die B dazu bewegen, die Beziehung mit A aufrecht zu erhalten; Glaubwürdigkeit bezieht sich auf Sachkenntnis und Vertrauenswürdigkeit, die A von B zugeschrieben wird.

1.3 Etzioni (1961)

1.3.1 Machtmodell und Umsetzung

Etzioni geht den Bedingungen innerorganisatorischer Kontrolle nach und untersucht sie mit der Schlüsselvariablen „Unterordnung" (compliance). Er fragt, warum Menschen in Organisationen Anordnungen gehorchen, und warum sie Richtlinien, die man ihnen vorgibt, befolgen. Unterordnung stellt sich für ihn als das Ergebnis zweier Faktoren dar: die Art der verwendeten Machtmittel und die Art der Einbindung der Organisationsmitglieder in die Organisation. Etzioni nennt nun drei Machtmittel: physische, materielle und symbolische Machtmittel. Diese Dreiteilung führt ihn zu drei Arten von Macht und deren Grundlagen in Organisationen. Macht drückt sich demnach entweder in Zwang aus (z.B. physische Gewalt), in utilitaristischer Macht (z.B. ökonomische Sanktionen) oder in Überredungsmacht (Etzioni, 1961: 5). Machtgrundlagen sind dementsprechend Zwangsmittel, utilitaristische oder symbolische Ressourcen. Zu den koerziven Ressourcen zählen die Androhung oder der Gebrauch von physischer Gewalt, wie dies vor allem durch Polizei und Militär erfolgt. Dazu zählen aber auch besondere Einsatzgruppen in Unternehmen, wie Betriebswachen, oder die bewaffnete Begleitung von Personen oder Transporten. Utilitaristische Ressourcen stellen die Kontrolle über materielle Güter, z.B. in Form von Lohn oder zusätzlichen Sozialleistungen, die Verfügung über Arbeitskräfte oder auch technische und administrative Fähigkeiten, wie z.B. Sachkenntnis, dar. Symbolische Ressourcen beziehen sich auf die Zuerkennung oder Vorenthaltung symbolischer Belohnungen (z.B. ein öffentliches Lob), den Umgang mit Prestigemitteln (z.B. Büroausstattung) oder auf den Vollzug bestimmter Rituale (z.B. Sitzordnungen; namentliche und persönliche Begrüßung bei der Eröffnung von Veranstaltungen).

Nach Etzioni ist seine Typologie erschöpfend; d.h. alle vorfindbaren Formen der Machtanwendung sollten sich entweder einer dieser drei Arten oder, was wahrscheinlicher ist, einer Kombination davon zuordnen lassen.

Betrachten wir nun die Organisationsmitglieder, so können diese in dreifacher Weise in die Organisation eingebunden sein:

– moralisch: Äußert sich in einem hohen Maße des Verpflichtet-Seins gegenüber der Organisation;
– kalkulierend: Hier steht das Abwägen der Vor- und Nachteile der Organisationszugehörigkeit im Vordergrund;
– entfremdet: Drückt sich in einer negativen Orientierung gegenüber der Organisation aus.

Bringt man die drei Formen der Einbindung (moralisch, kalkulativ, entfremdet) und die drei Formen der Macht (zwanghaft, utilitaristisch, symbolisch) in eine Matrix, so ergeben sich neun mögliche Formen der Unterordnung von Organisationsmitgliedern. Auf Grund ihrer Kongruenz werden von Etzioni drei Arten besonders hervorgehoben: zwanghaft/entfremdet, utilitaristisch/kalkulativ und symbolisch/moralisch (Etzioni, 1961: 12). Die erfolgreiche Kontrolle des B durch A hängt damit von der „richtigen" Entsprechung der angewandten Art der Macht mit der Art der Einbindung des B in die Organisation ab. Ein Vorgesetzter in einem Unternehmen mit kalkulierenden Mitarbeitern (solche wägen Vor- und Nachteile ihrer Mitgliedschaft ab) sollte somit utilitaristische Macht anwenden, d.h. Belohnungen kontingent an die Leistungen der Organisationsmitglieder knüpfen. Würde er Zwangsmacht anwenden, so würde dies bei seinen Mitarbeitern zuerst Verärgerung und Unzufriedenheit hervorrufen und in der Folge verminderte Leistungsbereitschaft; die Anwendung normativer Macht durch den Vorgesetzten würde erfolglos verpuffen, weil sie die Mitarbeiter nicht anspricht – die Leistungsaufforderungen des Vorgesetzten würden ignoriert werden.

1.3.2. Diskussion

Etzioni geht von der Annahme aus, daß soziale Kontrolle auf drei Grundlagen beruht: Zwang, Nutzen und Normen. Arten der Unterordnung sind als Reaktion der Mitarbeiter (moralisch, kalkulierend, entfremdet) auf die Arten der Machtausübung ihrer Vorgesetzten zu sehen. Als Ergebnis finden wir neun Unterordnungsmuster, die von Etzioni zugleich als Organisationstypologie angesehen werden (Etzioni, 1961:66 f.). Etzioni reiht diese neun Unterordnungsmuster hinsichtlich ihrer Effektivität und spricht ihnen im Rahmen einer mittelfristigen Theorie Vorhersagecharakter zu.

Spätere Forschungen zur Etzioni-Typologie kamen zu widersprüchlichen Ergebnissen (vgl. z.B. die Diskussion bei Hall/Schneider/Nygren, 1970), die jedoch von Etzioni in der zweiten Auflage seines Buches als überwiegend zustimmend uminterpretiert werden (Etzioni, 1975a: XXII). Ohne hier darauf näher einzugehen, ist darauf hinzuweisen, daß Kritik v.a. an der Abgrenzung der Gruppen von Mitarbeitern (v.a. an den sog. „lower participants"), der Beziehung zwischen den einzelnen Machtarten, dem Konzept der Mitarbeitereinbindung sowie an der Konzeption der Beziehung der Organisation zu ihrer Umwelt angebracht wurde (Allen, 1975: 152 ff.). Perrow (1986: 140 f.) und Silverman (1972: 23 f.) betonen darüberhinaus den geringen Erklärungsgehalt der tautologischen Typologie von Etzioni, in der unterschiedliche Aspekte des zu erklärenden Gegenstandes mit demselben Terminus beschrieben werden.

Vergleicht man die Machttypologien von French/Raven und Etzioni inhaltlich nach ihren Machtressourcen, die sie abdecken, so sieht man, daß sie nicht allzuweit voneinander entfernt sind. French/Ravens Macht durch Belohnung erfährt bei Etzioni durch den positiven Anteil der utilitaristischen Macht Übereinstimmung, Etzionis Zwangsmacht und die negativen Anteile der utilitaristischen Macht finden Deckung in French/Ravens Macht durch Bestrafung; Macht durch Identifikation läßt sich Etzionis normativer Macht zuordnen (siehe dazu auch Hickson/McCullough, 1980: 47; Gamson, 1968: 103). Bei Information als Machtgrundlage ist Etzionis Position etwas unklar. Einerseits fällt Information aus seinem Schema der Überredungsmacht heraus, da hier kein Widerstand des Adressaten zu überwinden ist, andererseits betont er gerade den Zugang zu den Medien und damit die Steuerung von Informationen als besonders wichtig für Macht durch Überredung (Etzioni, 1975b: 378). Allein French/Ravens Macht durch Legitimation bleibt bei diesem Vergleich ohne entsprechenden Gegenpart bei Etzioni, da dieser Legitimation nicht als Machtgrundlage heraushebt, sondern sie als möglichen Bestandteil anderer Machtgrundlagen sieht (Etzioni, 1961: 15).

Auch der methodologische Kern der beiden Machttypologien ist sehr ähnlich. Obwohl Etzioni die Transaktionsbeziehung zwischen A und B deutlicher herausarbeitet, orientiert sich sein positivistischer Systemansatz an den Machtüberlegenen (Etzioni, 1975: 347). Die Machtunterlegenen stellen auch hier nur den Zielbereich der Machtausübung dar. Die Aufgabe und das Geschick des Machtüberlegenen bestehen darin, je nach Einbindungsart der Mitarbeiter, die dafür „richtige" Form der Macht auszuwählen.

1.4 Cartwright (1965)

In seinem Überblicksartikel kommt Cartwright zu vier Möglichkeiten, Einfluß zu nehmen, denen er noch ökologische Kontrolle hinzufügt. Obwohl Cartwright den direkten Zusammenhang zu den jeweiligen Machtgrundlagen nur zum Teil herstellt, lassen sich folgende Machtgrundlagen feststellen (1965: 12): physische Gewaltmittel, Information, Autorität sowie Belohnungs- und Bestrafungsmöglichkeiten. Mit Autorität meint Cartwright eine breite und heterogene Machtgrundlage: Sie schließt sowohl den Bereich ein, der bei French/Raven als Legitimität bezeichnet wird, als auch solche Formen der Machtausübung, die sich auf die Liebe oder die Bewunderung des B für A stützen (Cartwright, 1965: 13).

1.5 Marwell/Schmitt (1967)

Marwell/Schmitt befragten Soziologiestudenten, welche von 16 vorgegebenen möglichen Techniken sie wählen würden, um Unterordnung in vier verschiedenen Situationen herbeizuführen. Die faktoranalytische Auswertung des Experiments ergab fünf Hauptgruppen: belohnende Tätigkeit, bestrafende Tätigkeit, Expertenurteil, Aktivierung unpersönlicher Beteiligung und Aktivierung persönlicher Beteiligung (Marwell/Schmitt, 1967: 362). Führt man diese Techniken auf ihre Machtgrundlagen zurück, was für die beiden letzten Techniken Legitimation und Attraktivität bedeutet, so wird die Übereinstimmung mit der French/Raven-Typologie erkennbar. Eine Faktorenanalyse zweiter Ordnung ergab schließlich zwei Gruppen von Techniken (Marwell/Schmitt, 1967: 362): Tendenz zur Nutzung sozial akzeptabler Techniken (stützt sich auf Belohnung, Sachverständnis und Legitimation) sowie Tendenz zur Nutzung sozial nicht akzeptabler Techniken (stützt sich auf Zwang und Attraktivität).

1.6 Gamson (1968)

Gamson kommt in einer Weiterentwicklung von Parsons Typologie sozialer Kontrolle zu einer Dreiteilung von Einflußressourcen: Zwang, Anreiz und Überzeugung (Gamson, 1968: 75 und 1968: 100). Seine Typologie weist hier eine große Ähnlichkeit mit jener von Etzioni auf.

1.7 Lehmann (1969)

Lehmann vereinigt und vereinheitlicht Etzionis und Gamsons Typologien und nennt utilitaristische, zwanghafte und normative Machtgrundlagen (Lehmann, 1969: 454).

1.8 Patchen (1974)

Patchen untersucht die Einkaufsentscheidungen von 11 Unternehmen mit Hilfe der French/Raven-Typologie. Obwohl sein primäres Interesse der Erforschung von Machtgrundlagen in Entscheidungsprozessen gilt, bezieht er auch die Machtunterworfenen in seinen konzeptionellen Rahmen mit ein. Patchen kommt zu sechs Machtgrundlagen: Sachkenntnis, Verfügung über Belohnungen, Verfügung über Bestrafungen, Anerkennung, Legitimität und prozessuale Eingebundenheit. Während die fünf erstgenannten Grundlagen ihre Äquivalenz in der French/Raven-Typologie finden, stellt die Mitarbeit des B auf Grund seiner Eingebundenheit in den Entscheidungsprozeß eine Erweiterung dieses Rahmens dar.

Obwohl Patchen seine Ergebnisse vorsichtig interpretiert, wurde Mitarbeit durch prozessuale Integration vor Sachverständnis als Machtgrundlage am häufigsten genannt (Patchen, 1974: 210). Sanktionen und Identifikation wurden von den Befragten als Machtgrundlagen kaum erwähnt.

1.9 Tedeschi/Lindskold (1976)

Tedeschi/Lindskold nennen im Anschluß an Tedeschi/Schlenker/Lindskold (1972) und Tedeschi/Bonoma/Schlenker (1971) fünf Machtgrundlagen (Tedeschi/Lindskold, 1976: 336): Expertise, Status, Ressourcenkontrolle, Vertrauenswürdigkeit und Attraktivität. Bezogen auf French/Raven entspricht Expertise dem Sachverständnis und Status entspricht der Legitimation. Mit Ressourcenkontrolle weisen Tedeschi/Lindskold darauf hin, daß Versprechungen und Drohungen vor einem glaubwürdigen Hintergrund vorgebracht werden müssen und im Ernstfall einlösbar sein müssen, obwohl die Möglichkeit einer erfolgreichen Täuschung durchaus gegeben sein kann. A wird v.a. dann von B als nicht oder nur wenig vertrauenswürdig betrachtet werden, wenn B den Eindruck gewinnt, daß A unsicher sei und unehrlich wirke sowie eigennützige Interessen verfolge (Tedeschi/Lindskold, 1976: 349). Vor allem eine von B vermutete Eigennützigkeit wird die Handlungen des A für B in einem anderen Licht erscheinen lassen. Eine positive Attraktivität von A für B kommt dann zustande, wenn B seine soziale Beziehung mit A über längere Zeit hinweg als für ihn lohnenswert empfindet. Wird A von B hochgeschätzt, so wird B die Versprechungen und die Drohungen des A ernst nehmen; bei einer negativen Attraktivität des A wird B dazu neigen, eher die Drohungen des A ernst zu nehmen.

1.10 Bacharach/Lawler (1980)[135]

Bacharach/Lawler stützen sich auf die Typologie von Etzioni. Sie sind jedoch der Meinung, daß in dieser Typologie Wissen unterrepräsentiert sei und führen daher unter Bezugnahme auf French/Raven neben koerziven, utilitaristischen und normativen Machtgrundlagen noch Wissen als vierte Machtgrundlage ein (Bacharach/Lawler, 1980: 34).

1.11 Mintzberg (1983)

Mintzberg nennt fünf allgemeine Machtgrundlagen (Mintzberg, 1983: 24 f.): Kontrolle einer materiellen Ressource, technische Fähigkeiten (z.B. Reparatur einer Maschine), Wissen, formale Legitimität sowie als fünfte Machtgrundlage den Zugang zu Personen, die über die vier erstgenannten Machtgrundlagen verfügen.

1.12 Galbraith (1983)

Auch bei Galbraith wird die Anlehnung an die Etzioni-Typologie offensichtlich. Galbraith führt zwar neue Termini ein, ändert jedoch an der grundlegenden Dreiteilung nichts Wesentliches: Macht durch Bestrafung, Macht durch Belohnung und Macht durch Konditionierung (Galbraith, 1983: 4). Konditionierung erfolgt in expliziter Form, z.B. durch Information, Sachverständnis oder Ausbildung; in impliziter Form, z.B. durch allgemein kulturelle Einwirkungen oder berufliche Sozialisation.

2 Das Machtbasenmodell in der deutschsprachigen betriebswirtschaftlichen Literatur

Die deutschsprachige betriebswirtschaftliche verhaltenswissenschaftliche Organisationstheorie ist durch Übernahmen bzw. geringfügige Modifikationen der French/Raven-Typologie gekennzeichnet. Dies wird an vier Beispielen gezeigt.

2.1 Krüger (1976)

Krüger diskutiert die French/Raven-Typologie sowie andere mögliche „Machtbasen", wie Eigentum oder ökologischen Einfluß. Als Resümee stellt er fest, daß – unter Bezugnahme auf French/Raven – sich eine betriebswirtschaftliche Analyse von Machtgrundlagen auf Sanktionen (Belohnung und Bestrafung) sowie Information (worin er auch Sachverständnis miteinschließt) beschränke (Krüger, 1976: 17). Es überrascht etwas, daß Krüger Legitimität – als Voraussetzung der überwiegenden Zahl von Unterordnungsaufforderungen in Unternehmen – nicht als eigenständige Machtbasis, sondern nur als intervenierende Variable betrachtet (Krüger, 1976: 15).

2.2 Schneider (1978)

Schneider ist der Meinung, daß er keiner der bis dahin vorliegenden Typologien vollständig zustimmen könne. Die French/Raven-Typologie kommt aber seinen Vorstellungen am nächsten (Schneider, 1978: 17). Ihr fügt er in Anlehnung an Cartwrights ökologische Kontrolle (Cartwright, 1965) noch situative Kontrolle hinzu (Schneider, 1978: 21).

2.3 Wunderer/Grunwald (1980)

Wunderer/Grunwald übernehmen die French/Raven-Typologie, fassen aber Belohnung und Zwang in eine Gruppe zusammen (Wunderer/Grunwald, 1980: 66). Mit „Zwang" meinen sie inhaltlich vor allem „Bestrafung" und erst in zweiter Linie tatsächlich „Zwang".

2.4 Lattmann (1982)

Lattmann übernimmt ebenfalls die ursprüngliche fünfteilige French/Raven-Typologie, fügt ihr aber – ohne dies machttheoretisch zu begründen – als sechste Machtgrundlage die „Macht einer Idee" (1982: 70) hinzu.

Anmerkungen

1   Aus L. Caroll: Alice hinter den Spiegeln.
2   Dahl unterscheidet nicht zwischen den Ressourcen, die A kontrolliert und den Voraussetzungen, die zur Ressourcenkontrolle führen.
3   Die hierzu bei French/Raven angegebene Referenz (lfd. Nr. 30, S. 155), die u.U. hätte aufklären können, was die beiden Autoren tatsächlich gemeint haben, erweist sich bedauerlicherweise als bibliographischer Irrtum: Sie bezieht sich auf einen anderen Autor und auf einen gänzlich anderen Sachverhalt (French/Raven, 1959: 167).
4   Ressourcen werden damit *nicht* als ‚Machtressourcen' definiert.
5   Damit soll sowohl die Gefahr eines tendenziell positiven Bedürfnisverständnisses als auch die Gefahr eines reduktionistischen wirtschaftspsychologischen Bedürfnisverständnisses vermieden werden.
6   Der Positionsansatz nimmt an, daß die Macht von Machthabern auf deren Positionen in Unternehmen, in politischen Gremien oder in sonstigen Organisationen beruht.
7   Ohne hier vorläufig weiter darauf einzugehen (s. dazu Kap. 3.1.3.5), ist festzuhalten, daß einer solchen Unterscheidung in potentielle und aktuelle Macht nicht gefolgt wird. Nicht genutzte Ressourcen bleiben nicht genutzte Ressourcen und stellen als solche *keine* potentielle Macht dar.
8   In älteren Forschungsarbeiten wird meist nicht zwischen Versprechen und Belohnung bzw. zwischen Drohung und Bestrafung unterschieden. French/Raven (und Nachfolger) *sprechen* zwar von Belohnung und Bestrafung, *meinen* dabei aber großteils die prozessual vorgelagerten Versprechen und Drohungen. Umgekehrt stellt sich die Situation bei den Kooperationsstudien von Deutsch/Krauss (1960: 181 ff.) dar. Dort *meinen* die Autoren Bestrafung, *sprechen* aber von Drohung.
9   Obwohl French/Raven den Terminus „coercive power" verwenden, empfiehlt es sich, diesen *nicht* mit „Zwang" zu übersetzen, wie dies häufig geschieht (z.B. Wunderer/Grunwald, 1980: 66; Schneider, 1978: 17), sondern mit „Bestrafung". „punishment" ist in der Tat auch der Terminus, mit dem French/Raven in ihrer Studie fortfahren French/Raven, 1959: 157). Die Wahl des Terminus „coercion" durch French/Raven stellt m.E. eine unglückliche semantische Entscheidung dar, da die beiden Begriffe „coercion" und „punishment" auf unterschiedliche und voneinander abgegrenzte Bereiche abstellen.
10 Witte geht in seinem Modell des Machtpromotors auf die Grundlagen der Macht (– und damit auch auf die Entstehung der Macht –) im einzelnen nicht ein; er verweist nur auf deren Existenz (Witte, 1973: 17, Anmerkung 40.).
11 Siehe dazu auch Fußnote 3.
12 Achtung: Emerson verwendet die Bezeichnungen A bzw. B umgekehrt.
13 Führt man diesen Gedanken konsequent weiter, so würde das letztlich die Absage an a priorische Machtressourcenmodelle bedeuten. Methodologisch vollziehen die Dependenzansätze diesen Schritt jedoch nicht.
14 Kieser/Kubicek (1983), deren Band die ausführlichste deutschsprachige Diskussion des Kontingenzansatzes enthält, erwähnen die Arbeiten von Hickson et al. (1971) und Hinings et al. (1974) nicht einmal.
15 Das „erste Gesicht der Macht" betrifft das mehr oder weniger öffentliche Entscheidungssystem. Beim „zweiten Gesicht" werden Entscheidungssituationen vom Machthaber so vorstrukturiert (z.B. Teilnehmerauswahl, Tagesordnung), daß die eigentliche Entscheidung nur mehr deren öffentlichen Vollzug darstellt.

16 Staehle versteht seinen Beitrag als Kritik (allzu) deterministischer Ansätze und will mit seinem Machtmodell eine Weiterentwicklung aufzeigen.

17 Bisher wurde begrifflich nicht zwischen Theorien und Ansätzen der Macht differenziert.

18 Bacharach/Lawler (1981, 1980) ordnen sich zwar selbst im Rahmen des subjektiven Forschungsprogrammes ein. Auf Grund ihrer Verquickung von objektiven und subjektiven Theorieelementen wurden sie vor allem wegen der a priorisch gefaßten Machtbasen bereits im Rahmen des objektiven Forschungsprogramms diskutiert. Weiters ist hier auch auf Löffler/Sofsky hinzuweisen, welche die Machtbasen von French/Raven (1959) und den Machtansatz der Kontrolle der strategischen Bedingungen (Hickson et al., 1971) handlungstheoretisch als „Machtmittel" bzw. „Machttrümpfe" und „Machtquellen" konzipieren (Löffler/Sofsky, 1986: 25 ff.).

19 Nur die Wartungsarbeiter verfügten in einem weitgehend mechanisierten Produktionsprozeß über die zur Reparatur der Maschinen notwendigen Spezialkenntnisse. Sie kontrollierten damit einen der wenigen Unsicherheitsbereiche im Rahmen der betrieblichen Leistungserstellung.

20 Crozier/Friedberg sind sich der Problematik typologischer Bestandsaufnahmen bewußt und weisen darauf hin, daß es sich um keine objektiven und eindeutigen Gegebenheiten handelt (Crozier/Friedberg, 1979: 50).

21 Der semantischen Verführung, Macht als „Fähigkeit" zu definieren, unterliegt auch Empter (1988: 91 f.). Sinngemäß Gleiches gilt für Luhmann, der Macht von „Machthabern" ausüben läßt (Luhmann, 1975: 36 ff.).

22 Diese Zusammenfassung und auch die nachfolgende Diskussion der Methodologie ressourcenorientierter Theorien der Macht beschränkt sich auf Grund des Fehlens einer entsprechenden Theorieentwicklung im Rahmen des subjektiven Forschungsprogramms auf objektive Theorien der Macht. Auf die Kritik des Machtansatzes bei Crozier und Friedberg wird verwiesen.

23 Nachdem im Forschungsprogramm der klassischen Machttheorie künftige Ereignisse oder Zustände nicht die Ursache von Handlungen der Gegenwart abgeben können, versucht Nagel das Problem dadurch zu umgehen, indem er mit einem sog. ‚weichen Kausalismus' operiert. Im ‚weichen Kausalismus' stellen Motive, Präferenzen, Wünsche, Bedürfnisse etc. kognitive Repräsentationen möglicher künftiger Ereignisse dar und können damit als Ursachen von Handlungen dienen. Die Kausalbeziehung lautet dann: „A's preferences caused B's behavior" (Nagel, 1975: 30). Dabei ist es wichtig, zwischen den Präferenzen des A und dem Ergebnis eine kausale Beziehung nachzuweisen, was Nagel mit Hilfe von Pfadanalysen lösen will. Damit kommt er zu einem Kausalitätsverständnis, das Kausalität nicht mehr im hergebrachten Sinn als Ursache begreift, sondern als Möglichkeit, relationale Phänomene in theoretischen Systemen darzustellen, was sich auch in seiner Machtdefinition ausdrückt „A power relation ... is a causal relation between the preferences of an actor regarding an outcome and the outcome itself" (Nagel, 1975: 29). Damit gelingt es ihm modelltechnisch, antizipatorische Reaktionen zu integrieren. Er substituiert das Verhalten des A im Grundmodell

(1) Präferenzen des A → Verhalten des A (= Einflußversuch) → Reaktion des B

mit den antizipatorischen Reaktionen des B:

(2) Präferenzen des A → Antizipation des B der künftigen Aktion des A → Reaktion des B

Damit ist ein Teil des Problems zwar technisch gelöst, der eigentliche Machtprozeß ist dafür aber *verloren* gegangen: Wie kommt A von seinen Präferenzen zu dem von ihm gewünschten Ergebnis? Weiters hält Nagel am Konfliktkriterium – zwar nicht als Verhaltenskonflikt, aber als Präferenzkonflikt zwischen A und B – als Definitionskriterium fest (1975: 155). Damit übersieht er alle jene Machtphänomene, bei denen sich B freiwillig und aus Überzeugung einem A unterordnet.

24 Was u.a. die Durchsetzung von Entscheidungen – als theoretische Fragestellung – zu einem beträchtlichen Problem werden läßt.

25 Eine im grundsätzlichen ähnliche Argumentation vertreten auch Heinen (1987b: 22 ff.) und Kieser/Kubicek (1978b: 141).

26 Dabei werden weder die Genese der Handlungstheorie noch die damit im Zusammenhang stehenden wissenschaftstheoretischen und paradigmenvergleichenden Diskussionen rekonstruiert.

27 Auf wertrationales, affektuelles und traditionales Handeln wird im weiteren nicht eingegangen. Die für diese Untersuchung zentralen Begriffe „Ressourcen" und „Dependenz" erlauben jedoch die konzeptionelle Integration der mit wertrationalem, affektuellem und traditionellem Handeln gemeinten Phänomene.
28 Es ist offensichtlich, daß dieser Kostenbegriff weiter ist als der traditionelle betriebswirtschaftliche.
29 R. Cyert, J. March und H. Simon kommt hier ihre Ausbildung als Politikwissenschafter zugute.
30 Das ‚allgemeine Interesse' am Unternehmen wird in der Regel am schwammigen Konzept des ‚Überlebens' festgemacht (s. dazu Sandner, 1982b: 116).
31 Lukes hat bei der Entwicklung seines – wie er es nennt – dreidimensionalen Machtbegriffs implizit auch eine Klassifikation von Konflikten mitentwickelt, auf die hier zurückgegriffen wird (Lukes, 1974, im bes. S. 25; s. dazu auch Hradil, 1980: 51 ff.).
32 Macht wird im Entscheidungsansatz an Hand der erfolgreichen Durchsetzung von Zielen in Entscheidungsprozessen ermittelt (Aiken/Mott, 1970: 197 f.).
33 Diese Arbeit beschäftigt sich aber im Gegensatz zur Verständigungsorientierung mit Handlungen, die erfolgsorientiert sind (Habermas,1981a: 385 ff.). Mit dieser Festlegung ist keine normative Wertung verbunden. Sie dient ausschließlich der Abgrenzung des Untersuchungsfeldes im Hinblick auf die Entwicklung eines betriebswirtschaftlichen Machtbegriffes. In erfolgsorientierten Handlungszusammenhängen realisiert der Akteur seine Interessen; er kann integrativ (diese Art der Kooperation ist instrumentell – die Erfolgsorientierung des Akteurs macht sie dazu) und distributiv vorgehen. Der Akteur orientiert sich primär an seinen eigenen Interessen und berücksichtigt die Interessen anderer als strategische Elemente seines Handlungsplanes – auch wenn er dadurch beiträgt, die Interessen anderer zu realisieren.
34 Die scheinbare Plausibilität einer solchen Annahme wird durch die Rückführung auf ihren theoretischen Kern (= genereller, nichtrelationaler Ressourcenkontrollansatz) aufgehoben.
35 Als Oberbegriff, der auch nicht-intentionale Handlungsfolgen umfaßt, bietet sich der Begriff des Einflusses an.
36 Dahl hat später (1968) einen weniger engen Machtbegriff vorgeschlagen.
37 In dieser Denktradition läge bei einer antizipatorischen Reaktion eine Reaktion ohne Stimulus vor.
38 Der Begriff der antizipatorischen Reaktion taucht erstmals bei Friedrich (1937: 17) auf.
39 Was hier ohnedies nicht der Fall ist.
40 Siehe dazu z.B. den Sammelband von Reber (1980a), wo der größte Teil der insgesamt fünfzehn Beiträge die Problematik der Nicht-Entscheidungen ‚übersieht'. Gleiches gilt auch für Burkolter-Trachsel (1981), Schneider (1978) sowie Krüger (1976).
41 Die von Bachrach/Baratz gewählte Bezeichnung „non-decisions" erweist sich damit semantisch als unzureichend, weil zu eng. Besser wäre es, von interesseorientierten, den formellen Entscheidungen vorgelagerten Prozessen zu sprechen.
42 Womit sich das zur Diskussion stehende Phänomen verdoppelt: Es existiert nun als theoretisches und praktisches Problem.
43 In der deutschen Übersetzung von „Dahl, R.A.: Modern Political Analysis. Englewood Cliffs 1963": „Die politische Analyse. München 1973" wird diese Situation als „potentieller Einfluß" bezeichnet (Dahl, 1973: 57).
44 Die Aussage eines Vorgesetzten „ich habe hier die Macht, zu bestimmen" meint – bezogen auf den Hintergrund der legalen Autorität im Unternehmen – eigentlich „ich habe hier das Recht, zu bestimmen". Ob der Vorgesetzte Macht haben wird, zeigt sich erst in der tatsächlichen Unterordnung des B.
45 Es geht hier nicht darum, eine (n + 1)te Terminologie zu entwickeln, sondern darum, daß, wenn in der Betriebswirtschaftslehre von Macht die Rede ist, es meist dem Leser überlassen bleibt, zu vermuten, was damit eigentlich gemeint ist. Ein Beispiel dafür ist auch der von Reber (1980a) herausgegebene Sammelband der Tagung der „Kommission Wissenschaftstheorie im Verband der Hochschullehrer für Betriebswirtschaft e.V.", der (naturgemäß) mehrere, höchst unterschiedliche Machtkonzepte enthält. In vielen Fällen, und das stellt dabei das eigentliche Problem dar, wird dem Leser vorenthalten, auf Basis welcher Annahmen und Ableitungen der jeweilige Autor zu seinem Machtkonzept kommt, und wodurch sich dieses von anderen

unterscheidet: D.h. es bleibt weitgehend offen, was unter Macht eigentlich *inhaltlich* verstanden wird.

46 Schneider führt später einen Machtbegriff ein, der Relationalität in die Transformationsvariable aufnimmt.

47 Achtung: Emerson verwendet die Bezeichnungen A und B umgekehrt.

48 In einer austauschtheoretischen Bezugnahme nennt Emerson vier Ausnahmen der unmittelbaren Umkehrung von Dependenz in Macht (Emerson, 1962: 33 ff.):
  1) B erhält die Ressource außerhalb der A-B Relation;
  2) B substituiert die Ressource durch eine kostengünstigere andere und geht damit auch eine andere Dependenzbeziehung ein;
  3) B verzichtet auf die Ressource und damit auf die Realisierung seiner Zielvorstellung;
  4) es entsteht eine zusätzliche Dependenz, bei der jedoch A von B abhängig ist.

49 In einer Annäherung an Emerson könnte man die Zielvorstellungen der Akteure sofort mit den jeweiligen Dependenzen verknüpfen und erhielte damit sozusagen ‚objektive' Dependenzen, d.h. ein Netzwerk an Abhängigkeitsrelationen. Solche objektiven Dependenznetzwerke wären aber wegen ihres Universalismus' theoretisch uninteressant und handlungstheoretisch bedeutungslos, solange sie sich nicht für A oder B in einer konkreten A-B Relation ausdrücken.

50 Diese können als ‚übertragene Erfahrung' stellvertretend auch das Ergebnis von mit anderen Akteuren durchgeführten Verhandlungsprozessen sein.

51 Die ethische oder moralische Komponente des ‚Erhaltens' für den Machtunterlegenen steht hier nicht zur Diskussion.

52 Ausgehend von der anglo-sächsischen Literatur findet sich auch in der deutschsprachigen Literatur häufig eine Verwirrung hinsichtlich der Begriffe „coercion", „punishment" und „threat" bzw. „Zwang", „Bestrafung" und „Drohung". So schließt manchmal der Begriff „coercion/Zwang" auch die Inhalte „Drohung" und „Bestrafung" mit ein (z.B. Wrong, 1980: 26 und 41 ff.; Tedeschi/Bonoma, 1972: 7) bzw. führt in deutschsprachigen Übersetzungen zu einer mißverständlichen Terminologie (s. dazu auch die Anmerkung 9 zu French/Ravens „coercive bases of power").

53 Hier ist zu beachten, daß der Begriff der Macht nicht an ein subjektives Leid eines Betroffenen gebunden ist, sondern nur an eine Zustimmung des B bei Vorliegen von Handlungsalternativen; besteht eine solche Wahlmöglichkeit nicht, so liegt Zwang vor.

54 Vgl. dazu z.B. Kipnis (1976: 78), der Bestrafung allein durch die Absicht des A definiert. Eine solche einseitige Definition sagt jedoch nichts über die Interpretation des B hinsichtlich der als Bestrafung beabsichtigten Handlung und damit über ihren Stellenwert für das Zustandekommen einer Über- und Unterordnungsbeziehung zwischen A und B aus.

55 Zündorf/Grunt (1980: 207 ff.) zeigen in einem internationalen Vergleich der Sanktionierung schlechter Arbeitsleistungen, daß im Untersuchungszeitraum Vorgesetzte in bundesdeutschen Unternehmen schlechte Arbeitsleistungen nur in einem geringen Ausmaß negativ sanktionierten (s. dazu auch Popitz, 1980: 50).

56 Überzeugung und Manipulation als weitere Alternativen richten sich schwerpunktmäßig auf andere Situationen.

57 Wegen der für A nicht kontrollierbaren Situationsinterpretationen durch B mitsamt den sog. unbeabsichtigten Nebenwirkungen sowie den Kosten der Durchführung der Bestrafungen.

58 Vgl. im Gegensatz dazu Schönhammer (1985: 4), für den im Anschluß an Rosenstiel/Neumann (1982) ein „Ausgenutztwerden" des B vorliegen muß.

59 Im Anschluß an Cartwright (1965: 19) wird für Maßnahmen des A, die sich auf die Umwelt des B beziehen, meist der Ausdruck „Umweltkontrolle" (ecological control) verwendet (z.B. Kirsch, 1977b: 194; Tedeschi/Lindskold, 1976: 299 ff.); z.T. werden gleiche bzw. ähnliche Phänomene auch etwas anders bezeichnet (z.B. Schneider, 1978: 21 – „Situative Kontrolle"; Tedeschi/Bonoma, 1972: 15 – „environmental control"). Ein häufig anzutreffendes Problem mit diesen Begriffen – und das beginnt schon bei Cartwright – besteht darin, daß sie 1) nicht zwischen Situationen diskriminieren, die B im Unklaren darüber lassen, und anderen, wo sich B des Manipulationsversuches des A bewußt ist, d.h. sie unterscheiden nicht zwischen Manipulation und Zwang (z.B. Kirsch, 1977b: 195); 2) sie differenzieren weiters nicht zwischen intentionalen und nicht intentionalen Handlungsfolgen, d.h. sie unterscheiden nicht zwischen Einfluß und Macht (z.B. Tedeschi/Bonoma, 1972: 15 ff.).

60 Goffman präsentiert hier ein Beispiel, das er The Evening Bulletin (Philadelphia, 25.1.1972) entnimmt: „Eines Morgens stellte ein Bewohner der Nordoststadt fest, daß sein Auto gestohlen war. Zwei Tage später war es wieder da, mit einem Zettel auf dem Vordersitz: Es tut mir leid, ich brauchte das Auto für einen Notfall ... Daneben lagen zwei Karten für eine Sportveranstaltung >als Ausgleich für die Beeinträchtigung<. Der Eigentümer war hocherfreut, ging mit seiner Frau auf die Freikarten in die Sportveranstaltung und fand bei seiner Rückkehr seine Wohnung total ausgeplündert vor" (Goffman, 1977: 502).

61 In der einschlägigen Manipulationsliteratur kommt es häufig zu einer paradoxen Situation: Einerseits werden Manipulationsregeln instrumentell präsentiert; andererseits wird gleichzeitig auf damit verbundene ethische Probleme hingewiesen – und damit implizit die vorgängige Auflistung manipulativer Handlungsmuster als ethisch fragwürdig (dis-)qualifiziert.

62 Bei einem Versprechen kann es wegen der positiven Übereinstimmung auch zu privater Akzeptanz kommen.

63 Wenn alltagssprachlich von Zwang die Rede ist, dann hat dies in der Regel einen negativen Beigeschmack. Man meint damit im allgemeinen Situationen, die für B mit einem starken subjektiven Erwartungsdruck verbunden sind (z.B.: „was hätte ich denn sonst tun sollen – die anderen Alternativen waren ja bedeutend schlechter. Ich war ja gezwungen, so zu handeln"). Beide Merkmale (Pejoration und Erwartungsdruck) sind aus analytischer Sicht unzureichend bzw. unrichtig. Wenn mit physischem Zwang Handlungen verhindert oder ermöglicht werden, dann muß dies nicht unbedingt negativ sein (z.B. bei Schutzmaßnahmen). Was den Erwartungsdruck betrifft, so scheint auch die inhaltliche Bedeutung von „Zwang" problematisch zu sein – auf die Verwirrung der Begriffe Gewalt, Zwang, Bestrafung und Drohung v.a im Zusammenhang mit den sog. Machtbasenansätzen wurde bereits hingewiesen.

64 Die Frage, ob es so etwas wie einen ‚psychischen Zwang' gibt, kann hier nicht beantwortet werden. Der Phänomenbereich würde dabei von sog. Gehirnwäsche bis zu normativ eindimensionaler Medienberieselung reichen. Aber auch dabei wären physische Zwangshandlungen eine notwendige Voraussetzung.

65 Um Mißverständnisse zu vermeiden, weist Strauss mit der Einfügung des „in some sense" darauf hin, daß nicht „alles" über Verhandlungen expliziert werden könne; Zwang, Manipulation etc. repräsentierten „other alternatives to getting things done" (Strauss, 1978: 235).

66 Lohnabhängige Berufsausübung wird hier am Beispiel von Unternehmen diskutiert. Weiters ist darauf hinzuweisen, daß den materiellen Leistungen des Unternehmens an die Beschäftigten (Lohn, Sozialleistungen) auch Steuerungscharakter i.S. von Anreizen zukommen kann (s. Kap. 4.3.4.3.2).

67 Die Unterordnungsbereitschaft wird durch die gesellschaftlich akzeptierte Institution der Herrschaft abgesichert.

68 Bacharach/Lawler (1980: 44) betrachten Autorität im Gegensatz zu hier als unfreiwillige Unterordnung.

69 Daß die Realität diesen Anspruch mitunter nicht einlöst, zeigt gerade der Unterschied zwischen potentieller und tatsächlicher Macht.

70 Die Alltagsweisheit nennt das: „Der Stärkere hat recht".

71 Diese Handlungsalternativen stehen grundsätzlich auch A offen. Der bisherigen Logik dieser Untersuchung weiter folgend (die Unterordnungsaufforderung wird von A an B gerichtet), werden die Veränderungsmöglichkeiten aus der Position des B diskutiert.

72 Bereits Emerson (1962: 34 f.) weist auf das Phänomen der „cost reduction" hin.

73 Die Untersuchung der Einflußnahmen von hierarchisch Untergeordneten auf hierarchisch Übergeordnete durch Schilit/Locke nennt „using organizational rules" als die nach „logically presenting ideas" am zweithäufigsten verwendete Methode, in hierarchisch nach oben gerichteten Einflußversuchen erfolgreich sein zu wollen (Schilit/Locke, 1982: 307).

74 So zeigen auch Neale/Bazerman, daß die materiell selbe Aufgabenstellung, unterschiedlich formuliert, zu gänzlich verschiedenen Ergebnissen führen kann (Neale/Bazerman, 1985).

75 Impression Management hat sich als terminus technicus eingebürgert (z B. Tedeschi/Melburg, 1984).

76 Tedeschi/Melburg, an einem anderen theoretischen Paradigma als hier orientiert, sehen diese Kriterien als „characteristics of source", d.h. als Eigenschaften einer Person, die bei einer

anderen Person eine bestimmte Wirkung erzeugen. In ihrer theoretischen Herleitung stützen sich Tedeschi/Melburg zwar auf den symbolischen Interaktionismus Goffmans, formulieren diesen Ansatz jedoch zu einem Kausalmodell um (s. dazu im besondern die Abbildung bei Tedeschi/Melburg, 1984: 44).

77 Spätestens jetzt wird offenkundig, daß die anfänglich so einleuchtende Trennung in Machtüberlegenen und Machtunterlegenen so nicht mehr aufrechtzuerhalten ist. Nicht nur, daß Dependenzen und Gegendependenzen, d.h. Interdependenzen, den Normalfall darstellen, so ist es auch möglich, daß in einer Beziehung A-B in einem bestimmten Zusammenhang A in der Lage ist, Macht über B auszuüben, *gleichzeitig* in einem anderen Zusammenhang aber auch B in der Lage ist, Macht über A auszuüben.

78 Das bekannteste Beispiel hiefür dürfte die Beschädigung der ‚Vega'-Modelle in einem General Motors Automobilwerk in Lordstown darstellen, wo die eben produzierten Neuwagen mit eingeschlagenen Scheinwerfern und Windschutzscheiben, aufgerissenen Polsterungen oder Lackschäden vom Band kamen.

79 Im Rahmen einer erfolgsorientierten Strategie stellt eine Kooperation in Form des integrativen Verhandelns eine taktische Variante dar.

80 S. dazu auch die Handlungsanweisungen z.B. bei Axelrod (1988: 112 ff.) und Wall (1985: 56 f.).

81 Der Akteur ist in beiden Fällen grundsätzlich nur an seinem Erfolg interessiert; bei kompetitiv stellt der andere Akteur bloß eines – von vielen möglichen – Kriterien der Messung des Erfolges dar.

82 Um mögliche Mißverständnisse zu vermeiden: es handelt sich hier um keine identischen Begriffe; die Aufstellung weist allein auf ihre konzeptionelle Ähnlichkeit hin.

83 Vgl. dazu die Habermas'sche Unterscheidung in erfolgsorientiertes und verständigungsorientiertes Handeln (Habermas, 1981a: 385 ff.).

84 Theoretisch läßt sich m.E. für soziale Situationen bei Ausschluß des physischen Zwanges das Konzept der Nichtnullsummensituation nicht aufrechterhalten. Mit der Hierarchie von Zwecken und Interessen kommt es zu deren Konvergenz. ‚Reine' Nichtnullsummendefinitionen gibt es nur in experimentellen Spielen – und hier werden die Bedingungen vom Spielleiter a priori extern vorgegeben.

85 Ein Problembereich wird hier von ‚Unpassendem' ‚befreit' und in Subprobleme aufgeteilt, bis er in ‚brauchbaren' Kategorien handhabbar wird.

86 Der quantitativ-formale Umgang mit Verhandlungen äußert sich selbst dort, wo man qualitativ-prozessual vorgehen möchte. Die Aussagen bleiben äußerlich, formal und statisch: Es gibt dann „levels of aspiration", „resistance points" und „bargaining zones" (Raiffa, 1982: 44 ff.; Tedeschi/Rosenfeld, 1980: 227 f.). Solche Ansätze betonen dann auch die Problematik der Einstiegsangebote bzw. -forderungen; sie beschäftigen sich intensiv mit dem „Konzessionsverhalten" der Beteiligten und versuchen, die Nutzenfunktionen der Verhandlungsgegner zu entdecken (Tedeschi/Lindskold, 1976: 383 ff.).

87 Unter diesem Aspekt der Erfolgsorientierung ist auch Axelrods Plädoyer für die (Evolution der) Kooperation zu verstehen (Axelrod, 1988: 153 ff.).

88 S. dazu auch Kap. 3.1.3.5.

89 Kipnis (1972) und Kipnis et al. (1976) stellten fest, daß es zu solchen Kausalattributionen jedoch nur bei, wie sie es nennen, „strong tactics" (z.B. A staucht B zusammen, A spricht eine schwerwiegende Drohung aus) kommt. Bei sog. „weak" und „rational tactics" dagegen zeigen sich keine Kausalattributionen (Kipnis et al., 1976: 132; Kipnis, 1972: 39 f.).

90 Siehe dazu die Systematik des vorigen Kapitels.

91 Die ‚vertikale' Erweiterung im Sinne einer strukturellen Verfestigung von Machtbeziehungen zu Herrschaft erfolgt in Kap. 4.

92 Siehe die zu Verhandlungen getroffenen theoretischen Annahmen (Kap. 3.2.6.3).

93 Vgl. im Gegensatz dazu Stevenson/Pearce/Porter (1985:261), Komarita/Hamilton (1984:191), Bacharach/Lawler (1980: 8), Tedeschi/Lindskold (1976: 397), deren Definitionen z.T. erhebliche konzeptionelle Unterschiede aufweisen.

94 Die Akzeptanz solcher Über- und Unterordnungsbeziehungen ist vor dem Hintergrund der gesellschaftlichen Akzeptanz der Institution Herrschaft zu sehen.

95 Der Ordnung halber sei hier darauf hingewiesen, daß der Begriff der Steuerung auch eine Kontrollkomponente (i.S. von Überwachung) enthält, auf die im weiteren jedoch nicht eingegangen wird.
96 Die Beziehung zwischen Steuerung und Herrschaft ist so, daß Steuerung jenen strategischen Prozeß darstellt, der – wenn er erfolgreich ist – Herrschaft(-sausübung) ermöglicht.
97 S. dazu auch Luhmann (1972: 240): „Die Formalisierung von Erwartungen bedeutet lediglich, daß eine Grenze institutionalisiert und deutlich sichtbar gemacht wird, bis zu der hin Konflikte toleriert werden".
98 Es ergibt sich hier die Frage nach der Berücksichtigung einer so zu nennenden ‚systemischen Steuerung', d.h. der strategisch-erfolgsorientierten Bemächtigung systemischen Denkens. Während erste Ansätze dazu (z.B. Malik/Probst, 1981) auf Grund ihrer biologistischen Tendenz für eine sozialwissenschaftliche Betriebswirtschaftslehre als gescheitert anzusehen sind (Sandner, 1982a, 1982b), hat sich in jüngster Zeit v.a. im Anschluß an Luhmann (1984) eine theoretisch breiter angelegte Diskussion hinsichtlich sozialer Systeme, in deren Zentrum das Theorem der Autopoiesis steht, entwickelt. Trotz vielversprechender Bemühungen bleiben aber auch hier betriebswirtschaftlich relevante Arbeiten bisher noch weitgehend abstrakt und/ oder sind erst als erste Schritte einer im Fluß befindlichen Diskussion und Umsetzung dieser theoretischen Konzepte zu betrachten (z.B. Wimmer, 1989; Exner/Titscher/Königswieser, 1987; Probst, 1987; kritisch dazu Kasper 1990; Bühl, 1987; Lipp, 1987). Da m.E. derzeit von einer ‚strategisch-erfolgsorientierten systemischen Steuerung' (noch) nicht gesprochen werden kann, wird hier eine solche in die Diskussion der Steuerungsstrategien nicht inkludiert.
99 Siehe dazu die ins Detail gehenden Ausführungen bei Zauner (1985: 120 ff.).
100 Das ist u.a. darauf zurückzuführen, daß v.a. die technische und bürokratische Steuerung implizit auf der Grundvorstellung der Organisation als Maschine aufbauen (s. dazu Morgan, 1986: 19 ff.).
101 An dieser Stelle ist auch auf Edwards (1981) und Braverman (1980) hinzuweisen, die sich – aus einer anderen theoretischen Perspektive – mit der technologischen Steuerung und Teilbereichen der psychologischen Steuerung intensiv auseinandergesetzt haben.
102 Abstufungen des Technologiegebrauchs lassen sich nach dem Grad der Technisierung bzw. nach der Art der verwendeten Technik unterscheiden, wie dies z.B. in der Typologie von Kern/ Schumann (1977: 87 ff.) erfolgt. Kern/Schumann unterscheiden dabei fünfzehn Typen industrieller Arbeit, deren Mechanisierungsgrad von handwerklicher Arbeit über Fließbandfertigung, Einzelaggregate, Aggregatsysteme bis hin zu teilautomatisierten Aggregatsystemen reicht.
103 Technischer ‚Fortschritt' wird hier nicht als normativer Begriff gebraucht und im weiteren synonym mit ‚Entwicklung' verwendet.
104 Unter Technologie (und synonym dazu auch Technik) werden hier sowohl realisierte Verfahren als auch das Wissen über Verfahren verstanden (vgl. Kieser/Kubicek, 1983: 274; Edwards, 1981: 125). Unter technologischer Steuerung sind daher Steuerungsprozesse, die sich durch den Gebrauch von Technologie auszeichnen, zu verstehen.
105 S. zur industriesoziologischen Diskussion um Determinanten und Spielräume der Industriearbeit die Zusammenfassung bei Wuntsch (1988).
106 So weist z.B. Ortmann in seiner Untersuchung des „Entscheidungskorridors" im Anschluß an Luhmann (1973) auf die Möglichkeit hin, „daß es um die Zwecke selbst in Wirklichkeit letztlich nie gegangen ist … wenn nur der Zweck seine disziplinierende Funktion erfüllt" (Ortmann, 1984: 101).
107 ‚Rein betriebswirtschaftlich' nimmt auf eine Betrachtungsweise Bezug, welche die Betriebswirtschaft als Kunstlehre aus den Sozialwissenschaften ausgrenzt.
108 Es ist festzuhalten, daß es sich hier um keine empirischen Behauptungen handelt, sondern um die Feststellung der Logik der technologischen Steuerung. Die prinzipiellen Grenzen jeder Steuerung wurden in Kap. 3 ausführlich dargestellt; empirische Belege dazu finden sich z.B. bei Burawoy (1979).
109 Zur Vorbestimmtheit von Arbeitsabläufen siehe z.B. Türk (1981: 104 ff.), Zündorf/Grunt (1980: 305 f.) sowie Kern/Schumann (1977: 87 ff.).
110 Dies enthält auch die Sicherung des ökonomischen Überlebens des Unternehmens.

111 S. zum Bürokratiebegriff z.B. die Übersicht bei Titscher (1975: 130 ff.).
112 Der mechanistische Bürokratiebegriff von Weber weist auf die Ähnlichkeit technologischer und bürokratischer Steuerung hin: Die technologische Steuerung kann auch als ein in Maschinen verfestigtes System der den Arbeitsablauf strukturierenden Regeln betrachtet werden. Der Unterschied zwischen den beiden Steuerungsarten besteht darin, daß mit der technologischen Steuerung materielle Bedingungen geschaffen werden, während es sich bei der bürokratischen Steuerung um normative Handlungserwartungen, d.h. um kognitive Elemente handelt (s. auch Türk, 1987: 240).
113 S. dazu auch die Diskussion um die Unternehmensverfassung.
114 Eher traditionell orientierte Betriebswirte mögen bei der hier vorgenommenen Diskussion der bürokratischen Steuerung eine eingehendere Beschäftigung mit traditionellen betriebswirtschaftlichen organisatorischen Gestaltungsfragen vermissen. Beispiele solcher ‚Vernachlässigungen' wären in einem allgemeinen Sinn etwa die Darstellung der Grundlagen der organisatorischen Gestaltung oder thematisch konkreter die Diskussion von Themenkreisen wie Delegation, pretiale Lenkung, agency costs, Transaktionskosten etc. Wie bereits weiter oben erwähnt, kann es aber hier bei der Diskussion der Steuerungsformen nicht um eine mehr oder weniger detaillierte Darstellung möglichst zahlreicher Steuerungsmodi oder -probleme gehen, sondern um die Herausarbeitung des jeweiligen Steuerungskernes – hier des Stellenwertes der formellen und der informellen Regeln. Hinsichtlich der einzelnen Steuerungsmodi (Regelbündel) wird auf die einschlägige (betriebswirtschaftliche) Literatur verwiesen.
115 Perrow vertritt die Meinung, daß in Unternehmen etwa 80% aller aufgabenorientierten Handlungen nicht (!) durch formale Regelungen abgedeckt sind (Perrow, 1986: 128; s. auch Bosetzky/Heinrich, 1985: 49 f.).
116 Es ergibt sich hier die Frage nach der Angemessenheit der Diskussion des soziotechnischen Steuerungsansatzes im Rahmen der ‚psychologischen Steuerung'. Diese Diskussion erscheint insofern gerechtfertigt, als – wie erwähnt – ‚psychologische Steuerung' hier als v.a. wissenschaftshistorisch begründeter Sammelbegriff zu verstehen ist und eine so zu nennende strategische systemische Steuerung bisher noch in ihren Anfängen steckt. Außerdem steht hier nicht die technische Seite des soziotechnischen Ansatzes, sondern die soziale Seite, die wesentliche sozialpsychologische Elemente in sich birgt (z.B. die weitgehende Bezugnahme bei der Arbeitsgestaltung auf Herzberg), zur Diskussion (s. dazu auch Sydow, 1985a: 11).
117 Das von Herzberg im Anschluß an seine Zwei-Faktoren-Theorie entwickelte Konzept des job enrichment wurde von der betrieblichen Praxis bereitwillig aufgenommen und in vielfacher Weise modifiziert. Um Mißverständnisse und Fehlentwicklungen hintanzuhalten, sah sich Herzberg veranlaßt, die von ihm als richtig erachteten Gestaltungsprinzipien nochmals zusammenzufassen (Herzberg, 1975: 5 ff.).
118 Siehe zur terminologischen Varianz dieses Begriffs z.B. Neuberger (1980a) oder Kubicek (1979).
119 Für eine eingehende kritische Diskussion dieses Modells siehe Sandner (1984).
120 Für eine eingehende kritische Diskussion dieses Modells siehe Sandner (1984).
121 Organisationskultur wird im weiteren synonym mit der Vorstellung mehrerer Subkulturen verwendet.
122 Im Zuge der zunehmenden Beschäftigung mit Organisationskultur haben sich u.a. Forschungstendenzen entwickelt, die organisationskulturelle Manifestationen in die Nähe anthropologischer oder (tiefen-)psychologischer Ansätze rücken. Dort werden dann anthropologische Analogien hergestellt („meetings ... symbolize the soul and continuity of the tribe" (Korda, 1975: 177; ähnlich auch Trice/Beyer, 1984: 654 ff.), mikro- und mesoorganisationskulturelle Phänomene in pathologischen Kategorien erklärt (Kets de Vries/Miller, 1986: 266 ff.), oder psycho-soziale Mechanismen hervorgehoben („rituals are magic formulae that regulate anxiety" (Zaleznik/Kets de Vries, 1975: 135; ähnlich auch Walter, 1983: 262 ff.). Da solche Ansätze organisationskulturelle Phänomene v.a. im Hinblick auf außer- bzw. irrationale Ursprünge untersuchen und erklären, wird hier im weiteren nicht mehr darauf eingegangen. Es mag aber unbestritten bzw. dahingestellt sein, daß solche Erklärungen im Rahmen anthropologischer oder (tiefen-)psychologischer Modelle ihren Platz haben können.
123 Eine Möglichkeit bestünde hier z.B. auch darin, den „Machtpromotor" (Witte, 1973) zum ‚Kulturpromotor' umzukonzipieren.

124 Diese Dreiteilung symbolischer Formen geht auf Dandridge/Mitroff/Joyce (1980: 79) zurück.
125 Noch grundsätzlicher könnte man hier auch so argumentieren: Die ‚Ehrung' eines Mitarbeiters stellt materiell eine Abfolge von Lauten und Körperbewegungen dar. Diese Abfolge ergibt – in einen bestimmten Sinnzusammenhang gebracht – etwas, was in unserem Kulturkreis mit einem sprachlichen Symbol als Ehrung bezeichnet wird. Die Abfolge wird also mit einer bestimmten Bedeutung versehen; der Ausdruck ‚Ehrung' komprimiert diesen Inhalt in einer Bezeichnung.
126 Ein Hut auf einer Holzstange ist ein Hut auf einer Holzstange. Erst wenn ich die Betrachtungsebene Unter- und Überordnung und den Kontext des bei Schiller beschriebenen Freiheitskampfes in meine Überlegungen mit einbeziehe, ist der Hut auf der Stange als Symbol der Herrschaftsansprüche des Landvogtes zu verstehen.
127 Unter ‚unproblematisch' ist zu verstehen, daß das Wissen zur Situationsbewältigung ausreicht. Dort, wo es nicht mehr ausreicht, werden Situationen problematisch.
128 Hier drängt sich die Frage auf, in welchem Zusammenhang der relativ wenig entwickelte Stand der Organisationstheorie mit den dominanten Metaphern und Paradigmen dieser Theorie steht.
129 Eine politische Argumentation würde auf Grund der Dependenz des Unternehmens von seinen Mitarbeitern die interessenbezogene Reflexion dieses Abhängigkeitsverhältnisses bezwecken. Hier dagegen liegt der Zweck der emotionalen Argumentation („wir alle sind eine große Familie") in der Systemstabilisierung.
130 Mitunter verweist schon der Sprachgebrauch auf den symbolischen Gehalt solcher Bestrafungsrituale; z.B. dann, wenn damit „ein Exempel statuiert" werden soll.
131 Es wird dabei davon ausgegangen, daß hier Verantwortung und Ursachen nicht eindeutig zurechenbar, sondern, der Eigenart vieler sozialer Situationen entsprechend, mehrdeutig sind. Sie eignen sich damit auch hervorragend zur (Re-)Definition sozialer Wirklichkeit.
132 S. dazu Bonazzi (1983), der in einem Ländervergleich unterschiedliche prozessuale Verläufe festgestellt hat.
133 Die hier im Zusammenhang mit Symbolen diskutierte soziale Kategorie der „Schuld" ist mit der Kategorie der „Verantwortung" von Führungskräften nicht identisch. Selbstverständlich ist unbestritten, daß „ein neuer Besen, der gut kehrt", Veränderungen herbeiführen kann.
134 Auch hier wird davon ausgegangen, daß dabei Verantwortung und Ursachen nicht offensichtlich sind, sondern, der Eigenart vieler sozialer Situationen entsprechend, mehrdeutig. Auch sie eignen sich damit hervorragend zur (Re-)Definition sozialer Wirklichkeit.
135 Siehe dazu auch die Ausführungen unter 2.2.4.

Verzeichnis der zitierten Literatur

Abel, B.: Ein eigenständiges kulturwissenschaftliches Fachverständnis in der Betriebswirtschaftslehre: Muß das sein? In: Fischer-Winkelmann, W. (Hrsg.): Paradigmawechsel in der Betriebswirtschaftslehre? Spardorf 1983, S. 1–30

Abell, P.: Organizations as Bargaining and Influence Systems: Measuring Intra-Oganizational Power and Influence. In: Abell, P.: Organizations as Bargaining and Influence Systems. London 1975, S. 10–41

Acs, J.: Zur Rolle der Ontologie, Systemtheorie und Semantik bei der Untersuchung von Macht in der betriebswirtschaftichen Theorie und Praxis. In: Reber, G. (Hrsg.): Macht in Organisationen. Stuttgart 1980, S. 37–52

Adams, J.S., Romney, A.K.: A Functional Analysis of Authority. In: Psychological Review 66. Jg 1959, 4, S. 234–251

Adler, A.: Menschenkenntnis. Frankfurt 1975

Aiken, M., Mott, P.E.: Introduction. In: Aiken, M., Mott, P.E. (Hrsg.): The Structure of Community Power. New York 1970, S. 193–202

Aldrich, H.E., Pfeffer, J.: Environments of Organizations. In: Inkeles, A., Coleman, J., Smelsa, N. (Hrsg.): Annual Review of Sociology. Vol. 2. Palo Alto 1976, S. 79–105

Alemann, U.v.: Politikbegriffe. In: Nohlen, D., Schultze, R.O. (Hrsg.): Politikwissenschaft. Theorien – Methoden – Begriffe. München 1985, S. 705–707

Alioth, A.: Selbststeuerungskonzepte. In: Kieser, A., Reber, G., Wunderer R. (Hrsg.): Handwörterbuch der Führung. Stuttgart 1987, Sp. 1823–1833

Allaire, Y., Firsirotu, M.E.: Theories of Organizational Culture. In: Organization Studies 5. Jg 1984, 3, S. 193–226

Allen, R.W., Madison, D.L., Portas, L.W., Renwick, P.A., Mayes, B.T.: Organizational Politics. Tactics and Characteristics of Its Actors. In: California Management Review 22. Jg 1979, 1, S. 77–83

Allen, R.W., Porter, L.W. (Hrsg.): Organizational Influence Processes. Glenview u.a. 1983

Allen, V.L.: Social Analysis. London 1975

Allison, G.T.: Essence of Decision. Boston 1971

Allison, L.: The Nature of the Concept of Power. In: European Journal of Political Research 2. Jg 1974, 2, S. 131–142

Antons, K.: Praxis der Gruppendynamik. Göttingen 1973

Arbeitsgruppe Bielefelder Soziologen (Hrsg.): Alltagswissen, Interaktion und gesellschaftliche Wirklichkeit. Bde. 1 und 2. Opladen 1973

Astley, W.G., Rosen, M.: Power and Culture in Organizations: A Politico-Symbolic Dialectic. Mimeo. The Wharton School – University of Pennsylvania 1983, 56 S.

Astley, W.G., Sachdeva, P.S.: Structural Sources of Intraorganizational Power: A Theoretical Synthesis. In: Academy of Management Review 9. Jg 1984, 1, S. 104–113

Astley, W.G., Van de Ven, A.H.: Central Perspectives and Debates in Organization Theory. In: Administrative Science Quarterly 28. Jg 1983, 2, S. 245–273

Astley, W.G., Zajac, E.J.: The Internal Control of Organizations: A Functional Interdependence Perspective. Mimeo. The Wharton School – University of Pennsylvania 1986, 54 S.

Axelrod, R.: Die Evolution der Kooperation. München 1988 (orig.: The Evolution of Cooperation. New York 1984)

Bacharach, S.B.: Bargaining within Organizations. In: Bazerman, M.H., Lewicki, R.J. (Hrsg.): Negotiating in Organizations. Beverly Hills 1983, S. 360–374
Bacharach, S.B., Lawler, E.J.: Power and Politics in Organizations. San Francisco 1980
Bacharach, S.B., Lawler, E.J.: Bargaining. San Francisco 1981
Bachrach, P., Baratz, M.S.: Two Faces of Power. In: American Political Science Review 56. Jg 1962, 4, S. 947–952
Bachrach, P., Baratz, M.S.: Decisions and Nondecisions: An Analytic Framework. In: American Political Science Review 57. Jg 1963, 3, S. 632–642
Bachrach, P., Baratz, M.S.: Macht und Armut. Eine theoretisch-empirische Untersuchung. Einleitung von Claus Offe. Frankfurt 1977
Baethge, M.: Wandel betrieblicher Strukturen von Angestelltentätigkeiten. In: Matthes, J. (Hrsg.): Krise der Arbeitsgesellschaft? Frankfurt 1983, S. 175–188
Ball, T.: Models of Power Past and Present. In: Journal of the History of the Behavioral Sciences 11. Jg 1975, 3, S. 211–222
Ball, T.: Power, Causation & Explanation. In: Polity 8. Jg 1976, 2, S. 189–214
Barnard, Ch.I.: Die Führung großer Organisationen. Essen 1970 (orig: The Functions of the Executive. Cambridge Mass. 1938)
Bass, B.M.: Stogdill's Handbook of Leadership. New York 1981
Baumgartner, T., Buckley, W., Burns, T.R.: Unequal Exchange and Uneven Development: The Structuring of Exchange Patterns. In: Studies in Comparative International Development 11. Jg 1976, 2, S. 51–72
Bazerman, M.H.: Negotiator Judgement. In: American Behavioral Scientist 27. Jg 1983, 2, S. 211–228
Bazerman, M.H., Lewicki, R.J. (Hrsg.): Negotiating in Organizations. Beverly Hills u.a. 1983
Behrens, H.: Politische Entscheidungsprozesse. Opladen 1980
Behrens, J.: Die Reservearmee im Betrieb – Machttheoretische Überlegungen zu den Konzepten der „Kontrolle", der „Eigentumsrechte" und der „Sozialen Schließung". In: Jürgens, U., Naschold, F. (Hrsg.): Arbeitspolitik. Opladen 1984 (Leviathan Sonderheft 5/1983), S. 133–154
Bell, D.V.: Power, Influence, and Authority. New York 1975
Benz-Overhage, K., Brandt, G., Papadimitriou, Z.: Computertechnologien im industriellen Arbeitsprozeß. In: Schmidt, G., Braczyk, H.J., Knesebeck, J. (Hrsg.): Materialien zur Industriesoziologie. In: Kölner Zeitschrift für Soziologie und Sozialpsychologie. Sonderheft 24, 1982, S. 84–104
Berg, P.O.: Organization Change as a Symbolic Transformation Process. In: Frost, P.J., Moore, L.F., Louis, M.R., Lundberg, C.C., Martin, J. (Hrsg.): Organizational Culture. Beverly Hills 1985, S. 281–299
Berger, P.L., Luckmann, T.: Die gesellschaftliche Konstruktion der Wirklichkeit. Frankfurt 1977
Beriger, P.: Quality Circles und Kreativität. Bern 1986
Berne, E.: Spiele der Erwachsenen. Hamburg 1967 (orig.: Games People Play. New York 1964)
Berscheid, E.: Opinion Change and Communicator-Communicatee Similarity and Dissimilarity. In: Journal of Personality and Social Psychology 3. Jg 1966, 6, S. 670–680
Bierhoff, H.W.: Vertrauen in Führungs- und Kooperationsbeziehungen. In: Kieser, A., Reber, G., Wunderer, R. (Hrsg.): Handwörterbuch der Führung. Stuttgart 1987, Sp. 2028–2038
Bierstedt, R.: Power and Progress: Essays in Sociological Theory. New York 1974
Biggart, N.W., Hamilton, G.G.: The Power of Obedience. In: Administrative Science Quarterly 29. Jg 1984, 4, S. 540–549
Bisno, H.: Managing Conflict. Newbury Park u.a. 1988
Blalock, H.M, Wilken, P.H.: Intergroup Processes. New York 1979
Blau, P.M.: Exchange and Power in Social Life. London 1964
Blau, P.M.: Social Exchange. In: Sills, D.L. (Hrsg.): International Encyclopedia of the Social Sciences. Vol. 7. New York 1968, S. 452–458
Blau, P.M., Schoenherr, R.A.: The Structure of Organizations. New York 1971
Bleicher, K.: Unternehmungspolitik und Unternehmungskultur. Auf dem Weg zu einer Kulturpolitik der Unternehmung. In: Zeitschrift Führung + Organisation 53. Jg 1984, 8, S. 494–500
Bleicher, K.: Strukturen und Kulturen der Organisation im Umbruch: Herausforderungen für den Organisator. In: Zeitschrift Führung + Organisation 55. Jg 1986, 2, S. 97–108 (Bleicher 1986a)

Bleicher, K.: Zum Zeitlichen in Unternehmungskulturen. In: Die Unternehmung 40. Jg 1986, 4, S. 259–288 (Bleicher 1986b)
Blumer, H.: Der methodologische Standpunkt des symbolischen Interaktionismus. In: Arbeitsgruppe Bielefelder Soziologen (Hrsg.): Alltagswissen, Interaktion und gesellschaftliche Wirklichkeit. Bde. 1 und 2. Opladen 1980, S. 80–146
Bok, S.: Lying. New York 1978
Bonazzi, G.: Scapegoating in Complex Organizations: The Results of a Comparative Study of Symbolic Blame-Giving in Italian and French Public Administration. In: Organization Studies 4. Jg 1983, 1, S. 1–18
Borum, F.: A Power-Strategy Alternative by Organization Development. In: Organization Studies 1. Jg 1980, 2, S. 123–146
Bosetzky, H.: Das „Wegloben" als Sonderform vertikaler Mobilität. In: Zeitschrift für Organisation 46. Jg 1977,1, S. 4–6 (Bosetzky 1977a)
Bosetzky, H.: Machiavellismus, Machtkumulation und Mikropolitik. In: Zeitschrift für Organisation 46. Jg 1977, 3, S. 121–125 (Bosetzky 1977b)
Bosetzky, H.: Die bewußte Schaffung von organisatorischer Unklarheit als innerorganisatorisches Problem. In: Zeitschrift für Organisation 48. Jg 1979, 2, S. 63–70
Bosetzky, H.: Macht und die möglichen Reaktionen der Machtunterworfenen. In: Reber, G. (Hrsg.): Macht in Organisationen. Stuttgart 1980, S. 135–150
Bosetzky, H.: Mikropolitik, Machiavellismus und Machtkumulation. In: Küpper, W., Ortmann, G. (Hrsg.): Mikropolitik. Rationalität, Macht und Spiele in Organisationen. Opladen 1988, S. 27–37
Bosetzky, H., Heinrich, P.: Mensch und Organisation. Köln u.a. 1985 (3. Aufl.)
Bradford, L.P., Gibb, J.R., Benne, K.D. (Hrsg.): Gruppentraining. T-Gruppentheorie und Laboratoriumsmethode. Stuttgart 1972
Bradshaw, A.: Critical Note. A Critique of Steven Lukes' ‚Power A Radical View'. In: Sociology 10. Jg 1976, 1, S. 121–127
Brass, D.J.: Being in the Right Place: A Structural Analysis of Individual Influence in an Organization. In: Administrative Science Quarterly 29. Jg 1984, 4, S. 518–539
Braun, G.E.: Macht im Planungsprozeß – Ansätze und Kritik. In: Reber, G. (Hrsg.): Macht in Organisationen. Stuttgart 1980, S. 245–270
Braun, W., Schreyögg, G.: Zu den genetischen und normativen Grundlagen des Machtbegriffes. In: Reber, G. (Hrsg.): Macht in Organisationen. Stuttgart 1980, S. 19–36
Braverman, H.: Die Arbeit im modernen Produktionsprozeß. Frankfurt 1980 (orig.: Labor and Monopoly Capital. New York/London 1974)
Breisig, T., Kubicek, H.: Hierarchie und Führung. In: Kieser, A., Reber, G., Wunderer, R. (Hrsg.): Handwörterbuch der Führung. Stuttgart 1987, Sp. 1064–1077
Brenner, Ch.: Grundzüge der Psychoanalyse. Frankfurt 1967 (orig.: An Elementary Textbook of Psychoanalysis. New York 1955)
Brocher, T.: Gruppendynamik und Erwachsenenbildung. Braunschweig 1967
Brown, L.D.: Managing Conflict at Organizational Interfaces. Reading Mass. 1982
Bühl, W.L.: Grenzen der Auopoiesis. In: Kölner Zeitschrift für Soziologie und Sozialpsychologie 39. Jg 1987, 2, S. 225–254
Burawoy, M.: Manufactoring Consent. Chicago/London 1979
Burgoon, M., Bettinghaus, E.P.: Persuasive Message Strategies. In: Roloff, M.E., Miller, G.R. (Hrsg.): Persuasion: New Directions in Theory and Research. Beverly Hills 1980, S. 141–169
Burkolter-Trachsel, V.: Zur Theorie sozialer Macht. Bern/Stuttgart 1981
Burns, T.: Micropolitics: Mechanisms of Institutional Change. In: Administrative Science Quarterly 6. Jg 1961, 3, S. 257–281
Burns, T.R., Flam, H.: The Shaping of Social Organization. London 1987
Burrell, G., Morgan, G.: Sociological Paradigms and Organisational Analysis. London 1979
Burris, B.H.: Technocratic Organization and Control. In: Organization Studies 10. Jg 1989, 1, S. 1–22
Burt, R.S.: Models of Network Structure. In: Annual Review of Sociology 6. Jg 1980, S. 79–141
Busse v. Colbe, W., Laßmann, G.: Betriebswirtschaftstheorie I. Berlin u.a. 1983 (2. Aufl.)

Butler, R.J., Hickson, D.J., Wilson, D.C., Axelsson, R.: Organizational Power, Politicking and Paralysis. In: Organization and Administrative Sciences 8. Jg 1977/78, 4, S. 45–59

Cacioppo, J.T., Petty, R.: Effects of Message Repetition and Position on Cognitive Responses, Recall, and Persuasion. In: Journal of Personality and Social Psychology 37. Jg 1979, 1, S. 97–109

Calás, M.B., Smircich, L.: Post-Culture: Is the Organizational Culture Dominant but Dead? Paper for the Third International Conference on Organizational Culture. Milan, Italy, June 1987, 52 S.

Caplow, T.: A Theory of Coalitions in the Triad. In: American Sociological Review 21. Jg 1956, 4, S. 489–493

Carnegie, D.: Wie man Freunde gewinnt. Die Kunst, beliebt und einflußreich zu werden. Bern/München 1986 (orig.: How to Win Friends and Influence People. New York 1938)

Carroll, L.: Alice hinter den Spiegeln. Ulm 1975

Cartwright, D. (Hrsg.): Studies in Social Power. Ann Arbor 1959 (Cartwright l959a)

Cartwright, D.: A Field Theoretical Conception of Social Power. In: Cartwright, D. (Hrsg.): Studies in Social Power. Ann Arbor 1959, S. 183–220 (Cartwright l959b)

Cartwright, D.: Influence, Leadership, Control. In: March, J. (Hrsg.): Handbook of Organization. Chicago 1965, S. 1–47

Chaiken, S.: Communicator Physical Attractiveness and Persuasion. In: Journal of Personality and Social Psychology 37. Jg 1979, 8, S. 1387–1397

Cherns, A.: The Principles of Sociotechnical Design. In: Human Relations 29. Jg 1976, 8, S. 783–792

Chertkoff, J.M., Esser, J.K.: A Test of Three Theories of Coalition Formation when Agreement Can Be Short-Term or Long-Term. In: Journal of Personality and Social Psychology 35. Jg 1977, 4, S. 237–249

Child, J.: Organizational Structure, Environment, and Performance: The Role of Strategic Choice. In: Sociology 6. Jg 1972, 1, S. 1–22

Child, J.: Strategies of Control and Organizational Behavior. In: Administrative Science Quarterly 18. Jg 1973, 1, S. 1–17 (Child 1973a)

Child, J.: Predicting and Understanding Organization Structure. In: Administrative Science Quarterly 18. Jg 1973, 2, S. 168–185 (Child 1973b)

Churchman, C.W.: Der Systemansatz und seine <Feinde>. Bern/Stuttgart 1981 (orig.: The Systems Approach and Its Enemies. New York 1979)

Claessens, D.: Rolle und Macht. München 1974 (3. Aufl.)

Clegg, S.: Power, Rule and Domination. London 1975

Clegg, S.: The Theory of Power and Organization. London 1979

Clegg, S., Dunkerley, D.: Organization, Class and Control. London u.a. 1980

Cobb, A.T.: An Episodic Model of Power: Toward an Integration of Theory and Research. In: Academy of Management Review 9. Jg 1984, 3, S. 482–493

Cobb, A.T.: Political Diagnosis: Applications in Organizational Development. In: Academy of Management Review 11. Jg 1986, 3, 482–496

Cohen, D.M., March, J.G.: Leadership and Ambiguity. New York 1974

Cohen, D.M., March, J.G., Olsen, J P.: A Garbage Can Model of Organizational Choice. In: Administrative Science Quarterly 17. Jg 1972, 1, S. 1–25

Cohen, I., Lachman, R.: The Generality of the Strategic Contingencies Approach to Sub-Unit Power. In: Organizations Studies 9. Jg 1988, 3, S. 371–391

Cohn, R.: Von der Psychoanalyse zur TZI. Stuttgart 1980

Coleman, J.S.: Authority. In: Matthes, J. (Hrsg.): Lebenswelt und soziale Probleme. Frankfurt/New York 1981

Collins, B.E., Raven, B.H.: Group Structure: Attraction, Coalitions, Communication, and Power. In: Lindzey, G., Aronson, E. (Hrsg.): The Handbook of Social Psychology. Vol. 4. Reading Mass. 1969, S. 102–204

Conrad, P.: Involvementforschung. Berlin/New York 1988

Cook, K.S. (Hrsg.): Social Exchange Theory. Newbury Park u.a. 1987

Cook, K.S., Emerson, R.M.: Power, Equity and Commitment in Exchange Networks. In: American Sociological Review 43. Jg 1978, 5, S. 721–739

Cook, K.S., Emerson, R.M., Gillmore, M.R., Yamagishi, T.: The Distribution of Power in Exchange Networks: Theory and Experimental Results. In: American Journal of Sociology 89. Jg 1983, 2, S. 275–305
Cranach, M.v., Kalbermatten, U., Indermühle, K., Gugler, B.: Zielgerichtetes Handeln. Bern/Stuttgart/Wien 1980
Crenson, M.A.: The Un-Politics of Air Pollution: A Study of Non-Decisionmaking in the Cities. Baltimore/London 1971
Cronkhite, G., Liska, J.R.: The Judgement of Communicant Acceptability. In: Roloff, M.E., Miller, G.R. (Hrsg.): Persuasion: New Directions in Theory and Research. Beverly Hills 1980, S. 101–139
Crott, H.W.: Sozialwissenschaftliche Modelle der Koalitionsbildung in Gruppen. In: Reber, G. (Hrsg.): Macht in Organisationen. Stuttgart 1980, S. 207–221
Crott, H., Kutschker, M., Lamm, H.: Verhandlungen I. Stuttgart u.a. 1977
Crozier, M.: The Bureaucratic Phenomenon. Chicago 1964
Crozier, M.: The Problem of Power. In: Social Research 40. Jg 1973, 2, S. 211–228
Crozier, M.: Comparing Structures and Games. In: Hofstede, G., Kassem, M.S. (Hrsg.): European Contributions to Organization Theory. Assen 1976, S. 193–207
Crozier, M., Friedberg, E.: Macht und Organisation. Königstein 1979 (orig.: L'Acteur et le Système. Paris 1977)
Cyert, R.M., March, J.G.: A Behavioral Theory of Organizational Objectives. In: Haire, M. (Hrsg.): Modern Organizational Theory. New York 1959, S. 76–90
Cyert, R.M., March, J.G.: A Behavioral Theory of the Firm. Englewood Cliffs 1963

Dachler, P., Wilpert, B.: Dimensionen der Partizipation. In: Grunwald, W., Lilge, H. (Hrsg.): Partizipative Führung. Bern/Stuttgart 1980, S. 80–98
Dahl, R.A.: The Concept of Power. In: Behavioral Science 2. Jg 1957, 3, S. 201–215
Dahl, R.A.: Modern Political Analysis. Englewood Cliffs 1963 (dtsch.: Die politische Analyse. München 1973)
Dahl, R.A.: Power. In: Sills, D.E. (Hrsg.): International Encyclopedia of the Social Sciences. Vol. 12. New York 1968, S. 405–415
Dahl, R.A.: Die politische Analyse. München 1973 (orig.: Modern Political Analysis. Englewood Cliffs 1963)
Dahlström, E.: Exchange, Influence and Power. In: Acta Sociologica 9. Jg 1966, 4, S. 237–284
Dandridge, T.C.: Symbols' Function and Use. In: Pondy, L.R., Frost, P.J., Morgan, G., Dandridge, T.C. (Hrsg.): Organizational Symbolism. Greenwich Conn. 1983, S. 69–79
Dandridge, T.C., Mitroff, I.I., Joyce, W.F.: Organizational Symbolism: A Topic to Expand Analysis. In: Academy of Management Review 5. Jg 1980, 2, S. 77–82
Daudi, P.: Power in the Organisation. Oxford/New York 1986
Davis, L.E.: Evolving Alternative Organization Design: Their Socio-Technical Bases. In: Human Relations 39. Jg 1977, 3, S. 261–273
Deal, T.E., Kennedy, A.A.: Unternehmenserfolg durch Unternehmenskultur. Herausgegeben und eingeleitet von A. Bruer. Bonn 1987 (orig.: Corporate Cultures – Rites and Rituals of Corporate Life. Reading Mass. 1982)
Deutsch, M.: The Effect of Motivational Orientation upon Trust and Suspicions. In: Human Relations 13. Jg 1960, 2, S. 123–139
Deutsch, M.: The Resolution of Conflict. New Haven 1973
Deutsch, M., Gerard, H.: A Study of Normative and Informational Influences on Individual Judgement. In: Journal of Abnormal and Social Psychology 51. Jg 1955, 4, S. 629–636
Deutsch, M., Krauss, R.M.: The Effect of Threat on Interpersonal Bargaining. In: Journal of Abnormal and Social Psychology 61. Jg 1960, 1, S. 181–189
Deutsch, M., Shichman, S.: Conflict: A Social Psychological Perspective. In: Hermann, M.G. (Hrsg.): Political Psychology. San Francisco/London 1986, S. 219–250
Dietel, B.: Unternehmenskultur eine Herausforderung für die Theorie der Unternehmung? In: Heinen, E. (Hrsg): Unternehmenskultur. Perspektiven für Wissenschaft und Praxis. München

1987, S. 211–237
Dill, P., Hügler, G.: Unternehmenskultur und Führung betriebswirtschaftlicher Organisationen. Ansatzpunkte für ein kulturbewußtes Management. In: Heinen, E. (Hrsg.): Unternehmenskultur. Perspektiven für Wissenschaft und Praxis. München 1987, S. 141–209
Dlugos, G.: Unternehmungspolitik als betriebswirtschaftlich-politologische Teildisziplin. In: Wild, J. (Hrsg.): Unternehmungsführung. Festschrift für Erich Kosiol. Berlin 1974, S. 39–73
Dlugos, G.: Von der Betriebswirtschaftspolitik zur betriebswirtschaftlich-politologischen Unternehmungspolitik. In: Geist, M.N., Köhler, R. (Hrsg.): Die Führung des Betriebes. Stuttgart 1981, S. 53–70
Dlugos, G.: Die Lehre von der Unternehmungspolitik – eine vergleichende Analyse der Konzeptionen. In: Die Betriebswirtschaft 44. Jg 1984, 2, S. 287–305
Dlugos, G.: Unternehmungspolitik als Führungsaufgabe. In: Kieser, A., Reber, G., Wunderer, R. (Hrsg.): Handwörterbuch der Führung. Stuttgart 1987, Sp. 1985–1994
Dohse, K., Jürgens, U., Malsch, T.: Fertigungsnahe Selbstregulierung oder zentrale Kontrolle – Konzernstrategien im Restrukturierungsprozeß der Automobilindustrie. In: Naschold, F. (Hrsg.): Arbeit und Politik. Gesellschaftliche Regulierung der Arbeit und der sozialen Sicherung. Frankfurt/New York 1985, S. 49–89
Doorn, J.A.A. van: Sociology and the Problem of Power. In: Sociologica Neerlandica 1. Jg 1962/63, 1, S. 3–51
Dorow, W.: Unternehmungspolitik. Stuttgart u.a. 1982
Dörler, K.: Macht in Unternehmungen. In: Zeitschrift Führung + Organisation 54. Jg 1985, 1, S. 52–56
Dörr, G.: Schranken betrieblicher Transparenz, Schranken betrieblicher Rigidität – eine Problemskizze zum Umbruch der Arbeitsformen im Maschinenbau. In: Naschold, F. (Hrsg.): Arbeit und Politik. Gesellschaftliche Regulierung der Arbeit und der sozialen Sicherung. Frankfurt 1985, S. 125–149
Duda, H.: Macht oder Effizienz? Frankfurt/New York 1987
Dyllick, T.: Management als Sinnvermittlung. In: gdi-impuls, 1. Jg 1983, 3, S. 3–12
Dyllick, T.: Die Beziehungen zwischen Unternehmung und gesellschaftlicher Umwelt. In: Die Betriebswirtschaft 46. Jg 1986, 3, S. 373–392

Easton, D.: A Framework for Political Analysis. Englewood Cliffs 1965
Ebers, M.: Organisationskultur: Ein neues Forschungsprogramm? Wiesbaden 1985
Eckardstein, D.v., Schnellinger, F.: Betriebliche Personalpolitik. München 1978 (3. Aufl.)
Edelmann, M.: Politik als Ritual. Frankfurt 1976
Edelmann, M.: Political Language. New York 1977 (Edelmann 1977a)
Edelmann, M.: The Language of Participation and the Language of Resistance. In: Human Communication Research 3. Jg 1977, 2, S. 159–179 (Edelmann 1977b)
Edwards, R.: Herrschaft im modernen Produktionsprozeß. Frankfurt 1981 (orig.: Contested Terrain. New York 1979)
Ehrensperger, H.: Organisationsgestaltung als politischer Prozeß. Spardorf 1985
Ekeh, P.P.: Social Exchange Theory: The Two Traditions. London 1974
Emerson, R.M.: Power-Dependence Relations. In: American Sociological Review 27. Jg 1962, 1, S. 31–41
Empter, S.: Handeln, Macht und Organisation. Augsburg 1988
Enz, C.A.: Power and Shared Values in the Corporate Culture. Ann Arbor 1986
Etzioni, A.: The Comparative Analysis of Complex Organizations. New York 1975 (2. Aufl.; 1. Aufl. New York 1961) (Etzioni 1975a)
Etzioni, A.: Die aktive Gesellschaft. Opladen 1975 (orig.: The Active Society. New York 1968) (Etzioni 1975b)
Evered, R.: The Language of Organizations. In: Pondy, L.R., Frost, P.J., Morgan, G., Dandridge, T.C. (Hrsg.): Organizational Symbolism. Greenwich Conn. 1983, S. 125–143
Exner, A., Königswieser, R., Titscher, S.: Unternehmensberatung – systemisch. In: Die Betriebswirtschaft 47. Jg 1987, 3, S. 2–21

Farrell, D., Peterson, J.C.: Patterns of Political Behavior in Organizations. In: Academy of Management Review 7. Jg 1982, 3, S. 403–412

Feldman, M.S., March, J.G.: Information in Organizations as Signal and Symbol. In: Administrative Science Quarterly 26. Jg 1981, 2, S. 171–186

Fischer-Winkelmann, W.F. (Hrsg.): Paradigmawechsel in der Betriebswirtschaftslehre? Spardorf 1983

Fisher, R., Ury, W.: Das Harvard Konzept. Frankfurt/New York 1985 (orig.: Getting to Yes. Boston 1981)

Fombrun, Ch.: Strategies for Network Research in Organizations. In: Academy of Management Review 7. Jg 1982, 2, S. 280–291

Freeman, R.E.: Strategic Management: A Stakeholder Approach. Boston 1984

French, J.R.P., Raven, B.: The Cases of Social Power. In: Cartwright, D. (Hrsg.): Studies in Social Power. Ann Arbor 1959, S. 150–167

Freud, A.: Das Ich und die Abwehrmechanismen. München 1964

Freud, S.: Das Ich und das Es. Frankfurt 1978

Frey, F.W.: Comment: On Issues and Nonissues in the Study of Power. In: Annual Political Science Review 65. Jg 1971, 4, S. 1081–1101

Friedberg, E.: Zur Politologie von Organisationen. In: Küpper, W., Ortmann, G. (Hrsg.): Mikropolitik. Rationalität, Macht und Spiele in Organisationen. Opladen 1988, S. 39–52

Friedrich, C.J.: Constitutional Government and Politics. Boston 1937 (ab der zweiten Auflage: Constitutional Government and Democracy. Boston 1941)

Gagliardi, P.: The Creation and Change of Organizational Cultures: A Conceptual Framework. In: Organization Studies 7. Jg 1986, 2, S. 117–134

Galbraith, J.K.: The Anatomy of Power. Boston 1983 (dtsch.: Anatomie der Macht. München 1987)

Gamson, W.A.: A Theory of Coalition Formation. In: American Sociological Review 26. Jg 1961, 3, S. 373–382 (Gamson 1961a)

Gamson, W.A.: An Experimental Test of a Theory of Coalition Formation. In: American Sociological Review 26. Jg 1961, 4, S. 565–573 (Gamson 1961b)

Gamson, W.A.: Power and Discontent. Homewood 1968

Gandz, J., Murray, V.V.: The Experience of Workplace Politics. In: Academy of Management Journal 23. Jg 1980, 2, S. 237–251

Geertz, C.: Dichte Beschreibung. Beiträge zum Verstehen kultureller Systeme. Frankfurt 1983 (orig.: The Interpretation of Cultures. New York 1973)

Geist, M.N., Köhler, R. (Hrsg.): Die Führung des Betriebes. Stuttgart 1981

Gennep, A.v.: Übergangsriten. Frankfurt 1986

Gergen, K.: Social Psychology as History. In: Journal of Personality and Social Psychology 26. Jg 1973, 2, S. 309–320

Giddens, A.: New Rules of Sociological Method. London 1976 (dtsch.: Interpretative Soziologie. Frankfurt/New York 1984)

Giddens, A.: Central Problems in Social Theory. Berkeley/Los Angeles 1979

Giddens, A.: Profiles and Critiques in Social Theory. Berkeley/Los Angeles 1982

(Gilbreth): Spriegel, W.R., Myers, C.E. (Hrsg.): The Writings of the Gilbreths. Homewood 1953

Goffman, E.: The Presentation of Self in Everyday Life. Garden City 1959

Goffman, E.: Rahmen-Analyse. Frankfurt 1977 (orig.: Frame Analysis. New York 1974)

Goffman, E.: Forms of Talk. Philadelphia 1981

Gouldner, A.W.: For Sociology. London 1973

Greiner, L.E., Schein, V.E.: Power and Organization Development. Reading Mass. 1988

Grimes, A.J.: Authority, Power, Influence and Social Control: A Theoretical Synthesis. In: Academy of Management Review 3. Jg 1978, 4, S. 724–735

Gruen, A.: Der Verrat am Selbst. München 1986

Grün, O.: Hierarchie. In: Grochla, E. (Hrsg.): Handwörterbuch der Organisation. Stuttgart 1969, Sp. 677–683

Grün, O.: Das Lernverhalten in Entscheidungsprozessen der Unternehmung. Tübingen 1973

Grün, O.: Delegation. In: Kieser, A., Reber, G., Wunderer, R. (Hrsg.): Handwörterbuch der Führung. Stuttgart 1987, Sp. 137–146

Gussmann, B., Breit, C.: Ansatzpunkte für eine Theorie der Unternehmenskultur. In: Heinen, E. (Hrsg.): Unternehmenskultur. München/Wien 1987, S. 107–139

Gutenberg, E.: Grundlagen der Betriebswirtschaftslehre. Bd. 1. Die Produktion. Berlin 1968

Habermas, J.: Theorie des kommunikativen Handelns. Bd. 1 und Bd. 2. Frankfurt 1981 (Habermas 1981a; Habermas 1981b)

Hackman, J.R.: Nature of the Task as a Determiner of Job Behavior. In: Personnel Psychology 22. Jg 1969, 3, S. 435–444

Hackman, J.R., Oldham, G.R.: Work Redesign. Reading Mass. 1980

Haferkamp, H.: Soziologie als Handlungstheorie. Opladen 1976 (3. Aufl.)

Hall, D.T., Schneider, B., Nygren, H.T.: Personal Factors in Organizational Identification. In: Administrative Science Quarterly 15. Jg 1970, 2, S. 176–190

Hambrick, D.C.: Environment, Strategy, and Power within Top Management Teams. In: Administrative Science Quarterly 26. Jg 1981, 2, S. 253–276

Hamilton, M.: An Analysis and Typology of Social Power. Part I. In: Philosophy of the Social Sciences 6. Jg 1976, 4, S. 289–313

Harsanyi, J.C.: Measurement of Social Power, Opportunity Costs, and the Theory of Two-Person Bargaining Games. In: Behavioral Science 7. Jg 1962, 1, S. 67–80

Hartfelder, D.: Management als Sinnvermittlung? In: Die Unternehmung 38. Jg 1984, 4, S. 373–395

Hass, G.R.: Effects of Source Characteristics on Cognitive Responses and Persuasion. In: Petty, R.E., Ostrom, T.M., Brock, T.C. (Hrsg.): Cognitive Responses in Persuasion. Hillsdale 1981, S. 141–172

Hedberg, B.L.T., Nystrom, P.C., Starbuck, W.: Camping on Seesaws: Prescriptions for a Self-Designing Organization. In: Administrative Science Quarterly 21. Jg 1976, 1, S. 41–65

Heinen, E.: Zum betriebswirtschaftlichen Politikbegriff – Das Begriffsverständnis der entscheidungsorientierten Betriebswirtschaftslehre. In: Geist, M.N., Köhler, R. (Hrsg.): Die Führung des Betriebes. Stuttgart 1981, S. 43–51

Heinen, E.: Führung als Gegenstand der Betriebswirtschaftslehre. In: Heinen, E. (Hrsg.): Betriebswirtschaftliche Führungslehre. Ein entscheidungstheoretischer Ansatz. Wiesbaden 1984 (2. Aufl.), S. 19–44

Heinen, E.: Einführung in die Betriebswirtschaftslehre. Wiesbaden 1985 (9. Aufl.)

Heinen, E. (Hrsg.): Unternehmenskultur. Perspektiven für Wissenschaft und Praxis. München/Wien 1987 (Heinen 1987a)

Heinen, E.: Unternehmenskultur als Gegenstand der Betriebswirtschaftslehre. In: Heinen, E. (Hrsg.): Unternehmenskultur. München 1987, S. 4–48 (Heinen 1987b)

Henderson, A.H.: Social Power. Social Psychological Models and Theories. New York 1981

Herkner, W.: Einführung in die Sozialpsychologie. Wien 1981 (2. Aufl.)

Herzberg, F.: Der weise alte Türke. In: Fortschrittliche Betriebsführung und Industrial Engineering 24. Jg 1975, 1, S. 5–12

Herzberg, F., Mausner, B., Snyderman, B.: The Motivation to Work. New York 1959

Hickson, D.J., Astley, W.G., Butler, RJ., Wilson, D.C.: Organization as Power. In: Cummings, L.L., Staw, B.M. (Hrsg.): Research in Organizational Behavior. Vol. 3. Greenwich Conn. 1981, S. 151–196

Hickson, D.J., Hinings, C.R., Lee, C.A., Schneck, R.E., Pennings, J.M.: A Strategic Contingencies' Theory of Intraorganizational Power. In: Administrative Science Quarterly 16. Jg 1971, 2, S. 216–229

Hickson, D.J., McCullough, A.F.: Power in Organizations. In: Salaman, G., Thompson, K. (Hrsg.): Control and Ideology in Organizations. Cambridge Mass. 1980, S. 27–55

Hickson, D.J., Pugh, D.S., Pheysey, D.C.: Operations Technology and Organizational Structure. In: Administrative Science Quarterly 14. Jg 1969, 3, S. 378–397

Hills, F.S., Mahoney, T.A.: University Budgets and Organizational Decision Making. In: Administrative Science Quarterly 23. Jg 1978, 3, S. 454–465

Hinings, C.R., Hickson, D.J., Pennings, J.M., Schneck, R.E.: Structural Conditions of Intraorganizational Power. In: Administrative Science Quarterly 19. Jg 1974, 1, S. 22–44

Hinterhuber, H.H.: Strategische Unternehmensführung. Berlin 1984 (3. Aufl.)

Hinterhuber, H.H., Holleis, W.: Gewinner im Verdrängungswettbewerb – Wie man durch Verbindung von Unternehmensstrategie und Unternehmenskultur zu einem führenden Wettbewerber werden kann. In: Journal für Betriebswirtschaft 38. Jg 1988, 1/2, S. 2–18
Hobbes, Th.: De Corpore. In: Molesworth, W. (Hrsg.): English Works. Vol. 1. London 1839 (zit. nach Ball, T.: Models of Power. Past and Present. In: Journal of the History of the Behavioral Sciences 11. Jg 1975, 3, S. 211–222)
Hofmann, M.: Arbeitsmotivation als Aufgabe des Managements. Psychoanalytische Orientierung zum Verständnis der Arbeitsmotivation. In: Hofmann, M., Rosenstiel, L.v. (Hrsg.): Funktionale Managementlehre. Berlin/Heidelberg/New York 1987, S. 265–321
Holm, K.: Zum Begriff der Macht. In: Kölner Zeitschrift für Soziologie und Sozialpsychologie 21. Jg 1969, 2, S. 269–288
Homans, G.C.: Social Behavior. Its Elementary Forms. New York 1961
Hoppe, H.H.: Kritik der kausalwissenschaftlichen Sozialforschung. Opladen 1983
Horai, J., Tedeschi, J.T.: Effects of Credibility and Magnitude of Punishment on Compliance and Threats. In: Journal of Personality and Social Psychology 12. Jg 1969, 2, S. 164–169
Hörning, K.H.: Technik und Symbol. In: Soziale Welt 36. Jg 1985, 2, S. 186–207
House, R.: Power in Organizations: A Social Psychological Perspective. Unveröff. Manuskript. Toronto 1984, 124 S.
Hradil, S.: Die Erforschung der Macht. Stuttgart u.a. 1980
Humble, J.: Praxis des Management by Objectives. München 1972

Irle, M.: Macht und Entscheidungen in Organisationen. Frankfurt 1971
Izraeli, D.M., Jick, T.D.: The Art of Saying No: Linking Power to Culture. In: Organization Studies 7. Jg 1986, 2, S. 171–192

Jacobs, D.: Dependency and Vulnerability: An Exchange Approach to the Control of Organizations. In: Administrative Science Quarterly 19. Jg 1974, 1, S. 45–59
Jürgens, U.: Die Entwicklung von Macht, Herrschaft und Kontrolle im Betrieb als politischer Prozeß – Eine Problemskizze zur Arbeitspolitik. In: Jürgens, U., Naschold, F. (Hrsg.): Arbeitspolitik. Opladen 1984 (Sonderheft Leviathan 5/1983), S. 58–91

Kähler, H.D.: Das Konzept des sozialen Netzwerks: Eine Einführung in die Literatur. In: Zeitschrift für Soziologie 4. Jg 1975, 3, S. 283–290
Kakabadse, A., Parker, Ch. (Hrsg.): Power, Politics, and Organizations. Chichester u.a. 1984
Kambartel, F.: Ist rationale Ökonomie als empirisch-quantitative Wissenschaft möglich? In: Steinmann, H. (Hrsg.): Betriebswirtschaftslehre als normative Handlungswissenschaft. Wiesbaden 1978, S. 57–70
Kanter, R.M.: Men and Women of the Corporation. New York 1977
Kappler, E.: Zum Theorie-Praxis-Verhältnis einer noch zu entwickelnden kritischen Theorie der Betriebswirtschaftspolitik. In: Ulrich, H. (Hrsg.): Zum Praxisbezug der Betriebswirtschaftslehre. Bern/Stuttgart 1976, S. 107–133
Kasper, H.: Organisationskultur. Über den Stand der Forschung. Wien 1987
Kasper, H.: Die Handhabung des Neuen in organisierten Sozialsystemen. Berlin/Heidelberg/New York 1990
Katz, D., Kahn, R.L.: The Social Psychology of Organizations. New York u.a. 1978 (2. Aufl.)
Kehrer, A.: Das Führungsverständnis tiefenpsychologischer Schulen. In: Krczal, A., Kehrer, A., Kasper, H., Sandner, K. (Hrsg.): Sozialpsychologische Aspekte der Führungsforschung. Wien 1982, S. 11–33
Kehrer, A.: Zur Gehorsamsbereitschaft in Organisationen. In: Sandner, K.: Politische Prozesse in Unternehmen. Berlin/Heidelberg/New York 1989, S. 103–130
Kelman, H.C.: Processes of Opinion Change. In: Public Opinion Quarterly 25. Jg 1961, 1, S. 57–78
Kelman, H.C.: Further Thoughts on the Process of Compliance, Identification, and Internalization. In: Tedeschi, J.T. (Hrsg.): Perspectives on Social Power. Chicago 1974, S. 125–171
Kern, H., Schumann, M.: Industriearbeit und Arbeiterbewußtsein. Frankfurt 1977
Kern, H., Schumann, M.: Das Ende der Arbeitsteilung. Rationalisierung in der industriellen Produktion. München 1984

Kets de Vries, M.F.R.: Organizational Paradoxes. London/New York 1980
Kets de Vries, M.F.R., Miller, D.: Personality, Culture, and Organization. In: Academy of Management Review 11. Jg 1986, 2, S. 266–279
Kiechl, R.: Macht im kooperativen Führungsstil. Bern/Stuttgart 1985
Kieser, A.: Loyalität und Commitment. In: Kieser, A., Reber, G., Wunderer, R. (Hrsg.): Handwörterbuch der Führung. Stuttgart 1987, Sp. 1345–1356 (Kieser 1987a)
Kieser, A.: Von der Morgensprache zum „gemeinsamen HP-Frühstück". Zur Funktion von Werten, Mythen, Ritualen und Symbolen – „Organisationskulturen" – in der Zunft und im modernen Unternehmen. Arbeitspapier des Instituts für Allgemeine Betriebswirtschaftslehre und Organisation der Universität Mannheim. Mannheim 1987, 22 S. (Kieser 1987b)
Kieser, A., Kubicek, H.: Organisationstheorien I. Stuttgart 1978 (Kieser/Kubicek 1978a)
Kieser, A., Kubicek, H.: Organisationstheorien II. Stuttgart 1978 (Kieser/Kubicek 1978b)
Kieser, A., Kubicek, H.: Organisation. Berlin 1983 (2. Aufl.)
Kießler, K., Scholl, W.: Partizipation und Macht in aufgabenorientierten Gruppen. Frankfurt 1976
Kilmann, R.H., Saxton, M.J., Serpa, R., and Associates (Hrsg.): Gaining Control of the Corporate Culture. San Francisco 1985
Kipnis, D.: Does Power Corrupt? In: Journal of Personality and Social Psychology 24. Jg 1972, 1, S. 33–41
Kipnis, D.: The Powerholders. Chicago 1976
Kipnis, D.: The Use of Power in Organizations and in Interpersonal Settings. In: Oskamp, S. (Hrsg.): Applied Social Psychology. Beverly Hills 1984, S. 179–210 (Kipnis 1984a)
Kipnis, D.: Technology, Power and Control. In: Bacharach, S.B., Lawler, E.J. (Hrsg.): Research in the Sociology of Organizations. Vol. 3. Greenwich Conn. 1984, S. 125–156 (Kipnis 1984b)
Kipnis, D., Castell, P., Gergen, M., Mauch, D.: Metamorphic Effects of Power. In: Journal of Applied Psychology 61. Jg 1976, 2, S. 127–135
Kipnis, D., Cosentino, J.: Use of Leadership Powers in Industry. In: Journal of Applied Psychology 53. Jg 1969, 6, S. 460–466
Kipnis, D., Schmidt, S.M.: An Influence Perspective on Bargaining within Organizations. In: Bazerman, M.H., Lewicki, R.J. (Hrsg.): Negotiating in Organizations. Beverly Hills 1983, S. 303–319
Kipnis, D., Schmidt, S.M., Wilkinson, I.: Intraorganizational Influence Tactics: Explorations in Getting One's Way. In: Journal of Applied Psychology 65. Jg 1980, 4, S. 440–452
Kipnis, D., Vanderveer, R.: Ingratiation and the Use of Power. In: Journal of Personality and Social Psychology 17. Jg 1971, 3, S. 280–286
Kirsch, W.: Einführung in die Theorie der Entscheidungsprozesse. Gesamtausgabe der Bände I–III. Wiesbaden 1977 (2. Aufl.) (Kirsch 1977a)
Kirsch, W.: Entscheidungen in Organisationen. In: Kirsch, W.: Einführung in die Theorie der Entscheidungsprozesse. Bd. III der Gesamtausgabe der Bände I–III. Wiesbaden 1977 (2. Aufl.) (Kirsch 1977b)
Kirsch, W. (Hrsg.): Unternehmenspolitik: Von der Zielforschung zum strategischen Management. München 1981 (Kirsch 1981a)
Kirsch, W.: Betriebswirtschaftspolitik und geplanter Wandel betriebswirtschaftlicher Systeme. In: Kirsch, W. (Hrsg.): Unternehmenspolitik: Von der Zielforschung zum strategischen Management. München 1981, S. 121–152 (Kirsch 1981b)
Kirsch, W., Klein, H.K.: Management-Informationssysteme II. Auf dem Weg zu einem neuen Taylorismus? Stuttgart u.a. 1977
Klis, M.: Überzeugung und Manipulation. Wiesbaden 1970
Knights, D., Roberts, J.: The Power of Organization or the Organization of Power? In: Organization Studies 3. Jg 1982, 1, S. 47–63
Kobi, J.M., Wüthrich, H.A.: Unternehmenskultur verstehen, erfassen und gestalten. Landsberg 1986
Kochan, T.A., Verma, A.: Negotiations in Organizations. In: Bazerman, M.H., Lewicki, R.J. (Hrsg.): Negotiating in Organizations. Beverly Hills 1983, S. 13–32
Komorita, S.S.: A Weighted Probability Model of Coalition Formation. In: Psychological Review 81. Jg 1974, 3, S. 242–256
Komorita, S.S.: An Equal Excess Model of Coalition Formation. In: Behavioral Science 24. Jg 1979, 6, S. 369–381

Komarita, S.S., Chertkoff, J.M.: A Bargaining Theory of Coalition Formation. In Psychological Review 80. Jg 1973, 3, S. 149–162

Komarita, S.S., Hamilton, T.P.: Power and Equity in Coalition Bargaining. In: Bacharach, S.B., Lawler, E.J. (Hrsg.): Research in the Sociology of Organizations. Vol. 3. Greenwich Conn. 1984, S. 189–212

Koot, W.: Organizational Dependence: An Exploration of External Power Relationships of Companies. In: Organization Studies 4. Jg 1983, 1, S. 19–38

Korda, M.: Power! How to Get it, how to Use it. New York 1975

Krappmann, L.: Soziologische Dimensionen der Identität. Stuttgart 1973 (3. Aufl.)

Krüger, W.: Macht in der Unternehmung. Stuttgart 1976

Krüger, W.: Organisationsstruktur und Machtstruktur. In: Zeitschrift für Organisation 46. Jg 1977, 3, S. 126–132

Krüger, W.: Unternehmungsprozeß und Operationalisierung von Macht. In: Reber, G. (Hrsg.): Macht in Organisationen. Stuttgart 1980, S. 223–244

Krüger, W.: Bedeutung und Formen der Hierarchie. In: Die Betriebswirtschaft 45. Jg 1985, 3, S. 292–307

Kubicek, H.: Dimensionen der Humanisierung des Arbeitslebens. In: Die Betriebswirtschaft 39. Jg 1979, 4, S. 663–679

Kubicek, H.: Führungsgrundsätze als Organisationsmythen und die Notwendigkeit von Entmythologisierungsversuchen. In: Zeitschrift für Betriebswirtschaft 54. Jg 1984,1, S. 4–29

Kühn, R.: Entscheidungsmethodik und Unternehmungspolitik. Bern und Stuttgart 1978

Kuehn, R., Schnyder, A.B.: Präzisierung des Unternehmungskultur-Modells unter Berücksichtigung ethnologischer Erkenntnisse. In: Working Paper Nr. 99 des wirtschafts- und sozialwissenschaftlichen Instituts der Universität Freiburg (Schweiz), 1986, 41 S.

Kuhn, T.S.: Die Struktur wissenschaftlicher Revolutionen. Frankfurt 1979

Küpper, W., Ortmann, G.: Mikropolitik in Organisationen. In: Die Betriebswirtschaft 46. Jg 1986, 5, S. 590–602

Küpper, W., Ortmann, G. (Hrsg.): Mikropolitik. Rationalität, Macht und Spiele in Organisationen. Opladen 1988

Larson, Ch.U.: Persuasion: Reception and Responsibility. Belmont 1983 (3. Aufl.)

Lasser, R.: Symbolische Führung. In: Kieser, A., Reber, G., Wunderer, R. (Hrsg.): Handwörterbuch der Führung. Stuttgart 1987, Sp. 1927–1938

Lasswell, H., Kaplan, A.: Power and Society. New Haven 1950

Lattmann, Ch.: Die verhaltenswissenschaftlichen Grundlagen der Führung. Bern und Stuttgart 1982

Laufer, H.: Mitarbeiterengagement durch Vertrauen. In: Zeitschrift Führung + Organisation 57. Jg 1988, 3, S. 179–182

Lawler, E.E.: High-Involvement Management. San Francisco 1987

Lawler, E.J., Bacharach, S.B.: Political Action and Alignment in Organizations. In: Bacharach, S.B. (Hrsg.): Research in the Sociology of Organizations. Vol. 2. Greenwich Conn. 1983, S. 83–107

Lax, D.A., Sebenius, J.K.: The Manager as Negotiator. New York 1986

Lay, R.: Manipulation durch die Sprache. München 1977

Lechner, K., Egger, A., Schauer, R.: Einführung in die Allgemeine Betriebswirtschaftslehre. Wien 1987 (12. Aufl.)

Lehmann, E.W.: Toward a Macrosociology of Power. In: American Sociological Review 34. Jg 1969, 4, S. 453–465

Lenk, K., Franke, B.: Theorie der Politik. Eine Einführung. Frankfurt/New York 1987

Lewicki, R.J.: Lying and Deception. A Behavioral Model. In: Bazerman, M., Lewicki, R.J. (Hrsg.): Negotiating in Organizations. Beverly Hills 1983, S. 68–90

Lewicki, R.J., Litterer, J.A.: Negotiation. Homewood 1985

Lewin, K.: Feldtheorie in den Sozialwissenschaften. Bern/Stuttgart 1963

Lincoln, J.R.: Intra- (and Inter-)Organizational Networks. In: Bacharach, S.B. (Hrsg.): Research in the Sociology of Organizations. Vol 1. Greenwich Conn. 1982, S. 1–38

Lipp, W.: Autopoiesis biologisch, Autopoiesis soziologisch. In: Kölner Zeitschrift für Soziologie und Sozialpsychologie 39. Jg 1987, 3, S. 452–470

Löffler, R., Sofsky, W.: Macht, Arbeit und Humanität. Göttingen/Augsburg 1986
Lorange, P.: Corporate Planning: An Executive Viewpoint. Englewood Cliffs 1980
Lorenzen, P.: Konstruktive Wissenschaftstheorie und Praxis. In: Steinmann, H. (Hrsg.): Betriebswirtschaftslehre als normative Handlungswissenschaft. Wiesbaden 1978, S. 13–31
Louis, M.R.: Putting Executive Action in Context: An Alternative View of Power. In: Srivastva, S., and Associates: Executive Power. San Francisco/London 1986, S. 111–177
Luce, R.D., Raiffa, H.: Games and Decisions. New York 1957
Luhmann, N.: Funktionen und Folgen formaler Organisationen. Berlin 1972 (2. Aufl.)
Luhmann, N.: Zweckbegriff und Systemrationalität. Frankfurt 1973
Luhmann, N.: Macht. Stuttgart 1975
Luhmann, N.: Gesellschaftliche Grundlagen der Macht: Steigerung und Verteilung. In: Kägi, W., Siegenthaler, H. (Hrsg.): Macht und ihre Begrenzung im Kleinstaat Schweiz. Zürich 1981, S. 37–47
Luhmann, N.: Soziale Systeme. Frankfurt 1984
Lukes, S.: Power. A Radical View. London 1974
Lukes, S.: Critical Note. Reply to Bradshaw. In: Sociology 10. Jg 1976, 1, S. 129–132

Madison, D.L., Allen, R.W., Porter, L.W., Renwick, P.A., Mayes, B.T.: Organizational Politics: An Exploration of Managers' Perceptions. In: Human Relations 33. Jg 1980, 2, S. 79–100
Malik, F., Probst, G.: Evolutionäres Management. In: Die Unternehmung 35. Jg 1981, 2, S. 121–140
Mangham, I.: Power and Performance in Organizations. Oxford 1986
Manz, Ch.C., Sims, H.P.: Führung in selbststeuernden Gruppen. In: Kieser, A., Reber, G., Wunderer, R. (Hrsg.): Handwörterbuch der Führung. Stuttgart 1987, Sp. 1805–1823
March, J.G.: An Introduction to the Theory and Measurement of Influence. In: American Political Science Review 49. Jg 1955, 2, S. 431–451
March, J.G.: The Business Firm as a Political Coalition. In: The Journal of Politics 24. Jg 1962, 4, S. 662–678
March, J.G., Olsen, J.P.: Ambiguity and Choice in Organizations. Bergen 1976
March, J.G., Simon, H.A.: Organizations. New York 1958 (deutsch: Organisation und Individuum. Menschliches Verhalten in Organisationen. Wiesbaden 1976)
Marsden, P.V.: Restricted Access in Networks and Models of Power. In: American Journal of Sociology 88. Jg 1983, 4, S. 686–717
Martin, J., Powers, M.E.: Truth or Corporate Propaganda: The Value of a Good War Story. In: Pondy, L.R., Frost, P.J., Morgan, G., Dandridge, T.C. (Hrsg.): Organizational Symbolism. Greenwich Conn. 1983, S. 93–107
Martin, N.H., Sims, J.H.: Power Tactics. In: Harvard Business Review 34. Jg 1956, 6, S. 25–29
Martin, R.: The Sociology of Power. London 1977
Marwell, G., Schmitt, D.R.: Dimensions of Compliance-Gaining Behavior: An Empirical Analysis. In: Sociometry 30. Jg 1967, 4, S. 350–364
Maslow, A.H.: Motivation and Personality. New York 1954
Matenaar, D.: Organisationskultur und organisatorische Gestaltung. Berlin/München 1983
Mattaz, C.J.: Determinants of Organizational Commitment. In: Human Relations 41. Jg 1988, 6, S. 467–482
Mayes, B.T., Allen, R.W.: Toward a Definition of Organizational Politics. In: Academy of Management Review 2. Jg 1977, 4, S. 672–678
Mayo, E.: The Social Problems of an Industrial Civilization. London 1975
McClelland, D.C.: Macht als Motiv. Stuttgart 1978 (orig.: Power. The Inner Experience. New York 1975)
McClintock, Ch.G.: Social Motivation in Settings of Outcome Interdependence. In: Druckman, D. (Hrsg.): Negotiations. Beverly Hills 1977, S. 49–77
McGregor, D.: The Human Side of Enterprise. New York 1960
McGuire, W.J.: Personality and Attitude Change: An Information Processing Theory. In: Greenwald, A.G., Brock, T.C., Ostrom, T.M. (Hrsg.): Psychological Foundations of Attitudes. New York 1968, S. 171–196

McKelvey, B.: Organizational Systematics. Taxonomy, Evolution, Classification. Berkeley 1982
Meffert, H., Hafner, K.: Unternehmenskultur und marktorientierte Unternehmensführung – Bestandsaufnahme und Wirkungsanalyse. Arbeitspapier Nr. 35 der wissenschaftlichen Gesellschaft für Marketing und Unternehmensführung e.V. Münster 1987, 75 S.
Meier, R F.: Perspectives on the Concept of Social Control. In: Annual Review of Sociology 8. Jg 1982, S. 35–55
Meleghy, T., Zelger, J.: Rekonstruktion der Betriebswirtschaftslehre Gutenbergs als Theorie potentieller Macht. In: Kappler, E. (Hrsg.): Rekonstruktion der Betriebswirtschaftslehre als ökonomische Theorie. Spardorf 1983, S. 303–317
Mellerowicz, K.: Unternehmenspolitik. Bd. I. Freiburg 1976 (3. Aufl.)
Merelman, R.M.: On the Neo-Elitist Critique of Community Power. In: American Political Science Review 62. Jg 1968, 2, S. 451–460
Meyer, J.W., Rowan, B.: Institutionalized Organizations: Formal Structure as Myth and Ceremony. In: American Journal of Sociology 83. Jg 1977, 2, S. 340–363
Michener, H.A., Suchner, R.W.: The Tactical Use of Social Power. In: Tedeschi, J.T. (Hrsg.): The Social Influence Process. Chicago 1972, S. 239–286
Milgram, St.: Das Milgram Experiment. Zur Gehorsamsbereitschaft gegenüber Autorität. Reinbeck 1974
Miller, G.R.: On Being Persuaded: Some Basic Distinctions. In: Roloff, M.E., Miller, G.R. (Hrsg.): Persuasion: New Directions in Theory and Research. Beverly Hills 1980, S. 11–28
Miller, G.R., Burgoon, M.: Persuasion Research: Review and Commentary. In: Ruben, B.D. (Hrsg.): Communication Yearbook 2. New Brunswick 1978, S. 29–47
Mintzberg, H.: The Nature of Managerial Work. New York 1973
Mintzberg, H.: The Manager's Job: Folklore and Fact. In: Harvard Business Review 53. Jg 1975, 4, S. 49–61
Mintzberg, H.: Power In and Around Organizations. Englewood Cliffs 1983
Mitchell, J.C.: Networks, Norms and Institutions. In: Boissevain, J., Mitchell, J.C. (Hrsg.): Network Analysis. The Hague 1973, S. 2–35
Mittelstraß, J.: Über Interessen. In: Mittelstraß, J. (Hrsg.): Methodologische Probleme einer normativ-kritischen Gesellschaftstheorie. Frankfurt 1975, S. 126–159
Mizruchi, M.S., Bunting, D.: Influence in Corporate Networks: An Examination of Four Measures. In: Administrative Science Quarterly 26. Jg 1981, 3, S. 475–489
Molm, L.D.: Linking Power Structure and Power Use. In: Cook, C.S. (Hrsg.): Social Exchange Theory. Newbury Park u.a. 1987, S. 101–129
Morgan, G.: More on Metaphor: Why We Cannot Control Tropes in Administrative Science. In: Administrative Science Quarterly 28. Jg 1983, 4, S. 601–607
Morgan, G.: Images of Organizations. Beverly Hills 1986
Morgan, G., Frost, P.J., Pondy, L.R.: Organizational Symbolism. In: Pondy, L.R., Frost, P.J., Morgan, G., Dandridge, T.C. (Hrsg.): Organizational Symbolism. Greenwich Conn. 1983, S. 3–35
Mottaz, C.J.: Determinants of Organizational Commitment. In: Human Relations 41. Jg 1988, 6, S. 467–482
Mulder, M.: The Daily Power Game. Leiden 1977
Murnighan, J.K.: Models of Coalition Behavior. Game Theoretic, Social Psychological, and Political Perspectives. In: Psychological Bulletin 85. Jg 1978, 5, S. 1130–1153
Murnighan, J.K, Vollrath, D.A.: Hierarchies, Coalitions and Organizations. In: Bacharach, S.B, Lawler, E.J. (Hrsg.): Research in the Sociology of Organizations. Vol. 3. Greenwich Conn. 1984, S. 157–187
Murray, E.A.: Negotiation: An Escape from the Strategic Stalemate. In: Bazerman, M.H., Lewicki, R.J. (Hrsg.): Negotiating in Organizations. Beverly Hills 1983, S. 249–271

Nagel, J.H.: Some Questions about the Concept of Power. In: Behavioral Science 13. Jg 1968, 2, S. 129–137
Nagel, J.H.: The Descriptive Analysis of Power. New Haven 1975
Narayanan, V.K., Fahey, L.: The Micro-Politics of Strategy Formulation. In: Academy of Management Review 7. Jg 1982, 1, S. 25–34

Naschold, F. (Hrsg): Arbeit und Politik. Gesellschaftliche Regulierung der Arbeit und der sozialen Sicherung. Frankfurt/New York 1985

Neale, M.A., Bazerman, M.H.: The Effects of Framing and Negotiator Overconfidence on Bargaining Behaviors and Outcomes. In: Academy of Management Journal 28. Jg 1985, 1, S. 34–49

Neuberger, O.: Führungsforschung: Haben wir das Jäger- und Sammlerdasein schon hinter uns? In: Die Betriebswirtschaft 40. Jg 1980, 4, S. 603–630 (Neuberger 1980a)

Neuberger, O.: Woran wird Humanisierung gemessen – Wann gilt sie als eingelöst? In: Rosenstiel, L., Weinkamm, M. (Hrsg.): Humanisierung der Arbeitswelt – Vergessene Verpflichtung? Stuttgart 1980, S. 81–93 (Neuberger 1980b)

Neuberger, O.: Führung und Macht. Entwurf einer „Alltagstheorie der Führung". In: Reber, G.: Macht in Organisationen. Stuttgart 1980, S. 151-179 (Neuberger 1980c)

Neuberger, O.: Führung. Ideologie – Struktur – Verhalten. Stuttgart 1984

Neuberger, O.: Moden und Mythen der Führung. In: Kieser, A., Reber, G., Wunderer, R. (Hrsg.): Handwörterbuch der Führung. Stuttgart 1987, Sp. 1495–1510

Neuberger, O., Kompa, A.: Wir, die Firma. Der Kult um die Unternehmenskultur. Weinheim 1987

Neuberger, O.: Spiele in Organisationen, Organisationen als Spiele. In: Küpper, W., Ortmann, G. (Hrsg.): Mikropolitik. Rationalität, Macht und Spiele in Organisationen. Opladen 1988, S. 53–86

Nord, R.W.: Social Exchange Theory: An Integrative Approach to Social Conformity. In: Psychological Bulletin 71. Jg 1969, 3, S. 174–208

Nystrom, P.C., Starbuck, W.H.: Managing Beliefs in Organizations. In: Journal of Applied Behavioral Science 20. Jg 1984, 3, S. 277–287

Ochsenbauer, Ch., Klofat, B.: Überlegungen zur paradigmatischen Dimension der aktuellen Unternehmenskulturdiskussion in der Betriebswirtschaftslehre. In: Heinen, E. (Hrsg.): Unternehmenskultur. Perspektiven für Wissenschaft und Praxis. München 1987, S. 67–106

Odiorne, G.S.: Führung mit Zielvorgabe. München 1971

Offe, C.: Einleitung. In: Bachrach, P., Baratz, M.S.: Macht und Armut. Eine theoretische und empirische Untersuchung. Einleitung von Claus Offe. Frankfurt 1977, S. 7–34

Oppenheim, F.E.: Power and Causation. In: Barry, B. (Hrsg.): Power and Political Theory. London 1976, S. 103–116

Ortmann, G.: Der zwingende Blick. Personalinformationssysteme – Architektur der Disziplin. Frankfurt/New York 1984

Ortmann, G.: Mikropolitik im Entscheidungskorridor. Zur Entwicklung betrieblicher Informationssysteme. In: Zeitschrift Führung + Organisation 56. Jg 1987, 6, S. 369–374

Ortmann, G.: Macht, Spiel, Konsens. In: Küpper, W., Ortmann, G. (Hrsg.): Mikropolitik. Rationalität, Macht und Spiele in Organisationen. Opladen 1988, S. 13–26

Paris, R., Sofsky, W.: Drohungen. Über eine Methode der Interaktionsmacht. In: Kölner Zeitschrift für Soziologie und Sozialpsychologie 39. Jg 1987, 1, S. 15–39

Parsons, T.: The Political Aspect of Social Structure and Process. In: Easton, D. (Hrsg.): Varieties of Political Theory. Englewood Cliffs 1966, S. 71–112

Partridge, P.H.: Some Notes on the Concept of Power. In: Political Studies 11. Jg 1963, 2, S. 107–125

Pascale, R.T., Athos, A.G.: The Art of Japanese Management. Applications for American Executives. New York 1981

Patchen, M.: The Locus and Basis of Influence on Organizational Decisions. In: Organizational Behavior and Human Performance 11. Jg 1974, 2, S. 195–221

Pearce, J.A., David, F.R.: A Social Network Approach to Organizational Design and Performance. In: Academy of Management Review 8. Jg 1983, 3, S. 436–444

Perrow, Ch.: A Framework for the Comparative Analysis of Organizations. In: American Sociological Review 32. Jg 1967, 2, S. 194–208

Perrow, Ch.: Departmental Power and Perspectives in Industrial Firms. In: Zald, M.N. (Hrsg.): Power in Organizations. Nashville 1970, S. 59–89

Perrow, Ch.: Complex Organizations. A Critical Essay. New York 1986 (3. Aufl.)

Peters, T.J.: Symbols, Patterns, and Settings: An Optimistic Case for Getting Things Done. In: Organizational Dynamics 7. Jg 1978, 2, S. 3–23

Peters, T.J., Waterman, R.H.: In Search of Excellence. New York 1984
Pettigrew, A.: Information Control as a Power Resource. In: Sociology 6. Jg 1972, 2, S. 187–204
Pettigrew, A.: The Politics of Organizational Decision-Making. London 1973
Pettigrew, A.M.: Towards a Political Theory of Organizational Intervention. In: Human Relations 28. Jg 1975, 3, S. 191–208
Pettigrew, A.M.: On Studying Organizational Cultures. In: Administrative Science Quarterly 24. Jg 1979, 4, S. 570–581
Petty, R.E., Cacioppo, J.T.: Attitudes and Persuasion: Classic and Contemporary Approaches. Dubuque 1981
Peukert, H.: Wissenschaftstheorie – Handlungstheorie – Fundamentale Theologie. Düsseldorf 1978
Peukert, H.: Kontrolle, soziale. In: Schäfers, B. (Hrsg.): Grundbegriffe der Soziologie. Opladen 1986, S. 165–166
Pfeffer, J.: Power in Organizations. Boston 1981 (Pfeffer 1981a)
Pfeffer, J.: Management as Symbolic Action: The Creation and Maintenance of Organizational Paradigms. In: Cummings, L.L., Staw, B.M. (Hrsg.): Research in Organizational Behavior. Vol. 3. Greenwich Conn. 1981, S. 1–52 (Pfeffer 1981b)
Pfeffer, J.: Organizations and Organization Theory. Boston 1982
Pfeffer, J., Moore, W.L.: Power in University Budgeting: A Replication and Extension. In: Administrative Science Quarterly 25. Jg 1980, 4, S. 637–653
Pfeffer, J., Salancik, G.R.: Organizational Decision Making as a Political Process: The Case of an University Budget. In: Administrative Science Quarterly 19. Jg 1974, 1, S. 135–151
Pfeffer, J., Salancik, G.R.: The External Control of Organizations. New York 1978
Podsakoff, P.M., Schriesheim, Ch.A.: Field Studies of French and Raven's Bases of Power. Critique, Reanalysis, and Suggestions for Future Research. In: Psychological Bulletin 97. Jg 1985, 3, S. 387–411
Pohmer, D., Schweitzer, M.: Macht und Mitbestimmung im ökonomischen Entscheidungsprozeß. In: Wild, J. (Hrsg.): Unternehmungsführung. Festschrift für Erich Kosiol. Berlin 1974, S. 75–121
Polsby, N.: Community Power and Political Theory. New Haven 1963
Pondy, L.R.: The Other Hand Clapping: An Information-Processing Approach to Organizational Power. In: Hammer, T.H., Bacharach, S.B. (Hrsg.): Reward Systems and Power Distribution. Ithaca 1977, S. 56–91
Pondy, L.R.: Leadership is a Language Game. In: McCall, M.W.Jr., Lombardo, M.M. (Hrsg.): Leadership: Where Else Can We Go? Durham 1978, S. 87–99
Pondy, L.R.: The Role of Metaphors and Myths in Organization and the Facilitation of Change. In: Pondy, L.R., Frost, P.J., Morgan, G., Dandridge, T.C. (Hrsg.): Organizational Symbolism. Greenwich Conn. 1983, S. 157–166
Pondy, L.R., Frost, P.J., Morgan, G., Dandridge, T.C. (Hrsg.): Organizational Symbolism. Greenwich Conn. 1983
Pondy, L.R., Mitroff, I.I.: Beyond Open System Models of Organization. In: Staw, B.M. (Hrsg.): Research in Organizational Behavior. Vol. 1. Greenwich Conn. 1979, S. 3–39
Popitz, H.: Die normative Konstruktion von Gesellschaft. Tübingen 1980
Popitz, H.: Phänomene der Macht. Tübingen 1986
Popp, M.: Machtprozesse in sozialen Interaktionen. Frankfurt u.a. 1988
Popper, K.R.: Conjectures and Refutations. New York 1965
Popper, K.R.: Logik der Forschung. Tübingen 1966 (2. Aufl.)
Porter, L., Allen, R.W., Angle, H.L.: The Politics of Upward Influence in Organizations. In: Cummings, L.L., Staw, B.M. (Hrsg.): Research in Organizational Behavior. Vol. 3. Greenwich Conn. 1981, S. 109-149
Potthoff, E. (Hrsg.): RKW-Handbuch Führungstechnik und Organisation. 3 Bde. Berlin 1978 (ftlfd.)
Probst, G.: Selbstorganisation. Ordnungsprozesse in sozialen Systemen aus ganzheitlicher Sicht. Berlin/Hamburg 1987
Provan, K.G.: Recognizing, Measuring, and Interpreting the Potential/Enacted Power Distinction in Organizational Research. In: Academy of Management Review 5. Jg 1980, 4, S. 549–559
Pruitt, D.G.: Negotiation Behavior. New York u.a. 1981

Pruitt, D.G., Lewis, S.A.: The Psychology of Integrative Bargaining. In: Druckman, D. (Hrsg.): Negotiating. Beverly Hills 1977, S. 161–192
Pugh, D.S., Hickson, D.J. (Hrsg.): Organizational Structure in Its Context. Westmead 1976
Pugh, D.S., Hinings, C.R. (Hrsg.): Organizational Structure. Extensions and Replications. Westmead 1976
Pugh, D.S., Payne R.L. (Hrsg.): Organizational Behavior in Its Context. Westmead 1977

Raiffa, H.: The Art and Science of Negotiation. Cambridge Mass. 1982
Raven, B.H.: Social Influence and Power. In: Steiner, I.D., Fishbein, M. (Hrsg.): Current Studies in Social Psychology. New York 1965, S. 371–382
Raven, B.H.: The Comparative Analysis of Power and Power Preference. In: Tedeschi, J.T. (Hrsg.): Perspectives on Social Power. Chicago 1974, S. 172–198
Raven, B.H.: The Power/Interaction Model: Integrating Social Influence Strategies. Paper, presented at the symposium on „Interpersonal Influence and Social Power", Buenos Aires, June 1989, 22 S.
Raven, B.H., Kruglanski, A.W.: Conflict and Power. In: Swingle, P. (Hrsg.): The Structure of Conflict. New York 1970, S. 69–109
Raven, B.H., Rubin, J.Z.: Social Psychology: People in Groups. New York 1976
Reber, G. (Hrsg.): Macht in Organisationen. Stuttgart 1980 (Reber 1980a)
Reber, G.: Vorwort des Herausgebers. In: Reber, G. (Hrsg.): Macht in Organisationen. Stuttgart 1980, S. V–X (Reber 1980b)
Reichers, A.E.: A Review and Reconceptualization of Organizational Commitment. In: Academy of Management Review 10. Jg 1985, 3, 465–476
Remer, A.: Instrumente unternehmenspolitischer Steuerung. Berlin/New York 1982
Richter, U.: Grundlagen und Probleme der Macht in der betrieblichen Planung. Frankfurt 1979
Rieckmann, H.: Auf der grünen Wiese … Organisationsentwicklung einer Werksneugründung. Bern/Stuttgart 1982
Riker, W.H.: Some Ambiguities in the Notion of Power. In: The American Political Science Review 58. Jg 1964, 2, S. 341–349
Ritti, R.R., Silver, J.H.: Early Processes of Institutionalization: The Dramaturgy of Exchange in Interorganizational Relations. In: Administrative Science Quarterly 31. Jg 1986, 1, S. 25–42
Roethlisberger, F., Dickson, W.: Management and the Worker. Cambridge Mass. 1939
Rogers, C.R.: Encountergruppen. München 1974
Röhrich, W.: Politik als Wissenschaft. Opladen 1986
Rose, A.M.: The Power Structure. New York 1967
Rosenstiel, L.v.: Motivationsmanagement. In: Hofmann, M., Rosenstiel, L.v. (Hrsg.): Funktionale Managementlehre. Berlin/Heidelberg/New York 1987, S. 214–264
Rosenstiel, L.v., Neumann, P.: Einführung in die Markt- und Werbepsychologie. Darmstadt 1982
Ross, R.S., Ross, M.G.: Understanding Persuasion. Englewood Cliffs 1981
Rubin, J., Brown, B.: The Social Psychology of Bargaining and Negotiation. New York 1975
Rühli, E.: Beiträge zur Unternehmungsführung und Unternehmungspolitik. Bern und Stuttgart 1971
Rühli, E.: Unternehmungspolitik im Lichte der heutigen Herausforderungen. In: Die Unternehmung 37. Jg 1983, 2, S. 135–139
Runkel, P.J., McGrath, J.E.: Research on Human Behavior. A Systematic Guide to Method. New York 1972

Sackmann, S.A.: Organisationskultur: Die unsichtbare Einflußgröße. In: Gruppendynamik 14. Jg 1983, 4, S. 393–406
Sackmann, S.A.: Cultural Knowledge in Organizations: The Link between Strategy and Organizational Processes. Ann Arbor 1985 (microfilm)
Sackmann, S.A.: ‚Kulturmanagement': Läßt sich Unternehmenskultur ‚machen'? In: Sandner, K. (Hrsg.): Politische Prozesse in Unternehmen. Berlin/Heidelberg/New York 1989, S. 157–183
Sandig, C.: Betriebswirtschaftspolitik. Stuttgart 1966 (2. Aufl.)
Sandner, K.: Evolutionäres Management. In: Die Unternehmung. Schweizerische Zeitschrift für Betriebswirtschaft 36. Jg 1982, 2, S. 77–89 (Sandner 1982a)

Sandner, K.: Zur Reduktion von Management auf Kybernetik. In: Die Unternehmung. Schweizerische Zeitschrift für Betriebswirtschaft 36. Jg 1982, 2, S. 113–122 (Sandner 1982b)
Sandner, K.: Konzeptionen qualitativer Arbeitsstrukturierung. In: Krczal, A., Kehrer, A., Kasper, H., Sandner, K. (Hrsg.): Sozialpsychologische Aspekte der Führungsforschung. Wien 1982, S. 127–159 (Sandner 1982c)
Sandner, K.: Lenkung und Kontrolle beruflicher Arbeit. In: Journal für Betriebswirtschaft 34. Jg 1984, 4, S. 172–183
Sandner, K.: Strukturen der Führung von Mitarbeitern. Steuerung und Kontrolle beruflicher Arbeit. In: Hofmann, M., Rosenstiel, L.v. (Hrsg.): Funktionale Managementlehre. Berlin/Heidelberg/New York 1988, S. 38–58 (Sandner 1988a)
Sandner, K.: „... von Mythen und Märchen, Kulturpflege und Sinnmanagement". Organisationskultur als Gegenstand der Organisationsforschung. In: Die Betriebswirtschaft 48. Jg 1988, 5, S. 651–670 (Sandner 1988b)
Sandner, K.: Politik im Unternehmen – Unternehmenspolitik. In: Sandner, K. (Hrsg.): Politische Prozesse in Unternehmen. Berlin/Heidelberg/New York 1989, S. 45–76
Sandner, K.: Organization Development as a Political Process. In: Massarik, F. (Hrsg.): Advances in Organization Development. Norwood NJ 1990, S. 42–56
Sauermann, H. (Hrsg.): Bargaining Behavior. Tübingen 1978
Saunders, C.S., Scamell, R.: Intraorganizational Distribution of Power: Replication Research. In: Academy of Management Journal 25. Jg 1982, 1, S. 192–200
Sawyer, A.: The Effects of Repetition of Refutational and Supportive Advertising Appeals. In: Journal of Marketing Research 10. Jg 1973, 1, S. 23–33
Sawyer, A.: Repetition, Cognitive Responses, and Persuasion. In: Petty, R.E., Ostrom, T.M., Brook, T.C. (Hrsg.): Cognitive Responses in Persuasion. Hillsdale 1981, S. 237–261
Schanz, G.: Grundlagen der verhaltenswissenschaftlichen Betriebswirtschaftslehre. Tübingen 1977
Schanz, G.: Organisationsgestaltung. München 1982
Scharpf, F.W.: Planung als politischer Prozeß. In: Die Verwaltung 1. Jg 1971, 1, S. 1–30
Schattschneider, E.E.: The Semi-Sovereign People. New York 1960
Schein, E.H.: Organizational Culture and Leadership. San Francisco 1985
Schein, V.: Individual Power and Political Behavior in Organizations: An Inadequately Explored Reality. In: Academy of Management Review 2. Jg 1977, 1, S. 64–72 (Schein 1977a)
Schein, V.: Political Strategies for Implementing Organizational Change. In: Group and Organization Studies 2. Jg 1977, 1, S. 42–48 (Schein 1977b)
Schelling, T.C.: The Strategy of Conflict. Cambridge Mass. 1960
Schenk, M.: Das Konzept des sozialen Netzwerkes. In: Neidhardt, F. (Hrsg.): Gruppensoziologie. Perspektiven und Materialien. Kölner Zeitschrift für Soziologie und Sozialpsychologie 1983, Sonderheft 25, S. 88–104
Schenk, M.: Soziale Netzwerke und Kommunikation. Tübingen 1984
Scheuplein, H.: Unternehmenskultur und persönliche Weiterentwicklung. Von der Ist-Kultur zur Soll-Kultur. In: Zeitschrift Führung + Organisation 56. Jg 1987, 5, S. 301–304
Schienstock, G., Müller, V.: Organisationsentwicklung als Verhandlungsprozeß. In: Soziale Welt 29. Jg 1978, 4, S. 375–393
Schilit, W.K., Locke, E.A.: A Study of Upward Influence in Organizations. In: Administrative Science Quarterly 27. Jg 1982, 2, S. 304–316
Schlenker, B.R., Bonoma, T.V.: Fun and Games: The Validity of Games for the Study of Conflict. In: Journal of Conflict Resolution 22. Jg 1978,1, S. 7–38
Schmidt, R.B.: Führung durch Zielsetzung. In: Kieser, A., Reber, G., Wunderer, R. (Hrsg.): Handwörterbuch der Führung. Stuttgart 1987, Sp. 2083–2092
Schneider, H.D.: Sozialpsychologie der Machtbeziehungen. Stuttgart 1978
Schönhammer, R.: Stichwort „Manipulation". In: Psychologie und Praxis 29. (N F. 3.) Jg 1985, 1, S. 2–14
Schreyögg, G.: Umwelt, Technologie und Organisationsstruktur. Bern/Stuttgart 1978
Schreyögg, G., Steinmann, H.: Strategic Control: A New Perspective. In: Academy of Management Review 12. Jg 1987, 1, S. 91–103
Schülein, J.A.: Mikrosoziologie. Ein interaktionsanalytischer Zugang. Opladen 1983

Schülein, J.A.: Theorie der Institution. Eine dogmengeschichtliche und konzeptionelle Analyse. Opladen 1987

Schütz, A., Luckmann, T.: Strukturen der Lebenswelt. Bd. 2. Frankfurt 1984

Schwemmer, O.: Begründen und Erklären. In: Mittelstraß, J. (Hrsg.): Methodologische Probleme einer normativ-kritischen Gesellschaftstheorie. Frankfurt 1975, S. 43–87

Schwemmer, O.: Theorie der rationalen Erklärung. Zu den methodischen Grundlagen der Kulturwissenschaften. München 1976

Schwemmer, O.: Verstehen als Methode – Überlegungen zu einer Theorie der Handlungsdeutung. In: Steinmann, H. (Hrsg.): Betriebswirtschaftslehre als normative Handlungswissenschaft. Wiesbaden 1978, S. 33–56

Scott, W.G., Mitchell, T.R., Peery, N.S.: Organizational Governance. In: Nystrom, P.C., Starbuck, W.H. (Hrsg.): Handbook of Organizational Design. Vol. 2. New York 1982, S. 135–151

Scott, W.R.: Organizational Structure. In: Inkeles, A., Coleman, J., Smelser, N. (Hrsg.): Annual Review of Sociology. Vol 1. Palo Alto 1975, S. 1–20

Scott, W.R.: Grundlagen der Organisationstheorie. Frankfurt 1986 (orig.: Organizations. Rational, Natural, and Open Systems. Englewood Cliffs 1981)

Seligman, C., Bush, M., Kirsch, K.: Relationship between Compliance in the Foot-in-the-Door Paradigma and Size of First Request. In: Journal of Personality and Social Psychology 33. Jg 1976, 5, S. 517–520

Seltz, R., Hildebrandt, E.: Produktion, Politik und Kontrolle – arbeitspolitische Varianten am Beispiel der Einführung von Produktionsplanungs- und Steuerungssystemen im Maschinenbau. In: Naschold, F. (Hrsg.): Arbeit und Politik. Gesellschaftliche Regulierung der Arbeit und der sozialen Sicherung. Frankfurt 1985, S. 91–123

Siegel, S., Fouraker, L.E.: Bargaining and Group Decision Making. New York 1960

Silverman, D.: Theorie der Organisationen. Wien u.a. 1972

Simon, H.: Notes on the Observation and Measurement of Political Power. In: The Journal of Politics 15. Jg 1953, 4, S. 500–516

Simon, H.: Models of Man. New York 1957 (Simon 1957a)

Simon, H.: Authority. In: Arensberg, C.M., Barkin, S., Chalmers, W.E., Wilensky, H.L., Worthy, J.C., Dennis, B.D. (Hrsg.): Research in Industrial Relations. New York 1957, S. 103–115 (Simon 1957b)

Simon, H.: Causation. In: Sills, D. (Hrsg.): International Encyclopedia of the Social Sciences. Vol. 2. New York 1968, S. 350–356

Smircich, L.: Concepts of Culture and Organizational Analysis. In: Administrative Science Quarterly 28. Jg 1983, 3, S. 339–358 (Smircich 1983a)

Smircich, L.: Organizations as Shared Meanings. In: Pondy, L.R., Frost, P.J., Morgan, G., Dandridge, T.C. (Hrsg.): Organizational Symbolism. Greenwich Conn. 1983, S. 55–65 (Smircich 1983b)

Smircich, L., Morgan, G.: Leadership: The Management of Meaning. In: Journal of Applied Behavioral Sciences 18. Jg 1982, 3, S. 257–273

Smith, K.K, Simmons, V.M.: A Rumpelstiltskin Organization: Metaphors on Metaphors in Field Research. In: Administrative Science Quarterly 38. Jg 1983, 3, S. 377–392

Smith, M.J.: Persuasion and Human Action. Belmont 1982

Stadler, K.: Innovative Unternehmungspolitik. Messenhofen 1978

Staehle, W.: Management. München 1989 (4. Aufl.)

Staehle, W.: Macht und Kontingenzforschung. In: Küpper, W., Ortmann, G. (Hrsg.): Mikropolitik. Rationalität, Macht und Spiele in Organisationen. Opladen 1988, S. 155–163

Staehle, W., Sydow, J.: Büroarbeit, Büroorganisation und Büroautomation als Gegenstände betriebswirtschaftlicher Forschung. In: Die Betriebswirtschaft 46. Jg 1986, 2, S. 188–202

Stegmüller, W.: Probleme und Resultate der Wissenschaftstheorie und Analytischen Philosophie. Bd. 1. Erklärung – Begründung – Kausalität. Berlin/Heidelberg/New York 1983 (2. Aufl.)

Steinmann, H. (Hrsg.): Betriebswirtschaftslehre als normative Handlungswissenschaft. Wiesbaden 1978 (Steinmann 1978a)

Steinmann, H.: Betriebswirtschaftslehre als normative Handlungswissenschaft. In: Steinmann, H. (Hrsg.): Betriebswirtschaftslehre als normative Handlungswissenschaft. Wiesbaden 1978, S. 73–102 (Steinmann 1978b)

Steinmann, H.: Zum Element des Politischen in der Unternehmung. In: Bühler, W., Hofmann, M., Malinsky, A.H., Reber, G., Pernsteiner, A.W. (Hrsg.): Die ganzheitlich-verstehende Betrachtung der sozialen Leistungsordnung. Wien/New York 1985, S. 223–242

Stevenson, W.B., Pearce, J.L., Porter, L.W.: The Concept of „Coalition" in Organization Theory and Research. In: Academy of Management Review 10. Jg 1985, 2, S. 256–268

Stohl, C., Redding, Ch.W.: Messages and Message Exchange Process. In: Jablin, F.M., Putnam, L.L., Roberts, K.H., Porter, L.W. (Hrsg.): Handbook of Organizational Communication. Beverly Hills 1987, S. 451–502

Strauss, A.: Negotiations. San Francisco 1978

Strotzka, H.: Macht – Ein psychoanalytischer Essay. Wien 1985

Susskind, L., Rubin, J.Z. (Hrsg.): Negotiations: Behavioral Aspects. In: american behavioral scientist 27. Jg 1983, 2 (special issue)

Sydow, J.: Der soziotechnische Ansatz der Arbeits- und Organisationsgestaltung. Frankfurt/New York 1985 (Sydow 1985a)

Sydow, J.: Organisationsspielraum und Büroautomation. Berlin/New York 1985 (Sydow 1985b)

Tashakkori, A., Insko, C.A.: Interpersonal Attraction and the Polarity of Similar Attitudes: A Test of Three Balance Models. In: Journal of Personality and Social Psychology 37. Jg 1979, 12, S. 2262–2277

Taylor, F.W.: Shop Management. New York 1903

Taylor, F.W.: The Principles of Scientific Management. New York 1911

Tedeschi, J.T.: Threats and Promises. In: Swingle, P. (Hrsg.): The Structure of Conflict. New York 1970, S. 155–191

Tedeschi, J.T. (Hrsg.): Impression Management Theory and Social Psychological Research. New York 1981

Tedeschi, J.T., Bonoma, T.V.: Power and Influence: An Introduction. In: Tedeschi, J.T.(Hrsg.): The Social Influence Process. Chicago 1972, S. 1–49

Tedeschi, J.T., Bonoma, T.V., Schlenker, B.R.: Influence, Decision, and Compliance. In: Tedeschi, J.T. (Hrsg.): Impression Management Theory and Social Psychological Research. New York 1981, S. 346–418

Tedeschi, J.T., Lindskold, S.: Social Psychology: Interdependence, Interaction and Influence. New York 1976

Tedeschi, J.T., Melburg, V.: Impression Management and Influence in the Organization. In: Bacharach, S.B., Lawler, E.J. (Hrsg.): Research in the Sociology of Organizations. Vol. 3. Greenwich Conn. 1984, S. 31–58

Tedeschi, J.T., Rosenfeld, P.: Communication in Bargaining and Negotiation. In: Roloff, M.E., Miller, G.R. (Hrsg.): Persuasion: New Directions in Theory and Research. Beverly Hills 1980, S. 225–248

Tedeschi, J.T., Schlenker, B.R., Bonoma, T.V.: Conflict, Power, and Games. Chicago 1973

Tedeschi, J.T., Schlenker, B.R., Lindskold, S.: The Exercise of Power and Influence: The Source of Influence. In: Tedeschi, J.T. (Hrsg.): The Social Influence Process. Chicago 1972, S. 287–345

Thibaut, J.W., Kelley, H.H.: The Social Psychology of Groups. New York 1959

Thompson, J.D.: Organizations in Action. New York 1967

Tichy, N.M.: Networks in Organizations. In: Nystrom, P.C., Starbuck, W.H. (Hrsg.): Handbook of Organizational Design: Vol. 1. New York 1981, S. 135–151

Tichy, N.M., Tushman, M.L., Fombrun, Ch.: Social Network Analysis for Organizations. In: Academy of Management Review 4. Jg 1979, 4, S. 507–519

Titscher, S.: Struktur eines Ministeriums. Wien 1975

Titscher, S., Königswieser, R.: Entscheidungen in Unternehmen. Wien 1985

Trice, H.M.: Rites and Ceremonials in Organizational Cultures. In: Bacharach, S.B., Mitchell, S.M. (Hrsg.): Research in the Sociology of Organizations. Greenwich Conn. 1985, S. 221–270

Trice, H.M., Beyer, J.M.: Studying Organizational Cultures Through Rites and Ceremonials. In: Academy of Management Review 9. Jg 1984, 4, S. 653–669

Türk, K.: Grundlagen einer Pathologie der Organisation. Stuttgart 1976

Türk, K.: Handlungsräume und Handlungsspielräume rechtsvollziehender Organisationen. In: Blankenburg, E., Lenk, K. (Hrsg.): Organisation und Recht. Opladen 1980, S. 153–168

Türk, K.: Personalführung und soziale Kontrolle. Stuttgart 1981
Türk, K.: Entpersonalisierte Führung. In: Kieser, A., Reber, G., Wunderer, R. (Hrsg.): Handwörterbuch der Führung. Stuttgart 1987, Sp. 232–241
Tushman, M.L.: A Political Approach to Organizations: A Review and a Rationale. In: Academy of Management Review 2. Jg 1977, 2, S. 206–216
Tyler, T.R., Sears, D.O.: Coming to Like Obnoxive People when We Must Live with Them. In: Journal of Personality and Social Psychology 35. Jg 1977, 4, S. 200–211

Ulrich, D., Barney, J.B.: Perspectives in Organizations: Resource Dependence, Efficiency, and Population. In: Academy of Management Review 9. Jg 1984, 3, S. 471–481
Ulrich, H.: Unternehmungspolitik. Bern/Stuttgart 1978
Ulrich, H.: Überlegungen zur Managementlehre. In: Management-Zeitschrift io 50. Jg 1981, 6, S. 297–300
Ulrich, H.: Unternehmungspolitik – Instrument und Philosophie ganzheitlicher Unternehmensführung. In: Die Unternehmung 34. Jg 1985, 4, S. 389–405
Ulrich, P.: Die Großunternehmung als quasi-öffentliche Institution. Stuttgart 1977
Ulrich, P.: Dialog und unternehmenspolitische Vernunft. In: Gottlieb-Duttweiler-Institut (Hrsg.): Entscheidung auf neuen Wegen. Rüschlikon/Zürich 1981, S. 85–129
Ulrich, P.: Systemsteuerung und Kulturentwicklung. In: Die Unternehmung 38. Jg 1984, 4, S. 303–325
Ulrich, P.: Transformation der ökonomischen Vernunft. Bern und Stuttgart 1986

Vinacke, W.E., Arkoff, A.: An Experimental Study of Coalitions in the Triad. In: American Sociological Review 22. Jg 1957, 4, S. 406–414
Vogler, G.: Instrumentelle Aspekte der Betriebswirtschaftspolitik. In: Geist, M.N., Köhler, R. (Hrsg.): Die Führung des Betriebes. Stuttgart 1981, S. 71–90
Vonnegut, K.: Player Piano. London 1969
Vredenburgh, D.J., Maurer, J.G.: A Process Framework of Organizational Politics. In: Human Relations 37. Jg 1984, 1, S. 47–66

Wall, J.A.: Negotiation: Theory and Practice. Glenview 1985
Walsh, K., Hinings, B., Greenwood, R., Stewart, R. (Hrsg.): Power and Advantage in Organizations. In: Organizations Studies 2. Jg 1981, 2, S. 131–152
Walter, G.D.: Psyche and Symbol. In: Pondy, R.L., Frost, P.J., Morgan, G., Dandridge, T.C. (Hrsg.): Organizational Symbolism. Greenwich Conn. 1983, S. 257–271
Walton, R.E.: Teaching an Old Dog Food New Tricks. In: Jelinek, M., Litterer, J.A., Miles, R.E. (Hrsg.): Organizations by Design: Theory and Practice. Plano 1981, S. 406–416
Walton, R.E., McKersie, R.B.: A Behavioral Theory of Labor Negotiations. New York 1965
Weber, M.: Wirtschaft und Gesellschaft. Tübingen 1972 (5. Aufl.)
Wender, A.: Entscheidungsspiele in Politik, Verwaltung und Wirtschaft. Opladen 1983
Weick, K.E.: Educational Organizations as Loosely Coupled Systems. In: Administrative Science Quarterly 21. Jg 1976, 1, S. 1–19
Weick, K.E.: The Social Psychology of Organizing. Reading Mass. 1979 (2. Aufl.; dtsch.: Der Prozeß des Organisierens. Frankfurt 1985)
Westerlund, G., Sjöstrand, S.: Organisationsmythen. Stuttgart 1981
White, D.M.: The Problem of Power. In: British Journal of Political Sciences 2. Jg 1972, 2, S. 479–490
Wichmann, H.: Effects of Isolation and Communication on Conception in a Two Person Game. In: Journal of Personality and Social Psychology 16. Jg, 1, 1970, S. 114–120
Wild, J. (Hrsg.): Unternehmungsführung. Festschrift für Erich Kosiol. Berlin 1974
Wimmer, R.: Steuerung komplexer Organisationen. In: Sandner, K (Hrsg.): Politische Prozesse in Unternehmen. Berlin/Heidelberg/New York 1989, S. 131–156
Winch, P.: Die Idee der Sozialwissenschaft und ihr Verhältnis zur Philosophie. Frankfurt 1974 (orig.: The Idea of a Social Science. London 1958)
Winter, D.G.: The Power Motive. New York/London 1973

Witte, E.: Organisation für Innovationsentscheidungen. Göttingen 1973
Wöhe, G.: Einführung in die Allgemeine Betriebswirtschaftslehre. Berlin/Frankfurt 1970 (10. Aufl.)
Wolfinger, R.E.: Nondecisions and the Study of Local Politics. In: Annual Political Science Review 65. Jg 1971, 4, S. 1063–1080 (Wolfinger 1971a)
Wolfinger, R.E.: Rejoinder on Frey's „Comments". In: Annual Political Science Review 65. Jg 1971, 4, S. 1102–1104 (Wolfinger 1971b)
Wondracek, J.: Die Verkürzung der politischen Fragestellung in unternehmungsbezogenen Forschungsansätzen. Berlin 1988
Woodward, J.: Management and Technology. London 1958
Woodward, J.: Industrial Organisation: Theory and Practice. London 1965
Wright, H.G.v.: Erklären und Verstehen. Frankfurt 1974 (orig.: Explanation and Understanding. Ithaca 1971)
Wrong, D.H.: Some Problems in Defining Social Power. In: American Journal of Sociology 73. Jg 1968, 6, S. 673–681
Wrong, D.H.: Power. Its Forms, Bases, and Uses. New York u.a. 1980
Wunderer, R., Grunwald, R.: Führungslehre. Bd. 1: Grundlagen der Führung. Berlin/New York 1980
Wuntsch, M.v.: Determinanten und Spielräume der Industriearbeit. Frankfurt/New York 1988

Yates, D.: The Politics of Management. San Francisco 1985
Yukl, G.A.: Leadership in Organizations. Englewood Cliffs 1981

Zald, M.N.: Political Economy: A Framework for Comparative Analysis. In: Zald, M.N. (Hrsg.): Power in Organizations. Nashville 1970, S. 221–261
Zaleznik, A.: Human Dilemmas of Leadership. New York/London 1966
Zaleznik, A.: Power and Politics in Organizational Life. In: Harvard Business Review, 48. Jg 1970, 3, S. 47–60
Zaleznik, A., Kets de Vries, M.F.R.: Power and the Corporate Mind. Boston 1975
Zand, D.E.: Trust and Managerial Problem Solving. In: Administrative Science Quarterly 17. Jg 1972, 2, S. 229–239
Zauner, A.: Die Gestaltbarkeit administrativer Organisationskulturen. Habilitationsschrift. Wien 1985.
Ziegler, R.: Das Netz der Personen- und Kapitalverflechtungen deutscher und österreichischer Wirtschaftsunternehmen. In: Kölner Zeitschrift für Soziologie und Sozialpsychologie 36. Jg 1984, 3, S. 585–614
Zucker, L.G.: Organizations as Institutions. In: Bacharach, S.B. (Hrsg.): Research in the Sociology of Organizations. Vol. 2. Greenwich Conn. 1983, S. 1–47
Zündorf, L., Grunt, M.: Hierarchie in Wirtschaftsunternehmen. Frankfurt 1980

Sachverzeichnis

Ablehnung 96, 120 ff.
Akzeptanz 45, 51, 71, 96, 114, 116 ff.
antizipatorische Reaktionen 52, 79 ff., 238
Austauschtheorie 8, 26, 34, 239
Autorität 38, 118 ff.

Belohnung 18 ff., 27 f., 105 ff., 236
Bestrafung 18 ff., 27 f., 100 ff., 236, 239
Bürokratie 44, 189 ff., 243
Bürokratietheorie 8

Dependenz 10, 26 ff., 36 ff., 46, 55, 89 ff., 99 ff., 148
Determinismus 183 ff.
Distanztheorie 8
Drohung 100 ff., 236, 239

Empfehlung 105 ff.
Entscheidungstheorie 8, 63 f.
Expertentum 19 ff., 27 f., 43, 110 f., 127

Feldtheorie 8, 9
Forschungsprogramm
    objektiv 5 f., 41 f.
    subjektiv 5 f., 42 f.

Gegendependenzen 130 ff.

Handeln 58, 69 ff.
Handlungsspielraum 42, 187 f., 196 f.
Herrschaft 164 ff.

Identifikation 19 ff., 27 f.
Impression Management 129 f., 240
Information 20 ff., 27 f., 43, 99 f.
Institutionalisierung 166 f., 170 ff.
Integration 134 f.
Intention 59 f., 69, 77 f.
Interesse 61 f., 70, 75, 97, 148 f., 153, 161 ff.

Kausalismus 44, 47 ff., 145, 237
Koalition 38, 97, 147, 152 ff.
Kontingenztheorie 8, 30 ff., 41 f., 169, 209 f., 225, 236
Konflikt 64, 70, 74 ff., 237

Kontrolle, soziale 159 f.

Legitimität 18 ff., 27 f., 70, 118 ff., 220
Lerntheorie 8

Macht
    Basis (-en) 9, 16 ff., 229 ff.
    Begriff 73 ff., 94
    Entstehung 42, 55 ff., 94 ff.
    als Fähigkeit 4, 13 f., 15, 16, 40, 42 f., 46, 50, 84 ff., 237
    Grundlagen 9, 16 ff., 21, 24
    haben 13, 29, 46, 49
    Quellen 9, 237
    vertikale 30
    horizontale 30 ff.
Machtforschung, Stand der 4 ff.
Machttypologie 4, 11, 17 ff., 26, 47, 229 ff.
Manipulation 108 f.
Maxime 61 f.
Methodologie 6, 16, 22, 35 f., 40, 44, 45 ff., 225, 228
Mikropolitik 8, 65, 67

Netzwerk 38, 97, 147 ff.
Nicht-Entscheidungen 52, 81 ff., 236, 238
Nicht-Substituierbarkeit 31 f.
Normen 61 f., 125

Polarisierungsthese 187 f.
politisch 38, 66 ff., 156
politische Prozesse 63 ff., 114 ff., 164 ff.
Potentialität 84 ff., 117, 226

Rationalität 61
Relationalität 13, 16 ff., 24, 26, 36, 42, 46, 55, 87, 92 ff.
Ressource 7, 9 ff., 24, 55, 148 f., 236
    Besitz, der 11, 43
    Kontrolle, der 10, 13 ff., 27 f.
Rollentheorie 8

Selbststeuerung 204 ff., 209, 225
Situation 60 f., 141 f.

soziotechnischer Ansatz 206 f., 243
Steuerung 157 ff.
   bürokratische 189 ff., 225, 243
   direkte 174 ff.
   indirekte 181 ff.
   kulturelle 209 ff., 225
   motivationale 202 ff., 225
   psychologische 197 ff., 225
   technologische 182 ff., 225, 242
Steuerungsspielraum 174 ff.
Symbol 213 ff.
Systemtheorie 8, 34, 43 f., 206 f.

Täuschung 129 f.
Transformation 14 f., 46

Überzeugung 109 ff., 126
Unsicherheit 30 f., 42

Verbändetheorie 8
Verhandlung 72, 96, 114 ff., 135 ff., 218
Verhandlungstheorie 8, 40, 94 ff., 136 ff., 241
Versprechen 105 ff., 236

Warnung 100 ff.

Zentralität 31
Zwang 96, 113 f., 122, 236, 239, 240
Zweck 58 f.

K. Sandner, Wirtschaftsuniversität Wien (Hrsg.)
Politische Prozesse in Unternehmen

Mit Beiträgen von T. Dyllick,
A. Kehrer, M. Lueger,
S. Sackmann, K. Sandner, J. Steyrer,
P. Stockinger, R. Wimmer

2. Aufl. 1992. VI, 232 S. 16 Abb. Brosch. DM 39,80
ISBN 3-7908-0616-1

Politische Prozesse in Unternehmen zählen sowohl zu den interessantesten als auch zu den am meisten vernachlässigten Gebieten der Betriebswirtschaftslehre und der Organisationstheorie. Sie verkörpern die qualitative, normative Dimension jedes individuellen oder kollektiven Zielbildungs- und Zieldurchsetzungsgeschehens im Unternehmen. Mit Hilfe einer politischen Analyse von Entscheidungsprozessen beschränkt sich deren Erklärung nicht mehr auf das Wie, sondern es läßt sich erklären, Warum manche Entscheidungsprozesse erfolgreich sind und andere nicht. Es wird damit eine qualitative Analyse möglich. Die Beiträge dieses Bandes gehen über die sogenannten mikropolitischen Ansätze hinaus: Erst mit der Einbindung in den sozioökonomischen Kontext des Unternehmens können Entscheidungsprozesse angemessen erklärt bzw. verstanden werden.
Inhaltliche Schwerpunkte sind die Darstellung der Voraussetzungen politischer Prozesse, die Entwicklung von Begriffen und Konzepten, die Beschreibung und Erklärung der politischen Prozesse im engeren Sinn (z.B. Macht, Herrschaft, Interessen, Steuerung) sowie die Rückbindung der politischen Prozesse in ihren überbetrieblichen Zusammenhang.

Physica-Verlag

Bitte bestellen Sie bei Ihrem Buchhändler oder bei Physica-Verlag, c/o Springer-Verlag GmbH & Co.KG, Auftragsbearbeitung, Postfach 51 13 40, W-1000 Berlin 31